APRENDA A SER
OTIMISTA

APRENDA A SER OTIMISTA

COMO MUDAR SUA MENTE E SUA VIDA

MARTIN E. P. SELIGMAN

TRADUÇÃO
Débora Landsberg

1ª *reimpressão*

OBJETIVA

Copyright © 1990 by Martin E. P. Seligman, ph.D.

Grafia atualizada segundo o Acordo Ortográfico da Língua Portuguesa de 1990, que entrou em vigor no Brasil em 2009.

Título original
Learned Optimism: How to Change Your Mind and Your Life

Capa
Eduardo Foresti

Preparação
Carolina Vaz

Índice remissivo
Probo Poletti

Revisão
Márcia Moura
Carmen T. S. Costa

Dados Internacionais de Catalogação na Publicação (CIP)
(Câmara Brasileira do Livro, SP, Brasil)

Seligman, Martin E. P.
    Aprenda a ser otimista : como mudar sua mente e sua vida / Martin E. P. Seligman ; tradução Débora Landsberg. — 1ª ed. — Rio de Janeiro : Objetiva, 2019.

    Título original: Learned Optimism : How to Change Your Mind and Your Life.
    ISBN 978-85-470-0085-1

    1. Autoajuda (Psicologia) 2. Autorrealização 3. Otimismo 4. Satisfação I. Título.

19-25351   CDD-155.232

Índice para catálogo sistemático:
1. Otimismo : Aspectos psicológicos   155.232

Iolanda Rodrigues Biode – Bibliotecária – CRB-8/10014

[2021]
Todos os direitos desta edição reservados à
EDITORA SCHWARCZ S.A.
Praça Floriano, 19, sala 3001 — Cinelândia
20031-050 — Rio de Janeiro — RJ
Telefone: (21) 3993-7510
www.companhiadasletras.com.br
www.blogdacompanhia.com.br
facebook.com/editoraobjetiva
instagram.com/editora_objetiva
twitter.com/edobjetiva

Este livro é dedicado com otimismo em relação ao nosso futuro à minha recém-nascida, Lara Catrina Seligman.

Sumário

Prefácio 9
Introdução à segunda edição 13

PARTE I: A BUSCA

1. Duas formas de encarar a vida 23
2. O desamparo aprendido 39
3. Explicando a falta de sorte 55
4. O suprassumo do pessimismo 82
5. Como você pensa, como você sente 101

PARTE II: AS ESFERAS DA VIDA

6. Sucesso no trabalho 129
7. Pais e filhos: as origens do otimismo 153
8. Estudos 176
9. Esportes 198
10. Saúde 212
11. Política, religião e cultura: uma nova psico-história 233

PARTE III: MUDANÇAS: DO PESSIMISMO AO OTIMISMO

12. A vida otimista 259
13. Como ajudar seu filho a escapar do pessimismo 287
14. A organização otimista... 305
15. Otimismo flexível.. 332

Agradecimentos 347
Notas 355
Índice remissivo.. 365

Prefácio

Quando comecei a estudar a respeito do otimismo adquirido, pensei que estava lidando com o pessimismo. Assim como quase todos os pesquisadores formados em psicologia clínica, eu me acostumei a focar no que havia de errado com os pacientes para depois saber de que maneira devia tratá-los. Examinar bem o que já havia de certo e pretender torná-lo ainda melhor nem me passava pela cabeça.

O divisor de águas foi um encontro em 1988 com Richard Pine, que se tornou meu agente literário, conselheiro intelectual e amigo. Descrevi meu trabalho sobre pessimismo e Richard disse: "Seu trabalho não trata do pessimismo; ele fala do otimismo". Ninguém nunca tinha me dito isso. Ao sair um tanto abalado de seu escritório, ele bradou: "Espero que você escreva um livro sobre isso. As pessoas criam religiões para essas coisas!".

Foi o que fiz. Nenhuma religião surgiu, mas o livro vende bem há quinze anos. E algo de fato aconteceu: o surgimento da psicologia positiva. Em 1996, fui eleito presidente da Associação Americana de Psicologia (APA) com o maior número de votos da história — pelo que me disseram —, graças em parte à popularidade deste livro e do campo de pesquisa que ele gerou.

O presidente da APA devia ter um projeto, um objeto de interesse, e, ao examinar a história da psicologia moderna, vi que Richard havia me dado esse mesmo tema. Agora a psicologia me parecia solada. A parte dedicada ao sofrimento, às vítimas, aos transtornos mentais e ao trauma havia sido explorada à exaustão. A psicologia passou cinquenta anos lidando regularmente, e com relativo sucesso, com as patologias que limitam a vida boa, que fazem a vida não valer a pena. Segundo meus cálculos, catorze dos principais transtornos mentais já são tratáveis por meio de psicoterapia ou medicamentos, sendo dois deles praticamente curáveis (síndrome do pânico e hematofobia). Mas os psicólogos clínicos também começaram a perceber algo desconcertante emergir da terapia: mesmo nas raras ocasiões em que a terapia corre magnífica e excepcionalmente bem, e o paciente consegue se livrar da depressão, da ansiedade e da raiva, a felicidade não é garantida. A sensação de vazio não é um resultado incomum. Como isso é possível?

Curar sentimentos negativos não produz sentimentos positivos. No jargão, a tristeza e a felicidade não são diametralmente opostas. Por mais estranho que pareça, uma pessoa pode ser feliz e triste ao mesmo tempo (mas não no mesmo instante). As mulheres, a bem da verdade, por serem mais lábeis emocionalmente, são tão felizes ou tristes quanto os homens. A capacidade de ficar feliz se revelou quase completamente diferente da capacidade de não ser triste, não ser ansioso ou irritadiço. A psicologia esclareceu muitas coisas sobre a patologia, sobre o sofrimento, sobre as vítimas e sobre como combater a tristeza e a ansiedade. Mas a descoberta de técnicas para aumentar a felicidade ficou relegada a parques de diversões, filmes de Hollywood e comerciais de cerveja. A ciência não desenvolveu nenhum papel nisso.

À noite, quando nos deitamos e contemplamos a vida e também a vida daqueles que amamos, geralmente se pensa em passar de uma vida de nota +2 para uma de +6, não em como ir de uma nota -5 para uma -2. Apesar de todos os esforços, a psicologia apenas nos disse como aliviar a angústia e não como encontrar o que há de melhor na vida e viver dessa forma. Essa era a metade solada que se tornaria a psicologia positiva.

Aprenda a ser otimista é a base das minhas teorias a respeito da psicologia positiva, e é o primeiro livro do tríptico que nos traz aqui. Em 1996, publiquei *The Optimistic Child* [A criança otimista], que aplica o conhecimento e as técnicas sobre adolescentes e crianças em idade escolar. Em 2002, lancei o terceiro livro da série: *Felicidade autêntica*. Essa obra promove uma teoria mais ampla sobre o lado positivo da vida: a "felicidade" é um conceito cientificamente frágil, mas pode ser encontrada sob três formas. Com a "vida agradável", você almeja ter tanta emoção positiva quanto possível e aprender técnicas para ampliar as emoções positivas. Com a "vida boa", você identifica seus pontos mais fortes e seus talentos a fim de empregá-los de forma significativa no trabalho, no amor, nas amizades, na criação dos filhos e no lazer. Com a "vida significativa", você usa seus pontos mais fortes e talentos para se integrar e servir a algo que acredita ser maior que seu ego.

Este livro pode colocá-lo no caminho de qualquer uma ou de todas as três formas de felicidade. As habilidades esclarecidas em *Aprenda a ser otimista* são capazes de aumentar a duração e a intensidade das emoções positivas. Essas habilidades podem torná-lo apto a usar suas forças e seus talentos com mais eficácia. Por fim, o otimismo é imprescindível para alcançar a vida significativa. Com a firme crença num futuro positivo, você pode se dedicar àquilo que é maior do que seu ego.

Wynnewood, Pensilvânia, 15 de julho de 2005

Introdução à segunda edição

Passei toda a minha carreira lidando com o desamparo e com soluções para potencializar o controle pessoal. *Aprenda a ser otimista* foi o primeiro livro de uma tetralogia a explorar esse tema para o público em geral.* Seis anos se passaram desde o lançamento da primeira edição deste livro, e gostaria de botar meus novos leitores a par das novidades em relação a um avanço crucial no campo da psicologia positiva: a prevenção da depressão através de programas de otimismo adquirido.

Conforme veremos nos capítulos 4 e 5, os Estados Unidos e grande parte dos países desenvolvidos vivem uma epidemia de depressão sem precedentes, principalmente entre os mais jovens. Por que numa nação que tem muito dinheiro, muito poder, muitos recordes e uma educação de qualidade a depressão é muito mais frequente do que quando essa mesma nação não era uma potência e era menos próspera?

Três forças convergiram, e quero enfatizar a terceira porque é a mais surpreendente e menos aceitável de todas. As primeiras duas forças são discutidas

---

* Os livros são: Seligman, M. E. P. *Aprenda a ser otimista*. Rio de Janeiro: Objetiva, 2019; Peterson, C.; Maier, S.; Seligman, M. E. P. *Learned Helplessness: A Theory for the Age of Personal Control*. Nova York: Oxford University Press, 1993; Seligman, M. E. P. *What you Can Change and What You Can't*. Nova York: Alfred A. Knopf, 1994; e Seligman, M. E. P.; Reivich, K.; Jaycox, L.; Gillham, J. *The Optimistic Child*. Nova York: Houghton Mifflin, 1995.

no último capítulo: em poucas palavras, a primeira é que, em geral, a depressão é um transtorno do "eu", é fracassar em alcançar as metas que você mesmo criou. Numa sociedade em que o individualismo cresce de forma desenfreada, as pessoas acreditam cada vez mais que são o centro do universo. Tal forma de pensar torna o fracasso individual quase inconsolável.

Antes, o fracasso pessoal era amortecido pela segunda força, o "nós" abrangente. Quando nossos avós fracassavam, tinham um aparato espiritual confortável em que pudessem se apoiar. Tinham, em sua maioria, a relação com Deus, a relação com a nação que amavam, a relação com a comunidade e uma grande família com agregados. A fé em Deus, na comunidade, na nação e na família perderam força nos últimos quarenta anos, e o aparato espiritual no qual nos escorávamos passou a se desfazer.

Mas é a terceira força, o movimento pela autoestima, que desejo enfatizar. Tenho cinco filhos cujas idades vão dos quatro aos 28 anos. Portanto, tive o privilégio de ler livros infantis todas as noites para uma geração inteira, e vi a temática desses livros mudar nos últimos 25 anos. Há 25 anos (assim como na época da Grande Depressão), o livro infantil emblemático era *The Little Engine That Could* [A pequena locomotiva que podia]. Fala sobre ser bem-sucedido, sobre persistir e, assim, superar obstáculos. Os livros infantis atuais falam de se sentir bem, ter autoestima alta e exalar confiança.

É uma manifestação pela autoestima, um movimento que começou, de forma nada surpreendente, na Califórnia dos anos 1960. Em 1990, o Poder Legislativo californiano financiou um relatório que sugeria que a autoestima fosse ensinada em todas as escolas como "vacina" contra problemas sociais tais como vício em drogas, suicídio, dependência da assistência social, gravidez na adolescência e depressão (Toward a State of Esteem, 1990).* A mobilização pela autoestima é poderosa: trata-se do movimento por trás do fim dos testes de QI, para que as crianças com baixa pontuação não se sintam mal. É o movimento por trás do fim da separação de classes em escolas públicas, para que os alunos das classes mais atrasadas não se sintam mal. É o movimento que fez a palavra "competição" ser considerada ruim. É o movimento que levou a menos trabalho duro como o de antigamente. Shirley MacLaine sugeriu ao presidente Clinton que ele criasse uma Secretaria de Autoestima com poderes equiparados ao de um ministério.

---

* Sacramento: Departamento de Educação da Califórnia.

Não sou contra a autoestima, mas creio que seja apenas mais um indicador da situação do sistema. Não é um fim em si mesma. Quando você está se saindo bem na escola ou no trabalho, quando o relacionamento com as pessoas que ama está bom, quando vence um jogo, sua autoestima aumenta. Quando tudo isso vai mal, a autoestima diminui. Explorei a literatura da autoestima à procura da causalidade em oposição à correlação, buscando evidências de que a alta autoestima entre jovens *cause* notas melhores, mais popularidade, menos gravidez na adolescência, menos dependência da assistência social, conforme sustenta o relatório californiano. Existe um método experimental simples que separa causa de correlação com perfeição: pegue um grupo de crianças em setembro, todos alunos nota 8, por exemplo; meça a autoestima deles e volte em junho. Se a autoestima *causa* mudança nas notas, os alunos 8 com autoestima elevada subirão em direção ao 10 e os alunos 8 com baixa autoestima descerão rumo às notas 6. Não há nada desse gênero na literatura. A autoestima parece ser apenas um sintoma, um correlato, de como a pessoa está se saindo no mundo.

Até janeiro de 1996, eu acreditava que a autoestima fosse apenas um indicativo com pouca, ou talvez nenhuma, eficácia causal. O artigo principal do *Psychological Review* me convenceu de que eu estava enganado, que a autoestima é sim causal: Roy Baumeister e seus colegas (1996)* reviram a literatura sobre genocidas, assassinos de aluguel, líderes de gangues e criminosos violentos. Argumentaram que esses perpetradores têm a autoestima elevada e que sua autoestima injustificada causa a violência. O trabalho de Baumeister indica que, se você ensina crianças a terem uma autoestima injustificavelmente elevada, problemas ocorrerão. Um subgrupo dessas crianças também terá propensão à crueldade. Quando enfrentam o mundo real, e o mundo lhes diz que não são incríveis como lhes foi ensinado, elas partem para a violência. Portanto, é possível que as duas maiores epidemias entre os jovens da atualidade nos Estados Unidos — a depressão e a violência — sejam decorrentes dessa preocupação desprezível: valorizar mais a forma como os jovens se sentem sobre si mesmos do que valorizar como eles estão se saindo no mundo.

---

* Baumeister, Roy F.; Smart, Laura; Boden, Joseph M. "Relation of Threatened Egotism to Violence and Aggression: The Dark Side of High Self-Esteem", em *Psychological Review*, n. 103, 1996, pp. 5-33.

Se melhorar a autoestima não é a resposta para frear a epidemia de depressão, o que pode ser feito? Desde que a primeira edição de *Aprenda a ser otimista* foi publicada, meus colegas* e eu temos feito dois projetos na Universidade da Pensilvânia: um com jovens adultos, calouros da faculdade; e outro com crianças pouco antes da puberdade.

Nossa lógica é pegar jovens em risco de desenvolver depressão, ensinar as técnicas do otimismo adquirido — expostas nos capítulos 11 a 13 deste livro — e descobrir se assim conseguimos prevenir transtornos depressivos e de ansiedade. Na primavera de 1991, quando os estudantes foram aceitos pela Universidade da Pensilvânia, eu lhes enviei uma carta com um envelope para a resposta. Nela, pedia que respondessem a um questionário, uma versão do que incluí no capítulo 3. A maioria retornou. Nós determinamos uma pontuação e os 25% mais pessimistas receberam outra carta dizendo que, quando chegassem à universidade, em setembro, faríamos oficinas a respeito de como lidar com esse novo ambiente tão desconhecido; se estivessem dispostos, seriam distribuídos aleatoriamente num grupo de controle e numa dessas oficinas. Portanto, nos últimos anos, os mais pessimistas dos calouros da Universidade da Pensilvânia têm frequentado as oficinas ou feito parte do nosso grupo de controle apenas para avaliações.

Ensinamos duas técnicas na oficina, conduzida em grupos de dez pelos talentosos estudantes de pós-graduação em psicologia clínica da própria universidade: ensinamos às pessoas as técnicas detalhadas nos capítulos 11 a 13 e mais um conjunto de técnicas comportamentais, como treino assertivo, tarefas realizadas por níveis e gerenciamento de estresse.

Após dezoito meses de acompanhamento, posso revelar nossos primeiros resultados com 119 pessoas no grupo de controle e 106 que frequentaram as oficinas de otimismo adquirido de dezesseis horas por aula. De seis em seis meses, cada um participou de uma entrevista diagnóstica completa, e examinamos episódios moderados e graves de depressão e ansiedade: 32% dos estudantes do grupo de controle tiveram um episódio de depressão de moderado a grave, em contraposição a 22% no grupo que participou da oficina preventiva. Resultados similares foram obtidos quanto ao transtorno de

---

* Meus colegas que estão fazendo o projeto com alunos de graduação são o sr. Peter Shulman e os drs. Rob DeRubeis, Steve Hollon, Art Freeman e Karen Reivich. Essa pesquisa tem o apoio do Prevention Research Branch of the National Institute of Mental Health.

ansiedade generalizada: 15% dos estudantes do grupo de controle sofreram um episódio de transtorno de ansiedade generalizada contra somente 7% das pessoas que compareceram à oficina. Também descobrimos que foi a mudança do pessimismo ao otimismo que causou a prevenção da depressão e ansiedade.

Recentemente, meus colegas e eu lançamos o programa de otimismo adquirido paralelo, com crianças de diversas idades.* Cinco estudos ensinam a crianças de dez a doze anos as técnicas antidepressivas cognitivas e comportamentais que constam dos capítulos 11 a 13 deste livro. Nesses estudos, selecionamos crianças com dois fatores de risco: sintomas brandos de depressão e pais que brigam muito. Esses fatores prognosticam a depressão em crianças pequenas. Se uma criança tem nota alta num deles, a criança é aceitável para nosso programa de treinamento. Técnicas antidepressivas são ensinadas a grupos de dez crianças depois da escola, usando cenas cômicas, desenhos animados, interpretação e aperitivos à beça. (Os métodos estão descritos no capítulo 13 e detalhados em *The Optimistic Child* [A criança otimista].)

Aqui vou falar de apenas uma pesquisa, a que teve o acompanhamento mais longo. Foi feita no município de Abington, perto de Filadélfia (Jaycox, Reivich, Gillham e Seligman, 1994; Gillham, Reivich, Jaycox e Seligman, 1996).** As conclusões do estudo de Abington foram as seguintes:

1. No decorrer dos dois anos de acompanhamento, a porcentagem total de crianças que exibiam sintomas de depressão entre o nível moderado e grave foi tão alta que chegou a nos surpreender (entre 20% e 45%).
2. As crianças que frequentaram a oficina de otimismo tiveram apenas metade da incidência de sintomas depressivos moderados ou graves do grupo de controle.
3. Imediatamente após a oficina, o grupo sem tratamento teve bem mais sintomas depressivos do que o grupo que frequentou a oficina de otimismo.

* Meus colegas nesses projetos são os drs. Karen Reivich, Jane Gillham, Rob DeRubeis, Lisa Jaycox, Steve Hollon, Andrew Shatte e o sr. Peter Schulman. Temos o apoio do NIMH Prevention Research Branch.
** Gillham, J.; Reivich, K.; Jaycox, L.; Seligman, M. E. P. "Prevention of Depressive Symptoms in Schoolchildren: Two-year Follow-up", em *Psychological Science*, n. 6(6), 1995, pp. 343-51. Jaycox, L.; Relvich, K.; Gillham, J.; Seligman, M. E. P. "Prevention of Depressive Symptoms in Schoolchildren", em *Behavior Research and Therapy*, n. 32, 1994, pp. 801-16.

4. Os benefícios do otimismo adquirido cresceram com o tempo. À medida que as crianças do grupo de controle vivenciavam a puberdade, enfrentavam as primeiras rejeições — tanto sociais quanto sexuais, e passavam de bambambãs no Ensino Fundamental à ralé no Ensino Médio —, se deprimiam mais se comparadas às crianças do grupo do otimismo. Depois de dois anos, 44% delas tinham sintomas depressivos moderados a graves, enquanto apenas 22% do grupo do otimismo tinha sintomas moderados ou graves.

Ensinar o otimismo a crianças antes da puberdade, mas na fase em que já sejam metacognitivas (capazes de pensar sobre o pensar), é uma estratégia que rende frutos. Quando as crianças imunizadas usam as técnicas para lidar com as primeiras rejeições da puberdade, mais proficientes elas ficam. Nossa análise mostra que a mudança do pessimismo ao otimismo é ao menos em parte responsável pela prevenção dos sintomas depressivos.

Durante a leitura deste livro, você perceberá que existe uma epidemia de depressão em adultos e em crianças nos Estados Unidos. Conforme apresentado nos capítulos de 6 a 10, a depressão não é apenas um sofrimento mental: também diz respeito à baixa produtividade e à piora da saúde física. Se a epidemia continuar, creio que a posição que os Estados Unidos ocupam no mundo estará em risco; e, assim, o país perderá seu espaço econômico para nações menos pessimistas, e esse pessimismo acabará minando a vontade de promover a justiça social.

O problema não será resolvido com Prozac. Não vamos dar antidepressivos a uma geração inteira. Os antidepressivos são ineficazes se ministrados antes da puberdade, e há sérios riscos morais em tornar uma geração inteira dependente de remédios para regular o humor e a produtividade. Também não vamos dar conta de botar uma geração inteira para fazer terapia simplesmente porque não há terapeutas bons em número suficiente para isso.

O que podemos fazer é pegar as técnicas que você aprenderá com este livro e traduzi-las de maneira educativa. Nas escolas e em casa, podemos ensinar todos os jovens que correm risco de depressão, superando, assim, a depressão em nossa vida e na vida dos nossos filhos.

Wynnewood, Pensilvânia, 31 de julho de 1997

sim é um mundo
e nesse mundo de
sim vivem
(habilmente ondulados)
todos os mundos

E. E. CUMMINGS,
"amor é um lugar",
No Thanks (1935)

Parte I

A busca

1. Duas formas de encarar a vida

O pai olha para o berço, para a filha recém-nascida, que acabou de chegar do hospital. Seu coração transborda de admiração e gratidão pela beleza dela, pela perfeição.

A bebê abre os olhos e olha para cima.

O pai a chama pelo nome na expectativa de que ela vire a cabeça e olhe para ele. Seus olhos não se mexem.

Ele pega um brinquedinho peludo preso à grade do berço e o chacoalha, fazendo barulho. Os olhos da bebê não se mexem.

O coração acelera. Ele vai ao encontro da esposa no quarto deles e conta a ela o que acabou de acontecer. "Ela não esboça nenhuma reação ao barulho", declara. "É como se não escutasse."

"Ela está bem, tenho certeza", diz a esposa, vestindo o roupão. Juntos, vão ao quarto da bebê.

Ela chama a bebê pelo nome, balança o brinquedo, bate palmas. Em seguida pega a bebê, que na mesma hora se anima, se sacudindo e balbuciando.

"Meu Deus", diz o pai. "Ela é surda."

"Não é, não", rebate a mãe. "É cedo demais para afirmarmos uma coisa dessas. Ela é muito nova. Nem enxerga direito ainda."

"Mas ela não fez nenhum movimento, nem quando você bateu palmas com toda força."

A mãe tira um livro da prateleira. "Vamos ler o que o livro sobre bebês diz", ela sugere. Procura "audição" e lê em voz alta: "Não se espante caso o recém-nascido não se assuste com barulhos altos ou não consiga se orientar pelo som. O reflexo do susto e da atenção aos sons às vezes demora a se desenvolver. O pediatra pode testar a audição do seu filho neurologicamente".

"Pronto", diz a mãe. "Está mais calmo?"

"Não muito", responde o pai. "Nem menciona a outra possibilidade, de que o bebê seja surdo. A única coisa que eu sei é que a minha filha não escuta nada. Estou com um péssimo pressentimento. Talvez porque meu avô fosse surdo. Se minha bebezinha linda for surda e a culpa for minha, jamais vou me perdoar."

"Ei, calma", retruca a esposa. "Você está exagerando um pouco. Que tal ligarmos para o pediatra segunda-feira cedinho? Enquanto isso, ânimo! Aqui, segure nossa filha um pouco para eu arrumar o lençol. Está todo para fora."

O pai segura a bebê, mas a devolve para a esposa assim que possível. Ele passa o fim de semana inteiro incapaz de abrir sua maleta e se preparar para o trabalho da semana seguinte. Segue a esposa pela casa, ruminando sobre a audição da bebê e como a surdez estragaria a vida dela. Imagina apenas o que há de pior: sem audição, sem desenvolver a linguagem, a bela filha isolada do mundo social, trancafiada numa reclusão muda. Na noite do domingo, o desespero já tomava conta dele.

A mãe deixa um recado na secretária eletrônica do pediatra pedindo uma consulta na segunda-feira pela manhã. Passa o fim de semana fazendo exercícios, lendo e tentando acalmar o marido.

Os testes do pediatra são reconfortantes, mas o pai continua deprimido. Só uma semana depois, quando a bebê toma o primeiro susto, com o escape de uma picape que passa na rua, ele começa a se recompor e curtir de novo a filha recém-nascida.

Esse pai e essa mãe têm formas diferentes de encarar a vida. Sempre que algo de ruim acontece — ser pego na malha fina da Receita Federal, uma briga conjugal, até mesmo uma bronca do chefe —, ele imagina o pior: falência e prisão, divórcio e demissão. É propenso à depressão; tem longos períodos de apatia; a saúde sofre. Ela, por outro lado, vê acontecimentos ruins sob uma ótica menos ameaçadora. Para ela, os eventos negativos são passageiros e contornáveis, desafios a serem superados. Após um revés, ela logo se recupera, energizada. Sua saúde é excelente.

Otimistas e pessimistas: eu os estudo há 25 anos. A principal característica dos pessimistas é que eles tendem a acreditar que situações ruins vão se prolongar por muito tempo, atrapalhando tudo o que fizerem, e que são culpa deles. Já os otimistas, quando se deparam com os mesmos baques, pensam em azares da forma oposta. Costumam crer que a derrota é apenas um contratempo passageiro, que suas causas estão restritas a esse único caso. Os otimistas acreditam que a derrota não é culpa deles: as circunstâncias, a falta de sorte ou outras pessoas foram as responsáveis. Eles não se abalam com fracassos. Confrontados por uma situação ruim, consideram-na um desafio e se empenham mais.

Esses dois modos de pensar sobre causas têm consequências. Literalmente centenas de pesquisas mostram que pessimistas desistem mais rápido e são mais propensos à depressão. Tais experimentos também demonstram que otimistas se saem bem melhor na escola e na faculdade, no trabalho e nos esportes. Volta e meia ultrapassam as previsões dos testes de aptidão. Quando otimistas se candidatam a um cargo, estão mais aptos a ser selecionados do que os pessimistas. A saúde deles é extraordinária. Envelhecem bem, ilesos dos males físicos da meia-idade que a maioria da população apresenta. Evidências mostram que talvez até vivam mais.

Percebi que, nos testes de centenas de milhares de pessoas, um número surpreendentemente grande será de pessimistas devotos e outra grande parte terá tendências sérias ao pessimismo. Descobri que nem sempre é fácil percebermos se você é pessimista, e que muito mais pessoas do que imaginamos estão vivendo sob esse estigma. Testes revelam traços de pessimismo no discurso de pessoas que jamais se considerariam pessimistas; também mostram que esses traços são percebidos pelos outros, que reagem negativamente à pessoa que fala.

A atitude pessimista pode ser tão arraigada a ponto de ser permanente. Descobri, no entanto, que o pessimismo é evitável. Os pessimistas podem aprender a ser otimistas, e não por meio de artifícios burros como assobiar uma canção alegre ou enunciar lugares-comuns ("Todos os dias, sob todos os aspectos, melhoro cada vez mais"), mas sim aprendendo novas técnicas cognitivas. Longe de serem criações motivacionais ou da mídia popular, essas técnicas foram descobertas nos laboratórios e clínicas de psicólogos e psiquiatras de renome rigorosamente validados.

Este livro o ajudará a perceber suas tendências pessimistas, se você as tem, ou as daquelas pessoas com quem você se importa. Também apresentará as técnicas que já auxiliaram milhares de pessoas a aniquilar hábitos pessimistas que cultivaram a vida toda e seu prolongamento, a depressão. Ele lhe dará a opção de avaliar seus contratempos sob uma nova ótica.

O TERRENO SEM DONO

No cerne do fenômeno do pessimismo existe outro fenômeno — o do desamparo. O desamparo é o estado em que nada que você escolha fazer exerce influência sobre o que acontece com você. Por exemplo, se lhe prometo mil dólares para que vá à página 104, é bem provável que você o faça, e que se saia bem. Se, entretanto, eu lhe prometer mil dólares para contrair sua pupila, usando apenas a força de vontade, talvez você escolha fazê-lo, mas será irrelevante. É impossível contrair a pupila voluntariamente. Virar a página está sob seu controle; os músculos que alteram o tamanho da sua pupila, não.

A vida começa com o desamparo. O recém-nascido não consegue se conter pois ele* é basicamente uma criatura feita de reflexos. Quando chora, a mãe vem, apesar de isso não querer dizer que ele *controle* o aparecimento da mãe. O choro é um mero reflexo diante da dor e do incômodo. Ele não escolhe quando chorar. Apenas um conjunto de músculos parece estar sob seu mínimo controle voluntário: o da sucção. Às vezes, os últimos anos de nossa vida envolvem um mergulho no desamparo. Podemos perder a habilidade de andar. Infelizmente, podemos perder o controle do intestino e da bexiga que adquirimos no nosso segundo ano de vida. Podemos perder a capacidade de nos lembrar de certas palavras. Por fim, podemos perder a capacidade de falar e até a capacidade de conduzir os pensamentos.

---

* Ao longo deste livro, quando o pronome "ele" for empregado, assim como nesta frase, significando apenas "ser humano", peço ao leitor que entenda como "ele ou ela". Usar "ele ou ela" em todas as ocorrências seria inoportuno e distrativo, e no momento não parece haver uma alternativa viável, mas não tenho dúvida de que no devido tempo a língua dará um jeito nisso.

O longo período entre a infância e os últimos anos de vida é um processo de afloramento do desamparo e do crescimento de controle pessoal. O controle pessoal é a capacidade de mudar algo por meio de atos voluntários: é o oposto do desamparo. Nos primeiros três ou quatro meses de vida, os movimentos rudimentares dos braços e das pernas do bebê se tornam sujeitos ao controle voluntário dele. A agitação dos braços se refina, se transformando no ato de esticá-los. Em seguida, para o desânimo dos pais, o choro se torna voluntário: agora o bebê pode berrar sempre que quiser a mãe. Ele abusa desse novo poder até que pare de funcionar. O primeiro ano termina com dois milagres do controle voluntário: os primeiros passos e as primeiras palavras. Se tudo correr bem, se as necessidades mentais e físicas da criança em desenvolvimento forem minimamente saciadas, os anos seguintes são de desamparo decrescente e de controle pessoal crescente.

Muitas coisas na vida fogem ao nosso controle — a cor dos nossos olhos, nossa etnia, a seca. Mas existe um terreno vasto e sem dono de ações sobre as quais podemos assumir o controle — ou ceder o controle a terceiros ou ao destino. Essas ações abrangem a forma como escolhemos levar a vida, como lidamos com os outros ou ganhamos nosso sustento — todos os aspectos da existência sobre os quais normalmente temos certo poder de escolha.

O modo como pensamos sobre esse campo da vida pode de fato diminuir ou expandir o domínio que temos sobre ele. Nossos pensamentos não são meras reações aos acontecimentos; eles influenciam nossas ações. Por exemplo: se nos consideramos incapazes de fazer a diferença no que nossos filhos se tornam, ficamos paralisados ao lidar com esse aspecto da vida. A simples ideia de que "nada do que eu faça importa" nos impede de agir. E assim cedemos o controle aos colegas e professores dos nossos filhos e às circunstâncias. Quando superestimamos nosso desamparo, outras forças assumem o controle e moldam o futuro dos nossos filhos.

Veremos neste livro que o pessimismo moderado, utilizado criteriosamente, tem sua serventia. Porém, meus 25 anos de estudo me convenceram que, se tivermos o *hábito* de acreditar, como fazem os pessimistas, que o azar é culpa nossa, é duradouro e minará tudo o que fizermos, mais azar se abaterá sobre nós do que se acreditarmos no contrário. Também tenho convicção de que aqueles dominados por esse ponto de vista são mais propensos à depressão, atingem menos seu potencial e adoecem com mais frequência. Profecias pessimistas são autorrealizáveis.

Um exemplo comovente é o caso de uma moça que conheci, estudante de uma universidade em que eu lecionava. Durante três anos seu orientador, um professor de literatura inglesa, foi extremamente prestativo, quase afetuoso. Seu apoio, além das notas altas da estudante, levou-a a receber uma bolsa para estudar em Oxford no penúltimo ano. Ao voltar da Inglaterra, seu interesse havia mudado de Dickens, a especialidade do orientador, para os romancistas britânicos anteriores, em especial Jane Austen, a especialidade de um dos colegas do professor. O orientador tentou convencê-la a fazer sua monografia a respeito de Dickens, mas pareceu aceitar sem ressentimentos a decisão dela de trabalhar com Austen e concordou em prosseguir como seu co-orientador.

Três dias antes da apresentação oral, o orientador oficial enviou um recado à banca examinadora acusando a jovem de plágio. Seu crime, ele declarou, foi não dar crédito a duas fontes acadêmicas em suas afirmações sobre a adolescência de Jane Austen, de fato assumindo os créditos por tais percepções. Plágio é o mais grave dos pecados acadêmicos, e o futuro inteiro da moça — sua bolsa de estudos para fazer pós-graduação e até a pós-graduação em si — estava sob ameaça.

Quando examinou os trechos que o professor dissera que ela não creditara, descobriu que ambos vinham da mesma fonte — o próprio professor. Ela os obtivera durante uma conversa casual, em que ele falou das percepções como se fossem suas próprias considerações sobre a questão; nunca mencionou as fontes publicadas de onde as tirara. A moça foi derrubada por um orientador preocupado em perdê-la.

Muitos teriam ficado furiosos. Não Elizabeth. O pensamento pessimista se apoderou dela. Ela tinha certeza de que a banca a consideraria culpada. E se convenceu de que não tinha como provar o contrário. Seria a palavra dela contra a dele, e ele era o professor. Em vez de se defender, ela desmoronou, enxergando todos os aspectos da situação sob a pior das luzes. Era tudo culpa sua, dizia a si mesma. A verdade é que não importava se o professor tinha tirado as ideias de outra pessoa. O principal era que ela havia "roubado" as ideias, já que não dera crédito ao professor. Elizabeth acreditava ter trapaceado; na verdade, ela *era* uma trapaceira, e era provável que sempre tivesse sido.

Pode parecer incrível ela ter conseguido se culpar quando era tão óbvia sua inocência. Mas pesquisas criteriosas revelam que pessoas com pensamento pessimista são capazes de transformar contratempos em desastres. Uma forma de fazê-lo é converter a própria inocência em culpa. Elizabeth desenterrou lembranças que pareciam confirmar seu veredicto extremado: a vez em que, no sétimo ano, colou as respostas de um teste de outra menina; na Inglaterra, quando não corrigiu a impressão que alguns amigos ingleses tinham de que sua família era rica. E agora essa "fraude" na escrita de sua monografia. Ela ficou em silêncio na audiência com a banca examinadora e seu diploma lhe foi negado.

Essa história não tem um final feliz. Com seus planos fracassados, sua vida foi arruinada. Nos últimos dez anos vem trabalhando como vendedora. Tem poucas aspirações. Já não escreve e nem sequer lê literatura. Continua pagando pelo que considerou ser seu crime.

Não houve crime, apenas uma fragilidade humana comum: um modo de pensar pessimista. Caso tivesse dito a si mesma: "Fui enganada. Aquele imbecil armou para mim", ela teria se mostrado à altura da própria defesa e contado sua história. O fato de o professor ter sido demitido de um emprego anterior por ter agido da mesma forma poderia ter emergido. Ela teria se formado com louvor... se tivesse uma outra maneira de levar as adversidades de sua vida.

Nosso jeito de pensar não é imutável. Uma das descobertas mais importantes da psicologia nos últimos vinte anos é que os indivíduos podem escolher sua forma de pensar.

A ciência da psicologia nem sempre se interessou por jeitos individuais de pensar, ou por atos individuais, ou pelo indivíduo em si. Muito pelo contrário. Quando eu era aluno de pós-graduação em psicologia, 25 anos atrás, dilemas como o que acabei de descrever não eram explicados como são hoje em dia. Na época, supunha-se que as pessoas fossem produtos do meio em que viviam. A explicação prevalecente dos atos humanos era de que as pessoas eram "empurradas" por impulsos internos ou "puxadas" por acontecimentos externos. Embora os detalhes sobre um ou outro dependessem da teoria na qual se acreditava, no âmbito geral, todas as teorias populares concordavam quanto a essa posição. Os freudianos declaravam que mágoas da época da infância norteavam o comportamento adulto. Os seguidores de B. F. Skinner sustentavam que um comportamento era repetido somente quando reforçado externamente. Os etólogos afirmavam que o comportamento era baseado em padrões de ação fixos determinados pelos genes, e os behavioristas adeptos de Clark Hull defendiam que somos instigados a agir pela necessidade de reduzir impulsos e saciar necessidades biológicas.

A partir de 1965, as explicações vigentes começaram a mudar radicalmente. O meio em que a pessoa vivia foi considerado cada vez menos importante no estudo do comportamento humano. Quatro ideias diferentes convergiram na afirmação de que a autonomia, e não as forças externas, poderiam explicar os atos humanos.

- Em 1959, Noam Chomsky escreveu uma crítica arrasadora ao livro seminal de B. F. Skinner, *O comportamento verbal*. Chomsky argumentou que a linguagem, em particular, e os atos humanos, em geral, não resultavam do fortalecimento de hábitos verbais antigos por meio do reforço. A essência da linguagem, disse ele, está no fato de ser gerativa: mesmo frases que nunca foram ditas ou ouvidas (tais como "Tem um monstro roxo sentado no seu colo") seriam compreendidas imediatamente.[1]
- Jean Piaget, o grande pesquisador suíço do desenvolvimento infantil, convenceu boa parte do mundo — os norte-americanos foram os últimos — de que a mente em expansão de todas as crianças poderia ser estudada cientificamente.
- Em 1967, com a publicação de *Psicologia cognitiva*, de Ulric Neisser, um novo campo atraiu a imaginação dos jovens psicólogos experimentais que fugiam dos dogmas do behaviorismo. A psicologia cognitiva argumentava que os mecanismos da mente humana podiam ser mensurados, e suas consequências, estudadas, empregando como modelo o processamento de informações de computadores.
- Psicólogos behavioristas descobriram que o comportamento animal e o comportamento humano eram inadequadamente explicados por impulsos e necessidades e começaram a invocar as cognições — os pensamentos — do indivíduo para justificar comportamentos complexos.

Portanto, as teorias predominantes na psicologia mudaram de enfoque no fim da década de 1960, passando do poder do meio à expectativa, preferência, escolha, decisão, controle e desamparo individuais.

Essa mudança fundamental no campo da psicologia está intimamente relacionada à mudança fundamental na nossa própria psicologia. Pela primeira vez na história — por causa da tecnologia, da distribuição e produção em massa, entre outras razões —, uma quantidade grande de pessoas é capaz de ter um grau relevante de escolha e, portanto, de controle pessoal da própria vida. Nenhuma dessas escolhas diz respeito à nossa forma de pensar. De modo geral, as pessoas aceitaram esse controle de bom grado. Somos de uma sociedade que garante a cada um de seus membros poderes que nunca houve antes, uma sociedade que leva muito a sério os prazeres e as dores individuais, que exalta o indivíduo e considera a satisfação pessoal um objetivo legítimo, um direito praticamente sagrado.

DEPRESSÃO

Com a liberdade surge o risco. Pois a época do individualismo é também a época daquele fenômeno que tem uma ligação muito próxima com o pessimismo: a depressão, a manifestação suprema do pessimismo. Estamos no meio de uma epidemia de depressão, com consequências que, por meio do suicídio, tira tantas vidas quanto a epidemia de aids, além de ser muito mais disseminada. A depressão profunda é dez vezes mais corriqueira hoje do que há cinquenta anos. Atinge duas vezes mais mulheres do que homens, e agora ocorre uma década antes na vida do indivíduo do que na geração anterior.[2]

Até pouco tempo atrás, havia somente duas formas aceitáveis de pensar a depressão: a psicanalítica e a biomédica. A perspectiva psicanalítica se baseia num artigo escrito por Sigmund Freud há quase 75 anos. As especulações de Freud se fundamentavam em pouquíssimos estudos de caso e num uso bastante livre da imaginação. Alegava que a depressão era raiva voltada contra si mesmo: o depressivo se considera desprezível e tem vontade de se matar. O depressivo, disse Freud, aprende a se odiar nos joelhos da mãe. Algum dia, ainda no começo da vida do bebê, a mãe inevitavelmente pode abandonar a criança, pelo menos sob o ponto de vista da criança. (Ela sai de férias ou volta muito tarde para casa ou tem outro filho.) Em algumas crianças, isso gera raiva, mas como a mãe é muito amada para ser alvo de raiva, a criança se volta contra um alvo mais aceitável — ela mesma (ou, para ser mais exato, aquela parte de si que se identifica com a mãe). Isso se torna um hábito destrutivo. Agora, sempre que o abandono a atingir novamente, a criança ficará irada consigo mesma em vez de se voltar contra o verdadeiro culpado. A autodepreciação, a depressão como reação à perda, o suicídio — todos ocorrem de forma ordenada.[3]

Na visão de Freud, se livrar da depressão não é uma tarefa simples. A depressão é o produto de conflitos da infância que continuam sem resolução sob camadas sólidas de defesa. Freud acreditava que somente quebrando essas camadas e, enfim, resolvendo os conflitos antigos a tendência à depressão poderia minguar. Ano após ano de psicanálise — a batalha conduzida pelo terapeuta através de lembranças da infância para se entender as origens do desvio da ira contra si — é a receita de Freud para a depressão.

Apesar de seu poder sobre a imaginação norte-americana (em especial a de Manhattan), acho essa ideia absurda; ela condena sua vítima a anos de uma conversa unidirecional sobre o passado turvo, e distante, a fim de superar um problema que geralmente teria se resolvido sozinho em questão de meses. Em mais de 90% dos casos, a depressão é temporária: ela vem e passa. Os episódios duram entre três e doze meses. Apesar de milhares de pacientes terem centenas de milhares de sessões, não há provas de que a terapia psicanalítica funciona para tratar a depressão.

Pior: ela culpa a vítima. A teoria psicanalítica argumenta que, devido a falhas de caráter, a vítima causou isso a si mesma. Ela *quer* estar deprimida. É motivada pelo ímpeto da autopunição a passar dias intermináveis sofrendo, e a se matar, se tiver oportunidade.

Não faço essa crítica à teoria freudiana como um todo. Freud foi um grande libertador. Em suas primeiras obras sobre histeria (perdas físicas como a paralisia sem causa física aparente), ele teve a audácia de examinar a sexualidade humana e enfrentar seus aspectos mais sombrios. No entanto, seu sucesso no uso do submundo da sexualidade para explicar a histeria suscitou uma fórmula que ele usou pelo resto da vida. Todo sofrimento mental virou uma transmutação de uma parte abjeta da pessoa, e para Freud as partes abjetas eram a essência do ser, o que havia de mais básico e universal. Essa premissa implausível, um insulto à natureza humana, inaugurou uma época em que tudo pode ser dito:

Você quer fazer sexo com a sua mãe.

Você quer matar o seu pai.

Você cria fantasias de que seu filho recém-nascido vai morrer porque quer que ele morra.

Você quer passar o resto da sua vida numa angústia infinita.

Seus segredos mais asquerosos e íntimos são seu verdadeiro eu.

Usadas dessa forma, as palavras perdem o vínculo com a realidade: tornam-se dissociadas das emoções e da experiência comum, convencional, da humanidade. Tente dizer alguma dessas frases a um mafioso armado.

A segunda perspectiva (e a mais aceitável) sobre a depressão é a biomédica. A depressão, dizem os psiquiatras biológicos, é uma doença do corpo. Vem de um defeito bioquímico herdado — localizado, talvez, no braço do cromossomo número 11 — que produz um desequilíbrio da química cerebral. Os biopsiquiatras tratam a depressão com medicamentos ou terapia eletroconvulsiva, popularmente conhecida como "tratamento de choque". São soluções rápidas, baratas e razoavelmente eficazes.[4]

A perspectiva biomédica, ao contrário da psicanalítica, tem razão até certo ponto. Algumas depressões parecem ser resultantes de um cérebro que funciona mal e, em certa medida, são hereditárias. Muitos pacientes respondem (bem lentamente) a remédios antidepressivos e (vivamente) à terapia eletroconvulsiva. Mas essas vitórias são apenas parciais, verdadeiras facas de dois gumes. Antidepressivos e fortes correntes elétricas atravessando o cérebro podem causar efeitos colaterais horríveis, que uma grande minoria de pessoas deprimidas não tolera. Além disso, a visão biomédica comete o simplismo de tirar conclusões gerais de um número pequeno de depressões resistentes, herdadas, que em geral reagem a medicamentos, e aplicá-las às depressões bem mais comuns, cotidianas, que afligem tantas pessoas. Uma proporção considerável de deprimidos não herdou a depressão dos pais, e não existe indícios de que a depressão branda possa ser aliviada com a ingestão de remédios.

Pior de tudo, a abordagem biomédica transforma em pacientes pessoas essencialmente normais e as torna dependentes de forças externas — comprimidos dispensados por um médico benevolente. Os antidepressivos não são viciantes no sentido habitual: o paciente não anseia por eles quando o remédio é retirado. Na verdade, quando o paciente tratado com sucesso para de tomar os medicamentos, é comum que a depressão volte. O paciente medicado com eficácia não pode creditar a si mesmo a conquista da felicidade e a capacidade de agir com um simulacro de normalidade: ele tem que dar crédito aos comprimidos. Os antidepressivos são um exemplo tão bom do excesso de medicação da nossa sociedade quanto o uso de calmantes para se ter paz de espírito e alucinógenos para se ver a beleza. Em todos esses casos, os problemas emocionais que poderiam ser resolvidos com esforço e ações são entregues a um agente externo.

E se a maioria das depressões for muito mais simples do que os biopsiquiatras e os psicanalistas acreditam ser?

- E se a depressão não for algo que você se sinta instigado a causar a si mesmo, mas algo que se abate sobre você?
- E se a depressão não for uma doença mas um mau humor grave?
- E se seu modo de agir não estiver associado a conflitos do passado? E se, na verdade, a depressão for deflagrada por problemas atuais?
- E se a depressão se origina de inferências que fazemos a partir das tragédias e contratempos que vivenciamos ao longo da vida?
- E se a depressão ocorre meramente quando nutrimos crenças pessimistas sobre as causas dos nossos contratempos?
- E se pudéssemos desaprender o pessimismo e adquirir a capacidade de olhar os contratempos com otimismo?

CONQUISTAS

A visão tradicional das conquistas, assim como a visão tradicional da depressão, precisa ser revisada. Os ambientes de trabalho e as escolas funcionam sob a suposição convencional de que o sucesso resulta da combinação de talento e vontade. Quando ocorre um fracasso é porque faltou talento ou vontade. Mas o fracasso também pode acontecer quando talento e vontade estão presentes em abundância, mas não o otimismo.

Desde a creche, são frequentes os testes de talento — testes de QI, provas, vestibulares etc. —, exames que muitos pais consideram tão importantes para o futuro do filho que pagam para a criança ser instruída para fazê-los. Em cada fase da vida, essas avaliações supostamente separam os competentes dos menos competentes. Embora o talento tenha se mostrado mensurável, ele se revelou deprimentemente difícil de ser ampliado. Cursos intensivos pré-vestibular podem até aumentar as notas dos alunos, porém o verdadeiro grau de talento continua intacto.

A vontade é outra questão: ela pode ser facilmente elevada. Pastores despertam a vontade da salvação em uma ou duas horas. Num instante, propagandas sagazes causam uma vontade que não existia. Seminários podem aumentar a motivação e deixar funcionários empolgados e exuberantes. Porém, essas vontades são efêmeras. O desejo ardente de salvação mingua sem o atiçamento constante; o desejo de comprar um produto é esquecido em poucos minutos ou é substituído por um novo desejo. Seminários estimulantes funcionam por poucos dias ou semanas, depois é necessário um novo estímulo.

Mas e se a visão tradicional dos elementos do sucesso for enganosa?

- E se houver um terceiro fator — otimismo ou pessimismo — tão importante quanto o talento ou a vontade?
- E se, mesmo com todo o talento e toda a vontade necessários, você fracassar por ser pessimista?
- E se na verdade os otimistas se saírem melhor na escola, no trabalho e nos esportes?
- E se o otimismo for uma habilidade passível de aprendizagem, que possa ser adquirida *permanentemente*?
- E se pudermos incutir essa habilidade nos nossos filhos?

SAÚDE

A visão tradicional da saúde se revela tão falha quanto a visão tradicional do talento. Otimismo e pessimismo afetam a saúde de forma quase tão nítida quanto os fatores físicos.

A maioria das pessoas imagina que a saúde física é uma questão puramente física e determinada pelo biotipo, pelos hábitos de saúde e pela habilidade em evitar os germes. Elas acreditam que grande parte de seu biotipo é resultante de seus genes, apesar de ser possível melhorá-lo com hábitos alimentares corretos, exercícios vigorosos, evitando o colesterol ruim, fazendo exames médicos com frequência, usando cinto de segurança. As doenças podem ser evitadas com vacinação, higiene rigorosa, sexo seguro, afastando-se de pessoas resfriadas, escovando os dentes três vezes por dia etc. Quando a saúde de alguém falha, portanto, deve ser pelo biotipo fraco, por hábitos pouco higiênicos ou por ter tido contato com muitos germes.

Essa visão convencional omite um grande determinante da saúde — nossas próprias cognições. A saúde física é algo sobre o qual temos muito mais controle pessoal do que provavelmente suspeitamos. Por exemplo:

- Nossa forma de pensar, principalmente sobre a saúde, altera nossa saúde.
- Otimistas contraem menos doenças contagiosas do que pessimistas.
- Otimistas têm hábitos mais saudáveis do que pessimistas.
- Nosso sistema imunológico talvez funcione melhor quando somos otimistas.
- Indícios mostram que otimistas vivem mais do que pessimistas.

Depressão, conquistas e saúde física são três dos aproveitamentos mais óbvios do otimismo adquirido. Mas há também o potencial de um novo entendimento de si mesmo.

Ao final deste livro, você saberá o seu nível de pessimismo ou otimismo e será capaz de mensurar o otimismo de seu cônjuge e de seus filhos, se assim desejar. Estará apto até para medir quanto era pessimista. Entenderá melhor por que fica deprimido — fica para baixo ou cai em desespero profundo — e por que não consegue escapar da depressão. Entenderá melhor os momentos em que fracassou embora tivesse talento e muita vontade de atingir sua meta. Também terá aprendido uma nova série de técnicas para estancar a depressão e evitar que ela volte. Você pode optar por usar essas técnicas no seu dia a dia quando achar necessário. Há cada vez mais indícios de que elas são eficazes para melhorar sua saúde. Além disso, você poderá dividir as técnicas com seus entes queridos.

O mais importante é que você também vai começar a compreender a nova ciência do controle pessoal.

O otimismo adquirido não é uma redescoberta do "poder do pensamento positivo". As técnicas do otimismo não vieram do mundo cor-de-rosa da escola dominical. Não consistem em fazer declarações positivas para si mesmo. Descobrimos no decorrer dos anos que esse tipo de técnica tem pouco, ou nenhum, impacto. O que é crucial é o que você pensa ao fracassar, usando o poder do "pensamento não negativo". Mudar as coisas destrutivas que você diz para si mesmo ao vivenciar os contratempos que a vida coloca no caminho de todos nós é uma técnica essencial do otimismo.

A maioria dos psicólogos passa a vida trabalhando dentro de categorias tradicionais de problemas: depressão, conquista, saúde, decepções políticas, maternidade, organizações comerciais etc. Passei a vida inteira tentando criar uma nova categoria que fosse além desses padrões tradicionais. Vejo acontecimentos como sucessos ou fracassos do controle pessoal.

Enxergar as coisas dessa forma faz o mundo parecer bem diferente. Pegue um conjunto de acontecimentos que parece não ter relação entre si: depressão e suicídio se tornando corriqueiros; uma sociedade que alça a satisfação pessoal a um direito; a corrida vencida não pelo mais veloz, mas pelo mais confiante; pessoas sofrendo de doenças crônicas em idade assustadoramente tenra e morrendo antes da hora; pais inteligentes e dedicados gerando filhos frágeis, mimados; uma terapia que cura a depressão mudando apenas o pensamento consciente. No lugar em que alguns veriam essa mistura de sucessos e fracassos, sofrimentos e triunfos, como absurda e desconcertante, vejo tudo como uma única questão. Este livro, bem ou mal, segue esse meu ponto de vista.

Começo apresentando a vocês a teoria do controle pessoal e seus dois conceitos básicos: o desamparo aprendido e o estilo explicativo. Eles estão interligados.

O *desamparo aprendido* é a reação de desistir, o ato de renúncia decorrente da crença de que nada do que se faça tem importância. O *estilo explicativo* é o modo como você costuma explicar a si mesmo o porquê de as coisas acontecerem como acontecem. É o grande modulador do desamparo aprendido. Um estilo explicativo otimista estanca o desamparo, já o estilo explicativo pessimista perpetua o desamparo. A forma como você explica os acontecimentos para si mesmo determina quanto você se desarma, ou se energiza, ao se deparar tanto com contratempos cotidianos quanto com derrotas monumentais. Considero o estilo explicativo um reflexo da "palavra em seu âmago".[5]

Todos nós carregamos uma palavra, um "não" ou um "sim". É provável que você não saiba intuitivamente qual das duas o define, mas pode descobrir, com um ótimo grau de precisão, qual é ela. Em breve, você vai se testar e descobrir seu nível de otimismo ou pessimismo.

O otimismo tem um espaço importante em alguns, mas não todos, âmbitos da vida. Não é uma panaceia. Mas pode protegê-lo contra a depressão; pode aumentar seu índice de conquistas; pode melhorar seu bem-estar físico; é um estado mental bem mais agradável de se estar. O pessimismo, por outro lado, também tem seu espaço, e você vai descobrir sobre seu aspecto redentor nos próximos capítulos.

Ainda que os testes indiquem que você é pessimista, a questão não está encerrada. Ao contrário de muitas características pessoais, o pessimismo básico não é fixo e imutável. Você pode aprender as técnicas para se libertar da tirania do pessimismo e usar o otimismo quando assim desejar. Essas técnicas não são simplíssimas de aprender, mas é possível dominá-las. O primeiro passo é descobrir a palavra em seu âmago. Não é coincidência que esse também seja o primeiro passo rumo a uma nova compreensão da mente humana, que foi se desenvolvendo ao longo do último quarto de século — um entendimento de como o senso de controle pessoal de um indivíduo determina seu destino.

2. O desamparo aprendido

Aos treze anos, já tinha percebido uma coisa: quando meus pais me mandavam dormir na casa do meu melhor amigo, Jeffrey, era sinal de que algo estava muito errado. Da última vez que isso aconteceu, descobri que minha mãe tinha feito uma histerectomia. Dessa vez eu sentia que o problema era com o meu pai. Ele andava muito esquisito. Em geral, era tranquilo e firme, assim como eu imaginava que um pai deveria ser. Agora ele volta e meia ficava emotivo, às vezes irritado, às vezes choroso.

Indo de carro para a casa de Jeffrey naquela tarde, pelas ruas que escureciam na área residencial de Albany, Nova York, ele de repente ofegou e parou o carro no meio-fio. Ficamos em silêncio, e por fim ele me disse que por um ou dois minutos havia perdido a força do lado esquerdo do corpo. Percebi o medo na voz dele e fiquei apavorado.

Ele tinha apenas 49 anos, estava no auge. Cria da Grande Depressão, ele foi do desempenho extraordinário na faculdade de direito a um emprego seguro como funcionário público em vez de se arriscar a tentar algo que talvez pagasse melhor. Naquele ano, tinha resolvido dar o primeiro passo audacioso de sua vida: concorreria a um alto cargo no estado de Nova York. Fiquei muito orgulhoso por ele.

Eu também estava passando por uma crise, a primeira da minha jovem vida. Naquele outono, meu pai havia me tirado da escola pública, onde eu era feliz, e me colocado em uma academia militar particular, pois essa era a única escola de Albany que colocava jovens inteligentes em boas faculdades. Logo percebi que eu era o único garoto de classe média numa escola de meninos ricos, muitos deles de famílias que estavam em Albany por 250 anos ou mais. Eu me sentia rejeitado e sozinho.

Meu pai estacionou em frente à casa de Jeffrey, e eu me despedi com o coração apertado. Ao amanhecer, no dia seguinte, acordei em pânico. Não sei como, mas sabia que precisava ir para casa, sabia que alguma coisa estava acontecendo. Saí de fininho e corri os seis quarteirões até a minha casa. Cheguei a tempo de ver uma maca sendo carregada pelos degraus da entrada. Meu pai estava deitado ali. Observando detrás de uma árvore, notei que ele tentava ser forte, mas escutei seus murmúrios de que não conseguia se mexer. Ele não me viu e nunca soube que testemunhei seu momento mais tenebroso. Três derrames vieram em seguida, que o deixaram permanentemente paralisado e à mercê de acessos de tristeza e, por mais bizarro que pareça, de euforia. Estava física e emocionalmente desamparado.

Não fui levado para visitá-lo no hospital ou, durante algum tempo, na Casa de Repouso Guilderland. Por fim, o dia chegou. Quando entrei no quarto dele, percebi que ele tinha tanto medo quanto eu de que eu o visse naquele estado de desamparo.

Minha mãe falou com ele sobre Deus e a vida após a morte.

"Irene", ele sussurrou, "eu não acredito em Deus. Não acredito em nada depois do que aconteceu comigo. Só acredito em você e nas crianças, e não quero morrer."

Essa foi minha introdução ao sofrimento causado pelo desamparo. Ver meu pai naquele estado, como fiz diversas vezes até sua morte, anos depois, ditou o rumo da minha busca. O desespero dele foi meu estímulo.

Um ano depois, por insistência da minha irmã mais velha, que sempre levava suas leituras de faculdade para o irmão precoce, li Sigmund Freud pela primeira vez. Estava deitado na rede lendo *Conferências introdutórias*. Quando cheguei à parte em que ele fala das pessoas que sonham frequentemente com seus dentes caindo, senti uma onda de identificação. Eu também tinha aqueles sonhos! Fiquei perplexo com sua interpretação. Para Freud, sonhos com dentes caindo simbolizam a castração e expressam culpa pela masturbação. Quem sonha teme que o pai puna o pecado da masturbação através da castração. Fiquei me perguntando como ele me conhecia tão bem. Mal sabia eu que, para produzir esse lampejo de identificação no leitor, Freud tirou proveito da coincidência entre a ocorrência comum desse tipo de sonho na adolescência e a ocorrência ainda mais comum da masturbação. Sua explicação combinava a medida certa de plausibilidade fascinante e pistas irresistíveis de que mais revelações viriam pela frente. Decidi naquele momento que queria passar a vida fazendo perguntas como as de Freud.

Alguns anos depois, quando fui para Princeton decidido a me tornar psicólogo ou psiquiatra, descobri que o departamento de psicologia de Princeton era medíocre, mas o departamento de filosofia era de primeira linha. Tinha a impressão de que filosofia da mente e filosofia da ciência estavam interligadas. Quando terminei minha graduação em filosofia moderna, continuava convicto de que as perguntas de Freud estavam certas. Já as respostas... não me eram mais plausíveis, e seu método — dando saltos gigantescos baseado em poucos casos — me parecia horroroso. Passei a acreditar que só por experimentos a ciência conseguiria desvendar as causas e efeitos abarcados por problemas emocionais tais como o desamparo — e em seguida aprender a curá-los.

Fiz uma pós-graduação para estudar psicologia experimental. No outono de 1964, um ávido rapaz de 21 anos com apenas um diploma de bacharel debaixo do braço, cheguei ao laboratório de Richard L. Solomon na Universidade da Pensilvânia. Queria desesperadamente estudar sob a orientação de Solomon. Ele não só era um dos maiores teóricos da aprendizagem no mundo inteiro como também estava envolvido exatamente com o tipo de trabalho que eu queria fazer: Solomon tentava entender os fundamentos da doença mental a partir de experimentos cuidadosamente controlados em animais.

O laboratório de Solomon ficava no edifício Hare, o prédio mais antigo e encardido do campus, e quando abri a porta bamba, meio que imaginei que ela fosse se soltar das dobradiças. Vi Solomon do outro lado da sala, alto e magro, quase completamente calvo, imerso no que parecia sua própria aura de intensidade intelectual. Mas se Solomon estava absorto, todas as outras pessoas do laboratório estavam distraídas.

Seu aluno de pós-graduação mais antigo, Bruce Overmier, um homem do Centro-Oeste americano, simpático, quase solícito, logo se prontificou a explicar.

"São os cachorros", declarou Bruce. "Os cachorros não fazem nada. Tem algo de errado com eles. Ninguém consegue fazer os experimentos." Ele prosseguiu dizendo que, ao longo das últimas semanas, os cães do laboratório — usados no que ele chamou de experiência de "transferência", o que não esclarecia nada para mim — tinham passado por condicionamento pavloviano. Dia após dia, foram expostos a dois tipos de estímulo — sons agudos e choques curtos. Os sons e os choques eram realizados sequencialmente — primeiro o som, em seguida o choque. Os choques não eram muito dolorosos, o tipo de sustinho que levamos ao tocar na maçaneta num dia seco de inverno. A ideia era fazer os cães associarem o som neutro ao choque nocivo para que depois, ao escutar o som, eles reagissem como se tomassem o choque: com medo. Era apenas isso.[1]

Depois do condicionamento, a parte principal do experimento começou. Os cães tinham sido levados a uma caixa com dois compartimentos separados por uma divisória baixa. Os pesquisadores queriam ver se os cães, agora na caixa, reagiriam ao som como tinham aprendido a reagir ao choque — pulando a barreira para escapar. Caso a resposta fosse afirmativa, ficaria demonstrado que a aprendizagem emocional poderia ser transposta para situações muito diferentes.

Primeiro os cães teriam que aprender a pular a barreira para escapar do choque; depois do aprendizado, fariam testes para ver se apenas os sons instigariam a mesma reação. Deveria ser mamão com açúcar. Para escapar do choque, precisariam apenas pular a barreira baixa que dividia a caixa. Os cães geralmente aprendem isso com facilidade.

Esses cães, disse Overmier, só ficavam deitados, ganindo. Nem tentavam fugir dos choques. E isso, é claro, significava que era impossível prosseguir com o que de fato queriam: testar os cachorros em relação aos sons.

Enquanto eu escutava Overmier e olhava para os cachorros lamurientos, me dei conta de que já havia acontecido algo muito mais relevante do que qualquer resultado do experimento de transferência poderia gerar: por acidente, durante a primeira parte da experiência, os cães deviam ter aprendido a ser desamparados. Era por isso que tinham desistido. Os sons não tinham nada a ver com isso. Durante o condicionamento pavloviano, sentiam os choques serem ligados e desligados independentemente se lutassem ou se pulassem ou se latissem ou se não fizessem nada. Eles haviam percebido, ou "aprendido", que nada do que faziam importava. Então para que tentar?

Fiquei pasmo com as implicações. Se os cães eram capazes de aprender algo tão complexo quanto a inutilidade de seus atos, havia ali uma analogia com o desamparo humano, uma analogia que podia ser estudada em laboratório. O desamparo estava em todo lugar: da miséria à criança recém-nascida passando pelo paciente abatido encarando a parede. A vida do meu pai fora destruída pelo desamparo, mas não havia estudos científicos sobre o tema. Minha cabeça estava em polvorosa: seria aquele o modelo laboratorial do desamparo humano, o modelo que poderia ser usado para entendermos como ele surge, como curá-lo, como preveni-lo, quais remédios poderiam funcionar e quem eram aqueles especialmente vulneráveis?

Embora fosse a primeira vez que eu observava o desamparo aprendido no laboratório, eu sabia do que se tratava. Outras pessoas já tinham presenciado aquela reação antes, mas a consideravam um aborrecimento, não um fenômeno que por si só merecia ser estudado. De algum modo, minha vida e experiência — talvez o impacto que a paralisia do meu pai teve sobre mim — tinham me preparado para ver o que era aquilo. Eu precisaria dos dez anos seguintes para provar à comunidade científica que o que afligia aqueles cães era o desamparo, e que o desamparo podia ser aprendido e, portanto, desaprendido.

Por mais empolgado que estivesse com as possibilidades dessa descoberta, ficava abatido por outra coisa. Os alunos de pós-graduação daquele laboratório davam choques (por menos dolorosos que fossem) em cães inocentes. "Eu conseguiria trabalhar ali?", me questionei. Sempre amei os animais, principalmente os cachorros, portanto a perspectiva de causar dor — mesmo que leve — era muito desagradável. Tirei o fim de semana de folga e fui dividir minhas dúvidas com um dos meus professores de filosofia. Embora só alguns anos mais velho que eu, eu o julgava sábio. Ele e a esposa sempre tiveram tempo para mim e me ajudavam a solucionar os problemas e as contradições que permeavam a vida dos estudantes de graduação na década de 1960.

"Observei uma situação no laboratório que pode ser o ponto de partida para a compreensão do desamparo", declarei. "Ninguém nunca pesquisou o desamparo, mas eu não tenho certeza se consigo levar essa ideia adiante, porque não acho certo dar choques em cães. Mesmo se não for errado, é repugnante." Relatei minhas análises, os possíveis resultados e, acima de tudo, meus receios.

Meu professor era estudante de ética e da história da ciência, e sua linha de questionamento era inspirada nesses temas. "Marty, tem outro jeito de você atacar o problema do desamparo? Que tal estudos de caso com pessoas desamparadas?"

Estava claro para nós dois que os estudos de caso eram um beco científico sem saída. Um estudo de caso é uma anedota sobre a vida de uma única pessoa. Não proporciona uma forma de descobrir o que causou o quê; em geral, não existe nem um jeito de descobrir o que aconteceu de verdade, a não ser pelos olhos do narrador, que sempre tem seu ponto de vista e, por isso, distorce a narrativa. Estava igualmente claro que somente experiências controladas poderiam isolar a causa e descobrir a cura. Além do mais, não havia uma forma ética de provocar traumas em seres humanos. Parecia só me restar experimentos com animais.

"É justificável infligir dor a qualquer criatura?", indaguei.

Meu professor me lembrou de que a maioria dos seres humanos, bem como os animais domésticos, só está viva hoje devido a experimentos com animais. Sem eles, ele garantiu, a poliomielite ainda correria solta e a varíola seria comum. "Por outro lado", ele continuou, "nós dois sabemos que a história da ciência está cheia de promessas que não foram honradas — técnicas que aliviariam o sofrimento humano mas acabaram não aliviando nada."

"Gostaria de fazer duas perguntas sobre o que você se propõe a fazer. Primeira: existe uma chance razoável de que você elimine muito mais dor a longo prazo do que a dor que vai causar a curto prazo? Segunda: os cientistas podem tirar conclusões gerais que se apliquem às pessoas a partir de experiências em animais?"

Minha resposta para ambas as perguntas era sim. Em primeiro lugar, eu acreditava ter um modelo que poderia desvendar o mistério do desamparo humano. Se conseguisse, o possível alívio da dor seria imenso. Em segundo, eu sabia que a ciência já havia desenvolvido uma série de testes claros projetados para revelar quando a generalização a partir dos animais teria mais chances de funcionar ou não. Resolvi fazer esses testes.

Meu professor avisou que volta e meia os cientistas ficavam absortos nas próprias ambições e convenientemente se esqueciam dos ideais que defendiam ao começar. Ele pediu que eu estabelecesse duas condições: no dia que ficasse claro para mim que já tinha descoberto os fundamentos do que precisava saber, eu deixaria de trabalhar com os cães. No dia em que descobrisse as respostas para as grandes questões que precisavam dos animais para serem respondidas, eu nunca mais trabalharia com animais.

Voltei ao laboratório com grandes expectativas de criar um modelo animal de desamparo. Somente um aluno, Steven Maier, acreditou que essa pesquisa seria relevante. Um rapaz tímido, estudioso, do coração do Bronx, Maier logo mergulhou no projeto. Tinha crescido na pobreza e se destacado na Escola Secundária de Ciências do Bronx. Ele sabia o que era o desamparo do mundo real e gostava da batalha. Também tinha a forte sensação de que valia a pena dedicar sua carreira à tentativa de descobrir um modelo animal de desamparo. Bolamos um experimento para demonstrar que os animais eram capazes de aprender o desamparo. Demos ao experimento o nome de "triádico", já que envolvia a junção de três grupos.[2]

No primeiro grupo, daríamos um choque escapável: ao empurrar um painel com o focinho, o cão conseguiria desligar o choque. Esse cão, portanto, teria controle, pois uma de suas reações seria relevante.

O mecanismo que dava os choques nos cães do segundo grupo seria "ligado" ao do primeiro: receberiam exatamente os mesmos choques, mas nenhuma reação que tivessem faria diferença. O choque que um cachorro do segundo grupo sentisse cessaria apenas quando o cão do primeiro grupo empurrasse o painel.

O terceiro grupo não receberia choque nenhum.

Depois que os cães dos três grupos fossem condicionados, cada um segundo sua categoria, seriam postos nas caixas. Seria fácil aprender a pular a barreira para fugir do choque. Entretanto, elaboramos a hipótese de que, se os cães do segundo grupo tivessem aprendido que não importava o que fizessem, eles ficariam deitados durante o choque e nada fariam.

O professor Solomon não escondia seu ceticismo. Não havia espaço nas teorias da psicologia que estavam em voga na época para a ideia de que os animais — ou as pessoas — pudessem aprender a ser desamparados. "Os organismos", declarou Solomon, quando o procuramos para discutir nosso projeto, "são capazes de aprender reações somente quando tais reações geram recompensas ou punições. No experimento que vocês estão propondo, as reações não estariam relacionadas a recompensas ou punições. Elas viriam independentemente do que o animal fizesse. Isso não produz aprendizagem em nenhuma das teorias da aprendizagem existente." Bruce Overmier intercedeu. "Como é possível que os animais aprendam que nada que façam importa?", questionou. "Os animais não têm uma vida mental dessa magnitude; é provável que não tenham cognição nenhuma."

Ambos, embora céticos, continuavam nos apoiando. Também nos instavam a não tirar conclusões precipitadas. Talvez os animais deixassem de fugir do choque por alguma outra razão, e não por terem aprendido que reagir seria inútil. O estresse do próprio choque podia fazer com que esses cães parecessem prestes a desistir.

Steve e eu tínhamos a impressão de que o experimento triádico também testaria essas possibilidades, já que os grupos que recebiam choques escapáveis e inescapáveis passariam pelo mesmo estresse físico. Caso tivéssemos razão e o desamparo fosse o ingrediente essencial, somente os cães que levavam os choques inescapáveis desistiriam.

No começo de janeiro de 1965, expusemos o primeiro cão a choques dos quais poderia escapar e o segundo cão a choques idênticos dos quais não poderia escapar. O terceiro cão ficou em paz. No dia seguinte, levamos os cães para a caixa e todos tomaram choques de que poderiam escapar facilmente pulando a barreira baixa que dividia a caixa ao meio.

Em poucos segundos, o cão que aprendera a controlar os choques descobriu que podia pular a barreira e fugir. O cão que antes não havia levado choques fez essa mesma descoberta em questão de segundos. Mas o cão que se deu conta de que nada do que fazia importava não se esforçou para escapar, ainda que fosse fácil ver por cima da barreira baixa a zona da caixa em que não havia choque. Melancólico, ele desistiu e se deitou, apesar de receber choques regulares da caixa. Nunca descobriu que podia escapar do choque simplesmente pulando para o outro lado.

Repetimos esse experimento em oito triádicos. Seis dos oito cães no grupo desamparado ficaram sentados na caixa e desistiram, mas nenhum dos oito cães no grupo que aprendeu que podia controlar o choque desistiu.

Steve e eu estávamos convencidos de que apenas acontecimentos inescapáveis provocavam a desistência, pois o padrão idêntico de choque, se estivesse sob controle do animal, não gerava desistência. Estava claro que os animais tinham a capacidade de aprender que seus atos eram inúteis e, depois que aprendiam, paravam de tomar a iniciativa: tornavam-se passivos. Havíamos pegado a premissa básica da teoria da aprendizagem — de que a aprendizagem acontece apenas quando uma reação gera uma recompensa ou uma punição — e provado que estava errada.

Então, escrevemos um artigo sobre a nossa descoberta, e para a nossa surpresa o editor do *Journal of Experimental Psychology*, em geral o periódico mais conservador, julgou conveniente transformá-lo no artigo principal da edição. O desafio foi lançado aos teóricos da aprendizagem mundo afora. Ali estavam dois estudantes imaturos de pós-graduação dizendo ao magnânimo B. F. Skinner, o guru do behaviorismo, e a todos os seus discípulos que eles estavam enganados em sua premissa mais básica.

Os behavioristas não se deram por vencidos. O professor mais venerável do nosso departamento — que havia sido editor do *Journal of Experimental Psychology* durante vinte anos — me escreveu um bilhete dizendo que um rascunho do nosso artigo o deixara "verdadeiramente nauseado". Num encontro internacional, fui abordado pelo principal discípulo de Skinner — no banheiro masculino, acredite se quiser — e informado de que os animais "não aprendem nada *daquilo*, eles só aprendem reações".

Não existem muitas experiências na história da psicologia que possam ser chamadas de cruciais, mas Steve Maier, na época com apenas 24 anos, havia elaborado uma delas. Foi um ato corajoso, pois o experimento de Steve batia de frente com uma ortodoxia extremamente arraigada, o behaviorismo. Ao longo de sessenta anos o behaviorismo dominou a psicologia norte-americana. Todos os figurões da área da aprendizagem eram behavioristas, e por duas gerações quase todos os bons empregos acadêmicos foram concedidos a behavioristas. Tudo isso apesar de o behaviorismo ser nitidamente inverossímil. (A ciência com frequência tira proveito do inverossímil.)

Assim como ocorria com o freudianismo, a principal ideia do behaviorismo ia contra o senso comum. Os behavioristas insistiam que *todo* comportamento de uma pessoa era determinado *apenas* por seu histórico de recompensas e punições. Atos que foram recompensados (um sorriso, por exemplo, que levara a um afago) provavelmente seriam repetidos, e atos punidos possivelmente seriam suprimidos. E era só isso.

A consciência — pensar, planejar, esperar, relembrar — não tinha efeito nenhum sobre as ações. É como o velocímetro de um carro: ele não faz o carro andar, só reflete o que está acontecendo. O ser humano, afirmavam os behavioristas, é totalmente moldado pelo meio externo — por recompensas e punições — em vez dos pensamentos íntimos.

É difícil acreditar que pessoas inteligentes possam ter passado tanto tempo aceitando tal ideia, mas, desde o final da Primeira Guerra Mundial, a psicologia norte-americana era governada pelos dogmas do behaviorismo. O atrativo desse conceito, tão implausível à primeira vista, é basicamente ideológico. O behaviorismo adota uma visão bastante otimista do organismo humano, que torna o progresso sedutoramente simples: a única coisa que você precisa fazer para mudar a pessoa é mudar o meio. As pessoas cometem crimes porque são pobres, portanto, se a pobreza for eliminada, o crime desaparece. Se pegar um ladrão, você pode reabilitá-lo mudando as contingências de sua vida: puna pelo roubo e recompense por qualquer comportamento construtivo que demonstre. O preconceito é causado pela ignorância e pode ser superado caso passe a conhecer o sujeito contra o qual se tem preconceito. A tolice é gerada pela privação dos estudos e pode ser superada com a escolarização universal.

Enquanto os europeus adotavam uma abordagem genética do comportamento — falando em termos de traços de caráter, genes, instintos e assim por diante —, os norte-americanos abraçavam a ideia de que o comportamento era totalmente determinado pelo meio. Não é mero acaso que os dois países onde o behaviorismo prosperou — os Estados Unidos e a União Soviética — sejam ao menos em tese os berços do igualitarismo. "Todos os homens nascem iguais" e "de cada qual, segundo sua capacidade; a cada qual, segundo suas necessidades" eram as bases do behaviorismo bem como dos sistemas políticos norte-americano e soviético, respectivamente.

A situação era essa em 1965, quando preparávamos nosso contra-ataque aos behavioristas. Considerávamos uma grande bobagem o conceito behaviorista de que tudo se resume a recompensas e punições que reforçam associações. Veja só a explicação dos behavioristas de um rato empurrando uma barra para ganhar comida: quando o rato que ganhou comida empurrando a barra repete o gesto, é porque a associação entre empurrar a barra e comida já tinha sido reforçada pela recompensa. Ou a explicação behaviorista do trabalho humano: o ser humano vai para o trabalho apenas porque a reação à ida ao trabalho já foi reforçada pela recompensa, não pela expectativa da recompensa. A vida mental da pessoa ou do rato ou não existe ou não exerce função causal na visão de mundo behaviorista. Por outro lado, acreditávamos que os acontecimentos mentais eram causais: o rato *espera* que empurrar a barra traga comida; o ser humano *espera* que ir trabalhar resulte em seu salário. Sentíamos que boa parte do comportamento voluntário era motivado pela expectativa da recompensa.

Com relação ao desamparo aprendido, Steve e eu acreditávamos que os cães ficavam deitados na caixa porque tinham aprendido que nenhum de seus atos fazia diferença, portanto acreditavam que nenhum dos seus atos importaria no futuro. Depois de formada essa expectativa, nenhuma atitude seria tomada.

"Ser passivo pode ter duas fontes", Steve destacou com seu leve sotaque do Bronx a membros cada vez mais críticos da nossa conferência semanal de pesquisa. "Assim como idosos numa casa de repouso, você aprende a ser passivo se isso compensar. Os funcionários são muito mais legais se você parecer dócil do que se parecer exigente. Ou pode se tornar passivo se desistir completamente, se acreditar que absolutamente nada do que faz — sendo dócil ou exigente — tem relevância. Os cães não são passivos porque aprenderam que a passividade desliga o choque; na verdade, eles desistiram porque já esperavam que nenhuma reação faria diferença."

Os behavioristas não podiam dizer que os cães "desamparados" tinham aprendido a expectativa de que nada importava: o behaviorismo, afinal, sustentava que a única coisa que um animal — ou um ser humano — seria capaz de aprender era uma ação (ou, no jargão da profissão, uma reação motora); jamais aprenderia um pensamento ou uma expectativa. Portanto, os behavioristas se contorceram em busca de uma explicação, argumentando que algo tinha acontecido aos cães que os recompensara por ficarem deitados; de uma forma ou de outra, os cães deviam ter sido recompensados por ficarem quietos.

Os cães levavam choques inescapáveis. Havia momentos, argumentaram os behavioristas, em que os cães por acaso estavam sentados quando os choques cessavam. Os behavioristas disseram que a interrupção da dor nesses momentos seria um reforçador e os estimulava a sentar. Agora os cães se sentariam ainda mais, continuaram os behavioristas, e o choque pararia de novo, e o ato de se sentarem seria ainda mais reforçado.

Esse argumento era o último refúgio de uma perspectiva seriamente ponderada (apesar de, na minha opinião, equivocada). Seria igualmente fácil defender que os cães não foram recompensados só por ficarem sentados, e sim punidos — já que o choque às vezes *continuava* quando os cães estavam sentados; os choques seriam uma punição ao ato de se sentarem e deveriam ter suprimido essa reação. Os behavioristas ignoravam esse vácuo lógico no argumento deles e insistiam que a única coisa que os cães tinham aprendido era a reação resoluta de ficarem parados. Retrucamos que estava claro que os cães, diante do choque sobre o qual não tinham nenhum controle, eram capazes de processar informações, portanto conseguiam aprender que nada do que faziam importava.

Foi nessa altura que Steve Maier elaborou um teste brilhante. "Vamos fazer os cães passarem pelo mesmo processo que os behavioristas dizem que os torna superdesamparados", sugeriu Steve. "Eles dizem que os cães são recompensados por ficarem sentados? Pois bem, vamos recompensá-los quando ficarem sentados. Sempre que ficarem parados por cinco segundos, vamos desligar o choque." O que quer dizer que o teste faria de propósito o que os behavioristas diziam estar acontecendo por acidente.

Os behavioristas acreditavam que a recompensa por ficarem parados geraria cães inertes. Steve discordava. "Vocês e eu sabemos que os cães vão aprender que ficar parados faz com que o choque cesse. Vão aprender que podem parar o choque ficando imóveis por cinco segundos. Vão pensar: 'Ei, o que não me falta é controle'. E, segundo a nossa teoria, depois que os cães aprendem o controle, nunca mais ficam desamparados."

Steve montou um experimento dividido em duas partes. Primeiro, os cães do que Steve chamava de Grupo Sentado-Parado vivenciariam um choque que cessaria apenas se ficassem imóveis por cinco segundos. Controlariam o choque ficando parados. O segundo grupo, denominado Grupo Subjugado, levaria um choque sempre que o Grupo Sentado-Parado o levasse, mas nada que os cães do Grupo Subjugado fizessem seria capaz de influenciar o experimento. O choque só cessaria quando os cães do Grupo Sentado-Parado ficassem sentados. O terceiro grupo não receberia choques.

A segunda parte do experimento envolvia levar todos os cachorros para a caixa a fim de que aprendessem a fugir pulando o obstáculo. Os behavioristas previam que, quando levassem o choque, tanto os cães do Grupo Sentado-Parado quanto do Grupo Subjugado ficariam parados e parecem desamparados, porque os dois grupos já tinham sido recompensados ao serem poupados do choque enquanto esperavam. Dos dois grupos, prognosticavam os behavioristas, o Grupo Sentado-Parado teria ainda mais chances de ficar imóvel, pois tinha sido constantemente recompensado pela inércia, enquanto os cães do Grupo Subjugado só o foram algumas vezes. Os behavioristas também diriam que o Grupo Sem Choque não seria afetado.

Nós, cognitivistas, discordávamos. Nossa previsão era de que o Grupo Sentado-Parado, quando aprendesse que possuía controle sobre o momento em que o choque pararia, não se tornaria desamparado. Quando tivessem a chance de pular a barreira da caixa, pulariam prontamente. Também prevíamos que a maioria do Grupo Subjugado ficaria desamparada e que, é claro, o Grupo Sem Choque não seria afetado e escaparia do choque com agilidade.

Portanto, conduzimos os cães pela primeira parte do experimento e depois os colocamos na caixa. Eis o que aconteceu:

A maior parte do Grupo Subjugado ficou sentada, conforme as duas facções haviam previsto. Os cães do Grupo Sem Choque não foram afetados. Quanto aos cães do Grupo Sentado-Parado, ao entrarem na caixa, ficaram inertes por alguns segundos, esperando o choque cessar. Já que não cessava, deram umas voltinhas na tentativa de descobrir outra forma passiva de desligar os choques. Concluíram logo que ela não existia e rapidamente pularam a barreira.

Quando duas visões de mundo batem de frente, como a visão dos behavioristas e dos cognitivistas no que dizia respeito ao desamparo aprendido, é muito difícil elaborar um experimento que deixe o lado oposto sem resposta. Foi isso o que Steve Maier fez aos 24 anos.[3]

As tentativas acrobáticas dos behavioristas de encontrar uma resposta me lembravam a questão dos epiciclos. Os astrônomos renascentistas ficaram perplexos com as observações cuidadosas que Tycho Brahe fazia do céu.[4] Volta e meia os planetas pareciam recuar dentro de sua trajetória. Os astrônomos que acreditavam que o Sol orbitava a Terra explicavam tais movimentos retrógrados por meio de "epiciclos" — círculos menores dentro de um círculo maior, pelos quais, teorizavam, corpos celestes desviavam periodicamente. À medida que mais observações eram registradas, os astrônomos tradicionais precisavam acrescentar mais epiciclos. Por fim, aqueles que acreditavam que a Terra fazia um círculo em volta do Sol (na verdade, uma órbita elíptica) venceram os que defendiam a centralidade da Terra, simplesmente porque a perspectiva deles abarcava menos epiciclos e, portanto, era mais "limpa". A expressão "acrescentar epiciclos" passou a ser aplicada a cientistas de todas as áreas que, enfrentando a dificuldade de defender uma tese vacilante, postulam desesperadamente subteses improváveis na esperança de respaldá-la.

Nossas descobertas, com as de pensadores tais como Noam Chomsky, Jean Piaget e os psicólogos do processamento da informação, ajudaram a expandir o campo de pesquisa para a mente e levar os behavioristas ao isolamento total. Em 1975, o estudo científico dos processos mentais das pessoas e dos animais já tinha superado o do comportamento de ratos como tema predileto em teses de doutorado.

Steve Maier e eu havíamos descoberto como gerar o desamparo aprendido. Mas, após causá-lo, como curá-lo?

Selecionamos um grupo de cachorros que foram ensinados a ser desamparados e arrastamos esses coitados de um lado para o outro da caixa, pulando a barreira e voltando, até que começaram a se mexer segundo a própria vontade e passaram a entender que seus atos tinham, sim, relevância. Depois disso, a cura foi 100% segura e permanente.

Ao trabalhar na questão da prevenção, descobrimos um fenômeno a que demos o nome de "imunização": aprender previamente que sua reação tem importância é um jeito de prevenir o desamparo aprendido. Descobrimos até que os cães que aprenderam essa aptidão quando filhotes continuaram imunes ao desamparo aprendido a vida inteira. As implicações disso, para os seres humanos, eram fascinantes.

Nós havíamos estabelecido os princípios básicos da teoria, e, conforme eu havia resolvido naquele dia em Princeton, em que meu professor e eu discutimos a ética de fazer experimentos com animais, Steve Maier e eu paramos os experimentos com cães.

VULNERABILIDADE E INVULNERABILIDADE

A essa altura, nossos artigos eram publicados com regularidade. Teóricos da aprendizagem reagiam como previsto: com incredulidade, um bocado de raiva e críticas exaltadas. A controvérsia, bastante técnica e tediosa, tinha se arrastado por vinte anos, e sabe-se lá como parecíamos tê-la vencido. Até os behavioristas mais teimosos acabaram ensinando seus alunos sobre o desamparo aprendido e fazendo pesquisas sobre o assunto.

As reações mais construtivas vieram de cientistas interessados em aplicar o desamparo aprendido a problemas do sofrimento humano. Uma das mais intrigantes veio de Donald Hiroto, um nipo-americano de trinta anos estudante de pós-graduação na Oregon State University. Hiroto estava à procura de um projeto de tese e pediu os detalhes do que havíamos feito. "Quero tentar fazer a experiência com pessoas em vez de cães ou ratos", escreveu, "e ver se realmente se aplica à condição humana. Meus professores estão bastante céticos."

Hiroto começou a fazer um experimento parecido com os que tínhamos feito com os cachorros: primeiro levou um grupo de pessoas a uma sala, acionou um barulho alto e lhes deu a tarefa de aprender a desligá-lo. Tentaram todas as combinações do painel que tinham à mão, mas era impossível parar o barulho. Nenhuma combinação o desligava. Outro grupo conseguia desligar o barulho ao inserir a combinação correta. Um terceiro grupo não foi submetido a barulho nenhum.

Mais tarde, Hiroto levou as pessoas a uma sala em que havia uma caixa. A pessoa botava a mão num lado e ouvia um incômodo barulho sibilante; se movesse a mão para o outro lado, o barulho parava.

Em 1971, Hiroto me telefonou certa tarde.

"Marty", ele disse, "acho que conseguimos resultados significativos... talvez mais do que significativos. Acredite se quiser, mas a maioria das pessoas a quem demos o barulho inescapável no começo, quando bota a mão na 'caixa', fica parada!" Dava para perceber que Hiroto estava empolgado, embora tentasse manter o tom profissional. "Foi como se tivessem aprendido que são incapazes de desligar o barulho, então nem tentavam, apesar de tudo ter mudado — o tempo e o espaço, tudo isso. Eles levaram aquele desamparo diante do barulho para o novo experimento. Mas veja só: todas as outras pessoas — as que tinham sido submetidas ao barulho escapável ou a barulho nenhum — aprenderam a desligar o barulho com bastante facilidade!"

Tive a sensação de que esse poderia muito bem ser o ápice de anos de pesquisa e trabalho. Se as pessoas podiam aprender o desamparo diante de uma irritação banal tal como um barulho, talvez fosse verdade que pessoas mundo afora, vivenciando casos em que seus atos eram inúteis, vivenciando traumas sérios, também estavam sendo ensinadas a ser desamparadas. Talvez a reação humana à perda de modo geral — a rejeição daqueles que amamos, uma demissão, a morte do cônjuge — pudesse ser entendida por meio do modelo de desamparo aprendido.*

---

* Apresso-me em dizer que os voluntários desse e de todos os outros experimentos a respeito do desamparo que envolviam seres humanos não saíram do laboratório em depressão. No final da sessão, mostrava-se ao participante que o barulho era manipulado, ou o problema, irresolvível. Com isso, seus sintomas desapareciam.

Segundo as descobertas de Hiroto, uma em cada três pessoas que ele tentou tornar desamparadas não sucumbia.[5] O número era importantíssimo. Um em cada três dos nossos cães também não se tornou desamparado após o experimento com o choque inescapável. Testes subsequentes, usando gravações de Bill Cosby que eram ligadas e desligadas independentemente do que as pessoas fizessem, ou níqueis que caíam das máquinas de forma imprevisível, corroboraram as descobertas de Hiroto.

O teste de Hiroto gerou outro resultado fascinante: cerca de uma em cada dez pessoas que não foram submetidas ao barulho ficou sentada na "caixa" desde o início, sem se mexer, sem fazer nada a respeito do barulho irritante. De novo havia um forte paralelo com os nossos testes em animais. Um em cada dez dos nossos cães também era desamparado desde o começo.

Nossa satisfação foi logo substituída por uma curiosidade brutal. Quem desiste fácil e quem nunca desiste? Quem sobrevive quando o trabalho não dá em nada ou é rejeitado por alguém que ama intensamente há muito tempo? E *por quê*? Está claro que certas pessoas não se impõem: assim como os cachorros desamparados, elas se encolhem. E algumas se impõem: assim como os participantes indomáveis do experimento, elas se levantam e, com a vida um pouco mais pobre, conseguem dar a volta por cima. Os sentimentais chamam isso de "triunfo da vontade humana" ou "a coragem de ser" — como se esses rótulos explicassem isso.

Agora, depois de sete anos de experimentos, ficou claro para nós que o atributo extraordinário da resiliência perante a derrota não precisava continuar sendo um mistério. Não era uma característica inata: ela podia ser adquirida. E explorar as implicações colossais dessa descoberta é no que venho trabalhando na última década e meia.

3. Explicando a falta de sorte

A Universidade de Oxford é um lugar assustador para se dar uma palestra. Não tanto pelos pináculos e pelas gárgulas ou mesmo pela noção de que há mais de sete séculos aquele local encabeça o mundo intelectual. O que me assusta de verdade são os dignitários de Oxford. Eles compareceram em peso em abril de 1975 para escutar o psicólogo norte-americano em ascensão que tirava seu ano sabático do Instituto de Psiquiatria do Maudsley Hospital, em Londres, e foi a Oxford para falar de sua pesquisa. Enquanto arrumava meu discurso na tribuna e olhava com nervosismo para a plateia, vi o etólogo Niko Tinbergen, laureado com o Nobel em 1973. Vi Jerome Bruner, um ilustre acadêmico que havia pouco tempo viera de Harvard a Oxford para assumir a cátedra Regius de desenvolvimento infantil. Quem também apareceu foi Donald Broadbent, o fundador da psicologia cognitiva moderna e cientista social "aplicado" mais notável do mundo, e Michael Gelder, o mestre da psiquiatria britânica. E também Jeffrey Gray, o renomado expert em ansiedade e cérebro. Eram os gigantes da minha profissão. Eu me sentia como um ator empurrado para o palco para fazer um solilóquio diante de Alec Guinness, John Gielgud e Laurence Olivier.

Iniciei meu discurso sobre o desamparo aprendido e fiquei aliviado ao perceber que os dignitários reagiam com sensatez, alguns assentindo diante das minhas conclusões, a maioria rindo das minhas piadas. Mas no meio da primeira fila havia um estranho intimidante. Ele não ria das minhas brincadeiras e, em diversos momentos cruciais, ele balançou a cabeça. Parecia estar contando os erros que eu tinha cometido sem saber.

Por fim, a palestra terminou. O aplauso foi de apreço; fiquei aliviado, pois o evento agora estava encerrado, a não ser pelas trivialidades educadas que eram tradicionalmente proporcionadas pelo professor incumbido de ser o "debatedor". O debatedor, no entanto, era o sujeito do contra sentado na primeira fila. Seu nome era John Teasdale. Aquele nome não me era estranho, mas eu não sabia nada sobre ele. Teasdale, ao que constava, era um novo professor do departamento de psiquiatria, recém-saído do departamento de psicologia do Maudsley Hospital, em Londres.

"Vocês não deviam se deixar levar por essa história encantadora", disse ele à plateia. "A teoria é totalmente inadequada. Seligman omitiu o fato de que um terço dos voluntários humanos nunca se tornou desamparado. Por quê? E dos que se tornaram, alguns se recuperaram logo depois; já outros jamais se recuperaram. Alguns ficaram desamparados apenas naquela exata situação na qual aprenderam a ser desamparados: já não tentavam mais escapar do barulho. Outros desistiam em situações novas. Precisamos nos perguntar o porquê. Alguns perderam a autoestima e botaram em si mesmos a culpa por não conseguir escapar do barulho, enquanto outros botaram a culpa no pesquisador por lhes dar problemas insolúveis. Por quê?"

Expressões desconcertadas surgiram no rosto de muitos dos dignitários. A crítica contundente de Teasdale pusera tudo que eu havia falado em dúvida. Uma pesquisa de dez anos, que eu acreditava ser definitiva quando comecei a palestra, agora me parecia cheia de pontas soltas.

Fiquei sem reação. Achei que Teasdale tinha razão, o que me deixou constrangido por não ter pensado sozinho naquelas objeções. Murmurei algo sobre aquele ser o jeito de a ciência avançar e, a título de réplica, perguntei se o próprio Teasdale podia resolver o paradoxo que tinha me apresentado.

"Acho que posso, sim", ele respondeu. "Mas este não é nem o momento nem o lugar para isso."

Não vou revelar a solução de Teasdale por enquanto, pois primeiro vou pedir que você faça um teste curto, que vai ajudá-lo a descobrir se é otimista ou pessimista. Saber a resposta de Teasdale para a pergunta "por que algumas pessoas nunca ficam desamparadas" pode influenciar suas respostas.

TESTE O SEU OTIMISMO

Leve o tempo que precisar para responder as perguntas abaixo. Em média, o teste dura quinze minutos. Não existe resposta certa ou errada. É importante que você faça o teste *antes* de ler a análise que vem depois, a fim de garantir que suas respostas sejam as mais fiéis possíveis.

Leia a descrição de cada situação e se imagine vividamente nela. É provável que você não tenha vivenciado algumas das situações, mas não tem problema. Talvez nenhuma das respostas pareça a ideal; vá em frente e escolha a opção que melhor se aplicar a você. Pode ser que algumas das respostas soem mal, mas não escolha a que você *acha* que deveria escolher ou a que soaria correta para os outros; escolha a resposta que mais combina com você.

Marque apenas uma resposta por pergunta. Por enquanto, ignore os códigos com letras e números.

1. O projeto sob sua responsabilidade foi um grande sucesso.

                                                             SPs
   A. *Fiquei atento ao trabalho de todos.*   1
   B. *Todo mundo investiu muito tempo e energia nele.*   0

2. Você e seu cônjuge (namorado/namorada) fazem as pazes depois de uma briga.

                                                             SPm
   A. *Eu o/a perdoei.*   0
   B. *Costumo perdoar os outros.*   1

3. Você se perde dirigindo para a casa de um amigo.

                                                             IPs
   A. *Entrei na rua errada.*   1
   B. *Meu amigo me indicou o caminho errado.*   0

4. Seu cônjuge (namorado/namorada) lhe dá um presente de surpresa.

                                                             SPs
   A. *Ele/Ela acabou de ganhar um aumento.*   0
   B. *Eu o/a convidei para um jantar especial na véspera.*   1

5. Você se esqueceu do aniversário do cônjuge (namorado/namorada).

                                                                                    IPm

A. *Não sou bom em lembrar datas.*   1

B. *Estava preocupado com outras coisas.*   0

6. Você ganha flores de um admirador secreto.

                                                                                       SAb

A. *Ele/Ela me acha atraente.*   0

B. *Sou uma pessoa popular.*   1

7. Você concorre a um cargo público e vence.

                                                                                     SAb

A. *Dediquei muito tempo e energia à campanha.*   0

B. *Sempre trabalho duro.*   1

8. Você perde um compromisso importante.

                                                                                     IAb

A. *Às vezes a minha memória falha.*   1

B. *Às vezes esqueço de olhar minha agenda.*   0

9. Você concorre a um cargo público e perde.

                                                                                     IPs

A. *Não me dediquei o suficiente à campanha.*   1

B. *A pessoa que ganhou conhecia mais gente.*   0

10. Você oferece um jantar que foi um sucesso.

                                                                                     SPm

A. *Eu me superei na simpatia naquela noite.*   0

B. *Sou um bom anfitrião.*   1

11. Você impede um crime ligando para a polícia.

                                                                                     SPs

A. *Um barulho estranho chamou a minha atenção.*   0

B. *Naquele dia eu estava em estado de alerta.*   1

12. Você passou o ano inteiro extremamente saudável.

       SPs

   A. Como poucas pessoas ao meu redor adoeceram, não fui exposto.   0
   B. Fiz questão de comer bem e descansar bastante.   1

13. Você tem uma multa para pagar na biblioteca por ter atrasado a devolução de um livro.

       IPm

   A. Quando estou muito envolvido com a leitura, me esqueço do prazo.   1
   B. Eu estava tão absorto em escrever o relatório que me esqueci de devolver o livro.   0

14. Você ganha muito dinheiro no mercado de ações.

       SPm

   A. Meu corretor decidiu arriscar em algo novo.   0
   B. Meu corretor é um excelente investidor.   1

15. Você vence uma competição esportiva.

       SPm

   A. Estava me sentindo imbatível.   0
   B. Eu treino muito.   1

16. Você se saiu mal numa prova importante.

       IAb

   A. Não sou tão inteligente quanto as outras pessoas que fizeram a prova.   1
   B. Não me preparei muito bem.   0

17. Você preparou uma refeição especial para um amigo, mas ele mal tocou na comida.

       IAb

   A. Não sou um bom cozinheiro.   1
   B. Fiz a comida às pressas.   0

18. Você perdeu uma partida para a qual vinha treinando há muito tempo.

    IAb
    A. Não sou muito atlético. 1
    B. Não sou muito bom nesse esporte. 0

19. O combustível do seu carro acaba numa rua escura tarde da noite.

    IPs
    A. Não verifiquei quanto combustível ainda tinha no tanque. 1
    B. O indicador de combustível estava quebrado. 0

20. Você perde a paciência com um amigo.

    IPm
    A. Ele/Ela vive me irritando. 1
    B. Ele/Ela estava de mau humor. 0

21. Você é multado por não declarar o imposto de renda dentro do prazo.

    IPm
    A. Sempre deixo a declaração para a última hora. 1
    B. Tive preguiça de fazer a minha declaração este ano. 0

22. Você convida uma pessoa para sair e ela diz não.

    IAb
    A. Eu estava num dia ruim. 1
    B. Fiquei nervoso na hora de fazer o convite. 0

23. Você é escolhido pelo apresentador de um programa para participar de um jogo.

    SPs
    A. Eu estava sentado no lugar certo. 0
    B. Eu parecia ser a pessoa mais entusiasmada. 1

24. Você é sempre tirado para dançar em festas.

    SPm
    A. Sou muito simpático nas festas. 1
    B. Eu estava em excelente forma naquela noite. 0

25. Você compra um presente para o cônjuge (namorado/namorada) e ele/ela não gosta.

	IPs
A. *Não reflito muito sobre esse tipo de coisa.*	1
B. *Ele/Ela tem um gosto muito difícil.*	0

26. Você se saiu excepcionalmente bem numa entrevista de emprego.

	SPm
A. *Me senti extremamente confiante durante a entrevista.*	0
B. *Sou bom em entrevistas.*	1

27. Você conta uma piada e todo mundo ri.

	SPs
A. *A piada era engraçada.*	0
B. *Meu timing foi perfeito.*	1

28. Seu chefe pede para você finalizar um projeto em muito pouco tempo, mas você consegue entregá-lo mesmo assim.

	SAb
A. *Sou bom no que faço.*	0
B. *Sou uma pessoa eficiente.*	1

29. Você tem se sentido exausto ultimamente.

	IPm
A. *Nunca consigo tempo para relaxar.*	1
B. *Estive excepcionalmente atarefado esta semana.*	0

30. Você convida alguém para dançar e a pessoa diz não.

	IPs
A. *Não sou bom o bastante.*	1
B. *Ele/Ela não gosta de dançar.*	0

31. Você salva uma pessoa que estava engasgando.

	SAb
A. *Sei de uma boa técnica para esse tipo de situação.*	0
B. *Sei o que fazer em momentos de crise.*	1

32. Seu parceiro quer dar um tempo na relação.

                                                                                   IAb

A. *Sou muito egoísta.*   1
B. *Não passo tempo suficiente com ele/ela.*   0

33. Um amigo diz algo que fere seus sentimentos.

                                                                                   IPm

A. *Ele/Ela sempre fala as coisas sem pensar nos outros.*   1
B. *Ele/Ela estava de mau humor e sobrou para mim.*   0

34. Seu chefe pede um conselho seu.

                                                                                   SAb

A. *Sou especialista no assunto que ele me perguntou.*   0
B. *Sei dar bons conselhos.*   1

35. Um amigo agradece por tê-lo ajudado numa época difícil.

                                                                                   SAb

A. *Gosto de ajudá-lo quando as coisas estão complicadas.*   0
B. *Eu me importo com as pessoas.*   1

36. Você se diverte à beça numa festa.

                                                                                  SPs

A. *Todo mundo era simpático.*   0
B. *Fui simpático.*   1

37. Seu médico lhe diz que você está em ótima forma.

                                                                                  SAb

A. *Faço questão de me exercitar com frequência.*   0
B. *Sou muito ligado à saúde.*   1

38. Seu cônjuge (namorado/namorada) o leva para uma viagem romântica.

                                                                                   SPm

A. *Ele/Ela precisava de uns dias de descanso.*   0
B. *Ele/Ela gosta de conhecer novos lugares.*   1

39. Seu médico lhe diz que você come muito açúcar.

	IPs
A. *Não presto muita atenção na minha alimentação.*	1
B. *Não dá para evitar o açúcar: ele está em tudo.*	0

40. Você é solicitado para tocar um projeto importante.

	SPm
A. *Acabei de terminar um projeto parecido com sucesso.*	0
B. *Sou um bom supervisor.*	1

41. Você e seu cônjuge (namorado/namorada) têm brigado muito.

	IPs
A. *Tenho me sentido irritado e pressionado ultimamente.*	1
B. *Ele/Ela tem estado hostil.*	0

42. Você tomou vários tombos quando estava esquiando.

	IPm
A. *É difícil esquiar.*	1
B. *As trilhas estavam cheias de gelo.*	0

43. Você ganhou um prêmio reconhecido.

	SAb
A. *Resolvi um problema importante.*	0
B. *Fui o melhor funcionário.*	1

44. Suas ações nunca estiveram tão em baixa.

	IAb
A. *Na época em que comprei ações, não sabia muito sobre o mercado.*	1
B. *Escolhi mal as ações.*	0

45. Você ganhou na loteria.

	SPs
A. *Foi pura sorte.*	0
B. *Escolhi os números certos.*	1

46. Você engordou durante as férias e não consegue perder os quilos extras.

                     IPm
A. *Dietas não funcionam a longo prazo.*   1
B. *A dieta que tentei não funcionou.*   0

47. Você está no hospital e poucas pessoas vão visitá-lo.

                     IPs
A. *Fico irritadiço quando estou doente.*   1
B. *Meus amigos são negligentes em situações como essas.*   0

48. Seu cartão de crédito não foi aceito numa loja.

                     IAb
A. *Às vezes penso que tenho mais dinheiro.*   1
B. *Às vezes me esqueço de pagar o cartão de crédito.*   0

PONTUAÇÃO

   IPm____   SPm____
   IAb____   SAb____
      EsI____
   IPs____   SPs____

 Total de I____ Total de S____
     S - I____

Deixe o teste de lado por um instante. Você calculará sua pontuação depois, no decorrer deste capítulo.

ESTILO EXPLICATIVO

Quando John Teasdale contestou minha palestra em Oxford, por um instante senti como se anos de trabalho tivessem sido em vão. Eu não tinha como saber na época que o desafio de Teasdale resultaria naquilo que eu mais desejava: usar nossas descobertas para ajudar pessoas necessitadas e resignadas.

Sim, como havia afirmado Teasdale, duas em cada três pessoas ficavam desamparadas. Porém, ele havia enfatizado, uma em cada três resistia: independentemente do que lhe acontecesse, ela não desistia. Era um paradoxo, e até que isso fosse solucionado, minha teoria não poderia ser levada a sério.

Ao me encontrar com Teasdale após a palestra, perguntei se ele estaria disposto a trabalhar comigo com o objetivo de elaborar uma teoria adequada. Ele concordou, e passamos a nos encontrar com regularidade. Eu saía da minha casa, em Londres, e dávamos longas caminhadas pelas dependências bem cuidadas de Oxford e pelos prados arborizados conhecidos como The Backs falando de suas objeções. Eu perguntava qual seria a solução para o problema que havia me apresentado, a respeito de quem é ou não vulnerável ao desamparo. Para Teasdale, a solução se resumia ao seguinte ponto: como as pessoas justificam a si mesmas os eventos negativos de suas vidas. Ele acreditava que, dependendo do tipo de justificativa, as pessoas ficavam mais suscetíveis ao desamparo. Ensiná-las a mudar essas justificativas talvez fosse um jeito eficaz de tratar a depressão.

Durante minha estadia na Inglaterra, eu fazia viagens de uma semana aos Estados Unidos a cada dois ou três meses. Na minha primeira viagem, voltei à Universidade da Pensilvânia e descobri que minha teoria era atacada por contestações quase idênticas às propostas por Teasdale. Quem a contestava eram duas estudantes destemidas do meu próprio grupo de pesquisa, Lyn Abramson e Judy Garber.

Lyn e Judy se interessaram pelo trabalho de um homem que estava em voga na época, Bernard Weiner. No fim da década de 1960, Weiner, um jovem psicólogo social do campus de Los Angeles da Universidade da Califórnia, passou a questionar por que algumas pessoas eram bem-sucedidas e outras não. Ele concluiu que a forma como as pessoas pensavam nas causas dos sucessos e dos fracassos era o que de fato interessava. Sua abordagem era chamada de "teoria da atribuição". (Isto é, questionava a quais fatores as pessoas atribuíam seus sucessos e fracassos.)

Essa perspectiva se contrapunha à crença existente sobre o êxito, cuja demonstração clássica era chamada de PREE (partial reinforcement extinction effect) — o efeito de extinção de reforço parcial (EERP).[1] O EERP é uma velha anedota da teoria da aprendizagem. Se você der um grão de comida a um rato sempre que ele apertar uma barra, damos a esse gesto o nome de "reforço contínuo"; a razão recompensa/esforço é de um para um, um grão para uma apertada. Se você parar de oferecer comida quando o rato aperta a barra ("extinção"), o rato a aperta duas ou três vezes e depois para, pois percebe que nunca mais ganhará a comida, visto que o contraste é tão grande. Se, por outro lado, em vez do reforço um-para-um, você der ao rato um reforço "parcial" — digamos, a média de apenas um grão a cada cinco ou dez vezes que ele a aperta — antes da fase da extinção, ele apertará a barra centenas de vezes até desistir.

O EERP foi demonstrado nos anos 1930. Foi o tipo de experimento que estabeleceu a reputação de B. F. Skinner e o consagrou como o figurão dos behavioristas. O princípio EERP, no entanto, embora funcionasse com ratos e pombas, não dava certo com pessoas. Algumas desistiam assim que começava a extinção; outras seguiam em frente.

Weiner tinha uma noção do motivo para o experimento não funcionar com pessoas: aqueles que achavam que a causa da extinção era permanente — que concluíam, por exemplo, "O pesquisador decidiu não me recompensar mais" — desistiam de cara, e aqueles que achavam que a causa era passageira — "Está dando curto-circuito nessa porcaria desse equipamento" — seguiam adiante, pois imaginavam que a situação mudaria e a recompensa seria retomada. Quando Weiner fez esse experimento, obteve os resultados previstos. Foram as explicações que as pessoas se davam e não o cronograma de reforços que determinavam sua suscetibilidade ao EERP. A teoria da atribuição foi em frente, postulando que o comportamento humano é controlado não apenas pelo "cronograma de reforços" no meio ambiente, mas por um estado mental interno, o das explicações e justificativas que as pessoas criam para o meio ter regulado seus reforços desse jeito.

Esse trabalho teve grande impacto na área, principalmente em pesquisadores jovens como Lyn Abramson e Judy Garber. Ele moldou a mentalidade delas, e foi a lente através da qual elas examinaram a teoria do desamparo aprendido. Quando, durante minha primeira viagem da Inglaterra para os Estados Unidos, contei aos meus colegas o que John Teasdale dissera, Lyn e Judy replicaram que ele tinha razão e eu estava errado, e que a teoria teria de ser reformulada.

Lyn Abramson havia ingressado na Universidade da Pensilvânia no ano anterior, como aluna do primeiro ano de pós-graduação. Foi imediatamente considerada uma das melhores alunas de psicologia em anos. Contrariando sua aparência despojada — seu jeito não mundano, o jeans remendado, camisetas rasgadas —, ela tinha uma cabeça de primeira linha. Primeiro se propôs a descobrir quais drogas geravam o desamparo aprendido em animais e quais tornavam o desamparo menos provável. Assim ela tentava provar que a depressão e o desamparo eram a mesma coisa por meio da demonstração de que tinham os mesmos mecanismos químico-cerebrais.

Judy Garber tinha largado o programa em psicologia clínica de uma universidade no Sul num momento de crise pessoal. Refazendo sua vida, ela se voluntariou a trabalhar alguns anos no meu laboratório. Ela me disse que queria mostrar ao mundo que poderia contribuir de maneira relevante à psicologia, assim poderia se candidatar a um programa de pós-graduação de primeira linha. O pessoal do laboratório sempre ficava pasmo quando via aquela moça vestida de acordo com a moda, de unhas pintadas, dando a comida diária aos ratos brancos. Mas a competência de Judy, assim como a de Lyn, logo ficou patente, e em pouco tempo ela já estava envolvida em temas mais avançados. Na primavera de 1975, Judy também pesquisava o desamparo em animais. Quando surgiu a contestação de Teasdale, tanto Lyn quanto Judy abandonaram seus projetos e passaram a trabalhar conosco na reformulação de uma teoria que funcionasse melhor para as pessoas.

No decorrer da minha carreira, nunca vi muita serventia na tendência entre os psicólogos de evitar críticas. É uma antiga tradição herdada da psiquiatria, com seu autoritarismo médico e sua relutância em assumir erros. Voltando à época de Freud pelo menos, o mundo dos psiquiatras pesquisadores foi dominado por uma porção de déspotas que tratam dissidentes como invasores bárbaros que usurpam seus terrenos. Uma única palavra crítica da parte de um jovem discípulo era garantia de banimento do programa.

Sempre preferi a tradição humanista. Para os cientistas renascentistas, o crítico na verdade era um aliado, ajudando-os a avançar sem perder o horizonte da realidade. Os críticos na área científica não são como os críticos de teatro, que determinam quais serão os fracassos e os sucessos. As críticas aos cientistas são apenas mais uma forma de descobrir se você está enganado, como fazer um novo experimento para ver se ele confirma ou refuta uma teoria, por exemplo. Assim como o princípio da defesa no tribunal, trata-se de uma das melhores maneiras pelas quais os seres humanos evoluíram para chegar mais próximos da verdade.

Sempre ressaltei para meus alunos a importância de acolher as críticas. "Quero ser rebatido", eu dizia sempre. "Neste laboratório, o ganho vai para a originalidade, não para a bajulação." Agora Abramson e Garber, para não falar em Teasdale, me rebatiam, e eu não me irritei com a hostilidade. Fui logo recrutando os três como aliados no aprimoramento da teoria. Argumentava com minhas duas alunas brilhantes, às vezes por doze horas a fio, me esforçando para fazer com que a minha teoria incorporasse suas objeções.

Lancei-me em duas séries de conversas. A primeira, em Oxford, com Teasdale. O compromisso de John era com a terapia. Portanto, à medida que discutíamos como mudar a teoria, explorávamos a possibilidade de tratar a depressão mudando a forma como as pessoas explicavam a si mesmas as causas dos eventos negativos. A segunda, com Abramson e Garber, na Filadélfia, adquiriu os traços do forte interesse de Lyn pela etiologia — ou seja, as causas — das doenças mentais.

Teasdale e eu começamos a escrever um manuscrito juntos, sobre como a terapia para o desamparo e para a depressão deveria ser baseada na mudança das explicações que as pessoas dão. Concomitantemente, Abramson e eu encabeçamos outro texto acerca de como o estilo explicativo das pessoas podia causar desamparo e depressão.

Naquela época, por ironia do destino, o editor-chefe do *Journal of Abnormal Psychology* entrou em contato comigo. Ele disse que a polêmica do desamparo aprendido havia gerado muitos envios de artigos ao periódico, muitos deles atacando os mesmos pontos que John, Lyn e Judy tinham trazido à tona. O editor planejava dedicar uma edição inteira à batalha e perguntou se eu gostaria de escrever um dos artigos. Concordei e depois convenci Lyn e John a me deixarem fundir os dois artigos que estávamos redigindo separadamente. Eu achava importante que quando a nova teoria tivesse essa divulgação notável já existisse nossas respostas aos ataques.[2]

Nossa abordagem se baseou na teoria da atribuição de Bernard Weiner, mas diferia da teoria dele em três aspectos. Primeiro: nosso interesse estava nos *hábitos* de explanação, não numa única explicação que a pessoa dava para um fracasso específico. Alegávamos existir um *estilo* explicativo: tínhamos um estilo de enxergar as causas, e se tivéssemos a chance, imporíamos esse hábito ao nosso mundo. Segundo: enquanto Weiner falava em duas dimensões da explicação — permanência e personalização —, nós introduzimos uma nova, a abrangência. (Explicarei esses conceitos em breve.) Terceiro: Weiner estava interessado no êxito, mas nós estávamos focados em doenças mentais e terapia.

O número especial do *Journal of Abnormal Psychology* foi publicado em fevereiro de 1978. Continha o artigo escrito por Lyn, John e eu, respondendo de antemão as principais objeções à teoria original do desamparo aprendido. Foi bem recebido e gerou ainda mais pesquisas do que a teoria original. Partimos para a elaboração do questionário que você respondeu no começo deste capítulo. Após a concepção das perguntas, o estilo explicativo seria medido facilmente e a nossa abordagem poderia ser aplicada, para além do laboratório, a problemas humanos reais.

Todo ano, a Associação Americana de Psicologia concede o Prêmio Início de Carreira a um psicólogo que alcança um "avanço científico notável" nos primeiros dez anos de carreira. Eu fui contemplado em 1976 pela teoria do desamparo. Lyn Abramson recebeu o prêmio em 1982 pela reformulação dessa mesma teoria.

QUEM NUNCA DESISTE?

Qual é o *seu* jeito de pensar nas causas das coisas ruins, pequenas ou grandes, que acontecem com você? Certas pessoas, aquelas que desistem fácil, têm o costume de dizer: "A culpa é minha, vai durar para sempre, vai atrapalhar tudo o que eu fizer". Outros, os que resistem se entregar ao azar, dizem: "Foram as circunstâncias, vai acabar logo, e, além disso, a vida não se resume a isso".

O modo como você costuma explicar os eventos negativos, seu estilo explicativo, é mais do que apenas as palavras que você profere quando fracassa. É uma forma de pensar, aprendida na infância e na adolescência. Seu estilo explicativo se origina diretamente da sua forma de enxergar seu lugar no mundo — se você se acha valioso e merecedor ou inútil e incompetente. É o marco do otimista ou do pessimista.

Existem três dimensões cruciais em seu estilo explicativo: permanência, abrangência e personalização.

Permanência:

Aqueles que desistem facilmente acreditam que a causa das situações ruins que lhes acontecem é permanente — os problemas vieram para ficar e vão estar sempre ali para afetar sua vida. As pessoas que resistem ao sentimento de desamparo acreditam que as causas dos eventos negativos são temporárias.

PERMANENTE (PESSIMISMO)	TEMPORÁRIA (OTIMISMO)
"Estou no fundo do poço."	"Estou exausto."
"Dietas nunca funcionam."	"Dietas não dão certo quando a gente come fora."
"Você sempre reclama."	"Você reclama quando não arrumo o meu quarto."
"Meu chefe é um cretino."	"Meu chefe está de mau humor."
"Você nunca conversa comigo."	"Você não tem conversado comigo ultimamente."

Se você pensa nas coisas ruins em termos de *sempre* e *nunca* e como características duradouras, significa que você tem um estilo permanente, pessimista. Se pensa em termos de *às vezes* e *ultimamente*, qualificando os eventos negativos de efêmeros, você tem um estilo otimista.

Agora, voltemos ao teste. Veja os oito itens marcados com "IPm", que significa Infortúnio Permanente, que são as questões 5, 13, 20, 21, 29, 33, 42 e 46.

Elas indicam até que ponto você vê as causas dos eventos negativos como permanentes. As afirmações marcadas com 0 são otimistas; as marcadas com 1, pessimistas. Então, por exemplo, se você escolheu "Não sou bom em lembrar datas" (questão 5) em vez de "Estava preocupado com outras coisas", para explicar por que se esqueceu do aniversário do cônjuge, você escolheu uma causa mais permanente e, portanto, mais pessimista.

Some os números na margem direita das questões IPm e escrava o total no quadro de pontuação na página 64.

Se seu total foi 0 ou 1, você é muito otimista nessa dimensão;
2 ou 3 é moderadamente otimista;

4 está na média;

5 ou 6 é um pouco pessimista;

e se seu total foi 7 ou 8, a Parte III deste livro, "Mudanças: do pessimismo ao otimismo", será de grande utilidade para você.

Vou explicar aqui por que a dimensão da permanência tem tanta relevância, e também nossa resposta à contestação de John Teasdale quanto aos motivos pelos quais certas pessoas continuam desamparadas para sempre enquanto outras logo se recuperam.

O fracasso faz com que qualquer um fique pelo menos *temporariamente* desamparado. É como um soco no estômago. Dói, mas a dor passa — para alguns, quase instantaneamente. São essas as pessoas que pontuaram 0 ou 1. Para outras, a dor perdura: ferve, incomoda, até se transformar em rancor. Essas pessoas somaram 7 ou 8 pontos. Elas passam dias, às vezes meses, desamparadas, mesmo após contratempos pequenos. Se o fracasso for muito grande, podem nunca mais se recuperar.

O estilo otimista de explicar acontecimentos bons é exatamente o oposto do estilo otimista de explicar acontecimentos ruins. As pessoas que creem que os eventos positivos têm causas permanentes são mais otimistas do que as que creem que tenham causas temporárias.

TEMPORÁRIA (PESSIMISMO)	PERMANENTE (OTIMISMO)
"Hoje é o meu dia de sorte."	"Sempre tenho sorte."
"Eu me esforço muito."	"Sou talentoso."
"Meu adversário ficou cansado."	"Meu adversário não é bom."

Os otimistas explicam para si mesmos os acontecimentos bons como causas permanentes: características, habilidades, *sempre*. Os pessimistas apontam como causas transitórias: estado de espírito, esforço, *às vezes*.

Você provavelmente notou que certas perguntas do teste — metade delas, na verdade — eram sobre eventos positivos; por exemplo, "Você ganha muito dinheiro no mercado de ações". Some os pontos das questões marcadas com "SPM" ou Sorte Permanente. São as de números 2, 10, 14, 15, 24, 26, 38 e 40.

As que valem um ponto são as respostas permanentes, otimistas. Some os números à direita de cada questão e escreva o total na linha do quadro de pontuação marcado "spm" (página 64).

Se o seu total for de 7 ou 8, você é muito otimista sobre a probabilidade de eventos positivos continuarem acontecendo;
6 é moderadamente otimista;
4 ou 5 está na média;
3 é moderadamente pessimista;
e 0, 1 ou 2 é muito pessimista.

Aqueles que acreditam que eventos positivos têm causas permanentes se esforçam ainda mais depois da conquista. Aqueles que enxergam razões temporárias para esses eventos talvez desistam mesmo quando têm sucesso, acreditando que tudo não passou de um golpe de sorte.

Abrangência: específica × universal

A permanência está relacionada ao tempo. A abrangência está relacionada ao espaço.

Veja este exemplo: numa grande empresa varejista, metade dos funcionários do departamento de contabilidade foi demitida. Dois deles, Nora e Kevin, ficaram deprimidos. Passaram meses sem ter forças para procurar outro emprego e deixaram de lado a declaração do imposto de renda ou qualquer coisa que evocasse contabilidade. Nora, no entanto, continuou sendo uma esposa carinhosa e ativa. Sua vida social permaneceu como antes, a saúde se manteve boa e ela continuou se exercitando três vezes por semana. Kevin, por outro lado, se isolou. Ignorava a esposa e o filho pequeno, passando as noites amuado. Negava-se a ir a festas, dizendo que não queria ver ninguém. Não achava graça das piadas. Pegou uma gripe que durou o inverno todo e parou de fazer caminhadas.

Algumas pessoas conseguem encaixotar os problemas e seguir adiante, mesmo quando uma parte importante da vida — o trabalho, por exemplo, ou a vida amorosa — está em frangalhos. Outros deixam que um problema contamine todo o resto. Criam uma catástrofe. Na vida deles, quando um pedaço desfia, todo o tecido se desfaz.

Tudo se resume ao seguinte: pessoas que elaboram explicações *universais* para seus fracassos desistem de tudo quando uma área da vida é atingida. Aqueles que criam explicações *específicas* podem ficar desamparados em relação a uma parte da vida sem que isso influencie as demais.

Aqui estão algumas explicações universais e específicas para eventos negativos:

UNIVERSAL (PESSIMISMO)	ESPECÍFICA (OTIMISMO)
"Todos os professores são injustos."	"O professor Seligman é injusto."
"Sou repugnante."	"Ele me acha repugnante."
"Livros não servem para nada."	"Este livro não serve para nada."

Nora e Kevin tiveram a mesma pontuação alta na dimensão da permanência do teste. Ambos eram pessimistas nesse aspecto. Quando foram demitidos, os dois ficaram bastante tempo deprimidos. Mas tiveram resultados opostos na dimensão da abrangência. Kevin acreditava que a demissão minaria tudo que tentasse fazer: convenceu-se de que não era bom em nada. Nora acreditava que os eventos negativos tinham causas muito específicas; quando foi demitida, convenceu-se de que não era boa em contabilidade.

Naquelas longas caminhadas por Oxford com John Teasdale, dividimos o paradoxo que ele citou em três partes e fizemos três previsões acerca de quem desiste e de quem não desiste.

A primeira era de que a dimensão da *permanência* determina o tempo de desistência da pessoa. Explicações permanentes para eventos negativos produzem um desamparo duradouro, enquanto as explicações temporárias geram resiliência.

A segunda previsão era sobre a *abrangência*. Explicações universais produzem desamparo em muitas situações, enquanto explicações específicas se limitam à situação original. Kevin foi vítima da dimensão da abrangência. Depois de ser demitido, ele passou a acreditar que a causa era universal e se portou como se o desastre tivesse atingido todos os aspectos da sua vida. A pontuação de abrangência de Kevin revelou que ele era catastrófico.

A terceira previsão dizia respeito à *personalização* e você lerá sobre isso em breve.

Você cria catástrofes? Você criou catástrofes no teste? Por exemplo, ao responder à questão 18, você achou que a causa de ter perdido foi o fato de não ser muito atlético (universal) ou de não ser bom no esporte em questão (específica)? Veja cada uma das questões marcadas com "IAb" ou Infortúnio Abrangente: 8, 16, 17, 18, 22, 32, 44 e 48.

Some os números na margem direita e anote o total na linha "IAb" no quadro de pontuação (página 64).

Se o seu total for de 0 ou 1, você é muito otimista;
2 ou 3 é moderadamente otimista;
4 está na média;
5 ou 6 é moderadamente pessimista;
e 7 ou 8 é muito pessimista.

Agora, o oposto. *O estilo explicativo otimista para eventos positivos é o oposto do estilo explicativo para eventos negativos.* O otimista acredita que os eventos negativos possuem causas específicas, enquanto os eventos positivos vão melhorar tudo o que fizer. O pessimista acredita que os eventos negativos possuem causas universais e que os eventos positivos são causas específicas. Quando ofereceram a Nora um trabalho temporário na mesma empresa em que havia sido dispensada, ela pensou: "Até que enfim perceberam que não sobrevivem sem mim". Quando recebeu a mesma proposta, Kevin pensou: "Deve estar faltando mão de obra".

ESPECÍFICO (PESSIMISMO)	UNIVERSAL (OTIMISMO)
"Sou ótimo em matemática."	"Sou inteligente."
"Meu corretor entende de ações de petrolíferas."	"Meu corretor entende do mercado de ações."
"Ela me achou atraente."	"Eu estava atraente."

Some os pontos do seu otimismo para a abrangência de eventos positivos. Os itens marcados com "SAb" são as questões 6, 7, 28, 31, 34, 35, 37 e 43.

Cada resposta seguida de 0 é pessimista (específica). Na questão 35, quando perguntamos a sua reação diante do agradecimento de um amigo pela ajuda, você respondeu "Gosto de ajudá-lo quando as coisas estão complicadas" (específica e pessimista) ou "Eu me importo com as pessoas" (universal e otimista).

Some sua pontuação e escreva o número ao lado da linha "SAb".

Se somou 7 ou 8, é muito otimista;
6 é moderadamente otimista;
4 ou 5 está na média;
3 é moderadamente pessimista;
e 0, 1 ou 2 é muito pessimista.

A ESSÊNCIA DA ESPERANÇA

A esperança tem sido em grande medida domínio dos oradores, dos políticos e dos publicitários. O conceito de estilo explicativo leva a esperança ao laboratório, onde os cientistas podem dissecá-la.

Ter ou não esperança depende da junção de duas dimensões do estilo explicativo: abrangência e permanência. Encontrar causas temporárias e específicas para os eventos negativos é a arte da esperança: as causas temporárias limitam o desamparo no tempo, e as causas específicas limitam o desamparo à situação original. Por outro lado, causas permanentes geram desamparo que se prolonga por anos a fio, e causas universais estendem o desamparo por todas as áreas da vida. Encontrar as causas permanentes e universais para os eventos negativos é a prática do desespero.[3]

DESESPERADO	ESPERANÇOSO
"Sou um idiota."	"Estou de ressaca."
"Os homens são tiranos."	"Meu marido estava de mau humor."
"Há 50% de chance de que esse nódulo seja câncer."	"Há 50% de chance de que esse nódulo não seja nada."

Talvez a pontuação mais importante do seu teste seja a da esperança em infortúnios (EsI). Some os totais de "IAb" e "IPm". Essa é sua pontuação de esperança em eventos negativos.

Se o resultado for 0, 1 ou 2, você é extremamente esperançoso;
de 3 a 6 é moderadamente esperançoso;
7 ou 8 está na média;
de 9 a 11 é moderadamente desesperançado;
e de 12 a 16 é desesperançado crônico.

Aqueles que dão explicações permanentes e universais para seus problemas tendem a desmoronar sob pressão, por muito tempo e em diversas situações.

Nenhuma pontuação é tão importante quanto a pontuação da esperança.

Personalização: interno × externo

Este é o último aspecto do estilo explicativo: a *personalização*.

Durante um tempo, morei com uma mulher que me culpava por tudo: comidas ruins de um restaurante, voos atrasados, até mesmo dobras imperfeitas nas calças lavadas a seco. "Querida", eu disse um dia, nervoso depois de ter sido repreendido porque o secador de cabelo não funcionava, "você é a pessoa que mais exterioriza fatos ruins que já conheci".

"Isso mesmo", ela berrou, "e é tudo culpa sua!"

Quando coisas ruins acontecem, podemos botar a culpa em nós mesmos (internalizar) ou culpar outras pessoas ou circunstâncias (exteriorizar). Aqueles que se culpam quando fracassam costumam ter a autoestima mais baixa. Essas pessoas se consideram inúteis, sem talento e indignas de serem amadas. Já aqueles que culpam acontecimentos externos não perdem a autoestima quando eventos negativos ocorrem. De modo geral, gostam mais de si do que as pessoas que se culpam.

A baixa autoestima geralmente está presente quando a pessoa internaliza os eventos negativos.

INTERNO (BAIXA AUTOESTIMA)	EXTERNO (ALTA AUTOESTIMA)
"Sou burro."	"Você é burro."
"Não tenho talento para pôquer."	"Não tenho sorte no pôquer."
"Sou inseguro."	"Cresci na pobreza."

Agora calcule sua pontuação IPs ou Infortúnio Personalizado. São as questões 3, 9, 19, 25, 30, 39, 41 e 47.

As respostas seguidas de 1 são pessimistas (internas ou pessoais). Some os pontos e escreva o total na linha IPs do quadro de pontuação, na página 64.

Uma pontuação de 0 ou 1 indica que você tem uma autoestima muito elevada;

2 ou 3 indica uma autoestima moderada;
4 está na média;
5 ou 6 indica uma autoestima moderadamente baixa;
e 7 ou 8 indica uma autoestima muito baixa.

Das três dimensões do estilo explicativo, a personalização é a mais fácil de entender. Afinal, uma das primeiras coisas que uma criança aprende a dizer é "Foi ele, não fui eu!". A personalização também é a dimensão mais fácil de superestimar, pois controla apenas como você se *sente* em relação a si próprio, enquanto a abrangência e a permanência — as dimensões mais relevantes — controlam o que você *faz*: por quanto tempo fica desamparado e em quais situações.

A personalização é a única dimensão fácil de dissimular. Se eu pedir que você fale sobre os seus problemas de forma exteriorizada, você o fará — ainda que seja um internalizador crônico. Você vai tagarelar por horas a fio, fingindo responsabilizar os outros pelos seus problemas. No entanto, se você é pessimista e eu lhe peço que fale sobre os seus problemas como se tivessem causas temporárias e específicas, você não será capaz de fazê-lo (a não ser que tenha aprendido as técnicas da Parte III deste livro).

Aqui vai uma última informação, antes que você calcule sua pontuação total: *o estilo explicativo otimista para eventos positivos é o oposto do estilo explicativo otimista para eventos negativos: é interno em vez de externo.* Quem acredita causar coisas boas tende a gostar mais de si mesmo do que quem acredita que as coisas boas vêm de outras pessoas ou das circunstâncias.

EXTERNO (PESSIMISMO)
"Foi um golpe de sorte."
"Foi a competência dos meus colegas de equipe."

INTERNO (OTIMISMO)
"Sou sortudo."
"Foi competência minha."

Sua última pontuação é do SPS ou Sorte Personalizada. As questões condizentes são 1, 4, 11, 12, 23, 27, 36 e 45.

As respostas seguidas de 0 são externas e pessimistas. As seguidas por 1 são internas e otimistas.

Anote seu total na linha "SPS" no quadro de pontuação na página 64.

Se o resultado for 7 ou 8, você é muito otimista;
6 é moderadamente otimista;
4 ou 5 está na média;
3 é moderadamente pessimista;
e 0, 1 ou 2 é muito pessimista.

Agora calcule sua pontuação total.
Primeiro, some os três Is (IPm + IAb + IPs). Esse é o seu I total (eventos negativos).
Em seguida, some os três Ss (SPm + SAb + SPs). Esse é o seu S total (eventos positivos).
Subtraia a pontuação I de S. O resultado é a sua pontuação total.
Veja o que seus totais significam:

Caso a sua pontuação I esteja entre 3 e 6, você é extremamente otimista e não precisará das técnicas da Parte III deste livro.
Se está entre 6 e 9, é moderadamente otimista;
10 ou 11 está na média;
12 a 14 é moderadamente pessimista;
e qualquer valor acima de 14 é um grito por mudanças.

Se a sua pontuação S é de 19 ou mais, você pensa nos eventos positivos de forma extremamente otimista;
se está entre 17 e 19, sua linha de pensamento é moderadamente otimista;
14 a 16 você está na média;
11 a 13 é moderadamente pessimista;
e um valor de 10 ou menos indica uma linha de pensamento extremamente pessimista.

Por fim, caso sua pontuação total (S – I) esteja acima de 8, você é muito otimista;
se está entre 6 e 8, é moderadamente otimista;
3 a 5 está na média;
1 ou 2 é moderadamente pessimista;
e uma pontuação de 0 ou menos é bastante pessimista.

UMA ADVERTÊNCIA SOBRE RESPONSABILIDADE

Embora os benefícios de se aprender a ser otimista estejam claros, há também alguns riscos. Temporário? Local? Sem problema. Todos querem que suas depressões sejam breves e limitadas. Querem se recuperar depressa. Mas externar nossos problemas? É correto culpar os outros pelos nossos fracassos?

Tenha certeza de que queremos pessoas que assumam as bagunças que fazem, que sejam responsáveis pelos próprios atos. Certas doutrinas psicológicas fizeram mal à nossa sociedade ao isentar as pessoas da responsabilidade: a maldade é rotulada de insanidade; o mau comportamento é descartado como neurose; pacientes "tratados com êxito" se esquivam dos deveres para com suas famílias porque isso não lhes traz satisfação pessoal. A questão é se mudar ou não as ideias sobre o fracasso de internas para externas ("Não é culpa minha... foi azar") vai solapar a responsabilidade.

Não estou disposto a defender uma estratégia que corroa ainda mais a responsabilidade. Não creio que as pessoas devam mudar de ideia do interno ao externo em todos os aspectos da vida. Porém, existe uma condição sob a qual isso geralmente é uma boa ideia: a depressão. Conforme veremos no próximo capítulo, é comum que pessoas deprimidas assumam muito mais responsabilidade do que deveriam por eventos negativos.

Há uma questão mais profunda para abordarmos aqui: a do porquê de as pessoas deverem assumir seus fracassos. A resposta, acredito, é que queremos que elas mudem, e sabemos que não vão mudar sem assumir a responsabilidade por seus atos. Se quisermos mudar, a internalização não é tão crucial quanto a dimensão da permanência. Se você acreditar que a causa da sua desordem é permanente — burrice, falta de talento, feiura —, não tomará atitudes para mudá-la. Não tomará atitudes para se aprimorar. Se, no entanto, acreditar que a causa é temporária — mau humor, pouco esforço, excesso de peso —, você pode tentar mudá-la. Se queremos que as pessoas se responsabilizem pelo que fazem, então, sim, queremos que internalizem tudo. O mais importante é que elas tenham um estilo temporário diante de acontecimentos ruins — precisam acreditar que, independentemente da causa do acontecimento ruim, é passível de mudanças.[4]

E SE VOCÊ FOR PESSIMISTA?

É muito importante descobrir se seu estilo explicativo é pessimista. Se você pontuou mal, há quatro áreas em que vai encontrar (e provavelmente já encontrou) problemas. Primeira: conforme verá no próximo capítulo, você tende a se deprimir facilmente. Segunda: você deve estar se saindo pior no trabalho do que seus talentos justificariam. Terceira: sua saúde física (e sistema imunológico) talvez não está como deveria ser, e a situação pode ficar ainda pior à medida que envelhece. Por fim, a vida não é tão prazerosa quanto deveria ser. O estilo explicativo pessimista é uma desgraça.

Se a sua pontuação de pessimismo estiver na média, você não terá muitos problemas ao longo da vida. Mas em épocas de crise, nos momentos difíceis da vida, o provável é que você pague um preço desnecessário. Quando essas situações ocorrerem, é capaz de que você se veja ficando mais deprimido do que deveria. Como você vai reagir quando suas ações caírem, quando for rejeitado por alguém que ama, quando não conseguir o emprego que deseja? Como verá no próximo capítulo, você ficará muito triste. Perderá o gosto pela vida. Será muito difícil dar o pontapé inicial em qualquer projeto desafiador. O futuro lhe parecerá sombrio. E é possível que você se sinta desse jeito por semanas ou até meses. É provável que você já tenha se sentido assim: a maioria das pessoas já sentiu. É tão comum que os livros acadêmicos chamam isso de "reação normal".

Entretanto, o fato de ser normal ficar deprimido quando temos problemas não quer dizer que isso seja aceitável ou que a vida tenha que ser assim. Se usar outro estilo explicativo, terá melhores ferramentas para lidar com as épocas complicadas da vida e evitar que você caia em depressão.

Isso dificilmente exaure os possíveis benefícios de um novo estilo explicativo. Se seu pessimismo está na média, significa que você está vivendo num nível um pouco abaixo do que seus talentos lhe permitiriam em outros casos. Conforme verá nos capítulos 6, 8 e 9, até mesmo um grau médio de pessimismo pode atrapalhar seu desempenho nos estudos, no emprego e nos esportes. Isso também se aplica à saúde física. O capítulo 10 exemplifica como, mesmo sendo apenas um pessimista de grau comum, sua saúde pode não fazer jus ao que deveria ser. É bem provável que você sofra de doenças crônicas do envelhecimento precocemente e com mais gravidade que o necessário. Seu sistema imunológico talvez não funcione como deveria: é provável que você contraia mais doenças infecciosas e leve mais tempo para se recuperar.

Se utilizar as técnicas do capítulo 12, conseguirá elevar seu grau de otimismo cotidiano. Você se verá reagindo aos contratempos normais da vida de modo muito mais positivo e se recomporá das grandes derrotas com muito mais vivacidade. Você se sairá melhor no trabalho, nos estudos e nos esportes. E a longo prazo, até sua saúde vai melhorar.

4. O suprassumo do pessimismo

Quando nos encontramos num estado pessimista, melancólico, vivenciamos uma versão mais branda de um grande transtorno mental: a depressão. A depressão é o pessimismo em grande escala, e para entender o pessimismo, um fenômeno sutil, é bom olhar para sua forma ampliada, exagerada. Essa é a técnica usada pelo escritor e ilustrador David Macaulay para nos mostrar como os mecanismos pequenos do dia a dia funcionam. Num de seus livros mais vendidos, por exemplo, ele apresenta o funcionamento de um relógio de pulso desenhando os mecanismos de forma extremamente ampliada, com todas as suas peças grandes e facilmente distinguíveis, e nos conduz por suas entranhas.[1] Um estudo sobre a depressão esclarece o pessimismo de forma similar. A depressão por si só merece ser estudada, mas também tem muito o que revelar às pessoas interessadas no estado mental que chamamos de pessimismo.

Quase todos nós já passamos por algum grau de depressão e sabemos como isso pode envenenar nossa vida. Para alguns, é uma experiência rara, surgindo apenas quando várias das melhores esperanças que temos desmoronam ao mesmo tempo. Para a maioria, é mais familiar; é uma condição que nos aflige sempre que somos derrotados. Para outros, é uma companhia constante, drenando a alegria mesmo dos melhores momentos e obscurecendo os momentos mais graves com um negror absoluto.

Até pouco tempo atrás, a depressão era um mistério. Descobrir quem era mais suscetível, de onde vinha, como fazer com que fosse embora era um enigma. Hoje, graças a 25 anos de pesquisas científicas intensas da parte de centenas de psicólogos e psiquiatras mundo afora, a forma das respostas a essas questões é sabida.

Há três tipos de depressão. O primeiro é chamado de "depressão normal", e é o tipo que todos conhecemos bem. Surge da dor e da perda que são partes inevitáveis de sermos membros de uma espécie sapiente, criaturas que pensam no futuro. Nossas ações caem; somos rejeitados por quem amamos; nossos cônjuges morrem; damos palestras ruins; escrevemos livros ruins; envelhecemos. Quando tais perdas acontecem, o que acontece em seguida é corriqueiro e previsível: nos sentimos tristes e desamparados. Ficamos passivos e letárgicos. Acreditamos piamente que nossas perspectivas são sombrias e que nos falta talento para torná-las mais brilhantes. Não fazemos nosso trabalho bem, além de nos ausentarmos com mais frequência. O entusiasmo se esvai de atividades que antes curtíamos e perdemos o interesse por comida, companhia, sexo. Ficamos com insônia.

Mas, por meio de um dos mistérios benevolentes da natureza, passado um tempo começamos a melhorar. A depressão normal é extremamente comum — é o resfriado das doenças mentais. Descubro repetidamente que, a qualquer momento, cerca de 25% das pessoas estão passando por um episódio de depressão normal, pelo menos de maneira branda.

Os outros dois tipos de depressão são chamados de "transtornos depressivos": as depressões unipolar e bipolar. Elas propiciam o trabalho cotidiano dos psicólogos e psiquiatras clínicos. Sua diferença se dá pelo fato de existir ou não mania. A mania é uma condição psicológica com uma série de sintomas que parecem o oposto da depressão: euforia injustificada, grandiloquência, fala e atos frenéticos e autoestima inflada.

A depressão bipolar sempre envolve episódios maníacos; também é chamada de transtorno maníaco-depressivo (sendo a mania um polo e a depressão o outro). Depressivos unipolares não têm episódios maníacos. Outra diferença entre as duas é que a depressão bipolar é mais hereditária. Se um dos gêmeos univitelinos tem depressão bipolar, há 72% de chance de que o outro também tenha. (Isso é verdade apenas em 14% dos gêmeos fraternos. Gêmeos fraternos são tão aparentados quanto qualquer irmão de pai e mãe, mas nascem na mesma hora e são criados juntos pelos mesmos pais, portanto a comparação dos dois tipos nos ajuda a separar o que é aprendido do que é herdado geneticamente.)[2] A depressão bipolar é extremamente reativa a uma "droga mágica", o carbonato de lítio. Em mais de 80% dos casos de depressão bipolar, o lítio abranda a mania num grau notável e, em menor medida, a depressão. Ao contrário da depressão normal e da unipolar, o transtorno maníaco-depressivo é uma doença, adequadamente considerada uma enfermidade do corpo e tratada pela medicina.

A questão é se a depressão unipolar, também um transtorno confirmado, e a depressão normal possuem algum vínculo. Acredito que sejam a mesma coisa, diferindo apenas no número de sintomas e na gravidade deles. Uma pessoa pode ser diagnosticada como portadora de depressão unipolar e ser considerada um paciente, enquanto outra, que estaria sofrendo dos sintomas agudos da depressão normal, não. A distinção entre ambas é mínima. Talvez seja a distinção da rapidez com que se busque a terapia, ou se o plano de saúde cobre a depressão unipolar, ou com que grau de conforto aguentam o estigma de serem rotuladas de pacientes.

Minha opinião diverge radicalmente da opinião médica prevalecente, que defende que a depressão unipolar é uma doença e a depressão normal é apenas um desânimo passageiro sem relevância clínica. Essa é a opinião dominante apesar da completa ausência de indícios de que a depressão unipolar seja algo além de uma depressão normal severa. Ninguém estabeleceu o tipo de distinção que já foi estabelecida entre anões e pessoas baixinhas, por exemplo: uma distinção meramente qualitativa.

A prova contundente, a meu ver, é que a depressão normal e a depressão unipolar são reconhecidas da mesma forma. Ambas incluem os mesmos quatro tipos de mudança negativa: de pensamento, humor, comportamento e reações físicas.

Isso me lembra uma de minhas alunas, a quem chamarei de Sophie. Ela entrou na Universidade da Pensilvânia com um histórico escolar magnífico. Tinha sido representante da classe, oradora na formatura e uma líder de torcida bonita e popular. Conseguia tudo o queria de bandeja. Notas boas vinham sem esforço, e os homens competiam pelo seu amor. Era filha única, mimada pelos pais, ambos com bons empregos; os sucessos dela eram os triunfos deles, seus fracassos eram a sua agonia. As amigas deram a ela o apelido de "Menina de Ouro".

Assim que a conheci, na terapia durante seu penúltimo ano, já não era uma menina de ouro. A vida romântica e a acadêmica eram um desastre, e ela vivia em meio a uma depressão calamitosa. Assim como a maioria dos depressivos, ela havia procurado terapia não após um acontecimento traumático, mas após uma série de desgostos que se acumulavam ao longo de meses. Dizia se sentir "vazia". Dizia não haver esperança para ela porque era "indigna de amor" e "sem talento" e "um fracasso". Para ela as aulas eram chatas, o sistema acadêmico como um todo era "uma conspiração para engessar" sua criatividade, e suas atividades em prol das feministas eram uma "fraude sem sentido". Em seu último semestre, quase zerou duas provas. Não conseguia começar nenhum de seus projetos. Quando se sentava à mesa para fazer o dever de casa, não conseguia resolver qual das pilhas crescentes de textos enfrentaria primeiro. Passava quinze minutos fitando as pilhas, depois desistia por causa do desespero e ligava a TV. No momento, estava num relacionamento com uma pessoa que havia abandonado a faculdade. Ela se sentia explorada e desprezível sempre que transavam, e a atividade sexual que antes lhe proporcionava prazer agora era quase repugnante a ela.

Ela cursava filosofia, e tinha interesse sobretudo no existencialismo. Acreditava na doutrina de que a vida era absurda, e isso também a enchia de desespero.

Eu a lembrava de que era uma estudante talentosa e uma mulher atraente, e ela caía no choro. "Eu te enganei também!", soluçava.

Conforme já foi abordado, um dos quatro critérios da depressão é uma mudança negativa nos pensamentos. Seu modo de pensar quando deprimido difere do seu modo de pensar quando não está deprimido. Quando está deprimido, você pinta um retrato melancólico de si, do mundo e do futuro. O futuro de Sophie lhe parecia desesperançado, e ela atribuía isso à sua falta de talento.

Durante o estado de depressão, obstáculos pequenos parecem barreiras intransponíveis. Você acredita que tudo o que toca vira cinzas. Tem um número infinito de motivos para cada um de seus sucessos serem na verdade fracassos. A pilha de papéis na mesa de Sophie lhe parecia uma montanha.

Aaron Beck, terapeuta reconhecido mundialmente, teve um paciente que, no meio de uma depressão profunda, conseguiu botar um papel de parede na cozinha.[3] O paciente enxergava nisso um fracasso:

TERAPEUTA: Por que você não classifica revestir sua cozinha com papel de parede como uma experiência bem-sucedida?
PACIENTE: Porque as flores ficaram desalinhadas.
TERAPEUTA: Você terminou a tarefa?
PACIENTE: Terminei.
TERAPEUTA: Foi a sua cozinha?
PACIENTE: Não, foi para ajudar um vizinho.
TERAPEUTA: Ele fez a maior parte?
PACIENTE: Não, na verdade fui eu que fiz a maior parte. Ele nunca tinha botado um papel de parede.
TERAPEUTA: Mais alguma coisa deu errado? Você derramou cola pela casa? Estragou muito papel de parede? Deixou uma bagunça pra trás?
PACIENTE: Não, o único problema é que as flores não ficaram alinhadas.
TERAPEUTA: O alinhamento das flores ficou muito errado?
PACIENTE (mostrando os dedos separados por menos de um centímetro): Mais ou menos isso.
TERAPEUTA: Em cada tira de papel?
PACIENTE: Não... em duas ou três.
TERAPEUTA: De quantas?
PACIENTE: Umas vinte, vinte e cinco.
TERAPEUTA: Mais alguém reparou?
PACIENTE: Não. O meu vizinho acha que ficou ótimo.
TERAPEUTA: Deu para ver o defeito quando você se afastou e olhou a parede toda?
PACIENTE: Na verdade, não.

O paciente considerou a tarefa um fracasso porque, na opinião dele, não conseguia fazer nada certo.

O estilo explicativo pessimista está no cerne do pensamento depressivo. A visão negativa do futuro, do eu e do mundo se origina da crença de que as causas dos acontecimentos ruins são permanentes, abrangentes e pessoais, e a visão das causas dos acontecimentos bons, da forma contrária. Minha aluna deprimida, Sophie, botava a culpa de seus problemas na falta de talento, na própria feiura e na falta de sentido da existência. O rapaz do papel de parede via um pequeno problema de alinhamento como um indício de seu ser por inteiro.

A segunda forma de reconhecermos tanto a depressão unipolar como a normal é uma mudança de ânimo. Quem está deprimido se sente péssimo: triste, desanimado, mergulhado num poço de desespero. Talvez chore muito, talvez esteja além das lágrimas; nos piores dias, Sophie ficava na cama chorando até a hora do almoço. A vida azeda. Atividades antes divertidas se tornaram insossas. Piadas não eram mais engraçadas, mas de uma ironia intolerável.

O estado de espírito depressivo não costuma se manter estável ao longo do dia. Normalmente está pior assim que a pessoa acorda. Pensamentos sobre derrotas passadas e perdas que o novo dia sem dúvida trará desarmam o deprimido ainda na cama. Se continuar deitado, o estado de espírito se abate como um lençol pegajoso. Levantar-se e começar o dia alivia o astral, que geralmente melhora no decorrer do dia, embora volte a piorar um pouco durante o sossego de seu "ciclo básico de repouso-atividade", via de regra entre três e seis horas da tarde. É provável que a noite seja o momento menos depressivo do dia. Das três às cinco da manhã, se a pessoa estiver acordada, é o pior horário.

A tristeza não é o único estado de espírito da depressão: a ansiedade e a irritabilidade geralmente se fazem presentes. Mas quando a depressão se intensifica muito, a angústia e a hostilidade vão sumindo e a pessoa se sente entorpecida e vazia.

O terceiro sintoma da depressão diz respeito ao comportamento. O depressivo demonstra três sintomas comportamentais: passividade, indecisão e atos suicidas.

É comum que pessoas deprimidas não consigam começar nenhuma tarefa além das mais rotineiras e desistam facilmente quando impedidas. Um escritor não consegue pôr no papel a primeira palavra. Quando enfim consegue, para de escrever quando o editor de texto trava e passa um mês sem retomar a atividade.

Deprimidos não conseguem lidar com alternativas. Um estudante deprimido liga para pedir uma pizza e, questionado se quer uma simples ou com ingredientes extras, fica paralisado. Depois de quinze segundos de silêncio, desliga o telefone. Sophie não conseguia começar o dever de casa; não conseguia sequer decidir qual matéria estudar primeiro.

Muitos deprimidos pensam a respeito e tentam o suicídio. Eles geralmente têm um ou dois motivos. O primeiro é a renúncia: a perspectiva de seguir em frente é intolerável, e querem acabar com tudo. O outro é a manipulação: querem seu amor retribuído ou querem vingança ou ter a última palavra numa briga.

O sintoma final da depressão tem a ver com a saúde física. A depressão costuma ser acompanhada de sintomas físicos indesejáveis: quanto mais profunda a depressão, mais numerosos os sintomas. O apetite diminui. Você não consegue comer. Não consegue fazer amor. Sophie achava o sexo — antes o ponto alto de sua relação com o rapaz que namorava — repulsivo. Até o sono é afetado: a pessoa acorda cedo demais e se revira na cama, tentando em vão voltar a dormir. Por fim, o despertador toca e ela começa o novo dia não só deprimida como exausta.

Esses quatro sintomas — mudanças negativas no pensamento, no humor, no comportamento e nas reações físicas — formam o diagnóstico da depressão, seja unipolar ou normal. Para ser considerado deprimido, você não precisa ter os quatro sintomas, e não é necessário que algum sintoma específico esteja presente. Quanto mais sintomas tiver, no entanto, e quanto mais intensos forem eles, mais certeza você pode ter de que o problema é depressão.

TESTE SUA DEPRESSÃO

Qual é o seu grau de depressão neste momento?

Gostaria que você fizesse um teste muito utilizado para diagnosticar a depressão, elaborado por Lenore Radloff, do Centro de Estudos Epidemiológicos do National Institute of Mental Health. O teste, chamado de CES-D — Center for Epidemiological Studies — Depression (Centro de Estudos Epidemiológicos — Depression), cobre todos os sintomas da depressão.[4] Marque a resposta que descreve melhor como você tem se sentido *na última semana*.

Na última semana

1. Eu me incomodei com coisas que geralmente não me incomodam.
    0 Raramente ou em nenhum momento (menos de 1 dia)
    1 Um pouco ou por pouco tempo (1-2 dias)
    2 De vez em quando ou por um período razoável (3-4 dias)
    3 Na maior parte do tempo ou o tempo todo (5-7 dias)

2. Não senti vontade de comer; estava sem apetite.
    0 Raramente ou em nenhum momento (menos de 1 dia)
    1 Um pouco ou por pouco tempo (1-2 dias)
    2 De vez em quando ou por um período razoável (3-4 dias)
    3 Na maior parte do tempo ou o tempo todo (5-7 dias)

3. Tive a sensação de não conseguir me livrar da tristeza nem com a ajuda da família e dos amigos.
    0 Raramente ou em nenhum momento (menos de 1 dia)
    1 Um pouco ou por pouco tempo (1-2 dias)
    2 De vez em quando ou por um período razoável (3-4 dias)
    3 Na maior parte do tempo ou o tempo todo (5-7 dias)

4. Tive a sensação de não ser tão bom quanto os outros.
    0 Raramente ou em nenhum momento (menos de 1 dia)
    1 Um pouco ou por pouco tempo (1-2 dias)
    2 De vez em quando ou por um período razoável (3-4 dias)
    3 Na maior parte do tempo ou o tempo todo (5-7 dias)

5. Tive dificuldade de me concentrar numa tarefa.
    0 Raramente ou em nenhum momento (menos de 1 dia)
    1 Um pouco ou por pouco tempo (1-2 dias)
    2 De vez em quando ou por um período razoável (3-4 dias)
    3 Na maior parte do tempo ou o tempo todo (5-7 dias)

6. Me senti deprimido.
    0 Raramente ou em nenhum momento (menos de 1 dia)
    1 Um pouco ou por pouco tempo (1-2 dias)
    2 De vez em quando ou por um período razoável (3-4 dias)
    3 Na maior parte do tempo ou o tempo todo (5-7 dias)

7. Senti como se tudo o que eu fizesse fosse exaustivo.
    0 Raramente ou em nenhum momento (menos de 1 dia)
    1 Um pouco ou por pouco tempo (1-2 dias)
    2 De vez em quando ou por um período razoável (3-4 dias)
    3 Na maior parte do tempo ou o tempo todo (5-7 dias)

8. Me senti desesperançado quanto ao futuro.
    0 Raramente ou em nenhum momento (menos de 1 dia)
    1 Um pouco ou por pouco tempo (1-2 dias)
    2 De vez em quando ou por um período razoável (3-4 dias)
    3 Na maior parte do tempo ou o tempo todo (5-7 dias)

9. Considerei minha vida um fracasso.
    0 Raramente ou em nenhum momento (menos de 1 dia)
    1 Um pouco ou por pouco tempo (1-2 dias)
    2 De vez em quando ou por um período razoável (3-4 dias)
    3 Na maior parte do tempo ou o tempo todo (5-7 dias)

10. Me senti receoso.
    0 Raramente ou em nenhum momento (menos de 1 dia)
    1 Um pouco ou por pouco tempo (1-2 dias)
    2 De vez em quando ou por um período razoável (3-4 dias)
    3 Na maior parte do tempo ou o tempo todo (5-7 dias)

11. Não consegui dormir direito.
    0 Raramente ou em nenhum momento (menos de 1 dia)
    1 Um pouco ou por pouco tempo (1-2 dias)
    2 De vez em quando ou por um período razoável (3-4 dias)
    3 Na maior parte do tempo ou o tempo todo (5-7 dias)

12. Fiquei infeliz.
    0 Raramente ou em nenhum momento (menos de 1 dia)
    1 Um pouco ou por pouco tempo (1-2 dias)
    2 De vez em quando ou por um período razoável (3-4 dias)
    3 Na maior parte do tempo ou o tempo todo (5-7 dias)

13. Falei menos que o normal.
    0 Raramente ou em nenhum momento (menos de 1 dia)
    1 Um pouco ou por pouco tempo (1-2 dias)
    2 De vez em quando ou por um período razoável (3-4 dias)
    3 Na maior parte do tempo ou o tempo todo (5-7 dias)

14. Me senti só.
    0 Raramente ou em nenhum momento (menos de 1 dia)
    1 Um pouco ou por pouco tempo (1-2 dias)
    2 De vez em quando ou por um período razoável (3-4 dias)
    3 Na maior parte do tempo ou o tempo todo (5-7 dias)

15. As pessoas foram antipáticas.
    0 Raramente ou em nenhum momento (menos de 1 dia)
    1 Um pouco ou por pouco tempo (1-2 dias)
    2 De vez em quando ou por um período razoável (3-4 dias)
    3 Na maior parte do tempo ou o tempo todo (5-7 dias)

16. Não aproveitei a vida.
    0 Raramente ou em nenhum momento (menos de 1 dia)
    1 Um pouco ou por pouco tempo (1-2 dias)
    2 De vez em quando ou por um período razoável (3-4 dias)
    3 Na maior parte do tempo ou o tempo todo (5-7 dias)

17. Tive crises de choro.
    0 Raramente ou em nenhum momento (menos de 1 dia)
    1 Um pouco ou por pouco tempo (1-2 dias)
    2 De vez em quando ou por um período razoável (3-4 dias)
    3 Na maior parte do tempo ou o tempo todo (5-7 dias)

18. Me senti triste.
    0 Raramente ou em nenhum momento (menos de 1 dia)
    1 Um pouco ou por pouco tempo (1-2 dias)
    2 De vez em quando ou por um período razoável (3-4 dias)
    3 Na maior parte do tempo ou o tempo todo (5-7 dias)

19. Tive a impressão de que as pessoas não gostam de mim.
    0 Raramente ou em nenhum momento (menos de 1 dia)
    1 Um pouco ou por pouco tempo (1-2 dias)
    2 De vez em quando ou por um período razoável (3-4 dias)
    3 Na maior parte do tempo ou o tempo todo (5-7 dias)

20. Mal consegui levantar da cama.
> 0 Raramente ou em nenhum momento (menos de 1 dia)
> 1 Um pouco ou por pouco tempo (1-2 dias)
> 2 De vez em quando ou por um período razoável (3-4 dias)
> 3 Na maior parte do tempo ou o tempo todo (5-7 dias)

É fácil calcular a pontuação desse teste. Some os números ao lado das suas respostas. Se não conseguiu se decidir e marcou dois números para a mesma questão, conte apenas o mais alto. Sua nota ficará entre 0 e 60.

Antes de interpretar a pontuação, você precisa saber que obter uma nota alta não equivale a um diagnóstico de depressão. O diagnóstico depende de outros fatores, tais como a duração de seus sintomas, e só pode ser feito após uma entrevista minuciosa com um psicólogo ou psiquiatra qualificado. Na verdade, esse teste indica com precisão o nível de seus sintomas depressivos neste momento.

Se marcou entre 0 e 9 pontos, você está no patamar dos não deprimidos, abaixo da média dos adultos norte-americanos; entre 10 e 15 significa uma escala branda de depressão; e entre 16 e 24, uma depressão moderada. Se fez mais de 24 pontos, talvez esteja severamente deprimido.

Caso tenha pontuado dentro do nível de depressão profunda ou moderada e, além disso, a ideia do suicídio lhe pareça atrativa, insisto que procure um profissional da saúde mental imediatamente. Se ficou no espectro moderado, refaça o teste daqui a duas semanas. Se ainda pontuar dentro desse nível, marque uma consulta com um profissional de saúde mental.

À medida que fazia o teste, provavelmente se deu conta de que você ou alguém que ama sofre recorrentemente desse mal bastante comum. Não é de causar nenhuma surpresa que quase todo mundo, ainda que não esteja deprimido, conheça alguém que esteja. O dr. Gerald Klerman, quando era diretor da Agência de Saúde Mental, Abuso de Drogas e Álcool, cunhou o sagaz termo "A Era da Melancolia" para descrever nossa época.[5]

No fim da década de 1970, Klerman supervisionou dois grandes estudos sobre o grau de doenças mentais nos Estados Unidos e as descobertas foram assustadoras. O primeiro, chamado de Estudo ECA — Epidemiological Catchment Area (Área de Captação Epidemiológica), tinha o objetivo de revelar quantas doenças mentais, de todos os tipos, havia nos Estados Unidos. Pesquisadores visitaram e entrevistaram 9500 pessoas escolhidas ao acaso como uma amostra representativa dos adultos norte-americanos. Todos receberam a mesma entrevista diagnóstica que um paciente transtornado que entrasse no consultório de um psicólogo ou psiquiatra receberia.

Como entrevistaram um número excepcionalmente grande de adultos de idades diferentes, e lhes perguntaram *se* e *quando* tinham sentido os principais sintomas, o estudo pintou um retrato inédito da doença mental ao longo de um número extenso de anos e possibilitou o rastreamento das mudanças ocorridas no decorrer do século XX. Uma das mudanças mais impressionantes foi na assim chamada prevalência da depressão — isto é, na porcentagem da população que ficou deprimida pelo menos uma vez na vida. (É óbvio que, quanto mais velha a pessoa, maior a chance de ter tido um distúrbio. A chance de você ter quebrado a perna durante a vida, por exemplo, aumenta com a idade, já que, quanto mais velho, mais numerosas são as oportunidades de ter sofrido um acidente.)

O que todos os pesquisadores com interesse na depressão esperavam era que, quanto mais próximo da virada do século tivesse sido o nascimento da pessoa, maior seria a prevalência de depressão — isto é, mais episódios depressivos ela teria vivido. Quem tivesse nascido em 1920 teria mais chances de ter sofrido de depressão do que aqueles nascidos em 1960. Antes de ver os dados, os estatísticos médicos acreditavam que as pessoas com 25 anos entrevistadas para o estudo — ou seja, nascidas por volta de 1965 — tinham 6% de chances de ter tido pelo menos um caso de depressão profunda, e se tivessem entre 25 e 44 anos, o risco de depressão aguda aumentaria — para cerca de 9%, digamos — conforme qualquer estatística cumulativa lógica.

Quando os estatísticos analisaram os resultados, notaram algo muito estranho. Quem havia nascido por volta de 1925 — quem, por ser mais velho, teria mais chances de ter o transtorno — não tinha sofrido muita depressão. Não 9%, mas 4% deles tinham tido um episódio. E quando os estatísticos viram os dados daqueles nascidos antes dessa data — antes da Primeira Guerra Mundial —, perceberam algo ainda mais espantoso. De novo, a predominância não aumentava, como seria de imaginar: caía bruscamente para 1%.

Essas revelações provavelmente não eram resultado de esquecimento ou viés de relato. Portanto, indicam que pessoas nascidas no terço médio do século são dez vezes mais propensas a sofrer de depressão do que as nascidas no primeiro terço.

Porém, um único estudo (mesmo que bem-feito como o Estudo ECA) não autoriza cientistas a chamar aquilo de epidemia. Felizmente, o National Institute of Mental Health (Instituto Nacional de Saúde Mental) havia feito ao mesmo tempo outro estudo chamado de Estudo de Parentes. Era similar ao Estudo ECA em método, e também contou com um número razoável de participantes. Dessa vez, as pessoas não foram escolhidas ao acaso: foram selecionadas porque parentes próximos tinham sido hospitalizados com depressão profunda. Os entrevistadores começaram com 523 pessoas que já tinham passado por depressões profundas. Quase todos os parentes em primeiro grau de fácil acesso dessas pessoas — um total de 2289 pais, mães, irmãos, irmãs, filhos e filhas — tiveram uma entrevista diagnóstica idêntica. O objetivo era descobrir se parentes de pessoas com depressão grave correm risco maior de ter depressão do que o restante da população. Saber a resposta ajudaria a separar a contribuição genética da ambiental.

Como aconteceu com o Estudo ECA, os dados surpreenderam os pesquisadores e mostraram um aumento mais que dez vezes maior na depressão no decorrer do século.

Considere apenas as mulheres analisadas no estudo: aquelas nascidas na época da Guerra da Coreia (o que significa que tinham cerca de trinta anos quando o Estudo ECA foi realizado) eram dez vezes mais propensas a ter um episódio depressivo do que as nascidas na época da Primeira Guerra Mundial, embora as mulheres mais velhas (na faixa dos setenta anos) tivessem tido muito mais oportunidades de ficar deprimidas.

Quando as mulheres da geração da Primeira Guerra tinham trinta anos (a idade que as mulheres da Guerra da Coreia tinham na época da pesquisa), apenas 3% delas haviam sofrido uma depressão profunda. Compare esse fato ao destino das mulheres da Guerra da Coreia: aos trinta anos, 60% delas já tinham passado por depressões profundas — ou seja, vinte vezes mais.

As estatísticas referentes aos homens mostravam a mesma inversão surpreendente. Embora apenas cerca de metade dos homens sofresse de depressão em comparação às mulheres (um fato crucial que vou discutir no próximo capítulo), a porcentagem de homens que tiveram depressão demonstrava o mesmo aumento robusto ao longo do século.

A depressão profunda não é apenas muito mais comum agora como ataca suas vítimas numa idade bem mais tenra.[6] Se você tivesse nascido na década de 1930 e mais tarde tivesse um parente deprimido, sua primeira depressão (se tivesse algum episódio depressivo) provavelmente ocorreria entre os trinta e os 35 anos. Se tivesse nascido em 1956, é possível que sua primeira depressão acontecesse entre seus vinte e 25 anos — dez anos mais cedo. Visto que a depressão profunda é recorrente em cerca de metade das pessoas que já sofreram dela uma vez, os dez anos a mais de vulnerabilidade à depressão totalizam um mar de lágrimas.

E talvez essa tendência seja ainda mais alarmante: esses estudos dizem respeito somente à depressão severa. A depressão mais branda, que tantos de nós vivenciamos, talvez mostre a mesma tendência: deve haver muito mais do que havia antigamente. Talvez os norte-americanos, em média, fiquem mais deprimidos, e sejam mais jovens quando isso acontece, do que nunca: há uma desgraça psicológica sem precedentes numa nação com prosperidade e bem-estar material sem precedentes.

De qualquer modo, o que temos é mais que o suficiente para bradarmos "epidemia".

Passei os últimos vinte anos tentando entender o que causa a depressão. Vou revelar a vocês o que penso.

A depressão bipolar (transtorno maníaco-depressivo) é uma doença do corpo, biológica em sua origem e refreável por medicamentos.

Algumas depressões unipolares também são parcialmente biológicas, em especial as mais violentas. Certas depressões unipolares são herdadas. Se um gêmeo univitelino está deprimido, o outro é mais propenso a ficar deprimido do que se fossem gêmeos fraternos. Esse tipo de depressão unipolar geralmente pode ser controlada com remédios, mas não de forma tão bem-sucedida quanto a depressão bipolar, e seus sintomas muitas vezes podem ser aliviados com terapia eletroconvulsiva.

Mas depressões unipolares herdadas são a minoria. Isso traz à tona a questão de onde vem o grande número de depressões que constituem a epidemia norte-americana. Às vezes me pergunto se seres humanos passaram por mudanças físicas ao longo do século que os tornaram mais suscetíveis à depressão. É provável que não. É muito duvidoso que nossa química cerebral ou nossos genes tenham sofrido mudanças radicais nas duas últimas gerações. Portanto, é pouco plausível que uma incidência dez vezes maior nos casos de depressão possa ser explicada com base na biologia.

Desconfio que a depressão epidêmica tão familiar a todos nós seja melhor descrita como psicológica. Meu palpite é de que a maioria das depressões começa com problemas do cotidiano e com formas específicas de se pensar esses problemas. Eram essas as minhas suposições quando iniciei minha pesquisa sobre depressão vinte anos atrás, mas precisávamos descobrir como provar que a causa da maioria das depressões é psicológica.

Por meio de qual processo psicológico as pessoas ficam deprimidas? Uma analogia: como os pássaros voam? Desde a época dos gregos antigos até o fim do século XIX, existiram controvérsias sobre esse processo estarrecedor e maravilhoso. Era muito fácil observar pássaros voarem e conceber uma teoria, mas não havia como provar qual teoria estava certa. A questão foi respondida de uma vez por todas em 1903, e a solução veio de setores inesperados.

Wilbur e Orville Wright construíram um avião e ele voou. Portanto, os físicos lançaram mão da modelagem, um meio consagrado de encerrar disputas científicas. A modelagem envolve a criação de um "modelo lógico" com as propriedades do fenômeno que é misterioso — voar, para os irmãos Wright, e depressão, para nós. Se o modelo lógico tem todas as características do objeto de estudo verdadeiro, o processo por meio do qual o modelo funciona dirá como esse objeto funciona.[7]

O avião dos irmãos Wright — o modelo lógico do voo dos pássaros — alçou voo e, mirabile dictu, voou. Assim, os físicos concluíram que os pássaros deviam voar através do mesmo processo.

Meu desafio era construir um modelo lógico exibindo todas as propriedades da depressão. Essa tarefa tinha duas partes: primeiro, construir o modelo; segundo, demonstrar que se enquadrava na depressão. Era fácil perceber as similaridades, mas provar que eram a mesma coisa e que o desamparo aprendido era um modelo laboratorial do fenômeno da vida real conhecido como depressão era outra questão.

Ao longo dos vinte anos seguintes, mais de trezentos estudos, feitos em várias universidades mundo afora, construíram o modelo do desamparo aprendido. Os primeiríssimos estudos foram feitos com cães; os cães foram logo substituídos por ratos e, por fim, por pessoas. Todos esses estudos seguiam o mesmo formato: eram experimentos com três grupos de voluntários. Um grupo podia sujeitar um acontecimento ou objeto — barulho, choque, dinheiro, comida — a seu controle voluntário. Por exemplo, o rato controlava o choque ao apertar uma barra: sempre que apertava a barra, o choque cessava. O segundo grupo — o grupo desamparado — era "subjugado" ao primeiro e recebia exatamente o mesmo choque, mas nada do que fazia importava. O choque parava apenas quando o rato do primeiro grupo apertava a barra. O terceiro grupo foi deixado em paz.

Os resultados eram consistentes. O grupo desamparado desistia. Ficava tão passivo que nem em novas situações tentava agir. Os ratos ficavam parados, sem nem tentar escapar. As pessoas fitavam anagramas fáceis e não tentavam solucioná-los. (Uma gama de outros sintomas também ocorria, mas vou discuti-los mais à frente.) O grupo capaz de controlar os acontecimentos permanecia ativo e esperto, assim como o grupo que era deixado em paz. Os ratos corriam vigorosamente do choque, e as pessoas solucionavam os anagramas em poucos segundos.

Os resultados identificavam de forma irredutível a fonte do desamparo aprendido: ele era causado pela experiência em que os participantes aprendiam que nada do que fizessem importaria e que suas ações não davam resultado. Essa experiência os ensinara a esperar que, no futuro e em novas situações, seus atos seriam de novo em vão.

Os sintomas do desamparo aprendido poderiam ser produzidos de diversas formas. Derrota e fracasso geravam os mesmos sintomas que os acontecimentos incontroláveis. Ser derrotado por outro rato numa briga gerava sintomas idênticos àqueles causados por um choque inescapável. Ouvir que sua função era controlar o barulho e fracassar produzia os mesmos sintomas que problemas insolúveis ou ruídos inescapáveis. Portanto, o desamparo aprendido parecia estar no âmago da derrota e do fracasso.

O desamparo aprendido podia ser curado caso se mostrasse ao participante que agora seus atos tinham relevância. Também podia ser curado caso se ensinasse o participante a pensar de outra forma a respeito do que causou seu fracasso ou prevenido se, antes da experiência, o participante aprendesse que seus atos faziam diferença. Quanto mais cedo na vida essa habilidade for aprendida, mais eficaz é a imunização contra o desamparo.

Assim, a teoria do desamparo aprendido foi elaborada, testada e aperfeiçoada. Mas, afinal, servia de modelo para a depressão? O modelo laboratorial era adequado ao fenômeno da vida real? As chances de serem compatíveis eram grandes, pois quando o modelo existe, o transtorno pode ser replicado em laboratório. Isso significa que existe uma boa chance de que seus mecanismos ocultos sejam identificados, e tratamentos, desenvolvidos. Se tivéssemos descoberto um modelo laboratorial de um dos tormentos mais antigos da humanidade — a depressão — seria um avanço científico de grandes proporções.

Não havia muito o que fazer para mostrar que os princípios do voo de avião dos irmãos Wright se igualavam aos do voo dos pássaros. Os "sintomas" eram claramente os mesmos: ambos alçavam voo, voavam e aterrissavam. No caso do desamparo aprendido havia muito mais etapas para demonstrar que o experimento refletia, ponto a ponto, todos os sintomas da depressão. Uma compatibilidade convincente é o passo crucial para todos os modelos laboratoriais de doenças mentais. Precisávamos saber se os sintomas do desamparo aprendido demonstrados em todos esses laboratórios eram iguais àqueles que as pessoas deprimidas tinham. Quanto maior o paralelo, melhor o modelo.

Vamos começar pelo caso mais complicado: a depressão unipolar avançada, como a de Sophie, a jovem paciente que já mencionei neste capítulo.

Se você for ao consultório de um psiquiatra ou de um psicólogo em busca de assistência, ele vai logo tentar fazer um diagnóstico, e para isso vai se servir de um exemplar de algo chamado *DSM-III-R — Diagnostic and Statistical Manual of the American Psychiatric Association* (*Manual de diagnóstico e estatística da Associação Americana de Psiquiatria*, terceira edição revisada). Esse é a bíblia oficial da profissão, o compilado do que sabemos a respeito de como diagnosticar doenças mentais. Na primeira entrevista, o terapeuta tenta ver se seus sintomas possibilitam que ele o encaixe numa das categorias de transtornos mentais.

Elaborar um diagnóstico a partir do *DSM-III-R* é mais ou menos como pedir um combinado num restaurante de comida chinesa. Para ser diagnosticada como vítima de um "episódio depressivo severo", a pessoa deve ter cinco dos nove sintomas seguintes:

1. Estado de ânimo depressivo
2. Perda de interesse pelas atividades habituais

3. Perda de apetite
4. Insônia
5. Retardo psicomotor (lentidão de pensamento ou movimento)
6. Baixa energia
7. Sensação de inutilidade e culpa
8. Capacidade reduzida de raciocínio e falta de concentração
9. Ideias ou atos suicidas

Sophie era um bom exemplo de alguém sofrendo um grande episódio depressivo. Tinha seis dos nove sintomas, faltando apenas as ideias suicidas, retardo psicomotor e insônia.

Quando analisamos a lista de sintomas do *DSM-III-R* e aplicamos às pessoas e animais que participaram de experimentos de desamparo aprendido, descobrimos que o grupo capaz de controlar os acontecimentos não tinha nenhum dos nove sintomas decisivos, mas o grupo sem permissão para controlar os mesmíssimos acontecimentos exibia nada menos que oito dos nove sintomas — dois a mais do que Sophie com depressão severa.

1. Pessoas que receberam um barulho inescapável ou problemas insolúveis relataram que um *estado de ânimo depressivo* se abateu sobre elas.
2. Animais que sofreram choques inescapáveis *perderam o interesse pelas atividades habituais*. Já não competiam uns com os outros, revidavam quando atacados ou cuidavam dos mais novos.
3. Animais que sofreram choques inescapáveis *perderam o apetite*. Comiam menos, tomavam menos água (e mais álcool quando havia a possibilidade) e perdiam peso. Perderam o interesse pela cópula.
4. Animais desamparados tinham *insônia*, em especial o despertar de manhã cedo que acomete pessoas deprimidas.
5 e 6. Pessoas e animais desamparados *exibiram retardo psicomotor e baixa energia*. Não tentaram escapar do choque, conseguir comida ou resolver problemas. Não revidaram quando foram atacados ou insultados. Desistiram prontamente de novas tarefas. Não exploraram novos ambientes.
7. Pessoas desamparadas botavam a culpa por seu fracasso em resolver os problemas na *falta de capacidade e inutilidade*. Quanto mais deprimidos, pior era esse aspecto do estilo explicativo pessimista.

8. Pessoas e animais desamparados *não raciocinavam muito bem* e eram *desatentas*. Tinham uma dificuldade extraordinária de aprender algo novo e dificuldade de prestar atenção às pistas cruciais que indicavam recompensas ou segurança.

O único sintoma que não vimos foram as ideias e atos suicidas, e é provável que isso se deva apenas ao fato de os fracassos em laboratório serem pequenos: por exemplo, a incapacidade de desligar o barulho ou de solucionar os anagramas.

Portanto, a adequação entre o modelo e o fenômeno da vida real era excelente. Os barulhos inescapáveis, problemas insolúveis e choques inelutáveis geravam oito dos nove sintomas que contribuem para o diagnóstico de depressão severa.

A proximidade dessa correspondência inspirou pesquisadores a testarem a teoria de um outro jeito. Vários remédios conseguem controlar a depressão em seres humanos; os pesquisadores os deram aos animais desamparados. De novo os resultados foram drásticos: todos os antidepressivos (bem como a terapia eletroconvulsiva) curaram o desamparo aprendido em animais. É provável que tenham agido aumentando a quantidade de neurotransmissores essenciais disponíveis no cérebro. Os pesquisadores também descobriram que substâncias que não rompem a depressão, como cafeína, Valium e anfetaminas, tampouco acabam com o desamparo aprendido.

A compatibilidade, portanto, era quase perfeita. Nos sintomas, o desamparo aprendido gerado em laboratório parecia quase idêntico à depressão.

Agora, ao observar o surto de depressão, podíamos enxergá-lo como uma epidemia de desamparo aprendido. Sabíamos a causa do desamparo aprendido, e agora a percebíamos como a causa da depressão: *a crença de que seus atos são inúteis*. Essa crença foi engendrada pela derrota e pelo fracasso bem como por situações incontroláveis. A depressão poderia ser causada por derrotas, fracassos e perdas e a consequente crença de que quaisquer atitudes tomadas seriam em vão.[8]

Acho que tal crença está no cerne da nossa epidemia nacional de depressão. O indivíduo moderno deve ser mais suscetível ao desamparo aprendido, à convicção crescente de que nada do que se faz importa. Acho que sei o porquê, e vou discuti-lo no último capítulo.

Tudo isso soa sombrio. Porém, existe também um lado esperançoso, e é aí que o estilo explicativo ganha relevância.

5. Como você pensa, como você sente

Se Sophie tivesse sofrido de depressão vinte anos antes, teria tido azar. Teria que esperar a depressão seguir seu curso natural, o que poderia demorar meses ou até um ou dois anos. Mas como ficou deprimida na última década, suas chances de melhora eram muito maiores, pois nos últimos dez anos foi desenvolvido um tratamento rápido e bem-sucedido. Seus idealizadores foram um psicólogo, Albert Ellis, e um psiquiatra, Aaron T. Beck. Quando a história da psicoterapia moderna for escrita, creio que seus nomes estarão na listinha ao lado de Freud e de Jung. Juntos, eles eliminaram o mistério da depressão, mostrando que era muito mais simples e curável do que se imaginava.

Antes de Ellis e Beck elaborarem suas teorias, toda depressão era considerada um transtorno maníaco-depressivo. Havia duas teorias opostas a respeito do transtorno maníaco-depressivo: a escola biomédica sustentava que era uma doença do corpo; a alternativa era o conceito freudiano de que a depressão era a raiva usada contra si mesmo. Incorporando essa pequena dose insidiosa de contrassenso no tratamento dos pacientes, os freudianos incitavam os depressivos a deixar suas emoções aflorarem — com o resultado comum do aumento da depressão e até de tentativas de suicídio.

Ellis era um apóstolo bem diferente da ideia de deixar as emoções falarem mais alto. Depois de se doutorar pela Universidade Columbia em 1947, Ellis abriu um consultório particular de psicoterapia, se especializando em terapia de casais e de famílias. Talvez instigado pelas revelações dos pacientes, lançou logo o que se tornaria uma campanha vitalícia contra a repressão sexual. Passou a escrever livro atrás de livro com títulos como *If This Be Sexual Heresy*, *The Case for Sexual Liberty* e *The Civilized Couple's Guide to Extramarital Adventure*. É bem natural que, dada a sua linha de raciocínio, Ellis tenha se tornado membro fundador e guru da geração Kerouac. A primeira vez que me deparei com seu trabalho foi no início da década de 1960, quando, no segundo ano de Princeton, ajudei na organização de um programa sobre sexualidade para estudantes. Ellis, um dos palestrantes convidados, propôs o título "Masturbe-se agora" para sua apresentação. O reitor de Princeton, um homem de justiça imperturbável em regra, o desconvidou.

Muitos colegas consideravam Ellis constrangedor, mas outros reconheciam que ele era dotado de um senso clínico extraordinário. Quando os pacientes falavam, ele escutava atentamente e pensava muito e de modo iconoclasta. Em 1970, ele já tinha levado seu carisma e sua objetividade para o campo da depressão, uma área quase tão cheia de preconceitos e ideias equivocadas quanto a da sexualidade. A depressão nunca mais foi a mesma.

Ellis foi tão ultrajante nessa nova área quanto havia sido na antiga. Esquelético e anguloso e sempre muito agitado, ele parecia mais um (competentíssimo) vendedor de aspirador de pó do que um psicólogo. Com os pacientes, pressionava até convencê-los a abrir mão das crenças irracionais que sustentavam sua depressão. "Como assim, você não consegue viver sem amor?", ele exclamava. "Que bobagem. O amor é uma raridade na vida, e se você perder tempo pensando na sua ausência, que é algo tão comum, causará a própria depressão. Você está vivendo sob a tirania do *deveria*. Pare de pensar em tudo que você *deveria* fazer ou ter!"

Ellis acreditava que aquilo que muitos consideravam um profundo conflito neurótico era apenas um jeito ruim de pensar — "comportamento idiota da parte de pessoas que não são idiotas", ele declarava —, e de modo bombástico, propagandista (ele se dizia um contrapropagandista), ele ordenaria que os pacientes parassem de pensar errado e começassem a pensar direito. O surpreendente é que a maioria de seus pacientes melhorou. Ellis desafiou com êxito a consagrada crença de que a doença mental é um fenômeno enormemente intrincado, às vezes misterioso, curável apenas quando profundos conflitos inconscientes são trazidos à tona ou uma doença é erradicada. Para o mundo da psicologia, que tem a tendência a tornar complexas até mesmo as questões mais simples, essa abordagem despojada parecia revolucionária.

Enquanto isso, Beck, um psiquiatra freudiano de enorme talento clínico, também tinha suas dúvidas sobre a abordagem ortodoxa. Beck e Ellis não podiam ser mais diferentes. O jeito de Ellis era trotskista, e o de Beck, socrático. Um sujeito simpático, informal, com rosto angelical e o visual de um médico rural da Nova Inglaterra, dado a usar gravatas-borboleta vermelhas, Beck exalava bondade e bom senso. Discursar para os pacientes não fazia seu estilo. Ele escutava com atenção, questionava com delicadeza, convencia com suavidade.

Assim como Ellis, Beck se viu extremamente frustrado na década de 1960 com o domínio total que as visões freudiana e bioquímica exercem no tratamento da depressão. Após estudar medicina em Yale, passou anos como analista convencional, esperando a figura solitária no divã ter um estalo sobre sua depressão: de que tem voltado sua raiva contra si mesmo em vez de exprimi-la, e de como sua depressão foi resultado disso. A espera de Beck poucas vezes foi satisfatória. Então tentou tratar grupos de depressivos, incentivando-os a dar vazão à raiva e à tristeza em vez de reprimi-las. Frustração era pouco. Depressivos descarrilhavam diante de seus olhos, e não era fácil botá-los de volta nos trilhos.

Em 1966, quando conheci Tim Beck (seu nome do meio é Temkin e os amigos o chamam de Tim), ele estava escrevendo seu primeiro livro sobre depressão. Seu bom senso havia vencido. Ele tinha resolvido que iria apenas descrever o que uma pessoa com depressão pensa conscientemente e deixaria para os outros a teorização densa a respeito da origem de tais pensamentos. Os depressivos pensam coisas horríveis sobre eles mesmos e sobre o futuro. Talvez esse seja o cerne da depressão, Tim raciocinou. Talvez o aparente sintoma da depressão — o pensamento negativo — *seja* a doença. Depressão, ele argumentou corajosamente, não é nem um desequilíbrio da química cerebral nem raiva contra si mesmo; é um transtorno do pensamento consciente.

Com esse brado de guerra, Tim atacou os freudianos. "O perturbado", ele escreveu, "é levado a crer que precisa buscar ajuda profissional quando confrontado com as dores dos problemas cotidianos. Sua autoconfiança ao usar as técnicas 'óbvias' que costumava empregar para resolver os problemas foi corroída porque passou a aceitar a ideia de que as perturbações emocionais surgem de forças além de seu controle. Não tem esperança de se entender pelos próprios esforços, pois seus próprios conceitos são tidos como rasos e frágeis.

Ao rebaixar o valor do senso comum, essa sutil doutrinação o impossibilita de usar o próprio juízo para analisar e resolver seus problemas."[1]

Tim gostava de mencionar uma observação do ilustre matemático e filósofo Alfred North Whitehead: "A ciência é arraigada em... ideias do senso comum. Esses são os dados dos quais parte e aos quais precisa recorrer... Você pode aprimorar o senso comum, pode contradizê-lo ponto a ponto, pode surpreendê-lo. Mas no fundo sua grande missão é satisfazê-lo".

Um progenitor dessa revolução da psicologia, hoje também na faixa dos setenta anos, foi Joseph Wolpe. Psiquiatra na África do Sul e dissidente nato (seu irmão, um proeminente comunista sul-africano, havia sido perseguido e preso), Wolpe optou por enfrentar a comunidade psicanalítica. Na África do Sul, era quase como enfrentar o apartheid, tal o domínio da psicanálise sobre a profissão. Na década de 1950, Wolpe surpreendeu o mundo terapêutico e enfureceu seus colegas ao descobrir uma cura simples para as fobias.[2] A comunidade psicanalítica defendia que a fobia — um medo irracional e intenso de certas coisas, tais como gatos — era apenas uma manifestação superficial de uma doença mais profunda, latente. A origem da fobia, diziam, era o medo arraigado que o pai o castrasse pelo seu desejo pela mãe. (Nenhum mecanismo alternativo é sugerido para as mulheres. O espantoso é que os freudianos nunca deram muita atenção ao fato de a vasta maioria dos fóbicos ser mulheres e, portanto, lhes falta a configuração genital exigida pela teoria.) A vertente biomédica, por outro lado, alegava que devia existir algum desequilíbrio na química cerebral, ainda não descoberta, que fosse o problema subjacente. (Até hoje, quarenta anos depois, o suposto desequilíbrio da química cerebral ainda não foi descoberto.) Ambos os grupos insistiam que tratar apenas o medo que o paciente sentia de gatos seria tão útil quanto usar blush para curar sarampo.

Wolpe, no entanto, inferiu que o medo irracional de algo não é apenas sintoma de fobia: é uma fobia por si só. Se o medo pudesse ser eliminado (e podia, por meio de diversos processos de extinção pavlovianos que envolviam punição e recompensa), isso acabaria com a fobia. Se a pessoa pudesse se livrar do medo de gatos, o problema estaria resolvido. A fobia não ressurgiria sob outra forma, como os teóricos psicanalíticos e biomédicos alegavam. Wolpe e seus discípulos, que se intitulavam terapeutas comportamentais, rotineiramente curavam medos em um ou dois meses, e as fobias não ressurgiriam sob outra forma.

Por essa impertinência — ao insinuar que não havia nada especialmente complexo nos transtornos psiquiátricos — a situação de Wolpe na África do Sul ficou extremamente desconfortável. Ele se exilou, partindo para o Maudsley Hospital em Londres, depois para a Universidade de Virginia, e por último a Temple University, na Filadélfia, onde continuou a aplicar a terapia comportamental a doenças mentais. Combativo e dogmático, arrumava briga com todo mundo. Quando os seguidores se desviavam de suas ideias, mesmo que de forma insignificante, ele os descartava. Se esse traço era reminiscente da ortodoxia psicanalítica pela qual ele mesmo havia sido perseguido, o outro lado desse traço era a coragem.

No fim da década de 1960, Filadélfia se tornava a Atenas da nova psicologia. Joseph Wolpe era fulminante na Temple, e Tim Beck estava na Universidade da Pensilvânia, acumulando um número cada vez maior de adeptos. Em silêncio, chegou à mesma conclusão sobre a depressão a que Wolpe havia tido sobre a fobia. A depressão e seus sintomas são, na verdade, a mesma coisa. Ela é causada por pensamentos negativos conscientes. Não existe transtorno subjacente a ser extirpado: não são conflitos de infância sem resolução, não é nossa raiva inconsciente, não é nem nossa química cerebral. A emoção vem diretamente do que pensamos: pense "estou em perigo" e você sentirá angústia. Pense "estão violando meus direitos" e você sentirá raiva. Pense "perda" e você sentirá tristeza.

Fui um dos primeiros adeptos, crente de que o mesmo processo — pensamentos conscientes que se deturparam — talvez estivesse em jogo tanto no desamparo aprendido quanto na depressão. Lecionei na Universidade Cornell em 1967 logo após completar meu doutorado na Universidade da Pensilvânia. Em 1969, Tim me pediu para voltar à Universidade da Pensilvânia e passar um ou dois anos com ele para aprender a respeito de sua nova abordagem sobre a depressão. Retornei com alegria e me vi num grupo empolgado em elaborar um novo tipo de terapia para depressão.

Nosso raciocínio era simples. A depressão é resultado de hábitos permanentes de pensamento consciente. Se mudarmos o jeito de pensar dos pacientes, curaremos a depressão. Vamos fazer um ataque direto ao pensamento consciente, dissemos, usando tudo o que sabemos para alterar a forma como as pessoas deprimidas pensam nos eventos ruins. Disso surgiu a nova abordagem, que Beck chamou de terapia cognitiva. Ela tenta mudar o jeito com que o paciente deprimido pensa o fracasso, a derrota, a perda e o desamparo. O Instituto Nacional de Saúde Mental gastou milhões de dólares testando se a terapia funcionava para depressão. Ela funciona.[3]

O modo como pensamos sobre os nossos problemas, inclusive na própria depressão, pode aliviar ou agravar a depressão. Um fracasso ou uma derrota pode deixá-lo desamparado, mas o desamparo aprendido gera apenas sintomas passageiros de depressão — a não ser que você tenha um estilo explicativo pessimista. Caso tenha, o fracasso e a derrota podem lançá-lo numa depressão mais resistente. Por outro lado, caso seu estilo explicativo seja otimista, sua depressão será contida.

A tendência das mulheres à depressão é o dobro da dos homens, pois em média elas pensam nos problemas de forma a amplificar a depressão. Os homens tendem a agir em vez de refletir, mas as mulheres tendem a contemplar a depressão, ponderando-a sem parar, tentando analisá-la e tentando determinar a sua origem. Psicólogos chamam esse processo de análise obsessiva de *ruminação*, uma palavra cuja primeira acepção é "mastigar o bolo alimentício". Animais ruminantes, como o gado, as ovelhas e os bodes, mastigam o bolo alimentício composto de comida regurgitada, parcialmente digerida — não é uma imagem muito convidativa em relação ao que as pessoas que ruminam fazem com seus pensamentos, mas é extremamente adequada. A ruminação combinada com o estilo explicativo pessimista é a receita da depressão profunda.

Aqui terminam as más notícias. A boa é que tanto o estilo explicativo pessimista quanto a ruminação podem ser mudados, e mudados para o resto da vida. A terapia cognitiva pode criar o estilo explicativo otimista e tolher a ruminação. Ela previne novas depressões ensinando as técnicas necessárias para que a pessoa se recupere após uma derrota. Você verá como ela funciona para os outros e depois aprenderá a usar as técnicas na própria vida.

DESAMPARO APRENDIDO E ESTILO EXPLICATIVO

Todos nos sentimos desamparados quando fracassamos. O baque psicológico nos derruba. Ficamos tristes, o futuro parece sombrio, e fazer qualquer esforço nos parece impraticável. Algumas pessoas se recuperam quase de imediato: todos os sintomas do desamparo aprendido se dissipam em horas. Outras continuam desamparadas por semanas a fio ou, se o fracasso é relevante o suficiente, por meses ou mais.

Essa é a diferença fundamental entre o desânimo breve e um caso de depressão. Lembre-se de que oito dos nove sintomas de depressão no "cardápio chinês" (descrito no capítulo 4) do *DSM-III-R* são gerados pelo desamparo aprendido. É necessário ter cinco dos nove para ser diagnosticado como um caso de depressão profunda. No entanto, há mais um fator: os sintomas não podem ser momentâneos; têm que durar pelo menos duas semanas.

A diferença entre as pessoas cujo desamparo aprendido some rapidamente e as que sofrem os sintomas durante duas semanas ou mais é simples: membros do último grupo têm um estilo explicativo pessimista, e o estilo explicativo pessimista faz com que o desamparo aprendido passe de breve e localizado a duradouro e generalizado. O desamparo aprendido se transforma em depressão quando a pessoa que fracassa é pessimista. Em otimistas, o fracasso causa apenas um desânimo breve.[4]

A chave desse processo é esperança ou desesperança. O estilo explicativo pessimista, o leitor deve lembrar, consiste em certos tipos de explicações para acontecimentos ruins: pessoal ("A culpa é minha"), permanente ("Vai ser sempre assim") e abrangente ("Vai atrapalhar minha vida sob todos os aspectos"). Aqueles que se convencem de que um fracasso é permanente e abrangente projetam o fracasso presente no futuro e em todas as novas situações. Por exemplo, ao ser rejeitado por alguém que ama, talvez diga a si mesmo: "As mulheres/os homens me odeiam" (uma explicação abrangente) e "Nunca vou encontrar ninguém" (uma explicação permanente). Esses dois fatores, permanência e abrangência, criam a expectativa de rejeição constante — isto é, que não só esse amante vai rejeitá-lo como também todos os outros. Explicar contratempos românticos para si mesmo desse jeito é minar todas as futuras relações amorosas. Se, além disso, a pessoa acreditar que a causa é pessoal ("Não mereço ser amado"), a autoestima também sofrerá.

Ao juntar todas as peças, é possível notar uma forma de pensar especialmente autodestrutiva: *elaborar explicações pessoais, permanentes e abrangentes para os eventos negativos*. Quem tem esse estilo (o mais pessimista de todos) é propenso a ter sintomas de desamparo aprendido por bastante tempo e em diversas áreas quando fracassa, além de ter baixa autoestima. Esse desamparo aprendido prolongado leva à depressão. Este é um prognóstico fundamental da minha teoria: quem tem estilo explicativo pessimista e passa por situações ruins provavelmente ficará deprimido, mas quem tem um estilo explicativo otimista e passa pelas mesmas situações tende a resistir à depressão.

Ou seja: o pessimismo é um fator de risco da depressão no mesmo sentido em que fumar é um fator de risco do câncer de pulmão, ou ser hostil e ambicioso é um fator de risco do infarto.

O PESSIMISMO CAUSA DEPRESSÃO?

Passei boa parte dos últimos dez anos testando esse prognóstico. A primeira coisa que o grupo da Universidade da Pensilvânia fez foi a mais simples. Demos um questionário de estilo explicativo a pessoas deprimidas, aos milhares, pessoas com tudo que é tipo e grau de depressão. Percebemos que, quando ficavam deprimidas, as pessoas também ficavam pessimistas. Os resultados eram tão regulares e se repetiam com tamanha frequência que, segundo uma estimativa, seria preciso mais de 10 mil estudos negativos para lançar dúvida sobre eles.

Isso não demonstra que o pessimismo causa depressão, somente que pessoas deprimidas ficam pessimistas quando estão em depressão. Obteríamos essa mesma coincidência se (para inverter as coisas) fosse a depressão que causasse o pessimismo ou outro fator (como a química cerebral) causasse ambos. Por fim, parte da forma de diagnosticar a depressão é escutar o que os pessimistas dizem. Se um paciente nos disser ser imprestável, essa explanação pessimista é parte da razão pela qual o diagnosticamos como deprimido. Portanto, o vínculo entre o estilo explicativo pessimista e a depressão poderia ser simplesmente circular.

Para mostrar que o pessimismo causa depressão, precisamos pegar um grupo de pessoas que não estavam deprimidas e demonstrar que, após alguma catástrofe, os pessimistas se deprimiram mais facilmente do que os otimistas. O experimento ideal seria algo como: testar todo mundo numa cidadezinha na Costa do Golfo do Mississippi quanto à depressão e ao estilo explicativo e esperar um furacão. Depois que o furacão passasse, veríamos quem ficava na lama passivamente e quem se levantava e reconstruía a cidade. Há problemas éticos e financeiros na condução desse "experimento natural". Portanto, tivemos que encontrar outras formas de testar a sequência de causas.

Uma de minhas alunas de graduação mais brilhantes, Amy Semmel, quando estava no segundo ano, resolveu o dilema ao chamar a atenção para desastres naturais que ocorriam bem ali, nas minhas aulas, duas vezes por semestre: as provas. Quando minhas aulas começaram, em setembro, fizemos testes de depressão e de estilo explicativo com todos os estudantes. Em outubro, com a primeira prova chegando, perguntamos a todos o que considerariam um "fracasso". Em média, disseram que um 8,5 seria um fracasso. (Percebe-se que eram estudantes de alto desempenho.) Estava bom para o experimento, já que a nota média nas minhas provas é 7, o que significava que a maioria dos meus alunos viraria cobaia. Uma semana depois, fizeram a prova, e na semana seguinte receberam as notas, além de uma cópia do Inventário de Depressão de Beck.

Trinta por cento dos alunos que (pela própria definição de fracasso) fracassaram na primeira prova ficaram muito deprimidos. E 30% das pessoas que estavam pessimistas em setembro também. Mas os 70% que estavam pessimistas em setembro e tinham se saído mal na prova ficaram deprimidos. Portanto, a receita da depressão profunda é o pessimismo preexistente aliado ao fracasso. Aliás, os membros do grupo que usaram as explicações mais permanentes e abrangentes para seu fracasso eram os que continuavam deprimidos quando voltamos a testá-los em dezembro.

Uma estrutura bem mais sombria para um "experimento natural" aconteceu no presídio. Medimos o grau de depressão e o estilo explicativo de presos do sexo masculino antes e depois do encarceramento. Como o suicídio é um grande problema nesse tipo de ambiente, queríamos prever quem corria mais risco de se deprimir. Para nossa surpresa, ninguém estava realmente deprimido ao entrar na prisão. Para nossa consternação, quase todos estavam deprimidos ao sair. Talvez alguns digam que isso significa que as prisões estão cumprindo sua função, mas me parece que algo muito desanimador aconteça durante o encarceramento. De qualquer modo, de novo acertamos na previsão de quem ficaria mais deprimido: aqueles que eram pessimistas ao entrar. Isso quer dizer que o pessimismo é um terreno fértil para a depressão, principalmente quando o ambiente é hostil.

Essas várias descobertas indicavam o pessimismo como a causa da depressão. Sabíamos que era possível pegar um grupo de pessoas normais e prever, bem antes, quais eram as mais propensas a sucumbir à depressão após eventos negativos.

Outra maneira de saber se o pessimismo causava depressão foi observar um grupo ao longo do tempo. A isso se dá o nome de estudo longitudinal. Passamos a acompanhar um grupo de quatrocentos estudantes do terceiro ano do Ensino Médio (nós ainda estamos acompanhando), medindo duas vezes ao ano o estilo explicativo, a depressão, o sucesso nos estudos e a popularidade deles. Descobrimos que os jovens que começaram o experimento sendo pessimistas eram os mais passíveis a ficar deprimidos e continuar deprimidos no decorrer de quatro anos. Os jovens que começaram otimistas permaneceram sem depressão ou, se ficavam deprimidos, logo se recuperavam. Quando aconteciam coisas ruins, como a separação ou divórcio dos pais, os pessimistas afundavam mais rápido. Também estudamos jovens adultos e encontramos o mesmo padrão.

Esses estudos de fato comprovam que o pessimismo causa depressão ou apenas que o pessimismo precede a depressão e a prevê? Eis uma argumentação bem maliciosa: vamos supor que as pessoas tenham bastante discernimento acerca de como reagem a acontecimentos ruins. Algumas pessoas já viram repetidas vezes como ficam arrasadas quando fracassam. Essa percepção faz delas pessimistas. Outras, as que se tornam otimistas, já viram a rapidez com que se recuperam. Esses dois grupos se tornam pessimistas ou otimistas porque já observaram a própria reação a situações ruins. Por causa disso, o pessimismo é a causa da depressão tanto quanto um velocímetro marcando 95 quilômetros por hora causa a aceleração do carro: o velocímetro e o pessimismo apenas refletem estados subjacentes mais básicos.

Só conheço uma forma de contestar esse argumento: estudar como a terapia funciona.

ESTILO EXPLICATIVO E TERAPIA COGNITIVA

Tanya começou a terapia com um casamento indo ladeira abaixo, três filhos que considerava selvagens e incontroláveis e uma depressão aguda. Ela concordou em participar de um estudo sobre diferentes tipos de terapia para a depressão e foi instruída a fazer terapia cognitiva e a tomar antidepressivos. Permitiu que os pesquisadores gravassem suas sessões de terapia. Nas citações abaixo, os itálicos enfatizam os tipos de explicações que deu para seus problemas. Vou atribuir números a cada citação. Esses números são sua pontuação de pessimismo (relacionada ao teste do capítulo 3), e vão de 3 (totalmente temporário, específico e externo) a 21 (totalmente permanente, abrangente e personalizado). Cada dimensão é codificada numa escala de 1 a 7, portanto as três dimensões, quando somadas, vão de 3 a 31. Resultados entre 3 e 8 são muito otimistas. Acima de 13, muito pessimistas.*

> Tanya sentia nojo de si mesma "*porque sempre grito com os meus filhos e nunca peço desculpas*" (permanente, bastante abrangente e pessoal: 17).
> Ela não tinha nenhum hobby "*porque não sou boa em nada*" (permanente, abrangente e pessoal: 21).
> Não conseguia tomar o antidepressivo "*porque eu não aguento, não tenho força suficiente*" (permanente, abrangente e pessoal: 15).

As explicações de Tanya eram sempre pessimistas. Fosse o que fosse, se era ruim, duraria para sempre, destruiria tudo e seria culpa dela.

Assim como todo mundo que estava nesse grupo, ela recebeu doze semanas de tratamento. Houve uma melhora nítida. A depressão começou a desaparecer após um mês, e no fim do tratamento estava curada. Aparentemente, sua vida não havia melhorado. O casamento continuava desmoronando aos poucos. As crianças continuavam não se comportando bem nem na escola nem em casa. Mas ela examinava as causas de seus problemas de um jeito bem mais otimista. Veja como ela falava agora:

> "Tive que ir à igreja sozinha *porque meu marido estava sendo rude e se negava a ir*" (temporário, específico e exteriorizado: 8).
> "Saio por aí molambenta *porque as crianças precisam de uniforme escolar novo*" (bem temporário, específico e exteriorizado: 8).

---

* O método de codificação do pessimismo em pessoas que não puderam ou não fizeram o questionário de estilo explicativo é chamado de Cave — Content Analysis of Verbatim Explanations (Análise de Conteúdo de Explanações Textuais), que será descrito adiante.

> "*Ele tirou todo o meu dinheiro da poupança e comprou coisas pra ele. Se eu tivesse uma arma, atirava nele.*" (temporário, específico e exteriorizado: 9).
> Ela andava com dificuldade de dirigir "*porque meus óculos não são escuros o bastante*" (temporário, específico e exteriorizado: 6).

Quando coisas ruins aconteciam, o que era um evento diário, Tanya já não as via como imutáveis, abrangentes e como culpa sua. Agora começava a tomar atitudes para mudar as situações.

O que fez com que o estilo explicativo de Tanya mudasse do pessimista para o otimista? Foram os medicamentos ou a terapia cognitiva? A mudança foi mero sinal de que estava menos deprimida ou o motivo pelo qual estava menos deprimida? Tanya era um dos muitos pacientes que receberam tratamentos diferentes, logo essas perguntas eram passíveis de respostas.

A primeira descoberta foi que ambos os tratamentos funcionaram bem. Antidepressivos utilizados sozinhos e terapia cognitiva utilizada sozinha eram a certeza do fim da depressão. A combinação funcionava ainda melhor, mas apenas por uma pequena margem.

A segunda descoberta foi que o mecanismo da terapia cognitiva era a mudança do estilo explicativo pessimista para o otimista. Quanto mais terapia cognitiva for feita e quanto mais habilmente for realizada, mais completa será essa mudança. Por sua vez, quanto maior a mudança em direção ao otimismo, maior o alívio da depressão. Os remédios, por outro lado, embora tenham apaziguado a depressão com bastante eficácia, não deixaram os pacientes mais otimistas. É sensato concluir que, embora tanto os remédios quanto a terapia cognitiva diminuam a depressão, eles funcionam de formas bem diferentes. Os remédios parecem ser estimulantes; empurram o paciente para cima e para fora, mas não fazem o mundo parecer mais luminoso. A terapia cognitiva muda a nossa maneira de enxergar a vida, e esse novo estilo, otimista, nos levanta e nos coloca em movimento.

A terceira descoberta, a mais importante, foi sobre recaídas. Até que ponto o alívio da depressão era permanente? A depressão de Tanya não voltou, apesar de isso ter acontecido com muitos outros pacientes do estudo. Os resultados mostraram que a chave do alívio permanente da depressão foi a mudança no estilo explicativo. Muitos pacientes do grupo dos antidepressivos tiveram recaídas, mas o grau de recaídas em pacientes que fizeram terapia cognitiva foi muito menor. Os pacientes cujos estilos explicativos se tornaram otimistas ficaram menos propensos a recaídas do que os pacientes cujos estilos permaneceram pessimistas.

Isso indica que a terapia cognitiva funciona especificamente tornando os pacientes mais otimistas. Ela previne recaídas porque os pacientes adquirem uma técnica que podem usar várias vezes sem depender de remédios ou de médicos. Medicamentos aliviam a depressão, mas apenas de modo temporário; ao contrário da terapia cognitiva, os medicamentos não conseguem mudar o pessimismo subjacente que é a raiz do problema.

Concluí, com esses estudos, que, entre as pessoas que não estão deprimidas no momento, o estilo explicativo pessimista é capaz de prognosticar aquelas com maior tendência a desenvolver depressão. Também prevê quem vai continuar deprimido e quem vai ter recaídas após a terapia. É nítido como mudar o estilo explicativo do pessimismo para o otimismo abranda a depressão.

Lembre-se da nossa preocupação com a possibilidade de que o pessimismo seja apenas um indicativo de que a pessoa se deprime facilmente com eventos negativos, e não uma causa em si. O modo de testar se o pessimismo é uma das causas da depressão é fazer o paciente pensar de forma otimista. Se o pessimismo fosse apenas um indício, como o velocímetro, deixar o paciente mais otimista geraria tanto impacto na forma como ele reage aos eventos ruins quanto mudar o velocímetro alteraria a velocidade do carro. No entanto, se o pessimismo for o responsável por você se deprimir tão facilmente, mudar do pessimismo para o otimismo deveria aliviar a depressão. Foi isso, na verdade, o que aconteceu. Esse resultado atribui papel causal do pessimismo na depressão. Claro que não é a *única* causa da depressão — genes, tragédias, hormônios também colocam as pessoas em risco —, mas é inegável que é uma das principais causas.[5]

RUMINAÇÃO E DEPRESSÃO

Se você é do tipo que acredita que qualquer problema "é culpa minha, vai durar para sempre, vai atrapalhar tudo o que eu fizer", está a meio caminho para desenvolver depressão. Mas o fato de ter propensão a pensar assim não necessariamente indica que a pessoa vive enunciando esses pensamentos para si mesma. Algumas pessoas o fazem, outras não. Aquelas que ficam remoendo seus fracassos são chamadas de ruminantes.[6]

O ruminante pode ser otimista ou pessimista. Ruminantes pessimistas estão em situação de emergência; seu sistema de crenças é pessimista e eles vivem repetindo para si mesmos como as coisas estão ruins. Alguns pessimistas são voltados para a ação e não ruminam: têm estilo explicativo pessimista, mas não pensam muito sobre isso. Quando o fazem, geralmente é sobre o que planejam fazer, não sobre como as coisas estão ruins.

Quando Tanya começou a terapia, não era apenas pessimista, mas também ruminante. Preocupava-se com o casamento, os filhos e, o que era ainda mais destrutivo, a própria depressão.

"Mas agora não quero fazer mais nada..."
"É muito ruim, estou sempre deprimida. Não sou de chorar, só choro quando tenho um bom motivo, mas, nossa, nos últimos tempos é só alguém falar alguma coisa que não goste que já caio no choro..."
"Não aguento mais..."
"Não sou uma pessoa muito afetiva..."
"Meu marido não me deixa em paz. Ele fica me enchendo o saco. Queria que ele não fosse assim."

Tanya havia sucumbido a uma ruminação incessante, um disco arranhado de reflexões amargas sem nenhuma sugestão de ação. Não era só o pessimismo que alimentava sua depressão: era a ruminação também.

Veja como a cadeia pessimismo-ruminação leva à depressão: primeiro, existe uma ameaça diante da qual você se considera impotente. Segundo, você procura a causa da ameaça e, se for pessimista, a causa a que chega é permanente, abrangente e pessoal. Consequentemente, você espera ser impotente no futuro e em diversas situações, uma expectativa consciente que forma o último elo da cadeia, que desencadeia a depressão.

A expectativa de desamparo pode surgir só de vez em quando, ou o tempo todo. Quanto mais estiver disposto a ruminar, maior é a chance de se sentir desamparado. Quanto mais vezes isso se repete, mais deprimido você ficará. A pessoa fica taciturna, pensando em como as coisas estão ruins, então a sequência começa. Ruminantes põem essa cadeia em marcha o tempo inteiro. Qualquer lembrança da ameaça original leva à fuga para toda a cadeia pessimismo-ruminação, um caminho direto para a expectativa de fracasso e a depressão.

Pessoas que não possuem a tendência à ruminação costumam evitar a depressão mesmo sendo pessimistas. Para elas, não é comum a cadeia se completar. Os otimistas que ruminam também evitam a depressão. Mudar a ruminação ou o pessimismo ajuda a mitigar a depressão. Mudar os dois ajuda ainda mais.

Descobrimos que ruminantes pessimistas são os que correm mais risco de desenvolver depressão. A terapia cognitiva limita a ruminação, além de criar um estilo explicativo otimista. Veja o que Tanya dizia ao final da terapia:

> "Não quero voltar para um emprego em horário integral, quero um de meio expediente, umas quatro horas por dia, para eu não ter que ficar em casa, parada, o dia todo..." (ação).
>
> "Vou ter a sensação de estar contribuindo com a renda, assim se a gente quisesse ir a algum lugar, a gente poderia ir" (ação).
>
> "Eu meio que gosto de fazer coisas improvisadas de vez em quando" (ação).

Ela já não ruminava mais os eventos negativos, e agora suas falas eram temperadas por menções a ações.

O OUTRO LADO DA EPIDEMIA: MULHERES × HOMENS

O papel fundamental que a ruminação exerce na depressão talvez seja responsável pelo fato impressionante de a depressão ser majoritariamente feminina.[7] Diversas pesquisas comprovam que durante o século XX a depressão atingiu as mulheres com muito mais frequência do que os homens. Hoje em dia a proporção é de duas mulheres para um homem.

Por que as mulheres sofrem mais?

Seria porque as mulheres são mais dispostas a fazer terapia do que os homens e por isso aparecem com mais frequência nas estatísticas? Não. O mesmo predomínio de mulheres se manifesta em pesquisas de porta em porta.

Seria porque as mulheres são mais dispostas a falar abertamente sobre seus problemas? É provável que não. A proporção de duas mulheres para um homem aparece tanto sob condição pública quanto no anonimato.

Seria porque as mulheres tendem a ter piores empregos e menos dinheiro que os homens? Não. A proporção continua de dois para um mesmo quando grupos de mulheres e de homens equiparados possuem o mesmo emprego e a mesma renda: mulheres ricas têm duas vezes mais depressão do que homens ricos, e mulheres desempregadas têm duas vezes mais depressão do que homens desempregados.

Seria alguma diferença biológica? É provável que não. Estudos sobre a emotividade pré-menstrual e pós-parto mostram que, embora flutuações hormonais tendam a afetar a depressão, o efeito nem de longe geraria uma diferença de dois para um.

Seria uma diferença genética? Estudos criteriosos da frequência da depressão em filhos e filhas de pai ou mãe depressivos demonstram ser significativa a depressão entre filhos de homens depressivos — o que, considerando-se a forma como os cromossomos são passados de pai para filho e de mãe para filha, não contribui para validar a teoria de que a causa para a razão desequilibrada entre os sexos seja genética. Há indícios da contribuição genética no desenvolvimento da depressão, mas não há indicativos de que os genes contribuem mais para a depressão em mulheres do que em homens.

Restam três teorias interessantes.

A primeira diz respeito aos papéis de gênero: de que há algo no papel da mulher na sociedade que a torna um terreno fértil para a depressão.

Um argumento em voga nessa categoria é de que as mulheres são criadas para investir no amor e nas relações sociais, enquanto os homens são criados para investir no êxito pessoal. A autoestima feminina, confirma o argumento, dependendo de como suas relações de amor e amizade estão; o fracasso social, portanto — do divórcio ou da separação, dos filhos saindo do ninho, da noite desperdiçada com um encontro horrível —, atinge as mulheres com mais força do que os homens. Pode até ser verdade, mas isso não explica por que as mulheres têm mais tendência à depressão. Pois o argumento pode ser invertido: segundo essa hipótese, os homens encaram o fracasso no trabalho mais profundamente. Notas ruins, estagnação profissional, time de futebol perdendo — também acabam com a autoestima de um homem. E o fracasso parece ser tão comum no trabalho quanto no amor, portanto o resultado final seria um nível igual de depressão entre homens e mulheres.

Outro argumento atual relativo aos papéis de gênero se refere ao conflito de funções: na vida moderna, há exigências mais conflituosas para as mulheres do que para os homens. A mulher não só tem o papel tradicional de mãe e esposa como agora também precisa ter um emprego. Essa exigência extra gera mais pressão do que nunca, logo mais depressão. Esse argumento parece plausível; mas, assim como muitas teorias plausíveis e ideologicamente convenientes, essa colide com os fatos. Esposas que trabalham têm menos depressão, em média, do que as que não trabalham fora de casa. Portanto, as explicações ligadas aos papéis de gênero não parecem dar conta da preponderância de duas mulheres para cada homem no tocante à depressão.

A segunda teoria envolve o desamparo aprendido e o estilo explicativo. Na nossa sociedade, dizem que as mulheres têm mais experiências com o desamparo ao longo da vida. O comportamento dos meninos é enaltecido ou criticado pelos pais e professores, enquanto o das meninas é frequentemente ignorado. Os meninos são treinados para a autossuficiência e a atividade, e as mulheres, para a passividade e a dependência. Quando crescem, elas se veem numa cultura que deprecia o papel de esposa e de mãe. Se uma mulher se volta para o mercado de trabalho, descobre que seus feitos recebem menos crédito do que os masculinos. Quando ela fala numa reunião, recebe mais expressões de tédio do que um homem receberia. Se apesar de tudo consegue se sobressair e é promovida a um cargo de poder, é considerada deslocada. Desamparo aprendido a cada passo. Se as mulheres tendem a ter um estilo explicativo mais pessimista do que os homens, a tendência de qualquer experiência de desamparo será produzir mais depressão numa mulher do que num homem. E de fato existem dados demonstrando que qualquer fator estressante causa mais depressão em mulheres do que em homens.

Essa teoria também é plausível, mas tem seus buracos. Um deles é que ninguém nunca provou que as mulheres sejam de fato mais pessimistas do que os homens. Na verdade, o único estudo relevante com amostragem aleatória de homens e mulheres é de crianças da escola primária, e o que mostra é o inverso. Entre alunos do terceiro, quarto e quinto anos escolares, meninos são mais pessimistas do que meninas e têm mais depressão. Quando os pais se divorciam, os meninos ficam mais deprimidos do que as meninas. (Tudo isso pode mudar na puberdade, e de fato parece que a proporção de depressão de dois para um começa na adolescência. Algo deve acontecer na puberdade para as meninas entrarem mais em depressão, e os meninos, menos. Voltarei ao assunto mais à frente, quando discutir criação dos filhos e escola nos capítulos 7 e 8.) Outro problema é que ninguém nunca demonstrou que as mulheres consideram sua vida mais incontrolável do que os homens.

A última das três teorias envolve a ruminação. Segundo esse ponto de vista, quando um problema se abate, mulheres pensam e homens agem. Quando uma mulher é demitida, ela tenta entender o porquê: fica meditativa e revive os acontecimentos diversas vezes. O homem, ao ser demitido, age: se embebeda, bate em alguém ou se distrai de alguma forma para não pensar no assunto. Pode até ser que saia logo procurando outro emprego sem se dar ao trabalho de pensar no que deu errado no antigo. Se a depressão é um transtorno do pensamento, o pessimismo e a ruminação a atiçam. A tendência a analisar a alimenta; a tendência a agir a dissolve.

Na verdade, talvez a própria depressão desencadeie mais a ruminação nas mulheres do que nos homens. Quando nos pegamos deprimidos, o que fazemos? As mulheres tentam entender de onde veio a depressão. Os homens vão fazer algum esporte ou se distrair no escritório. O alcoolismo é mais comum nos homens do que nas mulheres; talvez essa diferença seja grande o bastante para podermos dizer: homens bebem, mulheres se deprimem. Quem sabe os homens bebam para esquecer dos problemas enquanto as mulheres ruminam. A mulher, ao ruminar sobre a origem da depressão, só vai se afundar ainda mais nela, e o homem, ao reagir tomando uma atitude, talvez interrompa o ciclo.

A teoria da ruminação pode explicar a epidemia de depressão em geral, bem como a proporção desequilibrada entre homens e mulheres. Se a época em que vivemos é de autoconsciência, em que somos incentivados a levar os problemas mais a sério e analisá-los a fundo em vez de agir, o resultado pode ser mais pessoas deprimidas. Falarei mais dessa especulação no capítulo 15.

Nos últimos tempos, choveram indícios que respaldam o papel da ruminação na produção de diferenças de gênero quanto à depressão. Susan Nolen-Hoeksema, da Universidade Stanford, que criou a teoria da ruminação, mostrou o caminho para testá-la. Quando as mulheres avaliam o que fazem de fato (não o que *deveriam* fazer) quando estão deprimidas, a maioria diz: "Tentei analisar meu humor" ou "Tentei descobrir por que me sentia daquele jeito". A maioria dos homens, por outro lado, diz que fez alguma coisa de que gosta, como praticar esportes ou tocar um instrumento musical, ou diz "Resolvi não me preocupar com isso".

O mesmo padrão se manteve num estudo no qual homens e mulheres anotavam tudo o que faziam quando acometidos pelo mau humor: as mulheres pensavam e analisavam seu estado de espírito; os homens se distraíam. Num estudo com casais em conflito, cada um ditava para um gravador o que fazia sempre que havia problemas conjugais. Numa proporção esmagadora, as mulheres se concentravam nas emoções e as expressavam, e os homens se distraíam ou resolviam não se preocupar com o próprio humor. Por fim, num estudo de laboratório, homens e mulheres recebiam duas tarefas e podiam escolher uma delas quando estivessem tristes. Podiam optar por listar as palavras que descreviam melhor seu ânimo (uma tarefa focada na depressão) ou podiam classificar uma lista de nações em ordem de riqueza (uma tarefa distrativa). Setenta por cento das mulheres escolheram a tarefa voltada para as emoções, listando as palavras que descreviam o estado de espírito em que estavam. Com os homens, entretanto, a porcentagem foi inversa.

Assim, analisar e chafurdar nas emoções durante a angústia parece ser uma explicação plausível do porquê de as mulheres serem mais depressivas do que os homens. Isso sugere que homens e mulheres vivenciem depressões brandas na mesma proporção, mas nas mulheres, que refletem sobre esse estado, a depressão branda se intensifica; os homens, por outro lado, dissolvem esse estado se distraindo, agindo ou, às vezes, se entregando à bebida.

Só nos restam duas perspectivas plausíveis com algum respaldo: uma é de que as mulheres aprendem mais a ser desamparadas e são mais pessimistas; e a outra é de que a provável primeira reação aos problemas — a ruminação — leve direto à depressão.

A CURA PARA A DEPRESSÃO

Há cem anos, a explicação mais bem aceita para a ação humana, principalmente para o mau comportamento, era o caráter. Palavras como *cruel*, *idiota*, *criminoso*, *malévolo* eram consideradas explicações satisfatórias para as más ações. *Maluco* era aceito como explicação para doença mental. Tais termos denotam traços que não são facilmente mutáveis, se é que são mutáveis. Como profecia, também são autossuficientes. Pessoas que se acreditam burras, e não sem instrução, não tomam atitudes para aprimorar a mente. Uma sociedade que vê seus criminosos como perversos e seus doentes mentais como malucos não apoia instituições realmente feitas para a reabilitação, preferindo apoiar instituições feitas para a vingança ou como depósito de seres humanos, para tirá-los de vista.

Já no final do século XIX, os rótulos e conceitos por trás deles começaram a mudar. O poder político crescente de força laboral maciça foi o provável catalisador da transformação. Depois vieram ondas após ondas de imigrantes europeus e asiáticos que se aprimoraram visivelmente em menos de uma geração. As explicações sobre o fracasso humano em termos de tolerância à natureza ruim deram lugar a sugestões de má criação ou de ambiente desfavorável. A ignorância passou a ser vista como falta de educação, não burrice, e o crime como originário da pobreza, não da maldade. A pobreza em si agora era considerada falta de oportunidades, não preguiça. A loucura começou a ser vista como constituída de hábitos mal adaptados, impossíveis de desaprender. Essa nova ideologia, que enfatizava o ambiente da pessoa, foi a base do behaviorismo que dominou a psicologia norte-americana (e russa) de 1920 a 1965, de Lênin a Lyndon Johnson.

Sucessora do behaviorismo, a psicologia cognitiva manteve a crença otimista na mudança e a associou a uma visão expandida do "eu", desenvolvendo a tese de que o próprio indivíduo poderia se aprimorar. Quem desejava reduzir a quantidade de fracasso humano neste mundo podia olhar para além das dificuldades de transformar as condições de criação e de meio: podia abraçar a ideia de que o indivíduo poderia escolher se aprimorar. Por exemplo, curar a doença mental já não repousava apenas nas mãos dos terapeutas, de assistentes sociais e de hospícios. Agora estava também nas mãos dos sofredores.

Essa crença é o alicerce intelectual do movimento da superação pessoal, fonte daquele bando de livros de dieta, exercícios e de como mudar de personalidade: o risco de infarto do Tipo A, sua fobia de avião, sua depressão. O que é incrível é que boa parte dessa ideologia da superação pessoal não é conversa fiada. Uma sociedade individualista como a nossa produz uma entidade que não é uma quimera. Aquele que tenta se superar de fato se supera. Você pode perder peso de fato, reduzir seu nível de colesterol, ser mais forte fisicamente e mais atraente, ter menos compulsão pelo controle do tempo, ser menos hostil ou menos pessimista.

A crença na superação pessoal é uma profecia tão autossuficiente quanto a velha crença de que o caráter não pode ser transformado. Quem acredita que não deve ser sedentário ou hostil tenta dar passos para começar a correr ou pensa duas vezes quando se ofende; quem não acredita que a mudança é possível de fato continua incapaz de mudar. Uma cultura que acredita na superação pessoal apoia as academias de ginástica, grupos de apoio como os Alcoólatras Anônimos e a psicoterapia. Uma cultura que acredita que a origem do mau-caratismo se origina da falta de caráter, e que isso é permanente, não vai sequer tentar.

Cientistas que falam de um indivíduo capaz de agir para se aprimorar não estão declamando ufanismos metafísicos. O computador é o modelo físico de tais alegações. Um computador, até mesmo um PC, consegue comparar seus resultados aos de um modelo (uma situação ideal), descobrir onde o ajuste é imperfeito e agir para corrigir as imperfeições. Depois disso, consegue comparar de novo o que fez e o que deveria fazer e, se continuar dando errado, tomar atitudes para se corrigir de novo. Quando a compatibilidade é perfeita, ele para. Se o mais simples dos computadores é capaz dessa proeza, a superação pessoal deveria ser mamão com açúcar para a enorme complexidade do cérebro humano.

Seres humanos desenvolveram depressão profunda desde que o fracasso surgiu — talvez não aos bandos como hoje em dia, mas depressão ainda assim. E quando o jovem medieval não conseguiu conquistar o coração da bela donzela, a mãe lhe disse para não ficar obcecado, provavelmente com o mesmo alento que as mães atuais possuem na depressão que seus filhos levam para casa. Então, na década de 1980, surge a terapia cognitiva, que tenta mudar a forma como as pessoas encaram suas derrotas. Suas máximas não são assim tão diferentes das palavras de sabedoria que as avós e os padres de antigamente tentavam, sem grande sucesso, transmitir. Mas a terapia cognitiva funciona.

O que a terapia cognitiva faz, e por que ela funciona?

TERAPIA COGNITIVA E DEPRESSÃO

A uma plateia que inflou ao longo da década de 1970, Aaron Beck e Albert Ellis argumentavam que aquilo que pensamos conscientemente é o que mais determina como nos sentimos. A partir dessa tese, foi desenvolvida uma terapia que procurava mudar a forma como o paciente deprimido pensa conscientemente no fracasso, nas derrotas, nas perdas e no desamparo.

A terapia cognitiva usa cinco táticas.[8]

Primeiro, a pessoa aprende a reconhecer pensamentos automáticos que passam pela consciência nos momentos em que se sente pra baixo. Pensamentos automáticos são expressões ou frases rápidas, tão bem exercitados que passam quase despercebidos. Por exemplo, uma mãe de três filhos às vezes grita com eles ao mandá-los para a escola. A consequência é ficar bastante deprimida. Na terapia cognitiva, aprende a reconhecer que depois das gritarias ela sempre diz a si mesma: "Sou uma péssima mãe, pior até do que a minha mãe". Ela aprende a ficar atenta a esses pensamentos automáticos e aprende que eles são suas explicações, e que essas explicações são permanentes, abrangentes e pessoais.

Segundo, aprende a contestar os pensamentos automáticos organizando provas do contrário. A mãe é ajudada a lembrar e a reconhecer que, quando os filhos chegam em casa após a escola, ela joga futebol com eles, ajuda com o dever de geometria e é compreensiva ao conversar com eles sobre seus problemas. Ela foca nessas provas e vê que contradizem o pensamento automático de que é uma péssima mãe.

Terceiro, aprende a elaborar explicações diferentes, chamadas de reatribuições, e a usá-las para contestar os pensamentos automáticos. A mãe poderia aprender a dizer algo como "Fico bem com as crianças à tarde e terrível pela manhã. Vai ver não sou uma pessoa matinal", que é uma explanação bem menos permanente e abrangente para seus gritos com as crianças pela manhã. Quanto à corrente de explicações negativas ao declarar "Sou uma péssima mãe, não deveria ter tido filhos, portanto não mereço viver", ela aprende a interrompê-la inserindo uma nova explicação, contrária.

Quarto, aprende a abstrair os pensamentos deprimentes. A mãe aprende que ter pensamentos negativos não é inevitável. A ruminação, principalmente quando a pessoa sofre pressão para ser perfeita e se sair bem, piora ainda mais a situação. Em geral, para dar o seu melhor é necessário dissuadir o pensamento. Você pode aprender a controlar não só o que pensa, mas quando pensa.

Quinto, aprende a reconhecer e a questionar suposições que semeiam a depressão que governam a maior parte da sua vida:

"Não consigo viver sem amor."
"A não ser que tudo o que faça seja perfeito, sou um fracasso."
"A não ser que todo mundo goste de mim, sou um fracasso."
"Existe uma solução perfeita para todos os problemas. Preciso encontrá-la."

Premissas como essas são uma armadilha para a depressão. Se você escolhe viver sob sua tirania — como muitos escolhem —, sua vida será cheia de dias sombrios e de semanas melancólicas. Mas assim como é possível mudar seu estilo explicativo de pessimista para otimista, é possível escolher novas premissas, mais humanas, em que basear a vida:

"O amor é precioso, mas também é raro."
"Sucesso é fazer o melhor que posso."
"Para cada pessoa que gosta de você, tem uma que não gosta."
"A vida é uma tentativa de conter os maiores vazamentos da represa com as mãos."

A depressão sofrida por Sophie — a "Menina de Ouro" que passou a se considerar indigna de amor, sem talento e fracassada — é a típica depressão que os jovens estão vivendo em quantidades inéditas. Sua depressão tinha como cerne o estilo explicativo pessimista. Depois de iniciar a terapia cognitiva, a vida logo mudou da água para o vinho. Precisou de um total de três meses de tratamento, sessões de uma hora por semana. O mundo exterior não mudou, pelo menos não no começo, mas seu modo de pensar nele se alterou drasticamente.

Primeiro, ajudou a jovem a enxergar que ela vinha conduzindo um constante diálogo negativo consigo mesma. Sophie se recordou de que, quando fez um comentário em aula e foi elogiada pela professora, logo pensou: "Ela está tentando ser legal com todos os alunos". Quando leu sobre o assassinato de Indira Gandhi, pensou: "Todas as mulheres em posição de liderança estão condenadas, de um jeito ou de outro". Na madrugada em que um companheiro brochou, ela pensou: "Ele me acha repugnante".

Perguntei a ela, "Se um bêbado cambaleando na rua lhe dissesse que você é repugnante, você desconsideraria?"

"É claro."

"Mas quando você fala coisas para si mesma que também não têm fundamento, você acredita nelas. É porque você considera a fonte, você mesma, mais digna de crédito. Mas não é. É comum distorcermos mais a realidade do que os bêbados."

Sophie aprendeu logo a reunir provas contra seus pensamentos automáticos a fim de contestá-los: lembrou-se de que a professora que a elogiara não enaltecia todo mundo e, inclusive, era bem sarcástica quando outro aluno fazia comentários em aula. Concentrou-se no fato de que o companheiro que havia brochado tinha bebido o equivalente a um engradado uma hora antes de transarem. Aprendeu uma técnica essencial: como conduzir um diálogo pessoal otimista. Aprendeu a falar consigo mesma quando fracassava e como não falar consigo mesma quando tudo corria bem. Aprendeu que, quando esperava fracassar, o fracasso se tornava mais provável. Seu estilo explicativo mudou permanentemente do pessimista para o otimista.

Sophie voltou aos trilhos do ponto de vista acadêmico e se formou com honras. Começou um caso amoroso que hoje é um casamento feliz.

Ao contrário da maioria das pessoas propensas à depressão, Sophie aprendeu a prevenir o retorno da doença. A diferença entre Sophie e quem toma antidepressivos é que ela aprendeu uma série de técnicas para utilizar sempre que enfrenta fracassos ou derrotas — técnicas que leva sempre consigo. A vitória sobre a depressão foi só dela, não algo a que deve atribuir a médicos ou ao novo remédio.

POR QUE A TERAPIA COGNITIVA FUNCIONA?

Há dois tipos de resposta para essa pergunta. No plano mecânico, a terapia cognitiva funciona porque muda o estilo explicativo de pessimista para otimista, e a mudança é permanente. Ela lhe oferece uma série de técnicas cognitivas para você conversar consigo mesmo quando fracassar. Você pode usá-las para evitar que a depressão o domine quando o fracasso se abater.

No plano filosófico, a terapia cognitiva funciona porque tira proveito de poderes recém-legitimados pelo próprio indivíduo. Numa época em que acreditamos que nosso "eu" pode se transformar, estamos dispostos a tentar mudar modos de pensar que antes pareciam tão inevitáveis quanto o raiar do sol. A terapia cognitiva funciona na nossa época porque dá ao indivíduo uma série de técnicas para se transformar. Ele escolhe fazer esse exercício por interesse pessoal, para se sentir melhor.

Parte II

As esferas da vida

Enquanto isso, os Reis do Gelo tremiam em seus tronos
Mas não de frio — tinham visto um homem erguer
A Grande Copa de Chifre que termina no fim do oceano
E rebaixar todos os Sete Mares à sua estatura;

Viram-no mover o Gato do Mundo e suspender
O pilar de uma pata, todo o canto norte;
Tinham visto um homem lutar contra a própria Morte
E fazer-lhe frente, grunhindo feito trovão.[1]
David Wagoner, "The Labors of Thor"

6. Sucesso no trabalho

Em voos longos, geralmente me sento na janela e fico olhando para ela, quase sempre para evitar ter que conversar com meu companheiro de assento. Fiquei irritado um dia, em março de 1982, no começo do voo 79 de San Francisco para Filadélfia, ao descobrir que a minha tática não serviu de nada. "Oi", disse meu companheiro de fileira, um homem de sessenta anos quase careca, com entusiasmo. "Me chamo John Leslie. E você?" Ele me estendeu a mão. "Ai, não", pensei comigo mesmo, "um tagarela." Balbuciei meu nome e lhe dei um aperto de mão mecânico, esperando que entendesse o recado.

Leslie não desistiria tão fácil. "Crio cavalos", ele explicou enquanto o avião taxiava na pista. "Quando me deparo com um cruzamento, é só eu pensar em que caminho quero que o cavalo vá que ele vai. No meu trabalho, crio homens, e é só eu pensar o que eu quero que eles façam que eles fazem."

Assim começou a conversa indesejada que deu início a uma mudança drástica no foco da minha pesquisa.

Leslie era persistente, um completo otimista que parecia não ter dúvida de que eu ficaria encantado com suas palavras de sabedoria. E de fato, enquanto o avião se aproximava de Nevada, com as Sierras cobertas de neve abaixo de nós, me vi cativado. "Minha equipe", anunciou, "criou o gravador de vídeo para a Ampex. Foi o grupo mais criativo que já liderei."

"O que separa os grupos criativos dos normais?", indaguei.

"Todo mundo", ele explicou, "cada um deles, acredita que pode caminhar sobre as águas."

Em Utah eu já estava fisgado. O que ele me contava era compatível com o que eu tinha visto em pessoas que resistiam à depressão.

"Como tornar alguém criativo?", questionei.

"Vou te mostrar", ele respondeu. "Mas primeiro, com o que você trabalha?"

Fiz um breve resumo do que eu vinha fazendo nos últimos quinze anos. Eu lhe contei sobre pessoas e animais desamparados e de como o desamparo havia se mostrado um modelo da depressão. Falei de estilo explicativo pessimista e os pessimistas que desistiam tão facilmente momentos depois de vivenciar a perda de controle. "Eram essas as pessoas que, fora do laboratório, tinham depressão profunda", declarei.

"Você também já pesquisou sobre o outro lado da moeda?", Leslie perguntou. "Dá pra prever quem nunca vai desistir e quem não vai ficar deprimido independentemente do que se faça com eles?"

"Não pensei muito neles", confessei.

Na verdade, fazia um tempo que me incomodava com a fixação da psicologia com a doença. Minha profissão passa a maior parte do tempo (e quase todo o dinheiro) tentando tornar os perturbados menos perturbados. Ajudar pessoas perturbadas é uma meta respeitável, mas de algum modo a psicologia quase nunca alcança essa meta complementar de tornar a vida de pessoas que estão bem ainda melhor. Com o estímulo de Leslie eu começava a ver que meu trabalho era pertinente à outra meta. Se pudesse identificar de antemão quem ficaria deprimido, também conseguiria identificar quem jamais ficaria.

John perguntou se eu conseguia pensar em algumas linhas de negócios em que era essencial seguir em frente apesar de rejeições e fracassos constantes.

"Talvez vendas", respondi, pensando na palestra que fiz meses antes para um grupo de presidentes de uma firma de seguros. "Vendedores de seguro de vida, digamos." Na área de seguros de vida, eles me disseram, nove em cada dez possíveis segurados os rejeitam. É preciso se recuperar e seguir em frente até chegar ao décimo. É como enfrentar um grande arremessador num jogo de beisebol: em geral, você dá uma tacada e erra, mas para chegar à base tem que continuar rebatendo. Se o taco ficar parado no ombro, o rebatedor é eliminado.

Fui remetido a uma conversa que tive naquela mesma semana com John Creedon, chefe da empresa de seguros de vida MetLife. Após a palestra,

Creedon me perguntou se a psicologia tinha algo a dizer ao gerente de uma empresa. Poderíamos, por exemplo, ajudá-lo a escolher as pessoas que teriam sucesso na venda de seguros? E tínhamos como desenvolver formas de transformar pessimistas preguiçosos em otimistas cheios de vigor? Respondi que não sabia. Agora eu narrava essa conversa para Leslie, e, durante a aterrissagem na Filadélfia, eu já prometia a escrita de uma carta a Creedon. E, de fato, escrevi, para dizer que achava que talvez pudéssemos distinguir futuros vendedores de sucesso.

Nunca mais encontrei Leslie. Pouco depois de sugerir alegremente que eu voltasse minha atenção para o otimismo, para o sucesso, foi exatamente isso o que fiz. Minha pesquisa subsequente demonstrou repetidas vezes que otimistas se saem melhor na escola, vencem mais eleições e são mais bem-sucedidos no trabalho do que os pessimistas. Parecem até ter vidas mais longas e mais saudáveis. Como terapeuta e professor de terapeutas, descobri que o pessimismo pode ser transformado em otimismo, não só em pessoas deprimidas mas também em pessoas normais.

Volta e meia me passava pela cabeça que eu estava devendo uma carta a Leslie. Se eu a tivesse escrito, teria contado da minha pesquisa sobre o otimismo.

Considere o restante deste livro essa carta.

Três semanas após o voo, me vi no alto de uma das torres gêmeas da MetLife em Manhattan, pisando nos tapetes de lã mais felpudos em que já andei rumo à sala luzidia, com lambris de carvalho, de John Creedon. Homem cordial e perceptivo na faixa dos cinquenta anos, ele tinha entendido o potencial do otimismo para seu setor bem antes de mim. Ele explicou o problema perene que a MetLife e todas as empresas de seguros têm com seus vendedores.

"Vender não é fácil", Creedon disse. "É preciso ter persistência. Não é comum uma pessoa que faça isso bem e se mantenha na área. Todo ano nós contratamos 5 mil novos agentes. São escolhidos a dedo entre as 60 mil pessoas que se candidatam. Testamos, fazemos triagem, entrevistamos, oferecemos um treinamento extenso. Mas, mesmo assim, metade pede demissão no primeiro ano. E os que ficam, produzem cada vez menos. No final do quarto ano, 80% já foram embora. A contratação de um único agente nos custa mais de 30 mil dólares. Portanto, perdemos mais de 75 milhões de dólares por ano só de custos de contratação. E isso se repete em todo o mercado.

"Não estou falando só do dinheiro que a MetLife perde, dr. Seligman", ele prosseguiu. "Sempre que um funcionário se demite, estou falando de tormento humano, da sua área... a depressão. Quando 50% de um setor inteiro se demite ano após ano, existe aí uma missão humanitária importante: tentar melhorar a compatibilidade dos funcionários com a tarefa."

"O que eu quero saber é: seu teste é capaz de prever quais pessoas vão ser os melhores agentes, para podermos deter esse fluxo de capital humano desperdiçado?"

"Por que as pessoas costumam se demitir?", indaguei.

Creedon resumiu o processo de desistência. "Mesmo o melhor agente ouve alguns 'nãos' todo santo dia, em geral consecutivos. Portanto, é fácil o agente mediano desanimar. Depois que desanimam, cada 'não' é um baque; cada vez precisam se esforçar mais para retomarem e fazerem a próxima ligação. Adiam o próximo telefonema. Passam cada vez mais tempo enrolando e fazendo coisas para ficar longe do telefone e fora da estrada. Isso dificulta ainda mais o telefonema seguinte. A produção cai, e eles começam a cogitar pedir demissão. Quando se deparam com um obstáculo, poucos sabem como passar por cima, por baixo ou como dar a volta nele.

"Não se esqueça", ele disse, "de que são pessoas com bastante independência — essa é uma das vantagens do negócio —, então não ficamos olhando por cima do ombro deles, dando bronca se diminuem o ritmo. Fora isso, é importante que saiba que só os agentes que não deixam de fazer as dez ligações por dia e não se aborrecem com a rejeição é que são bem-sucedidos."

O ESTILO EXPLICATIVO DO SUCESSO

Expliquei a teoria do desamparo aprendido e do estilo explicativo a Creedon. Depois lhe falei do questionário de otimismo/pessimismo (apresentado no capítulo 3). Garanti que está mais do que comprovado que as pessoas com pontuação pessimista desistem facilmente e ficam deprimidas.

Mas o questionário não identifica apenas os pessimistas, expliquei. Seus pontos são contínuos e variam do pessimismo profundo ao otimismo irrefreável. Quem pontua na extremidade oposta ao pessimismo, a do muito otimista, deve ser mais persistente. São pessoas mais imunes ao desamparo. Jamais desistiriam, apesar das rejeições e dos fracassos.

"Esses otimistas invulneráveis nunca foram estudados", declarei, "e é provável que sejam exatamente o tipo de pessoa que teria sucesso num trabalho desafiador como a venda de seguros."

"Me diga exatamente como ser otimista ajudaria", Creedon pediu. "Vamos pegar as ligações frias, parte crucial da venda de seguros de vida. Nesse tipo de ligação, há uma lista de possíveis segurados, por exemplo, o nome de todos os pais de recém-nascidos da cidade. Você começa a ligar, do topo da lista, e tenta marcar um encontro. A maioria diz: 'Não, não tenho interesse' ou até desliga o telefone na sua cara."

Expliquei que o estilo explicativo otimista causaria impacto não no que o agente de seguros diz aos possíveis segurados, mas no que diz a si mesmo quando o possível comprador diz "não". Vendedores pessimistas dizem coisas permanentes, abrangentes e pessoais para si mesmas, como "Não sou bom" ou "Ninguém quer fechar um seguro comigo" ou "Não consigo nem ultrapassar a primeira etapa". Sem dúvida, isso gera a reação de desistência e torna mais difícil ligar para o possível próximo comprador. Logo, supus que depois de vários episódios como esses o agente pessimista vá embora à noite... e acabe indo embora para sempre.

O agente otimista, por outro lado, fala consigo de formas mais construtivas: "Ele estava muito ocupado" ou "Eles já têm seguro, mas oito em cada dez pessoas não têm" ou "Liguei durante o jantar". Ou não dirá nada a si mesmo. O telefonema seguinte não será mais difícil, e em poucos minutos o agente já terá chegado àquela única pessoa em cada dez, em média, que aceita marcar o encontro. Isso lhe dará energia e assim ele fará as dez ligações seguintes tranquilamente até conseguir outra reunião, atingindo seu potencial de vendas.

Mesmo antes de eu bater na porta dele, Creedon, como muitos outros executivos do setor de seguros, sabia que o otimismo seria a chave para o sucesso nas vendas. Vinha esperando alguém capaz de medi-lo. Resolvemos começar com um estudo correlacional simples para verificar se os vendedores bem-sucedidos da empresa também eram extremamente otimistas. Caso fossem, prosseguiríamos passo a passo. Nossa meta final era criar uma maneira nova em folha de selecionar a equipe de vendedores.[1] Usamos um questionário diferente daquele que apresentei no capítulo 3. Nesse ASQ — Attributional Style Questionnaire (Questionário sobre Estilo de Atribuição) — com respostas abertas há doze conjunturas. Metade é de situações ruins ("Você vai num encontro e dá errado...") e metade é de situações boas ("Você fica rico de repente..."). Pede-se que a pessoa se imagine em cada uma das situações e indique sua causa mais provável. Por exemplo, para explicar a primeira situação, talvez a pessoa diga "Meu hálito estava ruim", e a segunda com "Sou um ótimo investidor".

Em seguida, pede-se que a pessoa avalie a causa que ela deu, numa escala de um a sete, em termos de personalização. ("Essa causa tem algo a ver com os outros ou com circunstâncias [externas] ou com você [internas]?") Depois pede-se que a avalie em termos de permanência. ("Essa causa nunca mais estará presente quando estiver procurando um emprego [temporário] ou estará presente sempre [permanente]?") E, por último, a avalie em termos de abrangência. ("Essa causa afeta apenas a procura de um emprego [específico] ou todas as outras áreas da vida [abrangente]?")

Na nossa primeira tentativa, oferecemos o questionário a duzentos vendedores experientes, metade dos quais eram muito produtivos, enquanto a outra metade, improdutivos. Os produtivos tinham uma pontuação muito mais otimista no questionário do que os improdutivos. Ao comparar a pontuação dos testes a registros de vendas factuais, descobrimos que os agentes que formavam o grupo com pontuação mais otimista do ASQ haviam vendido em média 37% mais seguros nos dois primeiros anos de trabalho do que o grupo dos pessimistas.

Agentes que estavam entre os 10% com pontuação mais alta venderam 88% mais do que os 10% mais pessimistas. Na nossa busca por descobrir a utilidade que o teste poderia ter no mundo dos negócios, foi um bom começo.

TESTANDO O TALENTO

No decorrer de muitos anos, o setor de seguros elaborou um teste para descobrir se alguém era adequado à carreira de vendedor ou não. O Perfil de Carreira é publicado pela Life Insurance Management Research Association. Todos os candidatos à MetLife devem fazer o Perfil de Carreira, e para ser contratado precisa marcar doze pontos ou mais. Apenas 30% dos candidatos atingem essa pontuação. Quem obtém doze ou mais é entrevistado, e, se o gerente gostar, recebe uma oferta de emprego.

De modo geral, para qualquer mercado de trabalho existem dois tipos de questionário que conseguem prever o potencial de sucesso: o empírico e o baseado na teoria. O teste empírico começa com gente que de fato é bem-sucedida no trabalho e gente que de fato fracassou. São feitas várias perguntas aleatórias, que abarcam a vida inteira: "Você gosta de música clássica?", "Quer ganhar muito dinheiro?", "Tem uma família grande?", "Quantos anos você tem?", "Gosta de ir a festas?". A maioria das perguntas não separa os produtivos dos improdutivos, mas algumas centenas acabam separando. (Você determina quais perguntas funcionam e as utiliza; não há nenhuma teoria envolvida.) Essas poucas centenas de questões se transformam nas perguntas do teste usado para prever os futuros sucessos no emprego. O candidato adequado tem o mesmo "perfil" — o mesmo conjunto de idades, históricos e atitudes, em suma, as mesmas respostas — que o típico funcionário de sucesso já atuante no setor. Testes empíricos, portanto, admitem logo de saída que o motivo por alguém se sair bem é um mistério; eles apenas usam as perguntas que por acaso separam os funcionários produtivos dos improdutivos.

Testes baseados em teoria, por outro lado, como os de QI, fazem apenas perguntas deduzidas de uma teoria — nesse caso, uma teoria de habilidade. A teoria por trás do SAT — Scholastic Aptitude Test —, uma espécie de vestibular unificado nos Estados Unidos, é que a "inteligência" consiste em habilidades verbais (interpretação de texto, capacidade de apreender analogias etc.) e habilidades matemático-analíticas (álgebra, geometria etc.). Como essas habilidades são fundamentais para a vida escolar, sair-se bem nelas deveria prenunciar o sucesso futuro nos estudos. E prenuncia mesmo, de forma bastante fidedigna.

Mas tanto os testes empíricos quanto os baseados em teorias cometem um número incrivelmente enorme de erros, embora no todo prevejam com exatidão estatística. Muitas pessoas que pontuam mal no SAT se saem bem na faculdade, e muitas que se saem bem na prova acabam sendo expulsas da faculdade. Mais óbvio ainda era o problema da MetLife: muitos daqueles que pontuavam bem no Perfil de Carreira não se saíam bem nas vendas. Mas será que muitos dos que pontuam mal no Perfil de Carreira poderiam vender bem? A MetLife não sabia, já que não tinha contratado quase nenhum desses. A empresa, portanto, acabava com vagas em aberto, já que o número de candidatos capazes de passar no Perfil de Carreira não era o suficiente. Se uma quantidade considerável de candidatos fracassasse no teste do setor, mas conseguisse vender tantos seguros quanto os que passavam, a MetLife poderia resolver seu grave problema de mão de obra.

O ASQ é um teste baseado em teoria, mas é uma teoria bem diferente da ideia tradicional de sucesso. A ideia tradicional defende que o sucesso é feito de dois ingredientes, e ambos são necessários para o êxito. O primeiro é a habilidade ou aptidão, e supõe-se que testes de QI e o SAT meçam esses fatores. O segundo é desejo ou motivação. Não interessa se você possui ou não aptidão, diz a sabedoria clássica, pois, se faltar o desejo, o fracasso virá. E desejo o bastante pode compensar o talento escasso.

Acredito que a sabedoria clássica esteja incompleta. Um compositor pode ter o talento de um Mozart e um desejo ardoroso de ter sucesso, mas se ele se acha incapaz de compor uma peça, jamais chegará a lugar algum. Não vai se empenhar o bastante. Vai desistir cedo demais quando a ilusória melodia certa levar muito tempo para se materializar. O sucesso exige persistência, a capacidade de não desistir apesar do fracasso. Creio que o estilo explicativo otimista é a chave da persistência.

A teoria do sucesso segundo o estilo explicativo diz que, ao escolher pessoas que terão sucesso num emprego desafiador, você precisa procurar três características:

1. aptidão
2. motivação
3. otimismo

Todas as três determinam o sucesso.

TESTANDO O ESTILO EXPLICATIVO NA METLIFE

Existem duas explicações possíveis para o fato de no nosso primeiro estudo os bons vendedores terem obtido pontuações mais otimistas no ASQ do que os vendedores ruins. Uma explicação confirma a teoria de que o otimismo gera sucesso; diz que o otimismo faz com que o funcionário venda bem, e o pessimismo faz com que ele venda mal. A outra explicação é que vender bem torna a pessoa otimista e vender mal a torna pessimista.

O próximo passo era descobrir o que causa o que medindo o otimismo na época da contratação e vendo quem se sairia melhor ao longo do ano seguinte. Para testar a teoria, pegamos os primeiros 104 vendedores contratados no oeste da Pensilvânia em janeiro de 1983. Todos já tinham passado pelo Perfil de Carreira e recebido o treinamento que precede a contratação. Todos responderam ao ASQ. Imaginamos que seria necessário esperar um ano para que os dados de produtividade fossem apresentados e pudéssemos descobrir algo relevante. Na realidade, não houve espera.

Ficamos pasmos com o otimismo dos novos funcionários. A pontuação média do grupo em S - I (a diferença entre o estilo explicativo para eventos positivos e o estilo explicativo para eventos negativos) era de mais de 7 pontos. É bem mais alta do que a média norte-americana, e sugere que só os mais otimistas deveriam se candidatar. Vendedores de seguros de vida, como grupo, são mais otimistas do que as pessoas de qualquer outro estilo de vida que já testamos: vendedores de carros, comerciantes de matérias-primas que passam o dia gritando, calouros da escola de cadetes, gerentes de lanchonetes, os candidatos ao cargo de presidente dos Estados Unidos neste século, estrelas da liga principal de beisebol ou nadadores de nível internacional.* Tínhamos escolhido exatamente a profissão certa para começar, uma profissão que exige um otimismo fortíssimo só para entrar no setor e otimismo extremo para alcançar o sucesso.

Um ano depois, analisamos como os agentes tinham se saído. Conforme John Creedon havia nos alertado, mais da metade dos vendedores tinha se demitido: 59 dos 104 foram embora no primeiro ano.

Quem se demitiu?

Vendedores que no ASQ estavam na metade menos otimista tinham o dobro da possibilidade de pedir demissão do que os da faixa mais otimista. Os funcionários que estavam entre os 25% menos otimistas tinham três vezes mais chance de se demitir do que os que estavam entre os 25% mais otimistas. Em

---

* Nosso método para testar o otimismo das pessoas que não puderam ou não fizeram o ASQ é chamado de Cave — Content Analysis of Verbatim Explanations (Análise de Conteúdo de Explanações Textuais). Será descrito mais adiante.

contraposição, os que tinham as menores pontuações no Perfil de Carreira não eram mais propensos a se demitir do que quem tinha a pontuação mais alta.

E quanto ao essencial, os dólares gerados?

Os vendedores da metade mais alta do ASQ venderam 20% mais seguros do que os menos otimistas da metade mais baixa. Os funcionários que formavam os 25% da faixa mais otimista venderam 50% a mais do que os agentes que estavam entre os 25% da faixa menos otimista. Nisso o Perfil de Carreira também servia de prognóstico. Vendedores que pontuavam na metade mais alta do Perfil de Carreira venderam 37% a mais do que os que ficaram na metade mais baixa. Ao examinar os dois testes juntos (um não replica o outro; cada um contribui com sua perspectiva), percebemos que os funcionários que estavam na metade de cima de ambos venderam 56% a mais do que os que ficavam na metade inferior de ambos. Portanto, o otimismo previa quem sobreviveria, e previa quem venderia mais — e nisso ele era tão bom quanto o teste do setor.

Esse estudo testou de modo adequado a teoria e o poder que o otimismo tem de prever sucesso de vendas? Não. Várias questões ainda precisavam ser respondidas para que a MetLife fosse plenamente convencida de que o ASQ prevê o sucesso de um vendedor. Em primeiro lugar, apenas 104 pessoas foram estudadas, e talvez a amostra, toda originária do oeste da Pensilvânia, não fosse representativa. Segundo, os vendedores fizeram o teste sem estar sob nenhuma pressão, pois já tinham sido contratados. E se a MetLife passasse a contratar pessoas usando o ASQ e alguns candidatos, cientes de que sua contratação dependia do sucesso no teste, tentassem burlar as respostas? Caso conseguissem, o teste seria invalidado.

Era muito fácil eliminar nossa preocupação com as trapaças. Conduzimos um estudo especial em que certos participantes eram ensinados a trapacear no teste ("Quanto mais otimista você parecer, melhor") e ganhavam um incentivo para trapacear — uma recompensa de cem dólares para a melhor pontuação. Porém, mesmo com informação e incentivo, não tiveram pontuação mais alta do que os outros candidatos. Em outras palavras, é bem difícil burlar esse teste, e ser ensinado a parecer o mais otimista possível não funciona. Mesmo se você estudar este livro, vai achar complicado fraudar os testes de otimismo, pois as respostas certas variam de teste para teste e incluímos "réguas de mentira" para reconhecer os trapaceiros.

O ESTUDO DAS TROPAS ESPECIAIS

Agora estávamos prontos para um estudo em grande escala em que os candidatos fariam o teste sob as verdadeiras condições de contratação. No começo de 1985, 15 mil candidatos do país inteiro responderam tanto ao ASQ quanto ao Perfil de Carreira.

Tínhamos dois objetivos. O primeiro era contratar mil agentes segundo os critérios normais, aprovados no Perfil de Carreira. Para essas mil pessoas, a pontuação no ASQ não foi levada em consideração. Só queríamos ver se os otimistas dessa tropa normal venderiam mais que os pessimistas.

O segundo objetivo era muito mais arriscado para a empresa. Resolvemos criar uma "tropa especial" de agentes otimistas — candidatos que por um triz não reprovaram no Perfil de Carreira (com pontuação entre 9 e 11), mas que ficaram na metade mais alta do ASQ. Mais de uma centena de agentes que ninguém contrataria, porque foram reprovados no teste do setor, seriam contratados. Não saberiam que eram agentes especiais. Se o grupo fosse um fracasso, a MetLife perderia cerca de 3 milhões de dólares em custos de treinamento.

Portanto, dos 15 mil candidatos, mil foram contratados como tropa normal: metade otimistas e metade pessimistas. (Eu disse no parágrafo anterior que via de regra os candidatos eram bastante otimistas. Mas, é claro, metade dos candidatos está abaixo da média, alguns bem abaixo, que é onde estão os pessimistas.) E mais 129 — todos com pontuações na metade superior do ASQ, e portanto verdadeiros otimistas, mas reprovados no Perfil de Carreira — que fariam parte da tropa especial otimista.

Ao longo dos dois anos seguintes, os novos agentes foram monitorados, e estes foram seus resultados:

No primeiro ano, os otimistas da tropa normal venderam mais que os pessimistas, mas a diferença foi de apenas 8%. No segundo ano, os otimistas venderam 31% a mais.

Quanto à tropa especial, houve um desempenho incrível. Venderam 21% a mais do que os pessimistas da tropa normal no primeiro ano, e 57% a mais no segundo ano. Chegaram a vender mais que a média da tropa normal no decorrer dos primeiros *dois* anos, em 27%. Aliás, eles venderam pelo menos a mesma quantidade que os otimistas da tropa normal.

Também vimos que os otimistas nunca paravam de superar os pessimistas. Por quê? Nossa teoria era de que o otimismo gera persistência. A princípio, nossa expectativa era de que talento e motivação para vender fossem no mínimo tão importantes quanto a persistência. Mas à medida que o tempo passa e a montanha de nãos se acumula, a persistência se torna decisiva. O padrão se mostrou exatamente esse.

O teste de otimismo era, no mínimo, tão preciso na previsão dos resultados de venda quanto o Perfil de Carreira.

A TROPA ESPECIAL

Quem foi contratado como tropa especial? Preciso falar de Robert Dell e do dia em que minha teoria virou de carne e osso.

A *Success Magazine* ouviu falar do estudo da tropa especial e me entrevistou.[2] Em 1987, publicaram uma matéria sobre otimismo e o grande vendedor, que começava com o perfil de um homem chamado Robert Dell, supostamente um membro típico da tropa especial da MetLife. Dell, dizia o artigo, havia trabalhado por muitos anos num abatedouro até ser demitido. Candidatou-se à MetLife e, apesar de reprovado no Perfil de Carreira, foi contratado por causa da nota alta no ASQ. Segundo a reportagem, tinha se tornado um astro das vendas, pois era não só persistente como também criativo. Encontrava clientes onde ninguém mais sequer procuraria.

Eu tinha partido do princípio de que "Robert Dell" era um personagem fictício — um amálgama, um típico agente da tropa especial. Mas um dia, poucas semanas depois da publicação da matéria, minha secretária avisou que o sr. Robert Dell estava na linha. Peguei o telefone. "Robert Dell?", indaguei. "Robert Dell? Quer dizer que você existe de verdade?"

"Eu existo", disse uma voz grave do outro lado da linha. "Eles não me inventaram."

Dell disse que tudo o que a revista tinha divulgado era verdade, e acrescentou detalhes à história. Ele havia trabalhado num abatedouro no leste da Pensilvânia por 26 anos, toda a sua vida como adulto. O trabalho era extenuante, mas pelo menos trabalhava na cozinha, não tão ruim quanto as outras funções. A demanda caiu. O acordo sindical lhe garantia um horário mínimo de trabalho, mas lhe disseram que ele devia cumprir essas horas no abate. O trabalho o perturbava. Os negócios da empresa pioraram e numa segunda-feira de manhã ele chegou ao trabalho e se deparou com um bilhetinho na porta da frente. Lia-se FECHADO.

"Não queria passar o resto da vida recebendo seguro-desemprego", Dell me disse, "então respondi a um anúncio uns três ou quatro dias depois, para quem quisesse vender seguros. Nunca tinha vendido nada e não sabia se conseguiria, mas fiz o seu teste e, olha só, a MetLife quis me contratar."

Perder o emprego no abatedouro, ele declarou, acabou sendo um daqueles males que vêm para o bem. Em seu primeiro ano na tropa especial, ele ganhou 50% mais do que no abatedouro. No segundo ano, havia dobrado o antigo salário. Além disso, adorava o trabalho, sobretudo a liberdade de fazer os próprios horários e de se disciplinar.

"Mas esta manhã foi horrível", ele prosseguiu. "Escrevi uma apólice enorme. Levei meses para elaborar; foi a maior apólice que já escrevi. E, umas horas atrás, o departamento financeiro a barrou. Então resolvi ligar para você."

"Que ótimo, sr. Dell", respondi, sem captar o que ele queria dizer. "Fico contente."

"Dr. Seligman, a matéria explicou que você escolheu uma tropa de vitoriosos para a MetLife, um pessoal que segue em frente mesmo quando coisas ruins acontecem, como a que me aconteceu hoje de manhã. Imagino que você não tenha feito isso de graça."

"Tem razão."

"Bom, acho que você deveria retribuir o favor e comprar um seguro comigo."

Foi o que fiz.

A NOVA POLÍTICA DE CONTRATAÇÃO DA METLIFE

Na década de 1950, a MetLife era a gigante do setor de seguros, empregando mais de 20 mil agentes. Ao longo dos trinta anos seguintes, a empresa decidiu reduzir sua tropa de vendedores e se valer de outros métodos para vender seguros e outros produtos. Em 1987, quando estávamos encerrando o estudo da tropa especial, já fazia tempo que a MetLife tinha sido substituída pela Prudential como líder do mercado e sua tropa de vendedores tinha murchado para pouco mais de 8 mil agentes. Uma nova e contundente liderança para a tropa de vendedores era necessária para reverter a queda. John Creedon contratou Bob Crimmins, um dínamo grisalho com um espantoso carisma como orador. Por sua vez, Crimmins recrutou o dr. Howard Mase, um instrutor de enorme sucesso e desenvolvedor de gerentes da CitiCorp, para dar um novo vigor à seleção e ao treinamento. O objetivo ambicioso era aumentar exponencialmente a tropa de vendedores — para 10 mil no ano seguinte e, se desse certo, para 12 mil no segundo ano — e assim ampliar a participação da MetLife no mercado. Mas também queriam manter a alta qualidade dos vendedores. Tinham a expectativa de que nosso estudo sobre a tropa especial ajudasse, já que havíamos demonstrado em grande escala que o otimismo prevê o sucesso mais do que os critérios tradicionais de contratação.

Portanto, a MetLife resolveu dar o ASQ a todos os candidatos dali em diante, e grande parte da estratégia audaciosa começava pela contratação de pessoas segundo o otimismo. Nos usaram bem.

Sob a liderança de Crimmins e Mase, a MetLife adotou uma estratégia dupla para a seleção de novos funcionários. A empresa contrata candidatos que pontuam entre os 50% melhores no ASQ e são reprovados por um triz no Perfil de Carreira. É um grande número de agentes que não seria sequer levado em consideração usando-se a estratégia antiga. Além disso, os 25% mais pessimistas não são contratados nem se aprovados no Perfil de Carreira. Então, os funcionários possivelmente problemáticos, que antes eram fracassos caros para a empresa, agora não são contratados. Com essa estratégia, eles ultrapassaram a meta e expandiram sua tropa de vendedores em mais de 12 mil pessoas. Fiquei sabendo que a MetLife aumentou em quase 50% sua participação no mercado de seguros pessoais. A empresa não só tem uma tropa maior de vendedores como uma tropa melhor. Tirando como medida a produção, reconquistaram a liderança do setor.

Ao usar o ASQ, em menos de dois anos Bob Crimmins e Howard Mase fizeram bastante para satisfazer a necessidade de mão de obra da MetLife.

TRANSFORMANDO PESSIMISTAS EM OTIMISTAS

Fui convidado para ir ao escritório de John Creedon mais uma vez. Os tapetes continuavam felpudos, os lambris de carvalho ainda reluziam, mas todos nós havíamos envelhecido um pouco. Quando nos conhecemos, sete anos antes, durante uma de minhas palestras para presidentes de empresas de seguros, John tinha acabado de virar o diretor executivo da MetLife e meus olhos brilhavam quando eu pensava em otimismo e sucesso. John havia alcançado notoriedade nacional como líder da comunidade de empresas norte-americanas. Agora, contava que iria se aposentar no ano seguinte.

Repassamos nossas conquistas: descobrimos que o otimismo podia ser medido e, conforme esperávamos, prever o sucesso de alguém como vendedor de seguros de vida. Não só tínhamos mudado a estratégia de seleção daquela empresa imensa como a política de seleção do setor inteiro agora dava sinais de mudança.

"Uma coisa ainda me incomoda", declarou John. "Todos os negócios estão condenados a ter alguns pessimistas. Alguns estão entrincheirados pelo tempo de casa, outros porque são bons no que fazem. À medida que envelheço, percebo que os pessimistas me deprimem cada vez mais. Estão sempre me dizendo o que não posso fazer. Só me dizem o que está errado. Sei que não é a intenção, mas eles azedam a ação, a criatividade e a iniciativa. Acredito que a maioria — e a empresa, sem dúvida — ficaria melhor se eles fossem mais otimistas.

"Então, essa é a minha questão: você consegue pegar uma pessoa que tem trinta ou até mesmo cinquenta anos de experiência no pensamento pessimista e transformá-la em otimista?"

A resposta para essa pergunta é "sim". Mas Creedon não estava mais falando de agentes de vendas e sim de seus executivos, principalmente os burocratas conservadores que, fosse qual fosse o diretor executivo, têm muito domínio prático de qualquer instituição. Não sabia muito bem como reformar a burocracia. Não podemos mandar executivos fazerem testes e seminários como fazemos com os vendedores. Nem mesmo Creedon, talvez, poderia exigir que fizessem terapia cognitiva, individual ou em massa. Porém, mesmo se pudesse, seria sensato lhes ensinar o otimismo?

Naquela noite, e durante várias outras, pensei no pedido de John. Existe uma função ideal ao pessimista numa empresa bem administrada? Existe uma função ideal ao pessimista numa vida bem administrada?

PARA QUE SERVE O PESSIMISMO?

O pessimismo está em todo lugar. Algumas pessoas são afligidas por ele constantemente. A não ser pelos mais otimistas, todos nós temos surtos. Será o pessimismo um dos erros colossais da natureza ou será que ele tem um papel importante no contexto geral?

O pessimismo talvez ampare o realismo de que volta e meia precisamos. Em muitas esferas da vida, o otimismo é injustificável. Às vezes nós falhamos de forma irremediável, e enxergar esses momentos através de lentes cor-de-rosa pode até nos consolar, mas não os altera. Em certas situações — pilotar um avião, por exemplo — o necessário não é uma perspectiva alto-astral, e sim um realismo sem dó nem piedade. Às vezes temos que cortar os prejuízos e investir em outro lugar em vez de procurar razões para insistir.

Quando Creedon me perguntou se eu conseguiria transformar o pessimismo dos executivos da MetLife, me preocupei menos com a minha capacidade de transformar o pessimismo em otimismo do que com o dano que isso poderia causar. Em certa medida, talvez o pessimismo empregado pelos executivos no trabalho exercesse uma função importante. Alguém precisava refrear projetos dominados pela empolgação. Esses pessimistas haviam chegado ao topo da escada corporativa norte-americana — não era possível que não estivessem fazendo nada certo.

Naquela noite, pensando na reclamação de John, voltei a ponderar uma questão que já me incomodava fazia bastante tempo: por que a evolução permitiu a existência da depressão e do pessimismo? O otimismo, sem dúvida, deve ter tido um papel evolutivo. No livro arguto e especulativo *Optimism: The Biology of Hope* [Otimismo: a biologia da esperança, em tradução livre],[3] Lionel Tiger defende que a espécie humana foi selecionada pela evolução devido às suas ilusões otimistas acerca da realidade. De que outra forma poderia ter evoluído uma espécie que planta sementes na primavera e se aguenta em meio à seca e à fome até o outono, que se posta sozinha diante de um mastodonte balançando alguns galhos, que começa a erigir catedrais que só vão ficar acabadas séculos depois? A capacidade de agir segundo a esperança de que a realidade se mostre melhor do que é geralmente está por trás desse comportamento corajoso ou temerário.

Ou pense no seguinte: muitas pessoas não acreditam em Deus, dizem que os únicos propósitos da vida são aqueles que conseguem criar para elas mesmas, e que quando morrem, apodrecem. Se é assim, por que tantas pessoas são alegres? A capacidade de fecharmos os olhos para as crenças negativas às quais nos apegamos com força talvez seja nossa incrível defesa para não sucumbirmos constantemente à depressão.

Mas, então, qual é a função do pessimismo? Talvez corrija algo que só fazemos mal quando estamos otimistas e contentes — enxergar a realidade com precisão, por exemplo.

Não é uma ideia perturbadora, a de que os deprimidos veem a realidade corretamente e os não deprimidos distorcem a realidade em causa própria? Como terapeuta, fui treinado para acreditar que meu papel era ajudar pacientes deprimidos a se sentirem mais felizes e a ver o mundo com mais clareza. Deveria ser o agente da felicidade e da verdade. Mas talvez verdade e felicidade sejam antagonistas. Talvez o que imaginávamos ser boa terapia para um paciente deprimido apenas cultive ilusões benignas, levando o paciente a pensar que seu mundo é melhor do que é de verdade.

Existem indícios consideráveis de que pessoas deprimidas, apesar de mais tristes, são mais sábias.

Dez anos atrás, Lauren Alloy e Lyn Abramson, na época alunas de pós-graduação da Universidade da Pensilvânia, fizeram um experimento em que os voluntários ganhavam graus diferentes de controle do brilho de uma luz.[4] Alguns controlavam a luz totalmente: acendia sempre que apertavam um botão e nunca ligava sem que o apertassem. Outros, no entanto, não tinham controle nenhum: a luz se acendia mesmo quando não apertavam o botão.

Pediam que as pessoas de ambos os grupos julgassem, da forma mais precisa possível, o grau de controle que tinham. Os deprimidos acertaram na mosca, tanto aqueles que tinham controle quanto os que não tinham. Os que não estavam deprimidos nos deixaram surpresos. Eram precisos quando tinham controle, mas, quando desamparados, não perdiam o ânimo: ainda assim avaliavam ter bastante controle.

Questionando se luzes e botões não teriam tanta relevância para as pessoas, Alloy e Abramson acrescentaram incentivos monetários ao teste: quando a luz se acendia, os participantes ganhavam dinheiro, mas quando não se acendia, perdiam dinheiro. Porém, as distorções benignas dos não deprimidos não se esvaíram: na verdade, se tornaram ainda maiores. Em condições iguais todos tinham o mesmo controle, mas a tarefa foi manipulada para que todos perdessem dinheiro. Nessa situação, os não deprimidos declararam ter menos controle do que tinham de fato. Quando a tarefa foi manipulada para que ganhassem dinheiro, os não deprimidos afirmaram ter mais controle do que tinham de fato. Os deprimidos, por outro lado, nunca se enganavam, eram sempre precisos, perdendo ou ganhando.

Esses dados se mantiveram consistentes ao longo da última década. As pessoas deprimidas – a maioria das quais se revelam pessimistas – julgam com precisão o grau de controle que possuem. As que não estão deprimidas – otimistas, de modo geral – acreditam ter muito mais controle do que possuem na realidade, principalmente quando estão desamparadas e não têm controle nenhum.

Outro tipo de indício dessa tese de que os deprimidos, apesar de mais tristes, são mais sábios envolve o julgamento de habilidades. Alguns anos atrás, a *Newsweek* afirmou que 80% dos homens norte-americanos acreditam que possuem habilidades sociais acima da média. Deviam ser norte-americanos sem depressão, se forem corretos os resultados de Peter Lewinsohn, um psicólogo da Universidade de Oregon, e de seus colegas.[5] Os pesquisadores dispuseram pacientes deprimidos e não deprimidos num debate e depois pediram que avaliassem como tinham se saído. Até que ponto foram persuasivos? Simpáticos? De acordo com a avaliação de um grupo de observadores, pacientes deprimidos não foram muito persuasivos e simpáticos: a falta de habilidade social é um sintoma da depressão. Pacientes deprimidos avaliaram sua falta de habilidade de maneira correta. A descoberta surpreendente partiu do grupo dos não deprimidos. É incrível o quanto superestimaram suas habilidades, achando-se muito mais persuasivos e cativantes do que os observadores os consideraram.

Outro tipo de indício diz respeito à memória. Em geral, participantes deprimidos se recordam mais de eventos negativos e menos de eventos positivos do que os participantes não deprimidos, que mostram o padrão inverso. Mas quem tem razão? Isto é, se pudéssemos saber o número verdadeiro de acontecimentos bons e ruins do mundo, quem veria o passado com precisão e quem o distorceria?[6]

Assim que me tornei terapeuta, me ensinaram que era inútil perguntar a pacientes deprimidos sobre o passado se quisesse ter um retrato preciso de suas vidas. A única coisa que eu iria escutar era que os pais não os amavam, os negócios sempre afundavam e a cidade natal era um terror. Mas será que tinham razão? Seria fácil pôr isso à prova em laboratório: pedimos que os participantes fizessem um teste manipulado, para que acertassem vinte vezes e errassem vinte vezes. Mais tarde, perguntaríamos como tinham se saído. Os indícios parecem ser de que os deprimidos são certeiros: dizem, por exemplo, que acertaram 21 perguntas e erraram dezenove. São os não deprimidos que distorcem o passado: dizem ter errado doze e acertado 28.

Uma última categoria de indícios para saber se pessoas deprimidas são mais tristes porém mais sábias envolve o estilo explicativo. A julgar pelas explicações dos não deprimidos, o fracasso não tem nem pai nem mãe e o sucesso tem milhares de pais. Os deprimidos, no entanto, assumem seus fracassos e sucessos.

Esse padrão emergiu sistematicamente em todos os nossos estudos de estilo explicativo: assimetria entre não deprimidos e imparcialidade entre deprimidos. O questionário que foi respondido no capítulo 3 é feito de metade de questões com eventos negativos e metade com eventos positivos, às quais você atribuiu uma causa. O leitor calculou uma nota S - I total, a média de eventos positivos menos a média de eventos negativos. Qual é o seu total em comparação com o dos deprimidos? O estilo explicativo dos deprimidos é basicamente igual para eventos positivos e negativos; isto é, embora o deprimido esteja um pouco acima da média em explicações pessoais, permanentes e abrangentes para acontecimentos bons, também fica um pouco acima da média em explicações pessoais, permanentes e abrangentes para acontecimentos ruins. A nota total em S - I de um deprimido é de cerca de 0: ele é imparcial.

A pontuação de um não deprimido fica bem acima do 0, e é bastante enviesada. Se for ruim, outra pessoa foi a culpada, vai passar logo e é somente nessa situação. Mas se for bom, fui eu que fiz, vai durar para sempre e vai me ajudar em diversas situações. Para os não deprimidos, acontecimentos ruins tendem a ser externos, temporários e específicos, mas acontecimentos bons são pessoais, permanentes e abrangentes. Quanto mais otimistas suas avaliações, mais enviesadas. Uma pessoa deprimida, por outro lado, acha que seus sucessos são causados pelos mesmos fatores que seus fracassos.

De modo geral, existem indícios claros de que não deprimidos distorcem a realidade em causa própria e deprimidos tendem a enxergar a realidade com precisão. Como esses indícios, que dizem respeito à depressão, se associam ao otimismo e ao pessimismo? Do ponto de vista estatístico, a maioria dos deprimidos pontua como pessimista em termos de estilo explicativo, e a maioria dos não deprimidos pontua como otimista. Isso quer dizer que, em média, os otimistas distorcem a realidade, e os pessimistas, conforme definiu Ambrose Bierce, "veem o mundo corretamente".[7] O pessimista parece à mercê da realidade, enquanto o otimista tem uma defesa maciça contra a realidade que mantém seu bom humor diante de um universo implacavelmente indiferente. É importante lembrar, entretanto, que essa relação é estatística e que os pessimistas não são os únicos que percebem a realidade. Alguns realistas, a minoria, são otimistas, e alguns deturpadores, também a minoria, são pessimistas.

A precisão depressiva é mera curiosidade laboratorial? Creio que não. Na verdade, nos leva ao âmago do que é o pessimismo. É a primeira pista de peso do motivo para termos depressão, o mais próximo que já chegamos de uma resposta para a questão que propusemos anteriormente: por que a evolução permitiu que o pessimismo e a depressão sobrevivessem e prosperassem? Se o pessimismo está na base da depressão e do suicídio, se gera menos realização e, conforme veremos adiante, um sistema imunológico fraco e uma saúde física ruim, por que não desapareceu épocas atrás? Qual é a função do pessimismo para a espécie humana?

Os benefícios do pessimismo podem ter aparecido durante nossa história evolutiva recente. Somos animais do Pleistoceno, a época das eras glaciais. Nossa constituição emocional, nos últimos tempos, foi moldada por 100 mil anos de catástrofes climáticas: ondas de frio e de calor; secas e enchentes; fartura e fome súbitas. Nossos ancestrais que sobreviveram ao Pleistoceno provavelmente conseguiram o feito porque tinham a capacidade de se preocupar incessantemente com o futuro, de ver dias ensolarados como mero prelúdio de invernos severos, de ponderar. Herdamos os cérebros desses ancestrais e, portanto, sua capacidade de ver a nuvem em vez do raio de esperança.

Às vezes, e em certos nichos da vida moderna, esse pessimismo arraigado é benéfico. Penso nos grandes negócios bem-sucedidos. A sociedade tem um conjunto diverso de personalidades cumprindo papéis diferentes. Primeiro, há os otimistas. Os pesquisadores e produtores, os planejadores, os marqueteiros — esses todos têm de ser visionários. Devem sonhar com coisas que ainda não existem, explorar os limites para além do alcance atual da empresa. Se não o fizerem, a concorrência o fará. Mas imagine uma empresa feita apenas de otimistas, todos obcecados com as possibilidades empolgantes que o futuro guarda. Seria um desastre.

A empresa também precisa dos pessimistas, daqueles que têm um conhecimento rigoroso da realidade. Eles devem garantir que a realidade austera não deixe de se intrometer com os otimistas. O tesoureiro, os auditores, o vice-presidente do setor financeiro, os administradores, os engenheiros de segurança — todos esses precisam ter um senso certeiro de quanto a empresa consegue bancar e dos riscos. Sua função é alertar, sua bandeira é o sinal amarelo.

Digo logo que esses indivíduos talvez não sejam pessimistas rematados, empedernidos, com um estilo explicativo que sempre mina suas conquistas e sua saúde. Talvez alguns sejam depressivos, mas outros, talvez até a maioria, apesar da cautela austera à mesa de trabalho, normalmente sejam alegres e confiantes. Alguns são apenas prudentes e comedidos, e cultivam o lado pessimista em prol da carreira. John Creedon jamais sugeriu que sua tropa de executivos fosse cheia de pessimistas rigorosos incapacitados pelo desamparo. Mas a diferença é somente de medida. Esses executivos, em grupo, pontuariam como pessimistas no teste, e a perspectiva deles seria basicamente, mas não radicalmente, pessimista.

Esses pessimistas moderados — vamos chamá-los de pessimistas profissionais — parecem fazer bom uso de sua precisão pessimista (é a especialidade deles) sem o sofrimento intolerável dos prejuízos do pessimismo: os acessos de depressão e a falta de iniciativa que vimos até este capítulo; e a saúde frágil e a incapacidade de conquistar cargos altos que veremos adiante.

Portanto, uma empresa de sucesso tem seus otimistas, sonhadores, vendedores e criadores. Mas a empresa é uma forma de vida moderna que também precisa de pessimistas, os realistas com a função de recomendar cautela. Quero enfatizar, contudo, o fato de que na liderança da empresa deve haver um presidente, sábio o suficiente e flexível o bastante para equilibrar a visão otimista dos idealizadores e as lamúrias dos contadores. Creedon era exatamente assim, e a reclamação que me fez acerca de seus pessimistas vinha de sua tarefa diária de reconciliar os antagonismos.

O BALANCETE: OTIMISMO × PESSIMISMO

Talvez uma vida bem-sucedida, assim como uma empresa bem-sucedida, necessite tanto de otimismo como de um pessimismo no mínimo ocasional. Talvez uma vida bem-sucedida também necessite de um diretor com *otimismo flexível* sob seu comando.

Acabei de defender o pessimismo. Ele aguça nosso senso de realidade e nos dota de precisão, principalmente quando vivemos num mundo cheio de desastres inesperados e frequentes. Agora vou recapitular os argumentos contrários ao pessimismo (o outro lado da defesa do otimismo) para compararmos malefícios e benefícios.

- O pessimismo promove a depressão.
- O pessimismo produz inércia em vez de atividade diante de obstáculos.
- O pessimismo é ruim subjetivamente; triste, para baixo, preocupado, ansioso.
- O pessimismo está fadado a se concretizar. Os pessimistas não persistem diante de desafios, portanto é comum fracassarem mesmo quando o sucesso é alcançável.
- O pessimismo está ligado a uma saúde física deteriorada (ver capítulo 10).
- Os pessimistas são derrotados quando tentam se eleger para cargos públicos (ver capítulo 11).
- Mesmo quando os pessimistas têm razão e a situação termina mal, eles se sentem pior. O estilo explicativo converte o revés previsto num desastre, o desastre numa catástrofe.

A melhor coisa que alguém pode dizer a respeito de um pessimista é que seus medos eram fundamentados.

O balancete pende bastante para o lado do otimista, mas em certos momentos e lugares precisamos do pessimismo. O capítulo 12 apresenta diretrizes sobre quem não deveria usar o otimismo e em quais circunstâncias é melhor empregar o pessimismo.

Todos nós — pessimistas extremados e otimistas extremados sem distinção — vivenciamos os dois lados. O estilo explicativo provavelmente tem um fluxo predefinido. Ciclos circadianos asseguram uma ou outra depressão leve. A depressão tem um ritmo ao longo do dia e, pelo menos em algumas mulheres, ao longo do mês. É normal ficarmos mais deprimidos ao acordar, e à medida que o dia passa vamos ficando mais otimistas. Mas o que se sobrepõe a isso é nosso Brac — Basic Rest and Activity Cycle (Ciclo Básico de Repouso e Atividade). Como já observamos, atinge seus momentos baixos mais ou menos às quatro da tarde e de novo às quatro da manhã. Seus picos ocorrem no fim da manhã e no começo da noite, apesar de o momento exato variar de pessoa para pessoa.

Durante os momentos de pico, ficamos mais otimistas do que o normal. Elaboramos planos aventureiros: a próxima conquista romântica, o novo carro esportivo. Durante os baixos, ficamos mais propensos à depressão e ao pessimismo do que sempre fomos. Enxergamos a realidade dura que nossos planos acarretam: ela jamais se interessaria por um divorciado com três filhos. Um Jaguar novo custa mais do que ganho em um ano. Se você é otimista e quer ter uma imagem nítida disso, lembre-se da última vez que acordou às quatro da manhã e não conseguiu voltar a dormir. Preocupações que ignoramos durante o dia nos oprimem nesse horário: a briga com a esposa vira um divórcio, a careta do chefe significa sua demissão.

Nesses surtos diários de pessimismo, vemos o papel construtivo que ele tem na nossa vida. Em sua forma branda, o pessimismo serve ao propósito de nos forçar a recuar um pouco dos exageros arriscados de nosso otimismo, nos levando a pensar duas vezes, evitando que tomemos atitudes impulsivas, destemidas. Os momentos otimistas contêm os grandes planos, os sonhos e as esperanças. A realidade sofre uma deturpação benigna abrindo espaço para que os sonhos floresçam. Sem esses momentos, jamais realizaríamos algo difícil e intimidante, jamais tentaríamos o que é quase impossível. O Monte Everest nunca seria escalado; ninguém correria os 1500 metros rasos em menos de quatro minutos; o avião a jato e o computador seriam modelos no cesto de lixo de um vice-presidente do setor financeiro.

A genialidade da evolução mora na tensão dinâmica entre otimismo e pessimismo se corrigindo continuamente. Enquanto oscilamos todos os dias com o ciclo circadiano, essa tensão possibilita que nos arrisquemos e nos entrincheiremos — sem perigo, pois ao nos aproximarmos de um extremo, a tensão nos faz recuar. Em certo sentido, é essa flutuação perpétua que permite aos seres humanos realizarem tanto.

A evolução, no entanto, também nos deu o cérebro de nossos ancestrais do Pleistoceno. Por meio dele vieram os malefícios do pessimismo: o sucesso é passageiro; o perigo está logo ali; a tragédia nos aguarda; otimismo é arrogância. Mas o cérebro que espelha com precisão a realidade sombria das eras glaciais agora se atrasa diante da realidade menos sombria da vida moderna. A agricultura, e depois o salto da tecnologia industrial, deixou os seres humanos em países desenvolvidos muito menos à mercê do próximo inverno rigoroso. Já não vemos mais dois a cada três filhos morrendo antes de completar cinco anos. Já não é mais cabível que uma mulher tema a própria morte durante o parto. A fome em massa já não é mais decorrente do frio ou das secas prolongadas. Sem dúvida, a vida moderna tem sua abundância de ameaças e tragédias: crimes, aids, divórcio, a ameaça da guerra nuclear, a destruição do ecossistema. Mas só por meio da mais intencional das manipulações negativas de estatísticas a vida moderna no Ocidente chega perto do nível de desastre que moldou o cérebro do ser humano da era glacial. Portanto, é bom reconhecermos a voz insistente do pessimismo como a característica vestigial que é.

Isso não significa que devemos nos tornar sonhadores. Mas sim que temos direito a mais otimismo do que talvez nos seja natural. Nós temos escolha em relação ao uso do otimismo? Podemos aprender a técnica do otimismo, fazer com que se sobreponha ao cérebro do Pleistoceno para tirarmos proveito de seus benefícios, mas ainda conservar o pessimismo para quando for necessário?

Creio que sim, pois a evolução nos possibilitou algo mais. Assim como a empresa bem-sucedida, temos dentro de nós um executivo que equilibra as ideias audaciosas e as ideias de tragédia. Quando o otimismo nos instiga a arriscar e o pessimismo nos manda recuar, uma parte de nós escuta os dois conselhos. Essa é a sapiência. É a essa entidade que dirigimos o ponto mais básico deste livro: ao entender a virtude singular do pessimismo, além de suas consequências difusas e paralisantes, podemos aprender a resistir aos chamados constantes do pessimismo, por mais que estejam arraigados no cérebro e nos hábitos. Podemos aprender a escolher o otimismo no dia a dia, mas também a escutar o pessimismo quando justificado.

Como aprender as técnicas do otimismo e as diretrizes para empregar esse otimismo mais flexível são os temas de "Mudanças: do pessimismo ao otimismo", a última parte deste livro.

7. Pais e filhos: as origens do otimismo

O estilo explicativo tem um impacto brutal na vida dos adultos. Ele pode gerar depressão como resposta aos contratempos do cotidiano ou gerar resiliência até diante das piores tragédias. Pode entorpecer uma pessoa aos prazeres da vida ou possibilitar que viva uma vida plena. Pode impedi-la de atingir seus objetivos ou ajudá-la a superá-los. Conforme veremos a seguir, o estilo explicativo de uma pessoa influencia como os outros a enxergam, deixando-as dispostas a trabalhar contra ou a favor dela. Além de afetar a saúde física.

O estilo explicativo se desenvolve na infância. O otimismo ou o pessimismo desenvolvido nessa etapa é fundamental. Novos contratempos e vitórias são filtrados por ele, que acaba se tornando uma linha de pensamento arraigada. Neste capítulo, questionaremos qual é a origem do estilo explicativo, quais são suas consequências para as crianças e como ele pode ser transformado.

TESTE O OTIMISMO DO SEU FILHO

Se seu filho tem mais de sete anos, é bem provável que já tenha um estilo explicativo, que está em processo de cristalização. É possível medir o estilo explicativo do seu filho com um teste chamado CASQ — Children's Attributional Style Questionnaire (Questionário sobre Estilo de Atribuição Infantil),[1] que já foi respondido por milhares de crianças. O CASQ é bastante parecido com o teste que você fez no capítulo 3. Uma criança de oito a treze anos leva cerca de vinte minutos para terminá-lo. Se seu filho for mais velho, peça a ele que responda ao teste do capítulo 3. Para crianças com menos de oito anos, não existe teste de papel e lápis totalmente confiável, mas há outra forma de medir seu estilo explicativo, sobre a qual falarei ainda neste capítulo.

Para oferecer o teste ao seu filho, reserve vinte minutos, sente-se à mesa com ele e diga algo mais ou menos assim:

"Crianças diferentes pensam de jeitos diferentes. Estou lendo um livro sobre isso e comecei a me perguntar de que forma você pensa em algumas coisas que talvez te aconteçam."

"Olha só isso. É muito interessante. Faz um bando de perguntas sobre o que você pensa. Cada pergunta é uma historinha, e para cada história existem duas reações diferentes. Você precisa escolher uma ou outra, a mais próxima do jeito que você acha que se sentiria caso aquilo acontecesse de verdade."

"Aqui está o lápis. Queria que você tentasse. Imagine essas situações acontecendo com você, mesmo que nunca tenham acontecido. E então marque a resposta 'A' ou 'B' — a que descreve melhor como você se sentiria. Mas o melhor desse teste é que não existe resposta errada! Bom, vamos ver a primeira pergunta?"

Depois que ele engrenar, seu filho provavelmente conseguirá fazer o teste sem assistência. Mas com crianças muito novinhas, que não têm uma leitura fluente, será necessário que você leia cada item em voz alta ao mesmo tempo que a criança a lê para si.

Questionário sobre Estilo de Atribuição Infantil
(CASQ)

1. Você tira nota 10 numa prova.

	SAb
A. *Sou inteligente.*	1
B. *Sou bom nessa matéria.*	0

2. Você joga um jogo com alguns amigos e ganha.

	SPs
A. Meus amigos não jogaram bem hoje.	0
B. Eu jogo bem.	1

3. Você passou a noite na casa de um amigo e se divertiu bastante.

	SAb
A. Meu amigo estava de bom humor.	0
B. Todo mundo na família do meu amigo estava de bom humor.	1

4. Você tira férias com um grupo de pessoas e se diverte.

	SPs
A. Eu estava de bom humor.	1
B. As pessoas estavam de bom humor.	0

5. Todos os seus amigos ficam gripados, menos você.

	SPm
A. Minha saúde tem estado ótima ultimamente.	0
B. Sou uma pessoa saudável.	1

6. Seu bichinho de estimação é atropelado por um carro.

	IPs
A. Eu deveria ter sido mais cuidadoso.	1
B. Os motoristas têm que tomar mais cuidado.	0

7. Algumas crianças que te conhecem dizem não gostar de você.

	IPs
A. De vez em quando os outros são cruéis comigo.	0
B. De vez em quando eu sou cruel com os outros.	1

8. Você tira ótimas notas.

	SPs
A. As tarefas da escola são simples.	0
B. Sou esforçado.	1

9. Você encontra um amigo, e ele diz que você está bonito.

                                                                                   SPm

    A. *Meu amigo estava com vontade de elogiar a aparência dos outros naquele dia.*   0

    B. *Meu amigo está sempre elogiando a aparência dos outros.*   1

10. Um bom amigo diz que te odeia.

                                                                                    IPs

    A. *Meu amigo estava de mau humor naquele dia.*   0

    B. *Eu não fui legal com o meu amigo naquele dia.*   1

11. Você conta uma piada e ninguém ri.

                                                                                    IPs

    A. *Não sei contar piada.*   1

    B. *A piada é tão conhecida que já não tem mais graça.*   0

12. Seu professor dá uma aula e você não entende a matéria.

                                                                                    IAb

    A. *Não prestei atenção em nada naquele dia.*   1

    B. *Não prestei atenção no que meu professor estava falando.*   0

13. Você é reprovado num teste.

                                                                                     IPm

    A. *Meu professor faz testes difíceis.*   1

    B. *Meu professor tem feito testes difíceis nas últimas semanas.*   0

14. Você engorda vários quilos.

                                                                                     IPs

    A. *A comida que tenho para comer engorda.*   0

    B. *Só gosto de comida que engorda.*   1

15. Uma pessoa rouba o seu dinheiro.

                                                                                     IAb

    A. *Essa pessoa é desonesta.*   0

    B. *As pessoas são desonestas.*   1

16. Seus pais elogiam algo que você fez.

	SPs
A. Sou bom em algumas coisas.	1
B. Meus pais gostam de algumas coisas que eu faço.	0

17. Você ganha dinheiro por jogar um jogo.

	SAb
A. Sou uma pessoa de sorte.	1
B. Tenho sorte no jogo.	0

18. Você quase se afoga ao nadar no rio.

	IPm
A. Não sou uma pessoa muito cuidadosa.	1
B. Tem dias em que não sou uma pessoa muito cuidadosa.	0

19. Você é convidado para muitas festas.

	SPs
A. Muitas pessoas têm sido simpáticas comigo ultimamente.	0
B. Tenho sido simpático com muitas pessoas ultimamente.	1

20. Um adulto grita com você.

	IAb
A. Ele gritou com a primeira pessoa que viu pela frente.	0
B. Ele gritou com um monte de gente naquele dia.	1

21. Você faz um projeto em grupo que fica muito ruim.

	IAb
A. Não trabalho bem com as pessoas do grupo.	0
B. Nunca trabalho bem em grupo.	1

22. Você faz uma nova amizade.

	SPs
A. Sou uma pessoa legal.	1
B. As pessoas que conheço são legais.	0

23. Você tem se dado bem com a sua família.

		SPm
A.	*Sou fácil de lidar quando estou com a minha família.*	1
B.	*De vez em quando sou fácil de lidar quando estou com a minha família.*	0

24. Você tenta vender bala, mas ninguém compra.

		IPm
A.	*Ultimamente, como tem muitas crianças vendendo muitas coisas, as pessoas não querem comprar mais nada de crianças.*	0
B.	*As pessoas não gostam de comprar de crianças.*	1

25. Você vence um jogo.

		SAb
A.	*Às vezes me esforço bastante nos jogos.*	0
B.	*Às vezes me esforço bastante.*	1

26. Você tira uma nota ruim na escola.

		IPs
A.	*Sou burro.*	1
B.	*Professores são injustos na hora de dar as notas.*	0

27. Você dá com a cara na porta e seu nariz sangra.

		IAb
A.	*Não estava olhando para onde ia.*	0
B.	*Ando desleixado ultimamente.*	1

28. Você erra a bola e seu time perde o jogo.

		IPm
A.	*Não me esforcei muito ao jogar bola naquele dia.*	0
B.	*Geralmente, não me esforço muito ao jogar bola.*	1

29. Você torce o tornozelo na aula de educação física.

                                                                                                                 IPs

A. *Nas últimas semanas, os esportes da aula de educação física foram perigosos.*   0

B. *Nas últimas semanas, ando meio desengonçado nas aulas de educação física.*   1

30. Seus pais o levam para a praia e você se diverte.

                                                                                                                 SAb

A. *Tudo na praia estava bom naquele dia.*   1
B. *O clima na praia estava bom naquele dia.*   0

31. O metrô demora tanto que você perde o filme.

                                                                                                                 IPm

A. *Nos últimos dias, o metrô tem atrasado muito.*   0
B. *O metrô quase nunca chega na hora.*   1

32. Sua mãe faz seu prato preferido para o jantar.

                                                                                                                 IAb

A. *Tem algumas coisas que a minha mãe faz só pra me agradar.*   0
B. *Minha mãe gosta de me agradar.*   1

33. Um time do qual você faz parte perde um jogo.

                                                                                                                 IPm

A. *Os membros do time não jogam bem juntos.*   1
B. *Naquele dia, os membros do time não jogaram bem juntos.*   0

34. Você termina o dever de casa bem rápido.

                                                                                                                SAb

A. *Ultimamente tenho feito tudo com rapidez.*   1
B. *Ultimamente tenho feito o dever de casa com rapidez.*   0

35. Seu professor te faz uma pergunta e você responde errado.

                                                                                                      IPm

    A. *Fico nervoso quando tenho que responder perguntas.*   1
    B. *Naquele dia fiquei nervoso na hora de responder à pergunta.*   0

36. Você entra no ônibus errado e se perde.

                                                                                                      IPm

    A. *Naquele dia, não estava prestando atenção no que estava acontecendo.*   0
    B. *Em geral, não presto atenção no que está acontecendo.*   1

37. Você vai a um parque de diversões e se diverte.

                                                                                                      SAb

    A. *Sempre me divirto em parques de diversões.*   0
    B. *Sempre me divirto.*   1

38. Uma criança mais velha te dá um tapa na cara.

                                                                                                       IPs

    A. *Eu provoquei o irmão mais novo dela.*   1
    B. *O irmão mais novo contou pra ela que eu tinha provocado ele.*   0

39. Você ganha todos os brinquedos que queria de aniversário.

                                                                                                    SPm

    A. *As pessoas sempre adivinham os brinquedos que eu quero ganhar de aniversário.*   1
    B. *Este ano, todos acertaram quais brinquedos eu queria ganhar.*   0

40. Você tira férias no interior e se diverte muito.

                                                                                                     IPm

    A. *O interior é lindo.*   1
    B. *Viajamos numa época do ano em que o lugar fica lindo.*   0

41. Seus vizinhos te convidam para jantar.

	SPm
A. Às vezes as pessoas estão de bem com a vida.	0
B. As pessoas são gentis.	1

42. Você está tendo aula com uma professora substituta e ela gosta de você.

	SPm
A. Eu me comportei bem durante a aula naquele dia.	0
B. Quase sempre me comporto bem durante a aula.	1

43. Você deixa seus amigos felizes.

	SPm
A. Sou uma pessoa divertida.	1
B. Às vezes sou uma pessoa divertida.	0

44. Você ganhou uma casquinha de sorvete de graça.

	SPs
A. Fui simpático com o sorveteiro naquele dia.	1
B. O sorveteiro estava simpático naquele dia.	0

45. Na festa do seu amigo, o mágico pede que você o ajude.

	SPs
A. Foi mera sorte eu ter sido escolhido.	0
B. Eu parecia muito interessado no que estava acontecendo.	1

46. Você tenta convencer uma criança a ir ao cinema, mas ela se recusa.

	IAb
A. Naquele dia, ela não estava a fim de fazer nada.	1
B. Naquele dia, ela não estava a fim de ir ao cinema.	0

47. Seus pais se divorciam.

	IAb
A. É difícil as pessoas se darem bem quando são casadas.	1
B. É difícil para os meus pais se darem bem sendo casados.	0

48. Você tenta fazer parte de um grupo de amigos, mas não consegue.

                                                                  IAb

A. *Não me dou bem com outras pessoas.*   1

B. *Não me dou bem com as pessoas daquele grupo.*   0

PONTUAÇÃO

      IPm_____   SPm_____

      IAb_____   SAb_____

          EsI_____

      IPs_____   SPs_____

Total de I_____   Total de S_____

        S - I_____

Agora você pode calcular a pontuação. Compartilhe a pontuação do seu filho com ele se quiser. Se resolver contar quais foram os números dele, explique também o que significam.

Comece pelo IPm, que significa Infortúnio Permanente. Some os números da margem direita das respostas que seu filho escolheu para as questões 13, 18, 24, 28, 31, 33, 35 e 36. Anote o total no quadro de pontuação acima, ao lado de "IPm".

Depois some as notas SPm — perguntas 5, 9, 23, 39, 40, 41, 42 e 43 — e anote o total no quadro de pontuação.

Em seguida, calcule a pontuação de abrangência. As questões IAb são as de números 12, 15, 20, 21, 27, 46, 47 e 48. As perguntas relacionadas a SAb são as de números 1, 3, 17, 25, 30, 32, 34 e 37.

Some as notas IPm e IAb para obter a nota de esperança (EsI).

Agora pontue a personalização. As questões IPs são as de números 6, 7, 10, 11, 14, 26, 29 e 38.

As questões SPs são 2, 4, 8, 16, 19, 22, 44 e 45.

Some a pontuação total dos eventos negativos (IPm + IAb + IPs) e anote na linha Total de I; em seguida, some as notas dos eventos positivos (SPm + SAb + SPs) e anote na linha Total de S.

Por fim, calcule a nota total, S - I, subtraindo o Total de I do Total de S. Escreva na última linha do quadro.

Vejamos o que a pontuação do seu filho significa e como ele se compara com os milhares de crianças que já fizeram o teste.

Em primeiro lugar, é bom salientar que meninas e meninos pontuam de formas diferentes. As meninas, pelo menos até a puberdade, são nitidamente mais otimistas do que os meninos. A média das meninas de nove a doze anos tem uma nota de S - I de 7 pontos. A média dos meninos de nove a doze anos é 5. Caso sua filha marque menos de 4,5, é um tanto pessimista. Se ela marcar menos de 2, é muito pessimista e corre o risco de ter depressão. Caso seu filho marque menos de 2,5, ele é um tanto pessimista; abaixo de 1, é muito pessimista e corre o risco de ter depressão.

Quanto ao Total de I, a média das meninas de nove a doze anos é de 7 pontos, e a média dos meninos é de 8,5. Quem está três pontos *acima* da média é muito pessimista.

A média do Total de S para meninas e meninos de nove a doze anos é de 13,5. Notas três pontos abaixo disso são muito pessimistas. As dimensões individuais positivas (SPm, SPs e SAb) têm uma média de 4,5, com pontuações de 3 ou menos indicando muito pessimismo. A média das dimensões negativas individuais (IPm, IAb, SPs) é de cerca de 2,5 para meninas e 2,8 para meninos, e pontuações de 4 ou *mais* indicam risco de depressão.

POR QUE AS CRIANÇAS NÃO PODEM SER DESAMPARADAS

Talvez você tenha se surpreendido com os padrões e o significado das pontuações, sobretudo se comparadas às suas. De modo geral, crianças pré-adolescentes são extremamente otimistas, cheias de esperança e uma imunidade ao desamparo que nunca mais voltarão a ter após a puberdade, quando perdem boa parte do otimismo.

Quando meu filho, David, tinha cinco anos, minha esposa e eu nos divorciamos. Explicar a situação com eufemismos não parecia funcionar. Ele não parava de me perguntar, todo fim de semana, se Kerry e eu nos casaríamos de novo. Havia chegado a hora da conversa sem rodeios. Eu lhe disse detalhadamente que as pessoas se desapaixonam, e que isso pode ser definitivo.

Tentando dar o recado, perguntei: "Você já teve um amigo de quem gostava muito e deixou de gostar tanto assim?".

"Já", ele respondeu com relutância, revirando suas memórias.

"Bom, é assim que sua mãe e eu nos sentimos um com o outro. Nós não nos amamos mais, e nunca mais vamos nos amar. Nunca mais vamos nos casar um com o outro."

Ele assentiu, e em seguida, para ter a última palavra, encerrou a discussão: "Mas nunca se sabe!".

O estilo explicativo das crianças é imensamente desequilibrado, muito mais do que o estilo dos adultos. Eventos positivos vão durar para sempre, vão ajudar de todas as formas e são obras da criança. Eventos negativos simplesmente acontecem, são esquecidos rápido e são culpa de outra pessoa. A criança média é tão fora da curva que sua pontuação é parecida com a dos agentes de seguros bem-sucedidos da MetLife. A pontuação de uma criança deprimida parece com a média dos adultos *não deprimidos*. Ninguém parece ter o grau de esperança que uma criança pequena tem, e é exatamente esse fato que faz uma criança pequena com depressão profunda chamar atenção de modo tão trágico.

Crianças de fato ficam deprimidas, e ficam deprimidas com a mesma frequência e intensidade que os adultos, mas a depressão delas difere da dos adolescentes e dos adultos sob um aspecto impressionante.[2] Elas não ficam desamparadas e não cometem suicídio. Todo ano, ocorrem entre 20 mil e 50 mil suicídios de norte-americanos adultos, quase todos resultantes da depressão. Um elemento específico da depressão, o desamparo, é o indicador mais certeiro do suicídio. Possíveis suicidas acreditam firmemente que a tristeza atual será eterna e permeará tudo o que fizerem, e que só a morte encerrará seu sofrimento. O suicídio infantil é trágico e está em ascensão, mas os cerca de duzentos suicídios anuais desse tipo não são nem de longe um problema epidemiológico. Crianças abaixo dos sete anos *nunca* cometem suicídio, embora haja homicídios bem-documentados cometidos por crianças de apenas cinco anos. Crianças dessa idade entendem a morte, conseguem entender que ela é irrevogável, e podem ter a intenção de matar alguém; mas o que não fazem é se manter num estado de desamparo por muito tempo.

A evolução, creio, garantiu que isso acontecesse. A criança carrega a semente do futuro, e o principal interesse da natureza nas crianças é que elas cheguem à puberdade a salvo e produzam a próxima geração de crianças. A natureza protegeu nossas crianças não apenas fisicamente — os pré-adolescentes têm o menor índice de mortalidade de todas as causas —, mas também psicologicamente, ao dotá-las de esperança, abundante e irracional.

Mas apesar de toda essa proteção contra o desamparo, algumas crianças são muito mais propensas ao pessimismo e à depressão do que outras. O CASQ é um bom indicador de quem é vulnerável ou não. Crianças com pontuação no patamar mais otimista — meninos acima dos 5,5 e meninas acima dos 7,5 — tendem a ser tornar adolescentes e adultos otimistas. Em média, têm menos depressão, realizam mais e são mais saudáveis ao longo da vida do que as crianças que pontuam abaixo dessas médias.

O estilo explicativo surge logo cedo. Nós o vemos de forma bastante cristalizada em crianças de oito anos. Se seu filho já tem uma postura otimista ou pessimista em relação ao mundo no terceiro ano, e se isso vai ser tão importante para o futuro, a saúde e o sucesso dele, talvez você se pergunte de onde veio e o que pode fazer para mudá-lo.

São três as hipóteses principais acerca da origem do estilo explicativo. A primeira diz respeito à mãe da criança.

(1) *O estilo explicativo da mãe:*

Preste atenção em como Sylvia reage a um evento negativo na presença de sua filha Marjorie, de oito anos. A cena começa quando entram no carro no estacionamento do shopping. Enquanto lê a conversa, tente descobrir o estilo explicativo de Sylvia.

> MARJORIE: Mamãe, tem um arranhão no meu lado do carro.
> SYLVIA: Droga, seu pai vai me matar!
> MARJORIE: O papai falou pra você sempre estacionar o carro novo dele longe dos outros carros.
> SYLVIA: Essas coisas sempre acontecem comigo. Se eu não fosse tão preguiçosa, sempre querendo dar poucos passos carregando as compras, isso não teria acontecido. Que idiota que eu sou.

Sylvia está dizendo algumas coisas bem duras sobre si mesma, e Marjorie escuta com atenção. Não apenas o conteúdo é duro como também a forma.

No conteúdo, Marjorie escuta que a mãe está em apuros, e que é burra, preguiçosa e tem um azar crônico. Já é bem ruim. Mas a forma como Sylvia diz isso é ainda pior.

Marjorie entende que aquilo se trata de um evento negativo. Sylvia dá a Marjorie (sem se dar conta) quatro explicações:

1. "*Essas coisas sempre acontecem comigo.*" Essa explicação é permanente: Sylvia usa *sempre*. É também abrangente: "essas coisas", não "arranhões no carro"; Sylvia não caracteriza o azar ou impõe limites para os problemas que sempre acontecem com ela. E personaliza: eles "acontecem *comigo*", não com todo mundo. Sylvia se destaca como vítima.

2. "*Se eu não fosse tão preguiçosa.*" A preguiça, para Sylvia, é um traço de caráter permanente. (Compare a explicação de Sylvia com esta: "Se eu não estivesse com preguiça".) A preguiça faz mal sob muitas circunstâncias, portanto é abrangente. E Sylvia a personalizou.

3. "*Sempre querendo dar poucos passos.*" — personalizado, permanente (uso do "sempre"), mas não muito abrangente, já que se trata apenas de esforço físico.

4. "*Que idiota que eu sou*" — permanente, abrangente, personalizado.

Você não foi o único que analisou o que Sylvia estava dizendo. Marjorie também fez isso. Marjorie escutou a mãe explicando uma crise dando a ela quatro causas extremamente pessimistas. Ouviu a opinião da mãe, de que acontecimentos ruins são permanentes, abrangentes e a culpa é dela mesma. Marjorie está aprendendo que é assim que o mundo funciona.

Todo dia, Marjorie escuta a mãe fazer análises permanentes, abrangentes e personalizadas sobre os acontecimentos inconvenientes que acontecem em casa. Marjorie está no processo de aprender com a pessoa mais influente de sua vida que os acontecimentos ruins vão durar, vão fazer mal a tudo e a culpa por eles deve ser jogada na pessoa com quem ocorrem. Marjorie está formando uma teoria sobre o mundo em que eventos negativos têm causas permanentes, abrangentes e personalizadas.

As antenas das crianças estão sempre ligadas na maneira como os pais, principalmente as mães, falam das causas de acontecimentos carregados de emoções. Não é por acaso que "por quê?" é uma das primeiras perguntas que crianças pequenas fazem, e uma das mais repetidas. Obter explicações sobre o mundo ao redor, sobretudo o mundo social, é a principal tarefa intelectual do desenvolvimento. Quando os pais se impacientam e param de responder aos intermináveis *porquês*, as crianças conseguem as respostas de outras formas. Em geral, prestam atenção quando você dá explicações espontâneas sobre por que as coisas acontecem — o que você faz, em média, uma vez por minuto durante a fala. Seus filhos se apegam a cada palavra de explicação que você dá, principalmente quando algo dá errado. Não só procuram as particularidades do que você diz como buscam ardorosamente suas propriedades formais: se a causa que você cita for permanente ou temporária, específica ou abrangente, sua culpa ou de outra pessoa.

A forma como sua mãe falou do mundo com você quando era pequeno teve uma influência enorme no seu estilo explicativo. Descobrimos esse fato dando questionários de estilo explicativo a cem crianças e a seus pais. O nível de otimismo da mãe e o nível do filho são muito parecidos. Isso é verdade tanto para os meninos quanto para as meninas. Ficamos surpresos ao descobrir que nem o estilo das crianças nem o estilo da mãe têm qualquer semelhança com o estilo do pai. Isso nos indica que crianças pequenas escutam o que o cuidador principal (em geral, a mãe) diz sobre as causas e tendem a copiar esse estilo. Se a criança tem uma mãe otimista, ótimo, mas pode ser um desastre para a criança ter uma mãe pessimista.

Essas revelações trazem à tona uma questão: o estilo explicativo é genético? Podemos herdá-lo dos pais, assim como aparentemente herdamos uma parte desconcertante pela grandeza da nossa inteligência, nossas opiniões políticas e nossa visão religiosa? (Estudos com gêmeos univitelinos criados separadamente mostram que, quando adultos, ambos têm posições políticas, crença ou descrença em Deus e QIs sinistramente similares.) Ao contrário das características psicológicas, o padrão de estilo explicativo que vemos em famílias sugere que ele *não* é hereditário: o da mãe é semelhante ao dos filhos e das filhas; o do pai não é semelhante ao de ninguém. Trata-se de um padrão de resultados que não se encaixa em nenhum modelo genético comum.

Admitimos que agora estamos tentando fazer a pergunta genética de forma menos indireta. Vamos medir o otimismo tanto dos pais biológicos quanto dos adotivos quando as crianças eram bem novinhas. Se o nível de otimismo das crianças for parecido com o dos pais adotivos e diferente do nível dos pais biológicos, teremos a confirmação da nossa tese de que a origem do otimismo é o aprendizado. Se o nível de otimismo das crianças for parecido com o dos pais biológicos, que elas nunca conheceram, ficará demonstrado que o otimismo pode ser pelo menos parcialmente herdado.

(2) Críticas de adultos: professores e pais

Quando seus filhos fazem algo errado, o que você diz? O que os professores deles dizem? Conforme observado, as crianças escutam com atenção não somente o conteúdo como a forma, não somente o que os adultos lhes dizem mas *como* dizem. Isso é verdade sobretudo no tocante às críticas. As crianças acreditam nas críticas que recebem e as utilizam para formar seu estilo explicativo.

Vamos examinar por um instante uma típica classe do terceiro ano, assim como fez Carol Dweck, uma das maiores pesquisadoras de desenvolvimento emocional do mundo. O trabalho de Carol esclareceu como o otimismo se desenvolve.[3] Talvez também nos dê pistas do que acontece durante a infância das mulheres para torná-las mais suscetíveis à depressão.

Depois que a classe se acostuma com a sua presença e se acomoda, a primeira coisa que você percebe é a diferença incrível entre a postura das meninas e a dos meninos. As meninas, de modo geral, são um deleite para a professora: ficam sentadas, quietas, chegam a entrelaçar as mãos e parecem prestar atenção. Quando se agitam, sussurram e dão risadinhas, mas basicamente obedecem às regras. Os meninos são um problema. Ficam se mexendo mesmo quando tentam ficar quietos — o que raramente acontece. Parecem não prestar atenção, não obedecem às regras meticulosamente como as meninas. Quando se agitam — o que é muito comum —, berram e correm pela sala.

A classe põe mãos à obra e faz um teste sobre frações. O que a professora diz às crianças que se saem mal no teste? Que tipo de crítica meninos e meninas ouvem dos professores do terceiro ano quando tiram notas ruins?

Os meninos que vão mal geralmente escutam: "Você não estava prestando atenção", "Você não se esforçou muito", "Você ficou fazendo bagunça quando eu estava ensinando fração". Que tipo de explicação são os atos de não prestar atenção, se esforçar pouco e fazer bagunça? São temporárias e específicas, não abrangentes. Temporárias porque você pode mudar quanto esforço faz e pode prestar atenção se quiser e pode parar de fazer bagunça. Meninos veem causas temporárias e específicas serem invocadas para explicar por que seu desempenho escolar não foi satisfatório.

As meninas, segundo revelam os estudos de Dweck, geralmente escutam um tipo bem diferente de censura. Já que não são bagunceiras e parecem prestar atenção, não podem ser criticadas nesses termos. Para o professor que as corrige, restam "Você não é muito boa em aritmética", "Você sempre entrega trabalhos feitos nas coxas", "Você nunca revisa os deveres". Em sua maioria, as causas temporárias, como desatenção, falta de esforço e comportamento ruim, são vetadas, portanto as meninas são bombardeadas com críticas permanentes e abrangentes. O que elas tiram da experiência no terceiro ano?

Carol Dweck descobriu dando a meninas do quarto ano problemas impossíveis de solucionar. Em seguida, examinou como explicavam o fracasso.

Todas receberam anagramas para solucionar — ZOLT, LEOF, MAPE e assim por diante —, mas o esforço foi em vão, pois era impossível reorganizar as letras de forma a construir uma palavra de verdade. Todas as crianças se esforçaram bastante, mas, antes de exaurir todas as combinações possíveis, ouviram o anúncio: "o tempo acabou".

"Por que você não resolveu essas?", o pesquisador indagou.

As meninas disseram coisas do tipo "Não sou muito boa com jogos de palavras" e "Acho que não sou muito inteligente".

Os meninos, quando fizeram o mesmo teste, disseram coisas do tipo "Não estava prestando atenção" e "Não me esforcei muito" e "E que diferença faz esse seu quebra-cabeça idiota?".

Nesse teste, as meninas davam explicações permanentes e abrangentes para o fracasso; os meninos, por outro lado, davam explicações bem mais esperançosas — temporárias, específicas e mutáveis. O que percebemos é o impacto da segunda influência sobre o estilo explicativo do seu filho: as críticas que os adultos fazem quando a criança se sai mal em alguma atividade. De novo, a criança escuta com atenção, e se o que ouve for permanente e abrangente — "Você é burro"; "Você não faz nada direito" —, ela assimila essas ideias à teoria que faz de si mesma. Se o que ouve for temporário e específico — "Você não se esforçou o bastante", "Esses problemas são para alunos do sexto ano" —, ela percebe os problemas como solucionáveis e localizados.

(3) *Crises durante a infância*

Em Heidelberg, em 1981, estive presente quando Glen Elder, o maior sociólogo da família do mundo, deu uma palestra a um grupo de pesquisadores interessados em como as crianças se desenvolvem sob adversidades tremendas.[4] Ele nos contou a respeito de um estudo fascinante no qual vinha trabalhando desde que se tornou adulto. Duas gerações atrás, ele declarou que, antes da Grande Depressão, um grupo de cientistas visionários, antecessores de Glen, lançaram um estudo sobre o crescimento que já existia havia quase sessenta anos. Crianças de duas cidades da Califórnia, Berkeley e Oakland, foram entrevistadas e testadas a fundo quanto a seus pontos psicológicos fortes e fracos. Esses participantes estão agora na faixa dos setenta ou oitenta anos, mas continuaram cooperando com esse estudo histórico do desenvolvimento ao longo da vida. Não só eles, mas seus filhos, e agora os netos, também participaram.

Em seguida, Glen falou de quem sobreviveu intacto à Grande Depressão e quem jamais se recuperou. Falou a uma plateia encantada que as meninas de classe média cujas famílias perderam todo o dinheiro se recuperaram psicologicamente até o começo da meia-idade e envelheceram bem tanto física quanto psicologicamente. Meninas de classe mais baixa que também passaram por privações na década de 1930 nunca se recuperaram. Elas desmoronaram no final da meia-idade e tiveram uma velhice trágica tanto física como psicologicamente.

Glen especulou sobre a causa:

"Creio que as mulheres que envelheceram bem aprenderam na infância, durante a Grande Depressão, que a adversidade seria superada. Afinal, a maioria das famílias se recuperou do ponto de vista econômico no fim da década de 1930 e no começo da de 1940. Essa recuperação lhes ensinou o otimismo, e a crise e sua solução moldaram seu estilo explicativo para eventos negativos, tornando-o temporário, específico e externo. Isso significa que, na velhice, quando a melhor amiga falecia, elas pensavam: 'vou fazer novos amigos'. Essa visão otimista... ajudou na saúde e no envelhecimento delas."

"Isso não aconteceu com as meninas de famílias de classe mais baixa. De modo geral, suas famílias não se recuperaram após a Grande Depressão. Eram pobres antes, durante e depois dela. Aprenderam o pessimismo. Aprenderam que, quando os problemas chegam, nunca acabam. Seu estilo explicativo se tornou desesperançado. Bem mais tarde, quando a melhor amiga morreu, elas pensavam: 'eu nunca mais vou ter amigos'. Esse pessimismo, aprendido na infância com a realidade da situação, foi imposto a cada nova crise, e minou a saúde, as conquistas e o senso de bem-estar dessas moças."

"Mas essas são apenas especulações", Glen disse ao encerrar a palestra. "Como ninguém concebia a noção de estilo explicativo cinquenta anos atrás, ele não foi medido. É uma pena que a gente não tenha uma máquina do tempo para voltar a 1930 e descobrir se elas estão corretas."

Naquela noite, não consegui dormir. A frase pronunciada por ele "É uma pena que a gente não tenha uma máquina do tempo" não saía da minha cabeça. Às cinco da manhã, eu já estava batendo à porta de Glen.

"Acorda, Glen, a gente precisa conversar. Eu *tenho* uma máquina do tempo!"

Glen se arrastou para fora da cama e fomos dar uma caminhada enquanto eu explicava minha ideia:

"No ano passado recebi uma carta de um jovem psicólogo social incrível chamado Chris Peterson. Parecia um biscoito da sorte acadêmico. 'Socorro', dizia, 'estou preso numa faculdade pequena lecionando oito cursos por ano. Tenho ideias criativas, posso viajar.' Eu o convidei a passar dois anos trabalhando comigo na Universidade da Pensilvânia, e as ideias dele eram de fato criativas."

A ideia mais criativa que Chris teve dizia respeito a como determinar o estilo explicativo de pessoas que não fizeram o questionário de estilo explicativo — como heróis esportivos, presidentes e astros do cinema.[5] Chris era incansável na leitura do caderno de esportes, e sempre que encontrava uma declaração causal feita por um jogador de futebol norte-americano, ele a tratava como se fosse a pergunta de um questionário de estilo explicativo respondida pelo atleta. Portanto, se um jogador dizia ter perdido o gol porque "O vento atrapalhou", Chris avaliava a citação segundo suas características permanentes, abrangentes e personalizadas, numa escala de 1 a 7. "O vento atrapalhou" receberia 1 pela permanência, já que nada é menos permanente do que o vento; cerca de 1 pela abrangência, já que o vento só faz mal ao chute e não à vida amorosa; e 1 para a personalização, já que o vento não é de responsabilidade do jogador. "O vento atrapalhou" é uma explicação bastante otimista de um evento negativo.

Em seguida, Chris tirava a média das notas de todas as declarações causais que o jogador fazia e obtinha o estilo explicativo dele sem usar o questionário. Depois, demonstramos que o perfil era compatível em termos gerais com o que teria acontecido caso o jogador tivesse respondido ao questionário. Chamamos isso de Cave (Análise de Conteúdo de Explanações Textuais).

"Glen", prossegui, "a técnica Cave *é* a máquina do tempo. Podemos usar não só nos nossos contemporâneos que não fizeram o questionário como também em pessoas que *não podem* fazer o questionário, como os que já morreram.

"Isso me leva ao motivo por ter te acordado. Os seus antecessores guardaram as entrevistas originais da década de 1930 com as crianças de Berkeley e Oakland?"

Glen pensou um pouco. "Foi antes de o gravador ser de fácil acesso, mas tenho a impressão de que os entrevistadores usaram taquigrafia. Posso verificar nos meus arquivos."

"Se as citações autênticas ainda existirem, podemos usar a técnica Cave nelas", afirmei. "Toda vez que uma das crianças fizer uma declaração causal, podemos tratar essa declaração como um item de um questionário de estilo explicativo, e podemos ter avaliadores — cegos à fonte da citação — para dar notas em termos de otimismo. No final do processo, saberíamos qual era o estilo explicativo de cada criança cinquenta anos atrás. Podemos voltar no tempo e testar suas especulações."

Quando voltou aos arquivos de Berkeley, Glen averiguou. De fato, havia anotações literais daquelas primeiras entrevistas, além de entrevistas completas feitas em diversos momentos, à medida que as meninas viravam mães e depois avós. Usamos essas anotações e entrevistas para elaborar perfis ao estilo explicativo dessas mulheres. Extraímos todas as declarações causais das entrevistas, demos cada uma delas a avaliadores que desconheciam a fonte, e pedimos que as avaliassem numa escala de 1 a 7 no tocante a abrangência, permanência e personalização.

A hipótese de Glen estava, em grande medida, correta. As mulheres de classe média, que envelheceram bem, tendiam ao otimismo. As mulheres de classe baixa, que envelheceram mal, tendiam ao pessimismo.

Concluímos três coisas com o primeiro uso da máquina do tempo.

Em primeiro lugar, a máquina do tempo nos deu uma ferramenta poderosíssima. Agora poderíamos usar essa ferramenta para saber do otimismo de pessoas que não fariam o questionário, a não ser que tivéssemos citações textuais delas. Poderíamos analisar o conteúdo de um enorme leque de materiais em busca do estilo explicativo: entrevistas coletivas, diários, transcrições de terapia, cartas enviadas da frente de batalha, testamentos. Poderíamos descobrir o estilo explicativo de crianças novas demais para fazer o CASQ escutando o que elas diziam, extraindo as declarações causais e avaliando-as como se fossem parte do questionário. Talvez conseguíssemos descobrir até que ponto ia o otimismo de presidentes dos Estados Unidos mortos há muito tempo, se o nível de otimismo nos Estados Unidos havia aumentado ou caído ao longo da história, e se algumas culturas e religiões eram mais pessimistas do que outras.

Em segundo lugar, a máquina do tempo nos dava mais indícios de que aprendíamos o estilo explicativo com nossas mães. Em 1970, as crianças de Berkeley e Oakland, agora avós, foram entrevistadas. As suas filhas, agora mães, também. Fizemos a análise dessas entrevistas e encontramos os mesmos resultados que nossos estudos com questionários revelaram. Havia uma acentuada semelhança entre o nível de pessimismo de mães e suas filhas. Conforme observado acima, essa é uma das formas de aprendermos o otimismo: ouvindo nossas mães explicarem os fatos que lhes acontece todo dia.

Em terceiro lugar, a máquina do tempo proporcionou nossa primeira prova de que a realidade das crises que vivemos na infância molda nosso otimismo: meninas que atravessaram crises econômicas, que depois foram resolvidas, passaram a enxergar eventos negativos como temporários e mutáveis. Mas crianças que viveram as privações da Grande Depressão e continuaram pobres passaram a perceber os eventos negativos como fixos e imutáveis. Portanto, talvez grandes crises durante a infância nos deem um padrão — como uma fôrma de biscoito — com o qual, para o resto de nossa vida, produzimos explicações para novas crises.

Além das revelações do trabalho feito com Glen Elder, existe outra linha de indícios para a afirmação de que as crianças extraem seu estilo explicativo das grandes crises que vivenciam. Esses indícios foram meticulosamente coletados pelo professor britânico George Brown.[6] Quando o conheci, George havia passado os últimos dez anos andando pelas áreas mais miseráveis do sul de Londres, fazendo longas entrevistas com donas de casa. Tinha entrevistado mais de quatrocentas em busca do segredo para prevenir a depressão. A quantidade gritante de mulheres com depressão profunda que encontrou foi chocante — mais de 20% das donas de casa estavam deprimidas, metade das quais de forma psicótica. O que, ele estava decidido a descobrir, separava essas mulheres que tinham depressão profunda naquele ambiente árduo daquelas que se mantinham invulneráveis?

Ele havia isolado três fatores que as protegiam. Se pelo menos um deles estivesse presente, a depressão não ocorria, mesmo diante de perdas e privações brutais. O primeiro fator era uma relação íntima com um cônjuge ou amante. Tais mulheres conseguiam sair vitoriosas na luta contra a depressão. O segundo era um trabalho fora de casa. O terceiro era não ter três filhos ou mais com menos de catorze anos dos quais precisasse cuidar.

Além dos fatores de invulnerabilidade, Brown isolou dois grandes fatores de risco para a depressão: perdas recentes (morte do marido, emigração dos filhos) e, o mais importante, *o falecimento das próprias mães antes de essas mulheres chegarem à adolescência.*

"Se a mãe morre durante a infância da criança", George explicou, "ela pensa nas perdas posteriores de modo bastante desamparado. Quando o filho emigra para a Nova Zelândia, ela não diz a si mesma que ele foi ganhar mais dinheiro e vai voltar. Ela o vê morto. Para ela, todas as perdas parecem mortes."

A morte da mãe de uma menina é uma perda permanente e abrangente. Muito do que a menina faz depende da mãe. Isso é verdade sobretudo antes da puberdade — antes de os meninos e a turma de amigos da filha se tornarem substitutos parciais. Se a realidade de nossa primeira grande perda molda nossa forma de pensar nas causas das perdas futuras, as descobertas de George fazem sentido. Essas crianças desventuradas aprendem — assim como as crianças de classe mais baixa durante a Grande Depressão — que a perda é permanente e abrangente. A mãe parte e jamais retorna, e a vida delas inteira é empobrecida. Perdas mais tardias são interpretadas dessa forma: ele morreu, ele nunca mais vai voltar, não tenho como seguir em frente.

Portanto, temos indícios dos três tipos de influências sobre o estilo explicativo do seu filho. Primeiro, a forma das análises causais cotidianas que ele ouve da sua boca, principalmente se você for a mãe: se a sua é otimista, a dele também será. Segundo, a maneira como as críticas são apresentadas quando as crianças fracassam: se são permanentes e abrangentes, a visão que elas terão de si mesmas se voltará ao pessimismo. Terceiro, a realidade de suas perdas e traumas precoces: se melhoram, ele vai elaborar a teoria de que eventos negativos podem ser mudados e superados. Mas se de fato forem permanentes e abrangentes, as sementes do desamparo ficarão plantadas bem lá no fundo.

8. Estudos

Num dia frio e ventoso em abril de 1970, quando ainda fazia pouco tempo que eu era professor da Universidade da Pensilvânia, me peguei esperando na fila para fazer o check-in no Haddon Hall, um hotel decadente que já tinha sido grandioso e esperava a transformação que faria de Atlantic City uma Las Vegas. A ocasião era mais uma convenção anual da Associação de Psicologia do Leste dos Estados Unidos. À minha frente estava uma mulher que de costas não me parecia familiar, mas que me deixou pasmo quando virou a cabeça. Tínhamos sido amigos a infância inteira.

"Joan Stern", exclamei, "é você mesma?"

"Marty Seligman! O que você está fazendo aqui?"

"Sou psicólogo", respondi.

"Eu também!"

Ambos caímos na gargalhada. É claro... o que mais *poderíamos* ser fazendo check-in naquele hotel de convenções naquele fim de semana específico. Joan tinha feito o doutorado na New School for Social Research e eu era da Universidade da Pensilvânia, e ali estávamos, os dois professores.

Tínhamos frequentado o mesmo jardim de infância ("Você se lembra da professora Manville?") e crescido a três quarteirões de distância ("O Stittig ainda mora lá?"). Quando me mandaram para a aristocrática Albany Academy, ela foi para Saint Agnes, o equivalente feminino. A vida melhorou bastante para nós dois quando saíamos de Albany e entramos na faculdade. Descobrimos que o mundo tinha várias pessoas como nós, e que Debbie Reynolds e a música de Elvis Presley não eram amores universais, tampouco a atividade mental era desprezada por todos. Joan estava casada; seu nome agora era Joan Girgus.

Perguntei no que estava trabalhando.

"Com crianças", ela disse, "o que percebem e pensam e como isso muda à medida que envelhecem." Ela me contou de seu trabalho fascinante acerca de ilusões visuais. Eu falei a ela a respeito do desamparo aprendido.

"Seu pai ainda está vivo?", ela indagou. "Deve ter sido muito difícil para você", ela disse quando contei sobre a sua morte. Ela entendia muito bem esse tipo de perda, já que tinha perdido a mãe quando era adolescente.

Enquanto a convenção prosseguia, passávamos cada vez mais tempo juntos, tentando associar nosso passado em comum ao que acontecia naquele momento. Quando nos despedimos, já tinha passado pela cabeça de ambos que um dia nossos interesses de pesquisa — o dela, a infância, e o meu, o controle pessoal — poderiam se fundir.

Joan se tornou a diretora da faculdade de ciências sociais do City College de Nova York e depois reitora da faculdade da Universidade de Princeton, e eu passei a trabalhar com estilo explicativo. Ainda levaria uma década para que nossos interesses se mesclassem. Quando isso aconteceu, se uniram em torno da questão do otimismo em sala de aula.

Como o estilo explicativo de uma criança interfere no seu desempenho em sala de aula?

Vamos começar recapitulando a teoria básica. Quando fracassamos em algo, todos nos tornamos desamparados e deprimidos *pelo menos por um tempo*. Não damos início a atos voluntários com a rapidez que teríamos normalmente, ou sequer tentamos. Se tentamos, não persistimos. Conforme você já leu neste livro, o estilo explicativo é o grande modulador do desamparo aprendido. Otimistas se recuperam do desamparo momentâneo imediatamente. Após um fracasso, eles se levantam, dão de ombros e voltam a tentar. Para eles, a derrota é uma provocação, um mero revés no caminho rumo à vitória inevitável. Consideram a derrota temporária e específica, não abrangente.

Pessimistas chafurdam na derrota, que consideram permanente e abrangente. Ficam deprimidos e desamparados por longos períodos. Um revés é uma derrota. E a derrota numa batalha é a perda da guerra inteira. Só começam a tentar de novo depois de semanas ou meses, e se tentam, o mínimo revés já os atira outra vez no estado desamparado.

A teoria prevê claramente que na sala de aula e, como veremos no próximo capítulo, nas quadras esportivas, o sucesso não necessariamente vai para o mais talentoso. O prêmio vai para os que têm algum talento e são otimistas.

Essas previsões são verdadeiras?

A SALA DE AULA

Há pouco tempo, me deparei com o caso de um menino a quem chamarei de Alan. Aos nove anos, era o que certos psicólogos chamam de criança ômega — meio tímido, descoordenado, sempre o último do time a ser escolhido. Era, contudo, extremamente inteligente e um jovem artista talentoso. Seus desenhos eram os melhores que o professor de artes já tinha visto numa criança do Ensino Fundamental. Quando Alan fez dez anos, os pais dele se separaram e ele entrou em depressão. As notas caíram muito, ele raramente falava e perdeu todo o interesse pelo desenho.

O professor de artes se recusava a desistir dele. Conseguiu fazer o menino falar e descobriu que Alan se achava burro, fracassado, frouxo... e de alguma forma o culpado pela separação dos pais. Com paciência o professor de artes fez Alan perceber como estava enganado sobre si mesmo em todas essas avaliações e conduziu o menino a outros pareceres mais realistas. Alan passou a aceitar que estava longe de ser burro: ele era um sucesso extraordinário. Agora sabia que a coordenação chegava tarde em alguns meninos, e o fato de não ser bom nos esportes tornava sua valentia ainda mais admirável. O professor conhecia os pais de Alan e conseguiu lhes mostrar que ele não teve papel nenhum na separação.

Na verdade, ele ajudou Alan a mudar seu estilo explicativo. Em poucos meses, Alan já ganhava prêmios na escola e começava também a se destacar nos esportes, tendo a energia e o entusiasmo como substitutos da destreza. Não mais uma criança ômega, Alan estava em vias de se tornar um adolescente alfa.

Quando seu filho vai mal na escola, é muito fácil para os professores ou até para você concluir falsamente que ele não tem talento ou é burro. Talvez seu filho esteja deprimido, e a depressão o impeça de tentar, de persistir, de assumir riscos que lhe permitiriam atingir todo o seu potencial. Pior ainda, se você concluir que a burrice ou falta de talento é a causa, seu filho vai perceber e incorporar essas ideias ao conceito que ele tem de si mesmo. O estilo explicativo dele ficará ainda pior, e seu desempenho acadêmico medíocre se tornará habitual.

AVALIE A DEPRESSÃO DO SEU FILHO

Como saber se seu filho está deprimido?[1]
Exceto por uma entrevista diagnóstica com um psicólogo ou psiquiatra, não existe maneira conclusiva. Mas você pode obter uma resposta aproximada pedindo a seu filho para fazer o teste abaixo. Este teste é baseado no teste de depressão que você fez no capítulo 4, e foi elaborado por Myrna Weissman, Helen Orvaschell e N. Padian enquanto trabalhavam no Centro de Estudos Epidemiológicos do National Institute of Mental Health. Chama-se teste CES-DC — Center of Epidemiological Studies — Depression Child (Centro de Estudos Epidemiológicos — Depressão em crianças). Veja como apresentá-lo a seu filho:

"Estou lendo um livro sobre como as crianças se sentem e andei me perguntando como você está se sentido ultimamente. Às vezes é difícil as crianças acharem palavras para descrever como se sentem. Isto aqui vai apresentar a você jeitos diferentes de dizer o que sente. Você vai ver que para cada frase há quatro alternativas. Eu gostaria que você lesse cada frase e escolhesse a alternativa que descreve melhor como você tem se sentido ou agido *na última semana*. Depois de escolher uma opção, passe para o grupo seguinte. Não existem respostas certas ou erradas."

Na última semana

1. Fiquei incomodado com coisas que geralmente não me incomodam.
   *Nem um pouco*___ *Um pouco*___ *Razoavelmente*___ *Muito*___

2. Não tive vontade de comer; não senti muita fome.
   *Nem um pouco*___ *Um pouco*___ *Razoavelmente*___ *Muito*___

3. Não consegui ficar feliz, mesmo quando a minha família ou os meus amigos tentaram me animar.
   *Nem um pouco*___   *Um pouco*___   *Razoavelmente*___   *Muito*___

4. Tive a sensação de não ser tão bom quanto as outras crianças.
   *Nem um pouco*___   *Um pouco*___   *Razoavelmente*___   *Muito*___

5. Tive a impressão de que não conseguia prestar atenção no que estava fazendo.
   *Nem um pouco*___   *Um pouco*___   *Razoavelmente*___   *Muito*___

6. Me senti pra baixo.
   *Nem um pouco*___   *Um pouco*___   *Razoavelmente*___   *Muito*___

7. Fiquei cansado demais para fazer qualquer coisa.
   *Nem um pouco*___   *Um pouco*___   *Razoavelmente*___   *Muito*___

8. Senti que algo ruim ia acontecer.
   *Nem um pouco*___   *Um pouco*___   *Razoavelmente*___   *Muito*___

9. Tive a sensação de que coisas que fiz antes não deram certo.
   *Nem um pouco*___   *Um pouco*___   *Razoavelmente*___   *Muito*___

10. Fiquei com medo.
    *Nem um pouco*___   *Um pouco*___   *Razoavelmente*___   *Muito*___

11. Não dormi bem como normalmente durmo.
    *Nem um pouco*___   *Um pouco*___   *Razoavelmente*___   *Muito*___

12. Fiquei infeliz.
    *Nem um pouco*___   *Um pouco*___   *Razoavelmente*___   *Muito*___

13. Fiquei mais calado do que o normal.
    *Nem um pouco*___   *Um pouco*___   *Razoavelmente*___   *Muito*___

14. Me senti só, como se não tivesse amigos.
    Nem um pouco____   Um pouco____   Razoavelmente____   Muito____

15. Tive a impressão de que meus colegas não foram simpáticos ou que não queriam estar comigo.
    Nem um pouco____   Um pouco____   Razoavelmente____   Muito____

16. Não me diverti.
    Nem um pouco____   Um pouco____   Razoavelmente____   Muito____

17. Tive vontade de chorar.
    Nem um pouco____   Um pouco____   Razoavelmente____   Muito____

18. Fiquei triste.
    Nem um pouco____   Um pouco____   Razoavelmente____   Muito____

19. Tive a sensação de que as pessoas não gostam de mim.
    Nem um pouco____   Um pouco____   Razoavelmente____   Muito____

20. Foi difícil começar a fazer as coisas.
    Nem um pouco____   Um pouco____   Razoavelmente____   Muito____

Calcular a pontuação do teste é simples. Cada "nem um pouco" conta como um 0, cada "um pouco" conta como 1, "razoavelmente" equivale a 2 e "muito" equivale a 3. Para saber a pontuação, some esses números. Caso seu filho tenha marcado duas alternativas, a nota que vale é a mais alta.

Vamos ao significado das notas: se seu filho marcou de 0 a 9, é provável que não esteja deprimido. Se marcou de 10 a 15, é provável que tenha uma depressão leve. Se marcou mais de 15, está demonstrando níveis relevantes de depressão; se ficou entre 16 e 24, está na faixa dos deprimidos moderados; e, se ele marcou mais de 24, é bem possível que tenha depressão profunda. Porém, preciso dar um aviso importante: nenhum teste de múltipla escolha equivale ao diagnóstico profissional. Há dois enganos que um teste como esse pode cometer, e é preciso que você fique de olho neles: primeiro, muitas crianças escondem seus sintomas, principalmente dos pais. Portanto, algumas crianças com pontuação abaixo de 10 podem estar deprimidas. Segundo, crianças com pontuações altas podem ter outros problemas que não a depressão, que geraram a nota alta.

Caso seu filho tenha marcado 10 ou mais e esteja se saindo mal na escola, talvez a depressão esteja causando o desempenho ruim e não o contrário. Descobrimos que entre crianças do quarto ano, quanto maior o grau de depressão, pior a criança é na solução de anagramas e questões de testes de QI, e piores suas notas. Isso é verdade até para crianças muito talentosas e muito inteligentes.

Por isso, se seu filho marcar mais de 15 pontos no decorrer de duas semanas, procure ajuda profissional. Caso seu filho marque mais de 9 e também fale em cometer suicídio, procure ajuda profissional. Um terapeuta infantil "cognitivo-comportamental" seria ideal. Procure também especialidades como "psicólogos", "psiquiatras" ou "psicoterapeutas".

O ESTUDO LONGITUDINAL ENTRE AS UNIVERSIDADES DE PRINCETON E DA PENSILVÂNIA

Será que o estilo explicativo pessimista é uma das raízes da depressão e do baixo desempenho em crianças, assim como nos adultos? Em 1981, quando essa pergunta emergiu das minhas pesquisas, pensei em Joan Girgus. Ao longo dos anos, mantivemos contato e ficamos a par das pesquisas um do outro. O trabalho dela com crianças focava no desenvolvimento da percepção com o crescimento da criança. Também sabia que no City College de Nova York ela tivera grande preocupação com o baixo desempenho dos alunos. Imaginei que seria a parceira ideal para minha pesquisa.

"A questão é a seguinte", expliquei quando nos encontramos. "Não acho que o fracasso em sala de aula, de modo geral, seja resultado da falta de talento. Nossos novos dados revelam que, se uma criança está deprimida, seu desempenho em sala de aula sofre uma queda brusca."

Detalhei um pouco e depois contei a Joan das últimas descobertas de Carol Dweck, que apontava o estilo explicativo pessimista como culpado do baixo desempenho acadêmico. "Eu ouvi falar da última pesquisa da Carol.

Ela separou crianças do Ensino Fundamental em grupos de 'desamparadas' e 'voltadas para a maestria', de acordo com o estilo explicativo. Depois lhes deu uma série de fracassos — problemas insolúveis — seguidos de sucessos — problemas solucionáveis.[2]

"Antes dos fracassos, não havia diferença nenhuma entre os dois grupos. Mas quando começaram a fracassar, uma diferença espantosa surgiu. As estratégias para resolver os problemas das crianças desamparadas se deterioraram, atingindo o nível do primeiro ano escolar. Passaram a odiar a tarefa e a falar que eram bons em beisebol ou que atuavam bem na peça teatral da classe. Quando as crianças voltadas para a maestria fracassavam, continuavam com estratégias do quarto ano, e, apesar de reconhecer que deviam estar cometendo erros, continuavam engajadas. Uma das crianças voltadas para a maestria chegou a arregaçar as mangas e declarar: 'Adoro um desafio'. Todas demonstraram confiar que logo voltariam aos trilhos, e não desistiram."

"Além disso", prossegui, "no final, quando todas as crianças passaram a fazer os problemas solucionáveis, as desamparadas continuaram fazendo pouco-caso do êxito. Previam que, no futuro, resolveriam apenas 50% daquele mesmo tipo de problema que tinham acabado de resolver com perfeição. Os jovens voltados para a maestria fizeram a previsão de 90%. Tenho a impressão de que o problema básico latente à depressão e ao baixo desempenho escolar de muitas crianças é o pessimismo. Quando a criança acredita que não pode fazer nada, ela para de tentar e as notas caem. Eu gostaria que você fizesse essa pesquisa comigo."

Joan não respondeu ao meu convite na mesma hora. Fez mais perguntas e pensou por um instante. Por fim, disse: "Fiquei convencida de que o otimismo e a capacidade de dar a volta por cima depois de contratempos são as chaves para o sucesso acadêmico. Mas desconfio de que o momento certo da vida para examinarmos essa tese não é o da faculdade nem o do Ensino Médio. São nos anos iniciais e nos anos finais do Ensino Fundamental que hábitos vitalícios de visão de mundo se cristalizam. Antes da puberdade, não depois".

"Tenho pensado em mudar minha pesquisa para algo que tenha uma ligação mais direta com o que vivenciei como reitora. Acho que descobrir mais sobre depressão, desempenho escolar e estilo explicativo em crianças me parece uma ideia certeira."

Por um daqueles golpes de sorte, Susan Nolen-Hoeksema tinha acabado de chegar à Universidade da Pensilvânia como aluna de pós-graduação, e ela se tornou a catalisadora desse projeto. Susan era uma moça de 21 anos determinada e reservada cujo mentor em Yale me mandara um bilhete dizendo que ela era a melhor aluna de graduação que tinha visto em dez anos, e invejava o fato de que ela estivesse decidida a estudar o desamparo em crianças. Também avisou que eu não devia confundir sua postura reservada com timidez ou com mediocridade intelectual.

Descrevi minha conversa com Joan para Susan, e sua reação foi imediata: "É exatamente o que eu quero passar o resto da vida fazendo".

O que se seguiu foram dois anos de súplicas a inspetores de escolas perto de Princeton, Nova Jersey, depois a diretores, depois a pais e professores, depois crianças, e, por fim, o National Institute of Mental Health, a nos permitir fazer um estudo em grande escala a fim de prever quem teria depressão e quem se sairia mal no Ensino Fundamental. Queríamos achar a fonte da depressão que aflige tantas crianças pequenas e prejudica o desempenho escolar. No outono de 1985, o Estudo Longitudinal Princeton-Pensilvânia começou.[3] Quatrocentas crianças do terceiro ano, seus professores e seus pais deram início a uma pesquisa que seria levada adiante até as crianças terminarem o sétimo ano, quase cinco anos depois.

Nossa hipótese era de que haveria dois grandes fatores de risco para a depressão e o baixo desempenho acadêmico em crianças:

- *Estilo explicativo pessimista*: Crianças que consideram eventos negativos permanentes, abrangentes e personalizados com o tempo ficam deprimidas e se saem mal na escola.
- *Eventos negativos*: Crianças que passam por acontecimentos ruins — divórcio dos pais, morte de um familiar, desemprego na família — têm o desempenho pior.

Os dados dos primeiros quatro anos desse estudo de cinco anos já estão disponíveis. O maior fator de risco para a depressão é, e isso não é nenhuma novidade, um episódio depressivo anterior. Crianças que já estiveram deprimidas tendem a ficar mais uma vez deprimidas, e crianças que não tiveram depressão até o terceiro ano tendem a não ter depressão no quarto e no quinto anos. Não precisamos de uma pesquisa de meio milhão de dólares para descobrir isso. Mas, acima de tudo, confirmamos que tanto o estilo explicativo quanto os eventos negativos são fatores de risco significativos da depressão.

Primeiro, o estilo explicativo

Crianças com estilo explicativo pessimista têm uma desvantagem séria. Caso seu filho comece o terceiro ano com pontuação pessimista no CASQ, ele corre o risco de ter depressão. Separamos as crianças em dois grupos: aquelas cujos pontos para depressão pioravam com o tempo e aquelas cujos pontos melhoravam com o tempo. O estilo explicativo separa os grupos nas seguintes tendências:

- Se começa o terceiro ano com um estilo pessimista e não está deprimida, a criança fica deprimida com o passar do tempo.
- Se começa pessimista e deprimida, a criança continua deprimida.
- Se começa otimista e deprimida, a criança melhora.
- Se começa otimista e sem depressão, a criança continua sem depressão.

O que vem antes: ser pessimista ou estar deprimido? Talvez o pessimismo o deprima, mas também pode ser que a depressão o faça ver o mundo com pessimismo. As duas ideias se revelaram verdadeiras. Estar deprimido no terceiro ano torna a criança mais pessimista no ano seguinte, e ser pessimista no terceiro ano a torna mais deprimida no quarto. Juntos, os dois formam um círculo vicioso.

Uma menina que conhecemos, Cindy,[*] estava presa nesse círculo vicioso. Durante o terceiro ano, os pais de Cindy lhe contaram que estavam se separando, e o pai saiu de casa. Suas notas de estilo explicativo eram um pouco mais pessimistas do que a média antes desse evento, mas agora ela estava apática e chorosa. Seus pontos de depressão chegaram à estratosfera. O desempenho escolar começou a cair, e ela se afastou dos amigos, como é comum acontecer com crianças deprimidas. Em seguida, começou a achar que não era amada e que era burra, e isso fez com que seu estilo explicativo se tornasse ainda mais pessimista. Consequentemente, esse estilo pessimista tornou mais di-

---

[*] É bom salientar que, a fim de proteger o anonimato dos participantes da pesquisa, criei amálgamas como exemplos tanto das crianças quanto dos pacientes em terapia.

fícil para ela tolerar decepções. Cindy interpretava até contratempos bobos como "Ninguém gosta de mim" ou "Não sirvo para nada", e foi ficando cada vez mais deprimida.

Perceber quando esse círculo vicioso começou no seu filho e aprender a interrompê-lo é algo crucial que os pais precisam aprender a fazer. Explicarei como no capítulo 13.

Segundo, eventos negativos

Quanto mais reveses se abatem sobre uma criança, pior sua depressão. Crianças otimistas resistem ao impacto dos eventos negativos melhor do que as crianças pessimistas, e crianças populares resistem mais do que as impopulares. Mas isso não impede que eventos negativos tenham efeitos depressivos em todas as crianças.

Aqui listo alguns acontecimentos que merecem atenção. Quando ocorrerem, seu filho precisará de muito do seu tempo e toda a ajuda e apoio que você puder oferecer. Também é um bom momento para colocar em prática os exercícios que você aprenderá com o capítulo 13.

- A saída de casa de um irmão ou irmã que vai estudar ou trabalhar em outra cidade.
- A morte de um bichinho de estimação; pode parecer banal, mas é uma situação arrasadora.
- A morte de um avô que a criança conhece bem.
- A transferência da criança para uma nova escola; a perda dos amigos pode deixá-la ansiosa.
- Brigas entre os pais.
- Separação ou divórcio dos pais; além das brigas, este é o principal problema.

DIVÓRCIO E BRIGAS ENTRE OS PAIS

Como o divórcio e as brigas sérias entre casais com filhos está crescendo e também são os acontecimentos comuns mais deprimentes para as crianças, focamos o Estudo Longitudinal Princeton-Pensilvânia nas crianças que já passaram por isso.[4]

Quando começamos o estudo, sessenta crianças — cerca de 15% — nos disseram que seus pais eram divorciados ou separados. Observamos essas crianças com atenção nos últimos três anos e as comparamos com as outras. O que elas nos dizem tem implicações importantes para a nossa sociedade como um todo e a maneira como você deve lidar com seus filhos caso se divorcie.

Em primeiro lugar — e mais importante —, filhos de pais divorciados se saem mal, via de regra. Testadas duas vezes por ano, essas crianças ficam muito mais deprimidas do que crianças de famílias intactas. Esperávamos que a diferença diminuísse com o tempo, mas isso não aconteceu. Três anos depois, filhos de pais divorciados continuam muito mais deprimidos do que as outras crianças. Nossas descobertas se aplicam a todos os sintomas de depressão: filhos de divorciados são mais tristes e mais inquietos em sala de aula; têm menos pique, autoestima mais baixa e mais reclamações em relação a seus corpos; além de se preocuparem mais.

É importante entender que se trata de descobertas das quais se tirou a *média*. Algumas das crianças não ficaram deprimidas, e algumas das crianças deprimidas se recuperaram logo. O divórcio não condena a criança a anos de depressão, apenas aumenta a chance de ocorrer a depressão.

Em segundo lugar, muitos outros acontecimentos ruins continuam acontecendo aos filhos de pais divorciados. Perturbações constantes podem ser o que mantêm a depressão tão alta nessas crianças. Primeiro são os acontecimentos que o divórcio causa em si, ou que são causados pela depressão que o divórcio acarreta. Essas coisas são mais frequentes com filhos de pais divorciados:

- A mãe começa num emprego novo.
- Os colegas de classe são menos amistosos.
- Um dos pais se casa de novo.
- Um dos pais adere a uma nova religião.
- Um dos pais é hospitalizado.
- A criança é reprovada numa matéria na escola.

Filhos de divorciados também passam por mais acontecimentos contínuos que podem ter causado o divórcio:

- Os pais brigam mais.
- Os pais fazem mais viagens a trabalho.
- Um dos pais perde o emprego.

Até aí, nenhuma novidade. Mas ficamos estupefatos com a última categoria de eventos negativos de que os filhos do divórcio mais sofrem. Ainda não sabemos o que entender desses fatores incríveis, mas achamos que você deveria saber sobre eles:

- Os filhos de pais divorciados veem um irmão hospitalizado três vezes e meia mais do que filhos de famílias intactas.
- A chance de que a própria criança seja hospitalizada é três vezes e meia maior.
- A chance de que um amigo da criança morra é duas vezes maior.
- A chance de que um avô morra também é duas vezes maior.

Alguns desses acontecimentos podem ser causas ou consequências do divórcio. Mas, além disso, famílias que se divorciam parecem ser amaldiçoadas com mais tipos de infortúnios que aparentemente não têm nada a ver com o divórcio, seja como causa ou como consequência. Não conseguimos entender como a morte de um bom amigo da criança ou de um avô poderia ser consequência do divórcio dos pais ou como poderia ser uma causa contribuinte. Porém tais estatísticas existem.

Isso tudo forma uma imagem horrível para os filhos de pais divorciados. Costumava-se dizer que o melhor para as crianças seria que os pais infelizes se divorciassem, e não que elas convivessem com pessoas que se odeiam. Mas nossas descobertas fazem um retrato sombrio para essas crianças: depressão prolongada e constante; um nível muito maior de acontecimentos perturbadores; e, estranhamente, muitos infortúnios que parecem ser independentes. Seria irresponsável de minha parte não aconselhar que o leitor leve esses dados assombrosos em consideração se estiver pensando em se divorciar.

Mas o problema pode não estar no divórcio em si. A raiz do problema pode estar nas brigas. Durante três anos também acompanhamos 75 crianças do Estudo Longitudinal Princeton-Pensilvânia cujos pais não se divorciaram, mas que declaram que os pais brigam muito. Os filhos de famílias briguentas estão tão mal quanto os filhos de divorciados: têm muita depressão, continuam deprimidos muito depois que os pais dizem ter parado de brigar, e sofrem mais acontecimentos adversos do que crianças de famílias intactas cujos pais não brigam.

Há duas maneiras possíveis de as brigas entre os pais atingirem as crianças de modo duradouro. A primeira é que os pais que estão muito infelizes juntos brigam e depois se separam. As brigas e a separação perturbam diretamente a criança, gerando uma depressão persistente. A segunda possibilidade tem mais a ver com a sabedoria tradicional: pais que brigam e se separam estão muito infelizes um com o outro. As brigas e a separação em si têm pouca influência sobre a criança, mas ela percebe a enorme infelicidade dos pais e isso a perturba a ponto de gerar depressão persistente. Não há nada nos nossos dados que nos diga qual dessas duas teorias é a correta.

O que isso significa para você?

Muitas pessoas vivem casamentos instáveis, cheios de discussões e discórdias. Menos dramática, porém mais comum, é a seguinte situação: após alguns anos de casamento, muitas pessoas já não gostam mais do cônjuge. É um terreno fértil para brigas. Mas ao mesmo tempo, é normal que os dois estejam muito preocupados com o bem-estar dos filhos.

Parece ser um fato natural — pelo menos do ponto de vista estatístico — que ou a separação ou as brigas em resposta a um casamento infeliz possam fazer mal aos filhos a longo prazo. Se, na verdade, a culpada é a infelicidade dos pais e não as brigas evidentes, sugiro terapia de casal voltada para a aceitação das falhas do casamento.

Mas se o ato de brigar e a escolha pela separação se revelam as culpadas pela depressão dos filhos, a recomendação é bem diferente caso o interesse do seu filho — não sua própria satisfação pessoal — lhe seja primordial. Você estaria disposto a renunciar à separação? Um desafio ainda maior: estaria disposto a se abster de brigar?

Não sou ingênuo a ponto de aconselhá-lo a jamais brigar. Às vezes brigas funcionam: o problema se resolve e a situação melhora. Mas muitas brigas conjugais são improdutivas. Não tenho como aconselhá-lo a brigar de forma produtiva, já que não tenho conhecimento especial sobre o assunto. A única pesquisa concreta que conheço sobre *como* brigar diz respeito à resolução. Crianças que assistem a filmes de adultos brigando ficam bem menos perturbadas quando a briga termina com uma boa resolução. Isso quer dizer que, quando brigar, você deve ir até o fim para resolver a discussão, sem ambiguidades e na frente da criança.[5]

Creio ser importante, além disso, estar ciente no momento em que você opta por brigar que a discussão pode fazer mal às crianças. Você pode muito bem julgar sagrado seu direito de brigar. Afinal, vivemos numa época em que muitas pessoas acham que extravasar os sentimentos é saudável e legítimo. Considera-se corretíssimo, se a pessoa está irritada, que brigue, brigue e brigue. Essa postura vem das ideias freudianas acerca das consequências negativas de se reprimir a raiva. Mas o que acontece se você oferecer a outra face? Por um lado, a raiva velada gera elevações no mínimo temporárias da pressão sanguínea, o que talvez contribua — a longo prazo — para problemas psicossomáticos. Por outro lado, desabafar a raiva muitas vezes faz com que relações na corda bamba desmoronem. A raiva aumenta e, não resolvida, adquire vida própria. O casal acaba vivendo numa balança de recriminações.[6]

Mas as consequências de não brigar afetam você e seu cônjuge. No tocante aos filhos, pouco se pode dizer a favor de brigas entre os pais. Assim, opto por ir contra a ética prevalecente e recomendar que, se é com seus filhos que você mais se importa, dê um passo para trás e pense duas ou três vezes antes de brigar. Estar com raiva e brigar *não* são direitos humanos. Pense em engolir a raiva, sacrificar o orgulho, se contentar com menos do que merece da parte de seu cônjuge. Recue antes de provocar o cônjuge e antes de reagir a uma provocação. Brigar é uma escolha, e é o bem-estar do seu filho, mais do que o seu, que pode estar em jogo.

Nossa pesquisa revela que a série de acontecimentos a seguir é bem comum: brigas ou separação dos pais levam a uma acentuada intensificação na depressão do filho. A depressão causa aumento dos problemas escolares e o estilo explicativo se torna bem mais pessimista. Problemas escolares se unem a esse pessimismo recente para manter a depressão e assim começa um círculo vicioso. Agora a depressão se torna um estilo de vida permanente para seu filho.

A piora das brigas entre os pais ou a decisão pelo divórcio marca o ponto exato em que seu filho precisa de auxílio extra para evitar a depressão e a mudança para o pessimismo, além de prevenir problemas escolares. É justamente nesse momento que ele necessita de uma ajuda especial por parte dos professores e também de você. Esforce-se para ficar bem próximo ao seu filho.

Uma relação carinhosa, inalterada, pode neutralizar os impactos das brigas. Também é hora de pensar em ajuda profissional. Terapia para você e para o seu cônjuge pode ensiná-los a brigar menos e de forma mais produtiva. A terapia infantil nessa altura do seu casamento pode prevenir uma vida inteira de depressão para o seu filho.

MENINAS × MENINOS

Os efeitos desastrosos a longo prazo do divórcio e das brigas não foram os únicos dados que nos surpreenderam. Estávamos muito interessados nas diferenças de gênero. Tínhamos fortes expectativas quanto a qual sexo seria mais depressivo e pessimista, mas, ao analisar os dados, descobrimos o contrário — inúmeras vezes.

Conforme relatei nos capítulos 4 e 5, mulheres adultas sofrem em média muito mais com a depressão do que os homens. A razão é de duas mulheres deprimidas para cada homem — seja o fenômeno mensurado por estatísticas de tratamento, por pesquisas de porta em porta ou pelo número de sintomas.[7] Imaginávamos que isso começasse na infância e que provaríamos que as meninas ficam mais deprimidas do que os meninos e têm um estilo explicativo mais pessimista.

Não é o caso. Em todos os momentos do estudo, *os meninos mostraram-se mais deprimidos do que as meninas*. Em média, meninos terão mais sintomas depressivos e sofrerão de depressões mais graves que meninas. Dentre os garotos do terceiro e do quarto anos, incríveis 35% têm depressão profunda pelo menos uma vez. Dentre as meninas, apenas 21% demonstrou ter depressão profunda. A diferença é restrita a dois conjuntos de sintomas: os meninos mostram mais perturbação comportamental (por exemplo, "Vivo me metendo em encrenca") e anedonia (falta de prazer, carência de amigos, retraimento social). Na tristeza, na diminuição da autoestima e nos sintomas físicos, os meninos não ultrapassam as meninas.

As diferenças em estilo explicativo são paralelas. Para nossa surpresa, as meninas são mais otimistas que os meninos em todas as medições. São mais otimistas que os meninos sobre os eventos positivos e menos pessimistas sobre os eventos negativos.

Portanto, o Estudo Longitudinal Princeton-Pensilvânia gerou outra surpresa. Meninos são mais pessimistas e mais depressivos do que meninas, e meninos são mais frágeis na reação a acontecimentos ruins, inclusive a divórcios. Isso quer dizer que o fator que causa a imensa diferença quanto à depressão na fase adulta, que torna as mulheres duas vezes mais suscetíveis que os homens, não tem raízes na infância. Algo deve ocorrer na puberdade ou logo depois dela que causa a reviravolta — e atinge as meninas com bastante força. Só nos resta imaginar o que poderia ser. Como as crianças que acompanhamos estão chegando à puberdade agora, talvez o Estudo Longitudinal Princeton-Pensilvânia nos mostre o que acontece por volta da puberdade que tira o fardo da depressão do ombro dos homens para o das mulheres.

FACULDADE

Um dia, na primavera de 1983, escutei Willis Stetson, o diretor de admissões da Universidade da Pensilvânia, descrever os problemas que o departamento de admissões estava apresentando — na verdade, os enganos que cometia. Eu estava presente porque era diretor de uma das faculdades e tinha visto de perto o quanto os resultados do processo de seleção podiam ser pobres. Acabei sugerindo que o departamento de admissões tentasse o meu teste, para ver se seria melhor que os métodos correntes para prever o sucesso acadêmico.

"Afinal", o diretor Stetson reclamava, "é só um palpite estatístico. Precisamos aceitar um certo número de erros."

Perguntei como era feita a seleção dos calouros na Universidade da Pensilvânia.

"Levamos três fatores acadêmicos importantes em consideração", ele respondeu. "As notas no Ensino Médio, a pontuação do Conselho de Faculdades e os resultados na prova de conhecimentos. Temos uma equação de regressão — graças a Deus não preciso explicar o que é isso para *você*. Colocamos as três notas na equação e chegamos a um número, como 3,1. Essa é, na verdade, a média prevista dos estudantes no primeiro ano. Chamamos esse número de PI — Predictive Index (Índice Preditivo). Se for muito alto, você é aceito."

Sei, de fato, o que são equações de regressão e como são falíveis. A equação de regressão leva em conta fatores do passado, como notas no SAT e no

Ensino Médio, e relacionam ambas com um critério futuro, como a média de rendimento acadêmico na faculdade. Depois é só misturar os números a fim de atribuir um peso a cada fator passado e adequá-los ao critério. Por exemplo, se eu estivesse tentando prever o peso com que um bebê vai nascer a partir do peso dos pais, você pode olhar os últimos mil bebês nascidos em certo hospital e anotar o peso deles, depois o peso dos pais deles, e talvez descubra que se dividir o peso da mãe por 21,7 e o peso do pai por 43,4 e depois encontrar a média desses dois números, o resultado corresponderia ao peso do bebê ao nascer. Não haveria significado nos números 21,7 e 43,4: os pesos não estão conectados a nenhuma lei da natureza; são apenas acidentes estatísticos. Equações de regressão são aquilo que você faz quando não tem mais ideia do que mais fazer.

Era isso o que o comitê de admissões da universidade fazia. Pegava as notas do SAT e do Ensino Médio de várias turmas de calouros em atividade e correlacionava os dados com a média de rendimento acadêmico que todos esses calouros tinham obtido. Perceberam então que, em linhas gerais (mas apenas em linhas gerais), quanto maiores as notas no SAT, melhores as notas na faculdade, e quanto mais altas as notas no Ensino Médio, melhores as notas na faculdade.

Mas pode ser, por exemplo, que as notas no SAT fossem duas vezes melhores do que as notas no Ensino Médio na previsão das notas na faculdade, e apenas uma vez e meia melhor do que as provas de conhecimento. Portanto, pode ser que 5,66 vezes as notas do colégio mais 3,21 vezes a pontuação na prova de conhecimentos somadas a 2,4 vezes o total no SAT "corresponda" mais às notas finais dos calouros, quando se tirar a média de todos os resultados das últimas dez turmas. Os pesos são arbitrários, escolhidos porque, por acaso, se encaixam. Por esse motivo, a previsão de notas na faculdade é basicamente um palpite estatístico. Você chega a uma maioria correta, mas comete um monte de erros. E um monte de erros equivale a pais decepcionados e lamentosos, professores sobrecarregados e alunos de graduação desmotivados.

"Cometemos dois tipos de erros", continuou o diretor Stetson. "Primeiro, alguns estudantes — poucos, fico feliz em dizer — vão muito pior quando são calouros do que esperavam. Segundo, um número muito maior se sai muito melhor do que seu índice preditivo sugeria. Ainda assim, gostaríamos de diminuir nossa margem de erro. Me fale mais desse seu teste."

Expliquei o ASQ e a teoria na qual se baseava. Disse ao diretor que as pessoas que o teste definia como otimistas se saíam melhor do que o esperado, provavelmente porque se esforçavam mais diante de desafios, enquanto pessimistas desistiam ao fracassar. Passei mais de uma hora falando do ASQ e de como o teste funcionava. Contei o que estávamos fazendo com a MetLife e discuti quais seriam as consequências do ASQ para as admissões na Universidade da Pensilvânia: uma redução ainda maior da margem de erro e uma capacidade de prever as notas dos calouros bem melhor do que o índice preditivo. "Vocês estão perdendo uma garotada boa", afirmei, "e estão aceitando uns estudantes que vão desistir. De qualquer forma, é uma tragédia para os calouros e ruim para a universidade."

Por fim, o diretor Stetson disse: "Vamos tentar. Vamos tentar na turma de 1987".

Assim, na semana em que a turma de 1987 chegou, mais de trezentos alunos fizeram o ASQ. E então aguardamos. Aguardamos que passassem pelos primeiros testes e pelas exaustivas duas semanas de provas finais. Aguardamos que esses estudantes — muitos dos quais eram os melhores da turma no Ensino Médio — descobrissem como era a competição numa universidade renomada. Aguardamos que alguns afundassem e alguns fizessem jus aos desafios.

No final do primeiro semestre, vimos os erros que preocupavam o diretor. Pelo menos um terço dos alunos tinha se saído muito melhor ou muito pior do que o SAT, as notas do Ensino Médio e as provas de conhecimento previam. Desses cem, cerca de vinte calouros se saíram muito pior e cerca de oitenta se saíram bem melhor.

Percebemos o que àquela altura já esperávamos: a mesma coisa que víamos nos vendedores de seguros de vida e nos alunos do quarto ano. Os calouros que correspondiam às expectativas e se saíam bem melhor do que seu nível de "talento" eram, em média, otimistas ao entrar na faculdade. Aqueles que se saíam muito pior do que deveriam eram pessimistas.[8]

TREINAMENTO BÁSICO DE CADETES

Sair-se mal num teste da faculdade e ser rejeitado para o papel principal na apresentação de Páscoa da escola são situações brandas em comparação a todo o leque de fracassos humanos. Mas pelo menos um ambiente acadêmico gera estresse numa escala mais mundana: o treinamento básico de cadetes em West Point, a Academia Militar dos Estados Unidos.[9]

Quando o calouro nervoso de dezoito anos chega em West Point, no começo de julho, ele (na verdade, agora também é ela) é saudado por um quadro de oficiais de patentes mais altas cuja função é ensinar-lhe uma disciplina de ferro até o fim do verão — ficar longos períodos em posição de sentido, percorrer dezesseis quilômetros em marcha acelerada ao amanhecer, lustrar e relustrar metal, decorar versos e mais versos de contrassensos fraternais, além de obediência, obediência, obediência. A ideia é moldar o caráter necessário para os futuros oficiais do Exército norte-americano. Os cadetes de West Point acham que o treinamento vem dando certo há mais de 150 anos.

Por mais que sofra abusos, o calouro é um artigo valioso. Os calouros são selecionados pela liderança e pelo potencial acadêmico a partir de uma quantidade enorme de candidatos. O West Point é uma das mais prestigiosas faculdades norte-americanas. A nota do SAT dos calouros é alta; a capacidade atlética é excepcional; as notas no Ensino Médio, sobretudo em matérias ligadas à engenharia, foram excelentes; e, o mais importante de tudo, são membros ostensivamente admiráveis em suas comunidades. A educação de um aluno de West Point custa cerca de 250 mil dólares e cada vaga desocupada na turma de graduandos pode ser considerada uma perda para o contribuinte da mesma magnitude. Porém muitos cadetes se perdem ao longo do caminho por causa dos rigores do programa — um número bem alto antes mesmo de começarem os estudos.

Fiquei sabendo disso tudo em fevereiro de 1987, quando recebi um telefonema de Richard Butler, o chefe de pesquisa em recursos humanos de West Point. "Dr. Seligman", ele começou em uma voz clara que parecia acostumada a dar ordens, "acho que o Tio Sam está precisando de você. Temos um problema de evasão em West Point no qual talvez você consiga dar um jeito. Aceitamos 1200 calouros por ano. Eles chegam na academia por volta do dia 1º de julho. Seis abandonam no primeiro dia e, no fim de agosto, antes mesmo de as aulas começarem, já perdemos uma centena. Você poderia nos ajudar a prever quem vai abandonar?"

Concordei avidamente. Parecia ser o ambiente ideal para testar o poder que o otimismo tem de fazer as pessoas seguirem em frente no meio acadêmico mais rigoroso do qual já tinha ouvido falar. Em princípio, os pessimistas seriam os desistentes — assim como na MetLife e entre os calouros da Universidade da Pensilvânia.

Por isso, no dia 2 de julho, dirigi rumo ao norte com um assistente de pesquisa especial, meu filho David, de catorze anos, que me ajudaria a distribuir os questionários. A unidade fez a classe de calouros inteira marchar rumo ao novo e reluzente Eisenhower Auditorium, e 1200 dos jovens mais promissores dos Estados Unidos ficaram em posição de sentido, esperando nossa permissão para se sentar e dar início ao teste. O treinamento dos cadetes, nos informaram, tinha sido "aliviado" pela primeira vez em décadas. A posição de sentido prolongada e a privação de comida e água estavam proibidas. De qualquer modo, fiquei impressionado com o espetáculo, e David ficou boquiaberto.

As estatísticas de Dick Butler se mostraram corretas. Seis calouros desistiram no primeiro dia, um bem no meio do teste. Ele se levantou, vomitou e saiu correndo do auditório. Cem alunos desistiram até o final de agosto.

No momento em que escrevo este livro, já acompanhávamos a turma de 1991 havia dois anos. Quem desistia? De novo, os pessimistas. Os calouros que explicavam acontecimentos ruins dizendo "Sou eu, isso vai durar pra sempre, vai atrapalhar tudo o que eu fizer" eram os que corriam o maior risco de não suportar os rigores do treinamento. Quem obtinha notas melhores do que as notas do SAT previam? Os otimistas. Enquanto os pessimistas tiravam notas piores do que as do SAT previam.

Baseando-me nas primeiras descobertas, ainda não posso recomendar que uma instituição tradicional como a West Point mude as políticas de admissão e treinamento. Mas tenho a impressão de que selecionar as futuras tropas pelo otimismo pode gerar uma liderança melhor entre os militares. Mais intrigante ainda é a possibilidade de que o emprego de técnicas do tipo que ensinarei mais adiante, para ajudar pessimistas a se tornarem otimistas, possa salvar diversos desistentes e lhes dar a chance de se tornar os bons oficiais que seus talentos prognosticam.

SABEDORIA TRADICIONAL ACERCA DO SUCESSO NOS ESTUDOS

No decorrer de quase cem anos a *aptidão* e o *talento* foram palavras-chave do sucesso acadêmico. Esses ídolos ocupam o lugar de honra no altar de todos os responsáveis por admissões e recursos humanos. Nos Estados Unidos, não se consegue chegar a lugar algum se a pontuação no teste de QI ou no SAT ou na nota da prova de admissão não for alta o bastante, e a situação é ainda pior na Europa.

Acho que o "talento" é extremamente superestimado. Não só o talento é medido de forma imperfeita, não só falha como indicador de sucesso, mas também a sabedoria tradicional está errada. Ela deixa de fora um fator que pode compensar notas baixas ou diminuir imensamente as conquistas de pessoas talentosíssimas: o estilo explicativo.

O que vem primeiro — o otimismo ou o desempenho em sala de aula? O senso comum nos diz que as pessoas se tornam otimistas como consequência de ter talento ou porque se saem bem. Mas o projeto de nossos estudos de sala de aula estabelece claramente que a seta causal também aponta na direção oposta. Nas nossas pesquisas, consideramos o talento — notas no SAT, pontuação nos testes de QI e de qualificação para seguradoras — como uma constante e então olhamos o que acontece com os otimistas e com os pessimistas dentre os extremamente talentosos. Independentemente das notas nos testes de talento, notamos repetidas vezes que os pessimistas ficam aquém de seu "potencial" e os otimistas os superavam.

Cheguei à conclusão de que o conceito de potencial desatrelado do conceito de otimismo tem pouquíssimo sentido.

9. Esportes

Não suporto o noticiário das onze da noite. Não é só pelo fato de modelos lerem as matérias. É o que leem e os vídeos que mostram. Um incêndio no norte da Filadélfia foi a matéria principal de ontem. Fui brindado com trinta segundos de chamas explodindo janelas, um minuto de entrevistas com os sobreviventes, que geralmente se lamentavam pelos bens perdidos, e um minuto com a esposa em prantos de um bombeiro asfixiado pela fumaça. Não me entenda mal: foi uma situação trágica e merecia certa cobertura. Mas os produtores do noticiário das onze parecem acreditar que o público norte-americano consiste sobretudo de idiotas interessados em anedotas lacrimogêneas e incapazes de compreender estatísticas e análises. Assim, o que de fato era digno de nota sobre o incêndio não foi divulgado: o índice espantosamente alto de incêndios nas favelas no começo da temporada de calor; a queda da frequência de mortes por inalação de fumaça no corpo de bombeiros; a baixa porcentagem de indenizações integrais por danos causados por incêndios concedidas por seguradoras — em suma, as estatísticas que chegam às causas subjacentes de acontecimentos particularmente sensacionalistas.

Bertrand Russell declarou que a marca do ser humano civilizado é a capacidade de ler uma coluna de números e cair no choro. Será que o público norte-americano é tão "incivilizado" quanto imaginam os produtores de notícias? Somos incapazes de entender argumentos estatísticos ou só entendemos narrativas?

Você só precisa passar uma tarde em um campo de beisebol nos Estados Unidos para saber o quanto a capacidade do público em geral de apreciar e desfrutar de estatísticas foi subestimada pelos nossos influenciadores. Todas as crianças com mais de seis anos no parque sabem o que é um rebatedor e também sabem que é mais provável que Tony Gwynn consiga rebater home run do que Juan Samuel. Todos os adultos cervejeiros que estão no parque sabem o que é a média de corridas limpas, muito embora essa estatística seja mais complicada do que a estatística básica sobre indenizações de seguradoras e sobre os perigos do bujão de gás.

Os norte-americanos se deleitam com estatísticas esportivas. Nos divertimos com probabilidades — quando dizem respeito a José Canseco, Dwight Gooden ou Larry Bird. São a matéria-prima das apostas esportivas, um negócio que agora rivaliza com a indústria norte-americana tradicional em receita bruta. Bill James e o Elias Sports Bureau fazem compilações enormes, engenhosas de estatísticas de beisebol que vendem dezenas de milhares de exemplares por ano. E não é só o público em geral que adora essas coisas. Também é uma leitura científica séria, pois atualmente os esportes profissionais são as atividades qualitativamente mais documentadas do mundo. As teorias que fazem previsões minuciosas sobre a capacidade humana podem usar esses verdadeiros almanaques esportivos para se pôr à prova.

Isso é verdade quanto à teoria do estilo explicativo, e meus alunos e eu já passamos milhares de horas lendo cadernos de esportes e testando minha teoria contra as estatísticas esportivas. O que minha visão do otimismo diz sobre as quadras esportivas?

Sendo bem simplista, há três previsões básicas nos esportes. Primeiro: sendo todo o resto igual, o indivíduo com o estilo explicativo mais otimista vai vencer. Vai vencer por se esforçar mais, sobretudo após uma derrota ou diante de um desafio complicado.

Segundo: a mesma coisa se dá com as equipes. Se é possível caracterizar uma equipe por seu nível de otimismo, a equipe mais otimista deve ganhar — se o talento for igual — e esse fenômeno deve ficar mais aparente sob pressão.

Terceiro, e mais empolgante, quando o estilo explicativo dos atletas se transforma de pessimista em otimista, devem ganhar mais, principalmente sob pressão.

A LIGA NACIONAL

Pense no grande passatempo norte-americano: o beisebol. Confesso, de cara, que amo esse tipo de ciência. Apesar das inúmeras horas examinando microfilmes, apesar de muitas sessões na madrugada ponderando colunas infinitas de médias de rebatidas, apesar de tentativas de inventar novas estatísticas só para descobrir depois que são inúteis ou redundantes, essa pesquisa é a mais divertida que já fiz. Não só porque adoro beisebol (estou sentado na torcida atrás da base do rebatedor na maioria das partidas que o Philadelphia Phillies joga em casa), mas porque essas descobertas nos levam ao âmago do sucesso e do fracasso humano. Nos dizem como a "agonia da derrota" e a "emoção da vitória" funcionam de fato.

Mas declarar os prognósticos da teoria é muito mais fácil do que verificar se estão corretos. Há três problemas.

Primeiro, uma equipe — um grupo de indivíduos — tem estilo explicativo? Todos os nossos trabalhos do passado demonstraram que *indivíduos* pessimistas se saem pior, mas existe uma *equipe* pessimista? E uma equipe pessimista se sai pior? Para responder a essas perguntas, usamos a técnica Cave e passamos uma temporada inteira estudando todas as citações nos cadernos esportivos que incluíssem uma declaração causal de cada membro da equipe. Como jornalistas esportivos se concentram nos eventos negativos, tais citações abundam nas seções esportivas diárias de todos os jornais. Usamos avaliadores que desconheciam o falante e o time do qual fazia parte, e elaboramos um perfil de cada jogador. Também estudamos o técnico. Por fim, tiramos a média de todos os indivíduos e chegamos ao estilo explicativo da equipe. Em seguida, comparamos todas as equipes da liga.

O segundo problema tem a ver com as citações no caderno de esportes. Não temos respaldo ou recursos para entrevistar os jogadores de beisebol mais ilustres. Portanto, nos fiamos no que é relatado nas páginas de esportes dos jornais locais e na maravilhosa mina de ouro chamada *Sporting News*. Agora, o que o jogador diz ao repórter é um material científico bastante degradado. A citação em si pode ser inexata ou exagerada pelo jornalista para tornar a matéria mais animadora. O jogador pode não dizer o que quer dizer. Pode tentar empurrar ou assumir a culpa. Pode tentar ser modesto demais ou machão para manter as aparências. Portanto, não temos como saber se as citações refletem o estilo explicativo com fidelidade. A única forma de saber é "improvisar": se o estudo conseguir prever como a equipe vai se sair, as citações têm validade. Se não conseguir, ou a teoria está errada ou as citações não são indicadores válidos do otimismo subjacente.

Essa não é a única dificuldade apresentada pelas citações dos cadernos de esportes. Existe também o grande volume de materiais que precisamos esquadrinhar para descobrirmos o estilo explicativo da equipe. No nosso estudo sobre a Liga Nacional, lemos todas as páginas esportivas dos jornais locais dos doze times da Liga durante toda a temporada de beisebol de 1985, de abril a outubro. Como os resultados foram fascinantes, repetimos o estudo em 1986. Acabamos aplicando o Cave a cerca de 15 mil páginas de matérias esportivas.

O terceiro problema é como mostrar que a seta causal vai do otimismo à vitória, e não o contrário. O New York Mets, conforme veremos em instantes, era um time otimista em 1985. Também era um ótimo time nesse mesmo ano, perdendo para o St. Louis Cardinals em uma partida de tirar o fôlego na última semana da temporada. Saíram-se bem porque eram otimistas ou o otimismo foi uma consequência de estarem indo tão bem? Para destrinchar a questão, temos que prever do otimismo de uma temporada à vitória na temporada seguinte, fazendo correções, claro, quando há mudanças nos recursos humanos. Jogadores que saem da equipe são omitidos do perfil de estilo explicativo.

Mas nem isso basta. Também precisamos corrigir o sucesso que a equipe teve na primeira temporada. Veja só o Mets. Era o time mais otimista da Liga Nacional em 1985. Também tinha o segundo melhor recorde (98 vitórias e 64 derrotas). Conforme prevíamos, se saíram ainda melhor em 1986. Seria porque eram otimistas (de acordo com o que foi medido através das citações dos jogadores em 1985) ou apenas porque eram muito talentosos (como se vê pelos recordes de vitórias e derrotas daquele ano)? Para descobrir, temos que fazer correções quanto ao recorde anterior de vitórias e derrotas — torná--lo "estatisticamente constante" — e ver se o otimismo prevê o sucesso além do sucesso anterior. Foi exatamente o que fizemos na nossa pesquisa sobre sucesso acadêmico, ao questionar se o otimismo era melhor na previsão das notas na faculdade do que as notas no Ensino Médio e no SAT.

Também queríamos saber se o otimismo da equipe ajuda o time quando estão sob pressão, conforme defende a teoria. Meu filho, David, examinou as tabelas de todos os jogos (a Liga Nacional faz 972 partidas por temporada), e criamos uma estatística atrás da outra referentes a situações sob pressão. Depois de terminar, descobrimos que o "Elias", um dos almanaques estatísticos de beisebol, computava estatísticas muito melhores.[1] Portanto, jogamos as nossas fora e usamos as do almanaque. O Elias nos diz como os rebatedores de uma equipe se saem nas três últimas entradas de uma disputa acirrada. Assim, previmos que os times otimistas de 1985 teriam, em 1986, médias de rebatidas mais altas sob pressão do que os times pessimistas em 1985. De novo, precisávamos demonstrar que o número ia além das médias gerais de rebatidas, corrigindo estatisticamente para rebatida válida quando não estavam sob pressão.

O METS DE 1985 E O CARDINALS DE 1986

Dois grandes times batalhavam lado a lado pela flâmula Eastern Division em 1985. Durante a temporada inteira, pegamos todas as declarações causais que os jornais atribuíam a jogadores do Mets ou do Cardinals, e as classificamos.

Aqui está o que o Mets disse no decorrer da temporada. Vou imputar números Cave reais a cada citação. As notas vão de 3 (muito temporário, específico e externo) a 21 (completamente permanente, abrangente e personalizado). Números de 3 a 8 são muito otimistas. Números acima de 13 são muito pessimistas.

Comecemos pelo técnico Davey Johnson ao responder por que seu time havia perdido:

"Perdemos porque eles [os adversários] fizeram as jogadas esta noite" (externo — "eles"; temporário — "esta noite"; específico — os adversários desta noite: 7).

Seus rebatedores: primeiro, o do campo esquerdo, George Foster: "Deixei um fã chateado" porque "devia ser um daqueles dias" (7).

O rebatedor do campo direito Darryl Strawberry ao responder por que perdeu uma bola aérea: "A bola foi longe. Só encostei a luva nela" (6).

Strawberry quanto ao motivo para o Mets ter tido um apagão: "Às vezes a gente tem uns dias assim" (8).

O jogador da primeira base Keith Hernandez, sobre o porquê de o Mets ter vencido apenas dois jogos fora de casa: "Aquele tempo todo na estrada começou a cobrar seu preço" (8).

Hernandez de novo, explicando por que a vantagem do Mets no placar havia caído para meio jogo: "Eles [os adversários] fizeram uma jogada feia e posaram de inocentes" (3).

O arremessador de destaque, Dwight Gooden, explicando por que um rebatedor fez um home run em cima dele: "Ele bateu bem esta noite" (7).

Gooden explicando por que o Mets perdeu: "Foi um daqueles dias" (7); "Hoje não foi o meu dia" (8); "O calor estava demais" (8).

Gooden fez um arremesso doido porque "A bola devia estar meio úmida" (3).

O leitor já deve perceber o que isso significa. Quando o Mets vai mal, é só por hoje, são os adversários, e não é culpa do time. Eles viram um exemplo perfeito do estilo explicativo otimista nos esportes. Como grupo, tinham o estilo explicativo mais otimista dentre os times da Liga Nacional em 1985. Sua nota média para acontecimentos ruins foi de 9,39, otimista o suficiente para que fossem vendedores de seguros de vida bem-sucedidos.

Agora vamos ao St. Louis Cardinals, o time que os derrotou nos últimos momentos e depois ganhou os play-offs, em seguida perdendo uma World Series de cortar o coração para o Kansas City devido a uma decisão errada do juiz. O Cardinals tinha ainda mais talento bruto que o Mets. O Mets rebateu 0,257 naquele ano, enquanto o Cardinals rebateu 0,264; os arremessadores do Cardinals tinham uma média de corridas limpas um pouco melhor do que o Mets.

O técnico Whitey Herzog (provavelmente o mais brilhante no beisebol hoje em dia): o time perdeu porque "A gente não sabe rebater. Droga, vamos encarar isso" (permanente, abrangente e personalizado: 20).

Herzog sobre o porquê de a imprensa falar muito mais de Pete Rose (na época, o técnico do Cincinnati Reds) do que dele: "O que você esperava? Ele tem 3800 rebatidas válidas a mais do que eu" (permanente, abrangente, personalizado: 14).

Herzog sobre o motivo pelo qual o time teve dificuldade o ano inteiro em partidas após dias de folga: "É uma coisa mental. Ficamos relaxados demais" (14).

O campeão de rebatidas da Liga Nacional em 1985, Willie McGee, disse que não roubou tantas bases quanto deveria porque "não tenho competência para isso" (16).

McGee jogou mal em 1984 porque "mentalmente, estava deprimido. Não sabia como enfrentar o jogo" (15).

O rebatedor Jack Clark sobre ter deixado uma bola cair: "Era uma bola bem pegável mesmo. Simplesmente não peguei" (12).

O jogador da segunda base Tom Herr disse que sua média de rebatidas caiu 21 pontos porque "estou com muita dificuldade de me concentrar e de manter a cabeça no jogo" (17).

O que temos aqui é o retrato de um time com talento magnífico e estilo explicativo pessimista. É parte do que os técnicos querem dizer quando declaram que um atleta tem "atitude ruim"; aliás, esse talvez seja o único ingrediente ativo. Do ponto de vista da estatística, o Cardinals tinha um estilo explicativo para eventos negativos abaixo da média, 11,09, sendo o nono dos doze times. Nossa teoria defende que uma equipe que se sai muito bem em determinada temporada apesar do estilo explicativo ruim deve ser tão talentosa que compensa tal desvantagem.

E a teoria previu o que aconteceria na temporada seguinte: no tocante a essas duas equipes, o Mets se destacaria e o Cardinals pioraria em relação a 1985.

Foi exatamente o que aconteceu. Em 1986, o Mets era um time incrível. Sua porcentagem subiu para 0,667 (de 0,605), ganhou o campeonato de divisões e as eliminatórias, e foi de uma posição inferior para, num ato histórico, roubar a World Series do Boston Red Sox. Sua média total de rebatidas em 1986 foi um respeitável 0,263, mas, sob pressão, chegou a um soberbo 0,277.

O Cardinals desmoronou em 1986. Ganhou apenas 49% das partidas, terminando em nenhum lugar. Apesar do talento gigantesco, rebateu apenas 0,236 no total e caiu para um triste 0,231 sob pressão.

Usando suas declarações, calculamos o estilo explicativo dos doze times da Liga Nacional em 1985. Estatisticamente, em 1986, os times otimistas melhoraram os recordes de vitórias-derrotas que obtiveram no ano anterior, e os times pessimistas saíram-se pior. Equipes otimistas em 1985 rebateram bem sob pressão em 1986, mas as rebatidas das equipes pessimistas em 1985 degringolaram sob pressão em 1986, em comparação ao sucesso das rebatidas dos dois tipos de equipes.

De modo geral, só me convenço da validade do meu próprio trabalho quando o repito. Repetimos o estudo inteiro no ano seguinte para verificar se o estilo explicativo seria mais uma vez capaz de prever como os times da

Liga Nacional se sairiam, recolhendo todas as declarações de 1986 a fim de prever o desempenho em 1987. Os resultados foram praticamente iguais. Os times otimistas se saíram melhor no ano seguinte do que seus recordes de vitórias e derrotas anteriores sugeriam, e os times pessimistas se saíram pior. Sob pressão, as equipes otimistas rebatem bem, e as equipes pessimistas, mal.

A ASSOCIAÇÃO NACIONAL DE BASQUETE

O basquete faz duas coisas que o beisebol não consegue fazer por nós. Primeiro, como o número de jogadores é menor, o Cave se torna uma tarefa um pouco menos árdua. Segundo, e mais importante, o basquete tem prognosticadores primorosos. Para cada partida, os prognosticadores preveem não só quem vai ganhar, mas também por quantos pontos. O "quantos pontos" é chamado de margem de vitória. Portanto, se os New Jersey Nets estivessem jogando contra o Boston Celtics em uma noite em meados dos anos 1980, o Boston Celtics seria o favorito. Mas não era possível apostar só que o Celtics ganharia, já que a vitória do time era tão provável que ninguém apostava contra ele. Assim, previa-se que o Boston Celtics ganharia por, digamos, nove pontos, e podia-se apostar que o Boston Celtics "cobriria" a margem — isto é, que ganharia por nove pontos ou mais. Se eles ganhassem, mas por menos de nove pontos (ou, estranhamente, perdesse), o apostador perdia dinheiro. Os prognosticadores têm uma habilidade tão incrível que metade dos apostadores escolhe o Boston Celtics para cobrir e a outra metade escolhe o Nets.

Não aposto em esportes — na verdade, só fiz uma aposta substancial na minha vida (falarei sobre ela no capítulo 11) —, portanto, não é a aposta que me interessa. A margem é uma conveniência científica incrível porque equipara os dois times em todos os dados conhecidos, tais como habilidade, vantagem ao jogar em casa, quem está lesionado, baixas recentes e assim por diante. A teoria do estilo explicativo sustenta que existe um fator adicional que ninguém leva em consideração, o otimismo da equipe, e que ele determina como o time se sai sob pressão, ainda mais do que todos os outros aspectos conhecidos. O time mais otimista deveria se sair melhor do que o prognosticador prevê, e o time menos otimista, pior. Porém, isso só aconteceria sob condições adversas; por exemplo, após a derrota no jogo anterior. Ou seja, os times otimistas tenderiam a cobrir a margem de pontos na partida seguinte à derrota, e os times pessimistas, não.

O BOSTON CELTICS E O NEW JERSEY NETS

No segundo estudo mais árduo que já fiz, líamos as páginas de esportes referentes aos times da Divisão do Atlântico da NBA durante toda a temporada de 1982-3, calculamos o estilo explicativo de cada time e usamos o nível de otimismo para prever como as equipes se sairiam sob pressão em 1983-4. Depois repetimos o estudo usando o estilo explicativo dos cadernos esportivos de 1983-4 para prever a temporada de 1984-5. Em suma, lemos mais de 10 mil páginas de esportes e reunimos cerca de uma centena de declarações causais para cada time.

Vejamos os dois extremos. Primeiro, algumas declarações representativas do Boston Celtics explicando eventos negativos:

Uma derrota: "Os torcedores [dos adversários] são, de longe, o público mais barulhento e ofensivo da NBA" (9).

Outra derrota: "Coisas estranhas acontecem com a gente lá [na quadra dos adversários]" (8).

Um quarto com pontuação baixa: "O público estava totalmente morto" (6).

A derrota em uma partida eliminatória: "Eles fizeram corridas boas, rápidas, rumo à cesta" (6).

A derrota no primeiro jogo das finais: "Nunca vi um time correr tão bem" (8) e "Eles [os adversários] jogaram a precaução para o alto" (4).

A marcação de quarenta pontos por um adversário: "Do jeito que ele estava jogando hoje, ele ia fazer quarenta pontos independentemente de quem o marcasse. Nós ficamos na cola dele. Seguramos o cara. Empurramos, derrubamos, o cara estava fora de série" (5).

O Boston Celtics soa como pacientes em estado de mania. Eventos negativos eram sempre explicados como temporários, específicos e culpa dos outros. Eles superaram a margem de pontos em 68,4% dos jogos seguintes a derrotas em 1983-4 e em inacreditáveis 81,3% desses jogos em 1984-5. (Lembre-se de que, em média, um time supera a margem de pontos em 50% das vezes. O Boston Celtics superou a margem em 51,8% e 47,3% das partidas seguintes a vitórias em 1983-4 e 1984-5, respectivamente.) Era um time de reviravoltas fantásticas.

Agora veja o New Jersey Nets de 1982-3 explicando eventos negativos:

Derrota em uma partida eliminatória: "Tem alguma coisa faltando em todos nós" (18) e "Nós estragamos tudo e desperdiçamos todas as oportunidades" (16).

Outras derrotas: "Esse é um dos times mais fracos que eu já treinei" (18); "Nossa inteligência estava mais em baixa do que nunca" (15); e "Estamos perdendo os lances. Não temos confiança nenhuma" (17).

O New Jersey Nets não era um time ruim do ponto de vista físico em 1983-4. Venceram 51,8% das partidas. Mas mentalmente era uma desgraça. Conforme exposto acima, considerava suas derrotas permanentes, abrangentes e culpa do próprio time. Como se saía após uma derrota em 1983-4? Superou a margem apenas 37,8% das vezes nas partidas seguintes a derrotas. Após vitórias, no entanto, superou a margem em 48,7% das vezes. O New Jersey Nets melhorou seu estilo explicativo entre 1983 e 1988, muito por causa de mudanças na equipe, e durante 1984-5 o time superou a margem de pontos após derrotas em 62,2% das vezes.

De modo geral, descobrimos o seguinte: o estilo explicativo de uma equipe no que diz respeito a eventos negativos é um forte indicador de como se saem contra a margem de pontos após uma derrota na temporada seguinte. Os times otimistas cobrem a margem com mais frequência do que os pessimistas. Esse efeito do otimismo extrapola a "qualidade" do time. Sabemos disso porque a margem de pontos em si mantém constante a qualidade (os times deveriam superá-la, em média, 50% das vezes, seja o time bom ou ruim) e porque computamos o recorde de vitórias e derrotas tanto da temporada atual quanto das anteriores, bem como a quantidade de vezes que o time supera a margem após uma vitória.

Descobrimos essa mesma tendência na Liga Nacional de beisebol: o recorde total de vitórias e derrotas de um time na temporada seguinte é previsto por seu estilo explicativo na temporada atual, equiparando-o a seu recorde de vitórias e derrotas.

Pense nos estudos de basquete e beisebol juntos. Eles demonstram:

- Times, e não somente indivíduos, têm um estilo explicativo expressivo e mensurável.

- O estilo explicativo indica como os times vão se sair independentemente do talento.
- O sucesso em quadra é previsto pelo otimismo.
- O fracasso em quadra é previsto pelo pessimismo.
- O estilo explicativo funciona mediante o desempenho do time sob pressão — após uma derrota ou nos últimos ataques de partidas apertadas.

OS NADADORES DE BERKELEY

Havia muito alarde na imprensa sobre as chances de vitória da estrela da natação de Berkeley, Matt Biondi, nas Olimpíadas de Seul, em 1988. Ele participaria de sete competições, e a imprensa norte-americana deu a entender que era provável que ganhasse sete medalhas de ouro, repetindo a façanha excepcional de Mark Spitz nas Olimpíadas de 1972. Para os entendidos, *quaisquer* sete medalhas — de ouro, prata ou bronze — que Biondi ganhasse contra os adversários em Seul representariam uma atuação esplêndida.

A primeira prova que Biondi nadou foi a de 200 metros livre. Terminou no frustrante terceiro lugar. A segunda prova foi de 100 metros borboleta, que não era seu forte. Dominando a piscina, liderou a prova o tempo inteiro. Mas nos últimos dois metros, em vez de dar mais uma braçada e bater na parede, ele pareceu relaxar e se deixar levar no último metro. Dava para ouvir o suspiro em Seul, e imagine como não foi nos Estados Unidos, quando ele foi superado por um centímetro por Anthony Nesty, do Suriname, que deu a braçada extra para ganhar a primeira medalha da vida do Suriname. Os repórteres da "agonia da derrota" martelaram Biondi pela decepção das medalhas de prata e bronze e presumiram que ele não conseguiria se recuperar. Será que Biondi levaria o ouro das cinco provas restantes para casa depois daquela inauguração constrangedora?

Fiquei sentado na minha sala de estar confiante de que sim. Tinha meus motivos para acreditar, pois quatro meses antes tínhamos testado Matt Biondi em Berkeley a fim de determinar sua capacidade de fazer justamente o que precisava fazer naquele momento — se recuperar da derrota.

Junto com todos os colegas de equipe, ele havia feito o Questionário sobre Estilo de Atribuição, e ficara nos 25% mais otimistas de um grupo de otimistas.

Em seguida, simulamos a derrota na piscina sob condições controladas. Nort Thorton, o treinador de Biondi, pediu que ele nadasse os 100 metros borboleta dando o seu máximo. Biondi completou a prova em 50,2 segundos, um tempo bastante respeitável. Mas Thorton disse que ele havia nadado em 51,7, um tempo muito lento para ele. O nadador ficou decepcionado e perplexo. Thorton pediu que ele descansasse alguns minutos e nadasse de novo, dessa vez dando o seu máximo. Foi o que Biondi fez. Seu tempo verdadeiro foi ainda mais rápido: 50,0. Como seu estilo explicativo era extremamente otimista, e ele mostrou que ficava ainda mais rápido — não mais vagaroso — após a derrota, eu sentia que ele voltaria de Seul com o ouro.

Nas últimas cinco provas de Seul, Biondi ganhou cinco medalhas de ouro. Nossos estudos sobre basquete e beisebol revelam que equipes têm um estilo explicativo que indica o sucesso esportivo. Mas o estilo explicativo de atletas individuais prevê como vão se sair, principalmente sob pressão? Essa foi a questão que Biondi e seus colegas de equipe nos ajudaram a responder.

Não conheci Nort Thornton. Só o via pela televisão. Mas Nort e a esposa, Karen Moe Thornton, treinadores respectivamente das equipes de natação masculina e feminina da Universidade da Califórnia em Berkeley, são dois dos meus colaboradores mais estimados. E colaboradores como os Thornton são os bens mais preciosos que um cientista pode ter. Só falei com Nort Thornton ao telefone, e sua primeira ligação foi em março de 1987.

"Li sobre suas pesquisas com vendedores de seguros", ele disse, "e fiquei me perguntando se a mesma coisa daria certo para a natação. Vou te dizer por que eu acho que daria certo."

Fiz o possível para me conter e não berrar "Isso! Isso! Isso!" antes de Nort terminar sua linha de raciocínio. "Me parece que você mede alguma coisa — crenças positivas bem arraigadas — que nós, treinadores, não conseguimos captar", continuou Nort. "A gente sabe que a atitude é importante, mas os meninos conseguem fingir e acabam fracassando quando interessa. Também não sabemos direito como mudar uma postura ruim."

Em outubro de 1988, antes que a temporada começasse, todos os cinquenta nadadores dos times universitários feminino e masculino responderam ao ASQ. Além disso, Nort e Karen classificaram os nadadores de acordo com o desempenho que imaginavam que eles teriam durante a temporada, principalmente sob pressão. Fizemos isso porque queríamos ver se o ASQ mostrava aos Thornton algo que ainda não soubessem como treinadores extremamente familiarizados com seus atletas.[2]

Percebi logo de cara que eu sabia de algo que os treinadores não sabiam. As pontuações de otimismo do ASQ eram totalmente díspares das classificações dos treinadores quanto ao desempenho que os nadadores teriam sob pressão. Mas essas pontuações de fato conseguiriam prever o sucesso na natação?

Para descobrir a resposta, Nort e Karen avaliaram cada nado de cada nadador durante a temporada inteira como "pior do que o esperado" ou "melhor do que o esperado". Os nadadores também se avaliaram segundo o mesmo critério, e ficou claro que os treinadores e os nadadores estavam na mesma vibração, já que as classificações coincidiram perfeitamente. Eu apenas somei o número de nados "pior do que o esperado" da temporada. Os pessimistas no ASQ tiveram mais ou menos o dobro dos nados ruins inesperados do que os otimistas. Os otimistas fizeram jus a seu potencial de nado, e os pessimistas ficaram aquém dele.

Será que o estilo explicativo funcionaria outra vez para prever como as pessoas reagiram à derrota, assim como no beisebol, no basquete e nas vendas?

Para testar a hipótese, simulamos a derrota sob condições controladas. No fim da temporada, pedimos que cada atleta nadasse uma de suas melhores provas dando o máximo de si. Em seguida, Nort ou Karen disseram ao nadador que seu tempo foi de 1,5 a 5 segundos (dependendo da distância) a mais do que o real. Portanto, Biondi escutou que tinha nadado os 100 metros borboleta em 51,7 segundos quando, na verdade, seu tempo foi de 50,2 segundos. Escolhemos a quantidade de "fracasso" porque sabíamos que seria uma grande decepção (um nadador se sentou no chão e passou vinte minutos num cantinho se balançando em posição fetal), mas uma mentira indetectável. Em seguida, os nadadores descansaram e nadaram a prova de novo na maior velocidade possível. Conforme esperávamos, os pessimistas pioraram. O desempenho de duas estrelas que também tinham estilo explicativo pessimista se deteriorou nas provas em dois segundos inteiros, a diferença entre a vitória e o pior lugar. Os otimistas mantiveram o tempo ou, como Biondi, ficaram ainda mais ágeis. Vários dos otimistas ficaram entre dois e cinco segundos mais rápidos, de novo um tempo suficiente para fazer a diferença entre uma prova horrível e uma vitória. Os nadadores foram, é claro, informados do ocorrido posteriormente.

Portanto, os nadadores de Berkeley deixam claro que o estilo explicativo funciona para gerar sucesso ou fracasso no nível individual, assim como os dados de esportes profissionais demonstram isso no nível coletivo. Além disso, o estilo explicativo opera do mesmo modo tanto para indivíduos quanto para equipes. Ele faz com que os atletas se saiam melhor sob pressão. Se são otimistas, se esforçam mais e se recuperam mais rápido das derrotas.

O QUE TODO TREINADOR DEVERIA SABER

Se você é treinador ou atleta profissional, precisa prestar atenção a essas descobertas. Elas têm diversas implicações imediatas e práticas.

- O otimismo não é algo que sabemos intuitivamente. O ASQ mede algo que você não teria como medir. Vai além das avaliações de treinadores experientes e dos conhecimentos dos apostadores na previsão do sucesso.
- O otimismo nos diz quando usar certos jogadores em vez de outros. Pense em uma corrida de revezamento. Você tem um atleta bastante ágil, mas ele é um pessimista que perdeu a corrida individual. Substitua-o. Use os pessimistas só depois que se saírem bem.
- O otimismo é um bom indicativo de quem escolher e recrutar. Se dois candidatos são próximos em termos de talento bruto, selecione o otimista. Ele vai se sair melhor a longo prazo.
- É possível treinar pessimistas para se tornarem otimistas.

Não contei o que mais os Thornton queriam. Eles perguntaram se eu poderia transformar nadadores pessimistas em otimistas. Eu lhes respondi que ainda não tinha certeza, mas que estávamos desenvolvendo algumas técnicas e que os resultados eram promissores. Como forma de agradecimento, concordei em lhes dar uma primeira prova de nosso programa de treinamento nos esportes. Enquanto escrevo este capítulo, nossos instrutores estão a caminho de Berkeley para ensinar à equipe inteira as técnicas do otimismo. Essas técnicas estão na última parte deste livro.

10. Saúde

Daniel tinha apenas nove anos quando os médicos o diagnosticaram com linfoma de Burkitt, uma espécie de câncer na região abdominal. Agora tinha dez anos, e, apesar de um ano angustiante de radiação e quimioterapia, o câncer continuava se espalhando. Os médicos e quase todo mundo já tinham perdido as esperanças. Mas Daniel não.[1]

Daniel tem planos. Seria pesquisador quando crescesse, dizia a todos, e descobriria como curar doenças como aquela para que outras crianças estivessem salvas. Mesmo com o corpo debilitado, o otimismo de Daniel permanecia forte.

Daniel vivia em Salt Lake City. O foco principal de sua esperança era um médico que ele descrevia como "o famoso especialista da Costa Leste". Esse médico, uma autoridade em linfoma de Burkitt, havia se interessado pela doença de Daniel e passou a prestar consultoria à distância aos médicos de Daniel. Ele planejava parar em Salt Lake City a caminho de um congresso de pediatria na Costa Oeste para conhecer o menino e conversar com seus médicos.

Daniel estava animado fazia semanas. Queria falar muitas coisas para o especialista. Estava fazendo um diário, e esperava que o diário desse pistas de qual seria sua cura. Agora sentia participar do próprio tratamento.

No dia em que o especialista chegaria, a neblina cobriu Salt Lake City e o aeroporto foi fechado. A torre de controle mandou o avião do especialista para Denver, e ele resolveu ir direto para San Francisco. Quando soube disso, Daniel chorou baixinho. Os pais e as enfermeiras lhe disseram que descansasse, e prometeram que ligariam para San Francisco para que ele conversasse com o médico. Mas, na manhã seguinte, Daniel estava apático; ele nunca tinha ficado apático. Estava com febre alta e pneumonia. À noite, já estava em coma. Faleceu na tarde seguinte.

Qual conclusão podemos tirar de uma história como essa? Tenho certeza de que não é a primeira história comovente que você já ouviu sobre uma morte seguinte a uma esperança malograda ou de remissão seguinte à reconquista da esperança. Tais casos são narrados mundo afora, com frequência suficiente para inspirar a crença de que a esperança sustenta a vida, e a desesperança, a destrói.

Mas existem outras interpretações plausíveis. Talvez você acredite que um terceiro fator — por exemplo, um sistema imunológico forte — tanto salva vidas como gera esperanças. Ou talvez acredite que, como espécie, tenhamos um desejo tão profundo de acreditar que a esperança faça milagres a ponto de contarmos e recontarmos os poucos casos que parecem provar que isso é possível (mas que na verdade são coincidências), enquanto omitimos as histórias extremamente comuns que vão na direção contrária, com a doença seguinte à esperança e a recuperação seguinte ao desespero.

Na primavera de 1976, uma candidatura bastante incomum ao nosso programa de pós-graduação passou pela minha mesa. Nela, uma mulher chamada Madelon Visintainer, uma enfermeira de Salt Lake City, narra a história de Daniel. Ela dizia ter cuidado de vários casos similares, tanto de crianças com câncer, numa referência que ela não elaborava, quanto durante sua "época no Vietnã". Tais "histórias", ela declarava, já não lhe serviam de evidências satisfatórias. Queria descobrir se era mesmo verdade que o desamparo, por si só, podia matar, e, se a resposta fosse afirmativa, descobrir de que maneira. Queria estudar na Universidade da Pensilvânia e trabalhar comigo, testando essas questões primeiro em animais, depois levando seus benefícios às pessoas.

A declaração simples e despretensiosa de Visintainer, a única daquele tipo que já tinha visto, levou um dos membros do comitê de admissões às lágrimas. Além disso, as notas de Visintainer e seus resultados na prova GRE eram excelentes. A candidatura, no entanto, tinha muitas lacunas. Pelas datas mencionadas, era difícil saber onde estivera e quando ou o que fizera durante vários períodos de sua vida adulta. Ela parecia desaparecer de vez em quando.

Após algumas tentativas infrutíferas de esclarecer tais mistérios, aceitamos Visintainer no programa. Esperei avidamente por sua chegada em setembro de 1976. Ela não apareceu. Telefonou dizendo algo sobre a necessidade de ficar mais um ano em Salt Lake City, algo sobre precisar gerenciar uma bolsa para pesquisas do câncer. Gerenciar uma bolsa era uma tarefa esquisita para alguém que alegava ser uma "mera" enfermeira. Ela perguntou se seria possível segurar a vaga até setembro do ano seguinte.

Perguntei se ela queria mesmo ir para a Universidade da Pensilvânia estudar um assunto tão antiquado. Avisei que poucos psicólogos e quase nenhum médico acreditava que estados psicológicos como o desamparo de fato causavam doenças físicas. Ela entraria num campo minado acadêmico, e podia esperar um obstáculo atrás do outro. Ela respondeu que não tinha nascido ontem e que sabia onde estava se metendo.

Ela realmente chegou em setembro de 1977 — tão simples e franca quanto nos documentos da candidatura, e igualmente misteriosa. Evitava conversar sobre o passado ou o que gostaria de realizar no futuro. Mas se saía soberbamente bem no presente. Mostrou-se um furacão científico. Como projeto do primeiro ano, se propôs a incrível tarefa de demonstrar que o desamparo pode levar à morte.

Estava tremendamente empolgada com as novas descobertas de Ellen Langer e Judy Rodin, na época jovens pesquisadoras da área de saúde em Yale.[2] Elas haviam trabalhado com idosos numa casa de repouso, alterando o nível de controle que os idosos têm sobre os acontecimentos rotineiros de sua vida.

Tinham dividido a casa de repouso em andares. No primeiro, os residentes recebiam controle extra de sua vida e opções extras. Um dia, o diretor proferiu um discurso aos residentes: "Quero que os senhores saibam de tudo o que podem fazer por si mesmos aqui em Shady Grove. No café da manhã, podem comer omelete ou ovos mexidos, mas é preciso escolher na noite anterior. Temos cinema às quartas e quintas à noite, mas é preciso que os senhores se inscrevam com antecedência. Temos aqui algumas plantas: escolham uma e levem para o quarto, mas lembrem-se de regá-la".

O diretor disse ao segundo andar: "Quero que saibam de tudo o que podemos fazer pelos senhores aqui em Shady Grove. No café da manhã, servimos omelete ou ovos mexidos. Servimos omelete segundas, quartas e sextas, e ovos mexidos nos outros dias. Temos cinema às quartas e quintas à noite. Os residentes do corredor esquerdo vão às quartas, e os do direito às quintas.

Temos aqui algumas plantas para os quartos dos senhores. A enfermeira vai escolher uma e regá-la para os senhores".

Portanto, as coisas extras que os moradores do primeiro piso receberam ficavam sob o controle deles. Os do segundo piso ganhavam as mesmas regalias, mas nada do que fizessem as influenciariam.

Dezoito meses depois, Langer e Rodin voltaram à casa de repouso. Descobriram que o grupo com escolhas e controle estava mais ativo e feliz, segundo medição por diversas escalas. Também descobriram que o número de falecimentos no primeiro andar era menor do que no segundo. Esse fato incrível indicava fortemente que opções e controle podiam salvar vidas e, talvez, que o desamparo podia matar.

Madelon Visintainer queria pesquisar esse fenômeno em laboratório, onde as condições poderiam ser minuciosamente reguladas, e entender *como* o domínio e o desamparo afetariam a saúde.[3] Pegou três grupos de ratos, dando num deles um choque brando escapável, no segundo grupo um choque brando inescapável, e no terceiro grupo não daria choques. Porém, na véspera, ela implantou algumas células de sarcoma no flanco de todos os ratos. O tumor era de um tipo invariavelmente letal se crescesse em vez de ser rejeitado pelo sistema imunológico do animal. Visintainer havia implantado o número certo de células de sarcoma para que, sob condições normais, 50% dos ratos rejeitassem o tumor e continuassem vivos.

Era um experimento belamente projetado. Tudo que era físico era controlado: a quantidade e a duração do choque; a dieta; a habitação; a quantidade de células cancerígenas. A única coisa que diferia entre os três grupos era o estado psicológico em que se encontravam. Um grupo sofria de desamparo aprendido, o segundo controlava o choque, e o terceiro não tinha se alterado psicologicamente. Se esses três grupos acabassem diferindo na capacidade de rejeitar o tumor, a diferença só poderia se dever ao estado psicológico.

Em um mês, 50% dos ratos que não levavam choques haviam morrido, e os outros 50% haviam rejeitado o tumor: era o índice normal. Quanto aos ratos que controlavam o choque apertando uma barra para desligá-lo, 70% haviam rejeitado o tumor, mas apenas 27% dos ratos desamparados, os ratos que lidavam com choques incontroláveis, rejeitaram o tumor.

Assim, Madelon Visintainer se tornou a primeira pessoa a demonstrar que um estado psicológico — o desamparo aprendido — poderia *causar* câncer.

Na verdade, quase a primeira. Quando Madelon estava escrevendo um artigo com suas descobertas para enviar ao *Science*, o periódico mais importante sobre as grandes inovações científicas, abri sua última edição. Nela, dois pesquisadores canadenses, Larry Sklar e Hymie Anisman, de Ottawa, faziam o relato de um experimento similar — usaram camundongos em vez de ratos e mediam o índice de crescimento do tumor em vez da capacidade de rejeitar tumores — com os mesmos resultados: o desamparo provocava o crescimento acelerado dos tumores.[4]

Outra das descobertas de Madelon dizia respeito à infância dos animais ("período de desmame", para os puristas). Ela havia descoberto que os ratos que tinham algum controle quando jovens seriam imunes a tumores quando adultos. Ela tinha dado aos ratos jovens choques escapáveis, choques inescapáveis ou nenhum choque e aguardado que chegassem à fase adulta. Então implantou o sarcoma, dividiu cada um dos grupos originais em três grupos e deu a cada um deles um choque escapável, um choque inescapável e nenhum choque. A maioria dos ratos que tinham aprendido o desamparo quando novos não conseguiu rejeitar o tumor quando adulto, e a maioria dos ratos que havia escapado dos choques quando jovens rejeitava o tumor na fase adulta. Portanto, a experiência na infância se mostrava crucial para a rejeição do tumor quando adultos. O controle na infância imunizava, e o desamparo precoce botava os ratos adultos em risco de ter câncer.[5]

Ao terminar o doutorado, Madelon se candidatou ao cargo de professora-assistente em diversas universidades, e algumas delas insistiram que ela enviasse um currículo completo. Ao ver um desses currículos, soube, para meu espanto, que ela já tinha sido professora-assistente de enfermagem em Yale antes de entrar no programa de pós-graduação em psicologia. Também fiquei sabendo que ela havia recebido uma Estrela de Prata e várias outras condecorações pela coragem sob fogo no Vietnã. Ela tinha administrado um hospital em Parrot's Beak, Camboja, durante a incursão de 1970.

Não consegui tirar mais nada dela. Mas agora entendia um pouco das fontes da coragem e do caráter que precisou ter em 1976 para investir no campo de batalha intelectual que havia escolhido para si. Quando Madelon entrou na sua área de escolha — influências psicológicas sobre a saúde física —, ela era da alçada de curandeiros e de charlatães. Ela queria mostrar cientificamente que a mente poderia influenciar as doenças, e durante grande parte de sua carreira na enfermagem essa ambição havia sido alvo de escárnio e de incredulidade por parte de seus colegas médicos. De acordo com o dogma, apenas processos físicos, não processos mentais, influenciariam uma doença. Recorreu ao mundo acadêmico em busca de ouvidos simpáticos e apoio. Quando entregou sua histórica tese de doutorado, já havia ajudado a provar que a mente pode, de fato, controlar a doença. E até o mundo da medicina começava a acreditar nisso. Hoje, Madelon é diretora do departamento de enfermagem pediátrica da Faculdade de Medicina de Yale.

O PROBLEMA DA MENTE-CORPO

Por que a possibilidade de que a saúde mental influencie a saúde física enfrenta tamanha resistência? A resposta reflete o problema filosófico mais complicado que conheço.

Há apenas dois tipos de matéria no universo, argumentou o grande racionalista do século XVII, René Descartes: a física e a mental. Como uma influencia a outra? Vemos como uma bola de bilhar bate em outra e faz com que ela se mexa. Mas como o ato mental de permitir que sua mão se mexa causa o movimento físico da sua mão? Descartes tinha uma resposta peculiar. Ele dizia que a mente controla o corpo via glândula pineal, um órgão cerebral cuja função ainda não é tão compreendido. A resposta de Descartes estava errada, e cientistas e filósofos desde então tentam descobrir por qual caminho a matéria mental influencia a matéria física.

Descartes era um dualista. Acreditava que o mental afetava o físico. No devido tempo, uma escola de pensamento oposta se desenvolveu e levou a melhor: o materialismo, cujos adeptos acreditavam na existência de um tipo de matéria — a física — ou na existência da matéria mental, mas sem realizações próprias. Quase todos os cientistas e físicos modernos são materialistas. Preferem encarar a morte à noção de que pensamento e emoção podem afetar o corpo. Para eles, isso é espiritualismo. Todas as alegações de que estados emocionais e cognitivos influenciam em doenças entram em conflito com o materialismo.

Passei os últimos vinte anos lutando contra três questões a respeito de saúde e esperança. Todas estão no limite da tentativa de entender a doença física, uma tentativa que é a encarnação moderna do problema mente-corpo.

A primeira questão diz respeito à *causa*. A esperança realmente sustenta a vida? A desesperança e o desamparo de fato matam?

A segunda diz respeito ao *mecanismo*. Neste mundo material, como a esperança e o desamparo funcionam? Por meio de qual mecanismo uma matéria tão puramente espiritual afeta a matéria física?

A terceira questão é a da *terapia*. Será que mudar sua forma de pensar, mudar seu estilo explicativo, pode melhorar sua saúde e prolongar sua vida?

OTIMISMO E BOA SAÚDE

Nos últimos cinco anos, laboratórios mundo afora produziram um fluxo constante de evidências científicas de que características psicológicas, sobretudo o otimismo, podem melhorar a saúde. Os indícios criam sentido para — e suplantam — a torrente de histórias pessoais em que estados que englobam desde a risada até a vontade de viver parecem ter feito bem à saúde.

A teoria do desamparo aprendido sugere que o otimismo deve fazer bem à saúde de quatro maneiras.

A primeira é decorrente das descobertas de Madelon Visintainer, de que o desamparo aprendido em ratos os torna mais suscetíveis ao crescimento do tumor. Essas revelações foram logo amparadas por um trabalho mais minucioso acerca do sistema imunológico de ratos desamparados. O sistema imunológico, a defesa celular do corpo contra doenças, contém tipos diferentes de células que têm a tarefa de identificar e matar corpos estranhos, tais como vírus, bactérias e células cancerígenas. Um tipo: as células T reconhecem invasores específicos (como o vírus do sarampo, por exemplo) e, em seguida, se multiplicam significativamente para destruí-los. Outro tipo: as células exterminadoras naturais (células NK) matam qualquer coisa estranha com que se deparam.

Pesquisadores que examinaram o sistema imunológico de ratos desamparados descobriram que a experiência do choque inescapável enfraquece o sistema imunológico. As células T do sangue dos ratos que se tornam desamparados já não se multiplicam rapidamente quando se deparam com os invasores específicos que deveriam destruir. As células NK do baço de ratos desamparados perdem a capacidade de matar invasores estranhos.[6]

Essas descobertas mostram que o desamparo aprendido não afeta apenas o comportamento: também chega ao nível celular e torna o sistema imunológico mais passivo. Isso quer dizer que talvez uma das razões para os corpos dos ratos desamparados de Visintainer não terem combatido os tumores seja o enfraquecimento de suas defesas imunológicas pela experiência do desamparo.

O que isso significa em termos de estilo explicativo? O estilo explicativo é o grande modulador do desamparo aprendido. Conforme já vimos, otimistas resistem ao desamparo. Eles não se deprimem facilmente quando fracassam. Não desistem facilmente. Ao longo da vida, uma pessoa otimista tem menos episódios de desamparo aprendido do que uma pessoa pessimista. Quanto menos vivenciar o desamparo aprendido, melhor estará o sistema imunológico. Portanto, o primeiro modo pelo qual o otimismo influencia a saúde durante a vida é a prevenção do desamparo e assim *a manutenção da combatividade das defesas imunológicas.*

O segundo modo diz respeito a *ser fiel a regimes saudáveis e buscar assistência médica.* Pense em um pessimista que acredite que a doença é permanente, abrangente e pessoal. "Nada do que eu faço importa", ele acredita, "então para que fazer algo?" Essa pessoa é menos propensa a deixar de fumar, tomar vacina contra gripe, fazer dieta, exercícios, ir ao médico quando adoece ou sequer seguir recomendações médicas. No estudo de 35 anos dos cem pós-graduandos de Harvard, descobriu-se que os pessimistas realmente eram menos propensos do que os otimistas a parar de fumar, e mais passíveis de ter doenças. Portanto, otimistas, que prontamente põem mãos à obra, são mais propensos a tomar medidas que evitem doenças ou se tratar quando a doença ataca.

O terceiro modo diz respeito ao *número absoluto de eventos negativos* enfrentados. Já foi demonstrado estatisticamente que quanto mais acontecimentos ruins uma pessoa enfrenta em determinado período, mais doenças terá. Pessoas que em um período de seis meses se mudam, são demitidas e se divorciam correm mais risco de doenças infecciosas — e até de enfarte e câncer — do que quem leva uma vida sossegada. É por isso que, quando você sofre uma grande mudança de vida, é importante fazer exames médicos com frequência maior do que de praxe. Mesmo que se sinta bem, é importantíssimo que você preste atenção à saúde quando muda de emprego, sai de uma relação ou se aposenta, ou quando alguém que ama morre. Viúvos são muito mais predispostos a falecer nos primeiros seis meses seguintes ao falecimento de suas esposas do que em qualquer outro momento. Caso sua mãe faleça, assegure-se de que seu pai faça um check-up médico completo pouco depois — isso pode estender sua expectativa de vida.

Quem você imagina que se depara com mais eventos negativos na vida? Os pessimistas. Porque são mais passivos, menos propensos a tomar medidas para evitar acontecimentos ruins e menos propensos a fazer alguma coisa para interrompê-los depois que começam. Somando dois mais dois, se os pessimistas enfrentam mais acontecimentos ruins e se mais acontecimentos ruins geram mais doenças, pessimistas ficam mais doentes que otimistas.

A última razão pela qual os otimistas têm saúde melhor diz respeito ao *apoio social*. A capacidade de manter grandes amizades e relacionamentos amorosos parece ser importante para a saúde física. Pessoas de meia-idade que têm pelo menos uma pessoa para quem podem ligar no meio da noite para contar seus problemas têm mais saúde do que quem não tem amigos. Pessoas solteiras correm mais risco de depressão do que casais. Até contatos sociais normais são um escudo contra doenças. Quem se isola ao adoecer tende a ficar ainda mais doente.

Quando minha mãe tinha setenta e poucos anos, ela precisou fazer uma cirurgia que a deixou meses com uma colostomia — um buraco no intestino ao qual ficava acoplada uma bolsa externa. Muita gente tem melindres em relação a colostomias, e minha mãe ficava com vergonha. Evitava os amigos, parou de jogar bridge, nos desestimulava a visitá-la, e ficou sozinha em casa até a colostomia se fechar e o saquinho ser retirado. Infelizmente, em sua época de solidão ela sofreu o retorno da tuberculose à qual fora exposta quando pequena, na Hungria. Viveu o que é estatisticamente o preço natural da solidão: risco maior de doenças, principalmente a recaída daquelas doenças que nunca somem por completo.

Os pessimistas têm esse mesmo problema. É mais fácil ficarem passivos quando problemas os atingem, e tomam menos medidas para ter e manter o apoio social. O vínculo entre a falta de apoio social e a doença é a quarta razão para acreditarmos que o estilo explicativo otimista provavelmente gera boa saúde.

PESSIMISMO, SAÚDE DEBILITADA E CÂNCER

O primeiro estudo sistemático sobre o papel do pessimismo na geração de doenças foi levado a cabo por Chris Peterson.[7] Em meados dos anos 1980, quando lecionava psicopatologia no Virginia Tech, Chris pediu que sua classe de 150 alunos respondesse ao ASQ. Também fizeram um relatório sobre a própria saúde e o número de consultas médicas que haviam feito nos últimos tempos. Chris acompanhou a saúde dos alunos ao longo de um ano. Descobriu que, em comparação aos otimistas, os pessimistas tinham o dobro de doenças infecciosas e faziam o dobro de consultas médicas.

Seria apenas porque os pessimistas reclamam mais tanto no questionário quanto de suas dores e incômodos, em vez de realmente ter mais doenças? Não. Chris olhou o número de doenças e consultas médicas *antes* de os alunos responderem ao ASQ e também depois. O alto índice de doenças e consultas dos pessimistas ocorre apesar da saúde naquele primeiro momento.

Outros estudos analisaram o câncer de mama. Em um estudo britânico pioneiro, 69 mulheres com câncer de mama foram acompanhadas durante cinco anos. Mulheres que não tiveram reincidência tendiam a ser aquelas que reagiam ao câncer com "espírito de luta", enquanto as que tinham falecido ou tido reincidência tendiam a reagir ao diagnóstico inicial com desamparo e aceitação estoica.[8]

Em um estudo posterior, 34 mulheres iam ao National Cancer Institute com uma segunda incidência de câncer de mama. Todas passaram por longas entrevistas sobre sua vida: casamento, filhos, emprego e a doença. Em seguida, passavam por cirurgia, radiação e quimioterapia. Tivemos acesso a essas entrevistas e analisamos o conteúdo em busca de otimismo, através da técnica Cave que já havíamos usado.[9]

A longa sobrevivência é incomum após dois episódios de câncer de mama, e após mais ou menos um ano, as mulheres do estudo começaram a falecer. Algumas morreram em questão de meses; outras, uma pequena minoria, ainda estão vivas. Quem sobreviveu mais tempo? Quem sentia uma grande alegria de viver e tinha um estilo explicativo otimista.

É possível que, para começo de conversa, essas mulheres otimistas não estivessem tão doentes assim, então talvez tenham vivido mais porque tinham um câncer menos grave, e não devido à alegria e ao otimismo? Não. O National

Cancer Institute mantém registros preciosos, minuciosos, sobre a gravidade da doença — a atividade das células NK, o número de linfonodos cancerígenos, o grau de metástase. O benefício da alegria e do estilo explicativo otimista sobre a longevidade ocorreu independentemente da gravidade da doença.

Tais resultados não foram prontamente aceitos. Em 1985, num estudo sobre pacientes com câncer terminal que ganhou muita notoriedade, Barrie Cassileth descobriu que nenhuma variável psicológica fazia diferença para o tempo de sobrevivência. Em um editorial especial no *New England Journal of Medicine*, a editora associada Marcia Angell anunciava o estudo como uma prova que deveria nos levar a "reconhecer que nossa crença na enfermidade como reflexo direto do estado mental é, em grande medida, um folclore". Ignorando todos os estudos primorosos, citando os piores estudos que encontrou, Angell condenou o campo da psicologia da saúde por inteiro como perpetuador do "mito" de que a mente exerce influência sobre a doença.[10] Os materialistas, se agarrando a qualquer ninharia que corroborasse o dogma de que estados psicológicos nunca influenciam a saúde física, se esbaldaram.

Como reconciliar as descobertas de Cassileth com os inúmeros estudos que mostram estados psicológicos influenciando doenças? Em primeiro lugar, os testes psicológicos de Cassileth eram inadequados: ela usou fragmentos de testes consagrados em vez de testes inteiros. Conceitos que geralmente exigem dezenas de questões para serem mensurados foram calculados com base em uma ou duas perguntas breves. Em segundo lugar, todos os pacientes de Cassileth tinham doenças terminais. Se você for atingido por um caminhão, seu grau de otimismo não fará muita diferença. No entanto, se for atingido por uma bicicleta, o otimismo talvez tenha um papel crucial. Não acredito que, quando um paciente tem um caso tão avançado de câncer a ponto de ser considerado "terminal", os processos psicológicos não chegam muito longe. À margem, porém, ainda nos primeiros estágios, o otimismo pode ser a diferença entre a vida e a morte. Percebemos isso em pesquisas sobre o impacto da privação e do otimismo sobre o sistema imunológico.

O sistema imunológico

Materialistas veem o sistema imunológico como algo isolado da psicologia do indivíduo. Acreditam que as variáveis psicológicas, como o otimismo e a esperança, são tão insubstanciais quanto o espírito, portanto são céticos a respeito de alegações de que otimismo, depressão e privação afetam o sistema imunológico. Esquecem que o sistema imunológico está ligado ao cérebro, e que estados de espírito, tais como esperança, têm estados mentais correspondentes que refletem a psicologia da pessoa. Em seguida, esses estados mentais afetam o resto do corpo. Portanto, não há nenhum mistério nem espiritualismo envolvido no processo pelo qual a emoção e o pensamento influenciam a doença.

O cérebro e o sistema imunológico não são ligados por nervos, mas sim por hormônios, os mensageiros químicos que viajam pelo sangue e transmitem um estado emocional de uma parte do corpo à outra. E já está bem comprovado que, quando uma pessoa está deprimida, o cérebro muda. Neurotransmissores, os hormônios que levam mensagens de um nervo a outro, se esgotam. Um conjunto de transmissores, chamados de catecolaminas, ficam desgastados durante a depressão.

Por meio de qual sequência de acontecimentos físicos o sistema imunológico percebe que seu hospedeiro é pessimista, está deprimido ou de luto? Ao que consta, quando as catecolaminas ficam desgastadas, outras substâncias químicas chamadas endorfinas — a morfina produzida pelo próprio corpo — têm sua atividade ampliada. Células do sistema imunológico têm receptores que captam o nível de endorfinas. Quando catecolaminas estão em baixa, como na depressão, as endorfinas aumentam; o sistema imunológico detecta esse fato e desacelera.

Seria isso tudo um capricho biológico ou será que a depressão, a privação e o pessimismo podem de fato desligar o sistema imunológico?

Cerca de uma década atrás, um grupo pioneiro de pesquisadores australianos reuniu 26 homens cujas esposas tinham acabado de falecer de acidentes fatais ou doenças.[11] Convenceram todos a doarem sangue duas vezes, primeiro uma semana e depois seis semanas após a morte da esposa. Assim, os pesquisadores conseguiram observar alterações no sistema imunológico no decorrer do luto. Descobriram que o sistema imunológico havia desacelerado nesse período. As células T não se multiplicavam com a rapidez habitual. Com o tempo, o sistema imunológico começou a se recuperar. Pesquisas norte-americanas feitas depois confirmaram e ampliaram essas revelações inovadoras.

A depressão também parece afetar a forma como o sistema imunológico reage. Eventos negativos e depressão foram examinados em 37 mulheres, além das células T e as células NK de seu sangue. As células NK das mulheres que passavam por grandes mudanças de vida tinham atividade mais baixa do que as mulheres cuja vida não saíra da rotina. Quanto mais deprimidas ficavam, pior era a reação imunológica.[12]

Se a depressão e o luto diminuem temporariamente a atividade imunológica, o pessimismo, que é uma condição mais crônica, deveria diminuir a atividade imunológica a longo prazo. Indivíduos pessimistas, conforme vimos no capítulo 5, se deprimem mais rápida e frequentemente. Tal fato pode indicar que pessimistas geralmente têm uma atividade imunológica deficiente.

Para testar esse fato, Leslie Kamen, uma aluna de pós-graduação da Universidade da Pensilvânia, e eu colaboramos com Judy Rodin, de Yale. Judy vinha acompanhando a saúde de um número enorme de idosos que viviam em New Haven, Connecticut, e nas redondezas.[13] Várias vezes por ano, essas pessoas, com idade em torno de 71 anos, davam longas entrevistas sobre sua nutrição, saúde e seus netos. Uma vez por ano, doavam sangue para que seu sistema imunológico fosse testado. Classificamos as entrevistas em termos de pessimismo e, em seguida, olhamos os exames de sangue para verificar se éramos capazes de prever a atividade imunológica. Como esperávamos, os otimistas tinham uma atividade imunológica melhor do que os pessimistas. Além disso, descobrimos que nem seu nível de saúde nem de depressão na época da entrevista era um prognóstico da reação imunológica. O pessimismo em si parecia desacelerar a atividade imunológica, sem o intermédio da saúde ou da depressão.

Analisados juntos, todos esses indícios deixam claro que o estado psicológico pode alterar a reação imunológica. O luto, a depressão e o pessimismo podem reduzir a atividade do sistema imunológico. Exatamente como isso acontece, ainda não sabemos determinar, mas há uma resposta mais provável: conforme já mencionado, alguns dos neurotransmissores cerebrais ficam desgastados durante esses estados; isso aumenta o nível de morfina no cérebro. O sistema imunológico tem receptores para esse hormônio e se desliga quando a atividade da endorfina aumenta.

Se o grau de pessimismo é capaz de desacelerar o sistema imunológico, é provável que o pessimismo debilite a saúde física ao longo da vida.

OTIMISMO E UMA VIDA MAIS SAUDÁVEL

É possível que otimistas vivam mais que pessimistas? É mais provável que, caso tenha um estilo explicativo otimista na juventude, você seja mais saudável pelo resto da vida?

Não é uma pergunta fácil de responder cientificamente. Não basta apontar legiões de pessoas muito idosas e mostrar que a maioria delas são otimistas. Talvez sejam otimistas por terem vivido muito e sido saudáveis, e não o contrário.

Antes de conseguirmos responder essa pergunta, tivemos que responder várias outras. Primeiro, precisávamos descobrir se o estilo explicativo é estável no decorrer da vida. Se o otimismo da juventude vai influenciar sua saúde na velhice, talvez seu grau de otimismo seja o mesmo a vida inteira. A fim de investigar se era o caso, Melanie Burns, uma aluna de pós-graduação da universidade, e eu pusemos anúncios em publicações voltadas para a terceira idade buscando pessoas que ainda tivessem diários da adolescência.[14] Trinta pessoas responderam e nos entregaram seus diários. Fizemos a análise Cave deles, elaborando um perfil do estilo explicativo adolescente de cada pessoa. Fora isso, todos os voluntários escreveram uma longa redação sobre sua vida atual: a saúde, a família, o trabalho. Também utilizamos o Cave nesses textos e criamos um perfil do estilo explicativo idoso deles. Qual era a relação entre os dois perfis?

Descobrimos que o estilo explicativo para acontecimentos bons era totalmente mutável ao longo de cinquenta anos. A mesma pessoa, por exemplo, podia a certa altura da vida considerar os eventos positivos obras do destino cego e, em outro momento, atribuí-los às próprias habilidades. Mas descobrimos que o estilo explicativo para eventos negativos era altamente estável no decorrer de um período de mais de cinquenta anos. As mulheres que, quando adolescentes, escreveram que os meninos não se interessavam por elas porque eram "detestáveis" escreveram, cinquenta anos depois, que eram "detestáveis" quando os netos não as visitavam. A maneira de olharmos os eventos negativos — nossa teoria da tragédia — é permanente ao longo da nossa vida.

Essa revelação fundamental nos deixou mais próximos da possibilidade de questionarmos se o estilo explicativo de um jovem influencia sua saúde em uma idade mais avançada. Do que mais precisávamos para podermos fazer essa pergunta?

Precisávamos de um grupo numeroso de indivíduos com certas características:[15]

1. Quando jovens deviam ter feito certa quantidade de declarações causais que tivessem sobrevivido ao tempo e pudessem ser analisadas com a técnica Cave.
2. Precisávamos ter certeza de que estavam saudáveis e eram bem-sucedidos na época desses pronunciamentos juvenis. Isso era necessário porque, se já não fossem saudáveis, ou se já fossem fracassados, talvez isso os tivesse tornado pessimistas bem como menos saudáveis tempos depois. E se fosse esse o caso, o otimismo poderia estar correlacionado com vidas mais longas, mais saudáveis, mas talvez somente porque a saúde debilitada e o fracasso nos primeiros anos de vida gerassem vidas menos saudáveis.
3. Também precisávamos de voluntários que faziam check-ups médicos regulares para que pudéssemos mapear sua saúde ao longo da vida.
4. Por fim, precisávamos de voluntários que já fossem muito idosos, assim teríamos uma vida inteira de saúde a prever.

Era pedir muito. Onde encontrar pessoas assim?

OS HOMENS DO GRANT STUDY

George Vaillant é um psicanalista por quem tenho imensa admiração. Em 1978-9, ele e eu fomos "colegas de classe" em um instituto de pesquisas interdisciplinares, o Center for Advanced Studies in the Behavioral Sciences, em Stanford, na Califórnia. Da psicanálise, George extraiu o conceito de defesa e o ampliou. Segundo ele, o que nos acontece no decorrer da vida não é resultado de simples números de azares que se abatem sobre nós, mas de como nos defendemos deles mentalmente. Ele também achava que nossos hábitos de explicação dos eventos negativos eram parte de nossas defesas, e havia testado suas teorias em uma única amostra. George tinha passado mais de uma década rastreando um grupo extraordinário de homens e entrevistando-os à medida que chegavam à meia-idade e ao começo da velhice.

Em meados dos anos 1930, a William T. Grant Foundation resolveu estudar pessoas saudáveis no decorrer de sua vida. Os criadores do estudo queriam acompanhar um grupo de indivíduos extremamente talentosos e descobrir os determinantes do sucesso e da boa saúde, e assim selecionaram cinco salas de calouros de Harvard em busca de homens em plena forma física e talentosos intelectual e socialmente. Com base em testes extensos, escolheram duzentos homens — cerca de 5% das turmas de 1939 a 1944 — e os acompanham desde então. Esses homens, que agora chegam à casa dos setenta anos, há cinquenta anos cooperam totalmente com essa pesquisa desafiadora. Recebem vastos check-ups médicos a cada cinco anos, são entrevistados regularmente e estão sempre respondendo a questionários. Produziram uma mina de informações sobre o que torna uma pessoa saudável e bem-sucedida.

Quando os criadores do estudo ficaram idosos demais para continuar, procuraram um sucessor jovem o bastante para levar a pesquisa adiante até o fim da vida dos participantes. Estava na época da reunião de 25 anos da formatura dos estudantes de Harvard. Os criadores escolheram George, que na época tinha trinta e poucos anos e era um dos pesquisadores de psiquiatria mais promissores dos Estados Unidos.

A primeira descoberta importante de George baseada no estudo Grant era de que a riqueza aos vinte anos não era garantia de saúde ou sucesso. Existe um índice alto de fracasso e saúde debilitada nesses homens: casamentos fracassados, falência, enfartes precoces, alcoolismo, suicídio e outras tragédias — aliás, um homem foi assassinado. Esses homens vivenciaram basicamente a mesma taxa de desgostos e choques mortais que os homens nascidos na mesma época em áreas pobres. O desafio teórico de George era tentar prever e entender quem, dentre os voluntários, teria uma vida boa e quem teria a vida amarga.

Conforme já disse, sua principal preocupação era com o que ele chama de defesas: a forma característica com que a pessoa lida com acontecimentos ruins. Alguns dos homens, durante a faculdade, enfrentavam seus fracassos com "defesas maduras" — humor, altruísmo, sublimação. Outros jamais o fizeram: por exemplo, quando uma namorada rompia a relação, eles usavam a negação, a projeção e outras "defesas imaturas". O interessante é que os homens com defesas maduras aos vinte e poucos anos tiveram uma vida muito mais bem-sucedida e saudável. Aos sessenta anos, nenhum dos que empregavam defesas maduras aos vinte sofria de doenças crônicas; mas mais de um terço dos homens sem defesas maduras aos vinte anos estava com a saúde debilitada aos sessenta.

Ali, portanto, estava o grupo que desejávamos. Haviam feito declarações causais bem documentadas quando jovens; eram bem-sucedidos e saudáveis ao fazer tais declarações; a saúde deles foi acompanhada religiosamente a vida inteira; e agora estavam na meia-idade. Além disso, havia um bocado de outras informações sobre sua personalidade e vida. Será que os otimistas do grupo tinham levado vidas mais saudáveis do que os pessimistas? Viveriam mais?

George teve a generosidade de concordar em trabalhar com Chris Peterson e comigo. George acredita ser o guardião de uma amostragem valiosa e singular, e ele a "empresta" (sempre tomando o cuidado de proteger o anonimato dos participantes) a outros cientistas sérios que desejam encontrar os indicadores da saúde e do sucesso ao longo da vida.

Resolvemos usar a técnica do "envelope lacrado". George assegurou que trabalhássemos na completa ignorância de quem eram os homens e quais tinham sido saudáveis. Primeiro selecionamos, por amostras aleatórias, metade (99) dos homens, depois ele nos deu as redações que haviam escrito ao voltar, em 1945-6, da Segunda Guerra Mundial. Eram documentos abundantes — repletos de explicações, pessimistas e otimistas:

"O barco naufragou porque o almirante era muito burro."
"Nunca me dei bem com os outros porque eles se ressentiam da minha formação privilegiada em Harvard."

Aplicamos a técnica Cave a todas as redações e elaboramos um perfil de estilo explicativo de cada um dos participantes no final da juventude.

Então, num dia de neve, Chris e eu fomos a Dartmouth, onde George leciona psiquiatria, para abrir o chamado envelope lacrado — ou seja, para saber como a vida dos homens que tínhamos analisado havia transcorrido. O que vimos foi que a saúde aos sessenta anos tem forte relação com o otimismo aos 25. Os pessimistas começaram a ser acometidos por doenças da meia-idade mais cedo e de forma mais severa do que os otimistas, e as discrepâncias de saúde quando tinham 45 anos já eram grandes. Antes dos 45, o otimismo não influencia a saúde. Até essa idade, os homens continuavam com a mesma condição de saúde que tinham aos 25. Mas aos 45, o corpo masculino começa a decair. Com que rapidez e com que gravidade isso se dá, podemos prever bem por meio do pessimismo de 25 anos antes. Além do mais, quando acrescentamos vários outros fatores — as defesas dos voluntários e a saúde física e mental deles aos 25 anos — à equação, o otimismo continua sendo um determinante primordial da saúde, começando aos 45 anos e prosseguindo pelos próximos vinte anos. Esses homens estão se avizinhando do óbito, portanto na próxima década poderemos descobrir se o otimismo é indicador de uma vida tão mais longa quanto mais saudável.

O PROBLEMA MENTE-CORPO REVISITADO

Existem indícios convincentes de que os estados psicológicos realmente afetam a saúde. Depressão, luto, pessimismo: tudo isso piora a saúde tanto a curto como a longo prazo. E já não é mais um completo enigma como isso acontece. Há uma sequência plausível de eventos que começa com eventos negativos e termina em saúde debilitada.

A sequência começa com uma série específica de eventos negativos — perda, fracasso, derrota —, acontecimentos que nos causam a sensação de desamparo. Conforme já vimos, todo mundo reage a esses acontecimentos com pelo menos um desamparo temporário, e quem tem um estilo explicativo pessimista fica deprimido. A depressão produz diminuição nos níveis de catecolamina e aumento da secreção de endorfina. Os altos níveis de endorfina podem reduzir a atividade do sistema imunológico. O corpo é a todo momento exposto a patógenos (agentes de doenças) normalmente contidos pelo sistema imunológico. Quando o sistema imunológico é parcialmente desligado pelo elo catecolamina-endorfina, esses patógenos podem sair do controle. A doença, às vezes do tipo que põe a vida em risco, se torna mais provável.

Cada elo da sequência *perda-pessimismo-depressão-desgaste da catecolamina--redução da secreção de endorfina-supressão da imunidade-doença* é testável, e já temos indícios de como cada um deles funciona. Essa sequência de acontecimentos não envolve nenhum espírito nem processos enigmáticos, imensuráveis. Ademais, se essa é de fato a sequência, terapia e prevenção podem agir em cada elo.

PREVENÇÃO PSICOLÓGICA E TERAPIA

"É uma oportunidade única na vida", disse Judy Rodin. "Não devíamos nos propor a fazer uma coisa segura. Devíamos nos propor a fazer o que sempre almejamos." Judy, com quem eu havia colaborado no estudo de New Haven relativo aos efeitos do pessimismo sobre o sistema imunológico, estava contrariada. Havia ali um pequeno grupo de cientistas ilustres, os líderes mundiais da psicologia da saúde, diante da perspectiva de enfim ter dinheiro suficiente para transformar seus sonhos científicos em realidade — mas onde estavam os grandes sonhos?

Judy é um prodígio: professora catedrática de Yale, presidente da Associação de Psicologia do Leste dos Estados Unidos e membro do prestigioso Instituto Nacional de Medicina dos Estados Unidos, tudo antes de completar quarenta anos. Seu papel naquela tarde era de líder da MacArthur Foundation Network de saúde e comportamento. Ela havia chamado todos para dizer, naquela manhã gélida de inverno em New Haven, que achava aquele um bom momento para pedirmos que a MacArthur Foundation financiasse a área de psiconeuroimunologia, o estudo de como eventos psicológicos alteram a saúde e o sistema imunológico. "A MacArthur Foundation não é conservadora", ela explicou. "O projeto que eles estão procurando para financiar é do tipo que poderia revolucionar a medicina, mas é muito ousado para patrocinadores normais — como os Institutos Nacionais de Saúde — levarem a sério. E nós estamos desencavando a mesma ciência de praxe que apresentamos de três em três anos para o financiamento do Instituto Nacional de Saúde. O que vocês de fato, do fundo do coração, gostariam de fazer, mas têm medo de propor à comunidade?"

A geralmente tímida e afável Sandra Levy, jovem professora de psico-oncologia de Pittsburgh, se pronunciou. "O que eu queria mesmo fazer", disse com emoção, "é tentar a prevenção através da terapia. Judy e Marty nos convenceram de que o estilo explicativo pessimista gera uma baixa imunológica e saúde debilitada. Existe uma sequência plausível pela qual isso pode acontecer. E temos indícios convincentes de que a terapia cognitiva muda o estilo explicativo. Vamos interferir no elo psicológico. Vamos mudar o estilo explicativo e, sim — ouçam o que eu estou dizendo —, curar o câncer."

Fez-se um silêncio longo, constrangedor. Quase ninguém fora daquela sala acreditaria que uma terapia psicológica poderia estimular um sistema imunológico que funcionasse mal. Poucos teriam acreditado que uma terapia psicológica curaria o câncer. Para o resto dos profissionais, isso seria considerado charlatanismo, uma contradição do tratamento médico consagrado. E nada acaba com a reputação de cientista cauteloso construída a duras penas tão rapidamente quanto implicações de charlatanismo. Psicoterapia para tratar uma doença física, certamente.

Juntei coragem e rompi o silêncio. "Concordo com a Sandy", declarei, sem saber ao certo no que estava nos metendo. "Se a Judy quer uma coisa visionária, se quer sonho, tudo bem, vamos tentar mudar o sistema imunológico por meios psicológicos. Se estivermos enganados, teremos perdido alguns anos da nossa vida. Se estivermos certos, e se conseguirmos convencer o establishment fazendo uma pesquisa impecável — um enorme *e se* —, vamos revolucionar a medicina."

Naquela manhã, Judy Rodin, Sandra Levy e eu resolvemos tentar. Primeiro veio a solicitação à fundação de que financiasse um projeto-piloto sobre terapia cognitiva como estímulo ao sistema imunológico. A solicitação foi aprovada logo, e ao longo dos dois anos seguintes, tratamos quarenta pacientes com melanomas e câncer de cólon, dois tipos de câncer bastante graves. Esses pacientes continuaram com a quimioterapia e a radiação normais. Além disso, uma vez por semana, durante doze semanas, fizeram uma forma modificada de terapia cognitiva. Elaboramos a terapia de modo a não curar a depressão, mas armar esses pacientes de novas maneiras de pensar a perda: reconhecer pensamentos automáticos; distrações; contestação de explicações pessimistas (ver o capítulo 12). Complementamos a terapia cognitiva com treinos de relaxamento para a diminuição do estresse. Também criamos um grupo de controle de pacientes com câncer que recebiam as mesmas terapias físicas, mas sem a terapia cognitiva ou o treino de relaxamento.

"Caramba! Dá uma olhada nesses números." Nunca vi Sandy tão empolgada quanto estava ao telefone naquela manhã de novembro, dois anos depois. "A atividade das células NK teve um aumento *muito* acentuado nos pacientes que fizeram terapia cognitiva. Nada parecido aconteceu no grupo de controle. Caramba!"

Em suma, a terapia cognitiva aumentou fortemente a atividade imunológica... conforme esperávamos que fosse acontecer.

Ainda é cedo demais para sabermos se a terapia alterou o rumo da doença ou salvou a vida desses pacientes. A doença faz um caminho muito mais lento do que a atividade imunológica, que pode mudar de um dia para o outro. Só o tempo dirá. Mas esse estudo-piloto bastou para a MacArthur Foundation. Almas aventureiras que são, eles concordaram em financiar o projeto a longo prazo. A partir de 1990, faremos terapia cognitiva com pacientes com câncer numa escala maior, tentando estimular seus sistemas imunológicos e vencer a doença — e talvez até aumentar a expectativa de vida deles.

Igualmente empolgante é o fato de que tentaremos a prevenção. Daremos os exercícios que estão no capítulo 12 a pessoas com alto risco de ter a doença: recém-divorciados ou separados e recrutas militares no frio ártico. Via de regra, o índice de doenças que acometem essas pessoas é alto. Será que mudar seu estilo explicativo pessimista vai reforçar suas defesas imunológicas e evitar doenças físicas?

Temos grandes esperanças.

11. Política, religião e cultura: uma nova psico-história

Minha leitura de Sigmund Freud na juventude exerce forte influência sobre as questões que me cativam desde então. Deixou-me fascinado pela psicologia "quente" — motivação, emoção, doenças mentais — e estranhamente indiferente à psicologia "fria" — percepção, processamento de informação, audição e visão. Mas outro autor popular da minha juventude, em geral menos estimado do que Freud, me marcou ainda mais profundamente: Isaac Asimov, prolífico escritor de ficção científica, romancista e visionário.

Na trilogia que é impossível parar de ler, a *Trilogia da Fundação* — eu a li em trinta horas, em um surto de empolgação adolescente —, Asimov inventa um grande herói para meninos espinhentos e intelectuais. Hari Seldon é o cientista que cria a "psico-história" a fim de prever o futuro. Indivíduos, Seldon acredita, são imprevisíveis, mas uma massa de indivíduos, assim como uma massa de átomos, se torna altamente previsível. Você só precisa das equações estatísticas de Hari Seldon e de seus princípios comportamentais (Asimov nunca nos revela quais são) para antever o rumo da história, até mesmo o resultado de crises. "Uau!", pensou esse adolescente impressionável. "Prever o futuro a partir de princípios psicológicos!"

Esse "uau!" permaneceu comigo a vida inteira. Como jovem professor, no começo da década de 1970, fiquei animado ao descobrir que uma área chamada psico-história realmente existia. No devido tempo, com meu grande amigo Alan Kors, então professor-assistente de história na Universidade da

Pensilvânia, dei uma matéria sobre o assunto. A disciplina deu a todos nós a chance de examinar bem a versão acadêmica da visão de Asimov. Que decepção.

Lemos a tentativa de Erik Erikson de aplicar os princípios da psicanálise freudiana a Martin Luther.[1] A atitude rebelde em relação ao catolicismo de Luther, dizia Erikson, se devia ao seu treinamento para usar o banheiro. O professor Erikson havia tirado essa hipótese estarrecedora de alguns fragmentos de informação sobre a infância de Luther. Essa espécie de extrapolação inverossímil não era, definitivamente, a que Hari Seldon tinha em mente. Em primeiro lugar, seus princípios não lograriam muita coisa. Não ajudariam um terapeuta a explicar com clareza a rebeldia dos pacientes deitados em seu divã, cujas infâncias conheceria em tantas minúcias quanto aguentasse ouvir, quanto mais a rebeldia de um homem morto há centenas de anos. Em segundo, o que se passava por "psico-história" naquela época consistia de estudos de um único caso, enquanto, conforme ressaltava Asimov, para fazer previsões válidas é necessário um bloco de exemplos, a fim de amortecer variações individuais imprevisíveis. E em terceiro, o pior de todos, aquele tipo de psico-história não *previa* absolutamente nada. Na verdade, pegava acontecimentos havia muito concluídos e elaborava uma história que — com uma visão retrospectiva psicanalítica — lhes conferia sentido.

Quando aceitei o desafio de Glen Elder, em 1981, de desenvolver uma "máquina do tempo", a visão de Asimov ainda era muito presente na minha vida, e eu planejava usar a técnica da análise de conteúdo — a análise de declarações escritas e faladas pelo que revelavam do estilo explicativo — para descobrir o nível de otimismo das pessoas que não responderam aos questionários: pares de mães e filhas, astros do esporte, executivos envolvidos no desafio de aquisições hostis, líderes mundiais. Mas existe um outro grupo grande de pessoas que não responderam os questionários — os falecidos, as pessoas cujos atos fizeram história. Eu disse a Glen que a técnica Cave era a máquina do tempo com a qual ele sonhava. Sugeri que poderia ser usada não só com contemporâneos que não respondem a questionários, mas com pessoas que não *poderiam* fazê-lo, como os mortos. Precisávamos apenas de citações textuais. Contanto que tivéssemos citações textuais, poderíamos usar a técnica Cave para descobrir seu estilo explicativo. Destaquei que poderíamos usar um leque enorme de materiais: autobiografias, testamentos, transcrições de coletivas de imprensa, diários, transcrições de sessões de terapia, cartas enviadas da frente de batalha, discursos de aceitação de indicações. "Glen", eu disse, "podemos fazer psico-história."

Tínhamos, afinal, as três coisas essenciais que Hari Seldon exigia. Primeiro, tínhamos um ótimo princípio psicológico: o estilo explicativo otimista prevê a capacidade de rechaçar a depressão, grandes realizações e a perseverança. Segundo, tínhamos uma forma válida de medir o estilo explicativo de pessoas vivas ou mortas. Terceiro, tínhamos um grande número de pessoas para estudar — números o suficiente para que pudéssemos fazer previsões estatísticas.

Uma manhã na primavera de 1983, me peguei explicando tudo isso a um dos alunos de graduação de vinte anos mais efervescentes que já conheci, Harold Zullow. Suas ideias, energia, originalidade e entusiasmo eram notáveis. Expliquei-lhe a técnica Cave e descrevi as perspectivas que poderia abrir, tentando impressioná-lo e recrutá-lo para a Universidade da Pensilvânia.

"Já pensou em aplicar isso à política?", ele disse. "Talvez a gente consiga prever as eleições. Aposto que o povo norte-americano quer otimistas na liderança, gente que lhes diga que vão resolver seus problemas. Não os queixosos ou céticos. Você quer números grandes? Que tal o tamanho do eleitorado norte-americano? Não dá para prever como os eleitores individuais vão votar numa eleição, mas talvez a gente consiga prever como votam em bloco. Podíamos traçar um perfil otimista de dois candidatos a partir do que dizem e prever quem vai ganhar."

Gostei de seu uso de *a gente*, pois indicava que Harold iria para a Universidade da Pensilvânia. Ele foi mesmo, e o que realizamos nos cinco anos seguintes foi singular. Com um pouco da minha ajuda, ele se tornou o primeiro psicólogo a prever um grande acontecimento histórico antes que de fato acontecesse.

AS ELEIÇÕES PRESIDENCIAIS NORTE-AMERICANAS, 1948-84

Que tipo de presidente os eleitores norte-americanos querem? O otimismo faz diferença para o eleitor norte-americano?

A ciência política era a distração de Harold Zullow, e ele começou sua pesquisa de pós-graduação cedendo ao passatempo.[2] Nós relemos os discursos de aceitação de indicação dos grandes vencidos e dos grandes vencedores dos últimos tempos. As discrepâncias de otimismo eram visíveis. Veja Adlai

Stevenson, duas vezes o grande vencido, ao aceitar sua primeira indicação perante a convenção democrata em 1952:

> Quando o tumulto e os gritos se dissipam, quando as bandas desaparecem e as luzes se escurecem, existe a realidade austera da responsabilidade numa época da história assombrada pelos fantasmas emaciados, macabros da discórdia, dissensão e materialismo, em casa; e o poder implacável, inescrutável e hostil, no exterior.

Prosa imortal, talvez, mas também feita de uma ruminação atrás da outra. Fiel à sua reputação intelectual, Stevenson perdia tempo com eventos negativos e suas análises, sem propor atitudes para alterá-los. Veja seu estilo explicativo:

> *O martírio do século XX — a época mais sanguinolenta, mais turbulenta da era cristã — está longe de acabar.* Sacrifício, paciência e propósito implacável serão nosso destino por anos a fio...
>
> Não buscarei a indicação à presidência *porque os fardos do cargo abalam a imaginação.* [grifos meus]

Essas são duas explicações típicas de Stevenson. O texto em destaque é a explicação, o texto normal é o acontecimento explicado. Bastante permanente: o martírio que está por vir, por anos a fio, vai causar sacrifício. Bastante abrangente: a temeridade dos fardos o levam a não buscar a indicação. Adlai Stevenson, um homem de extraordinária inteligência, era um buraco negro emocional. Seu estilo explicativo era depressivo, assim como a tendência à ruminação.

Os discursos de Dwight D. Eisenhower, por duas vezes adversário de Stevenson, eram totalmente diferentes dos de Stevenson — com baixa ruminação, otimistas em estilo explicativo, e repletos de referências a ações. Veja Eisenhower ("Vou à Coreia"), aceitando a indicação dos republicanos em 1952:

> Hoje é o primeiro dia da nossa batalha.
>
> A estrada que nos leva ao 4 de novembro é uma estrada de lutas. Nessa luta, não vou refrear nada.
>
> Já estive à frente nas vésperas da batalha. Antes de cada ataque, sempre tive a prática de procurar nossos homens em campo e pela estrada e conversar com

eles cara a cara sobre suas preocupações e discutir com eles a grande missão com a qual estamos todos comprometidos.

Os discursos de Eisenhower careciam da graça e da sutileza da prosa de Stevenson. Apesar disso, Eisenhower ganhou com uma maioria esmagadora de votos tanto em 1952 quanto em 1956. Ele era, claro, um grande herói de guerra e o currículo do oponente, em comparação, era bem mais humilde. Historiadores duvidam que alguém seria capaz de vencer Eisenhower, e de fato os democratas, bem como os republicanos, tentaram tê-lo como candidato. Mas o otimismo de Eisenhower e o pessimismo de Stevenson tiveram um papel crucial no resultado das eleições? Cremos que sim.

O que aconteceria com um candidato à presidência que tivesse um estilo mais pessimista e ruminante do que o adversário? Haveria três consequências, todas negativas.

Primeiro, o candidato de estilo mais sombrio seria mais passivo, fazendo menos visitas de campanha e se mostrando menos à altura dos desafios.

Segundo, seria menos benquisto pelos eleitores; em experimentos controlados, pessoas deprimidas não são tão benquistas quanto as não deprimidas, e é mais provável que sejam evitadas. Não queremos dizer com isso que os candidatos presidenciais são depressivos — geralmente não são —, mas que o eleitor é muito sensível a toda a dimensão do otimismo e capta até mesmo pequenas diferenças entre dois candidatos.

Terceiro, o candidato mais pessimista deveria gerar menos esperança nos eleitores. As declarações permanentes e abrangentes que os pessimistas fazem a respeito de eventos negativos indicam desamparo. Quanto mais um candidato rumina, mais esse desamparo é transmitido. Se os eleitores querem um presidente que os faça crer que vai resolver os problemas do país, optam pelo otimista.

Essas três consequências, juntas, preveem que, dos dois candidatos, aquele que mais faz ruminações pessimistas é o que vai perder.

Para testar se o otimismo dos candidatos realmente influencia no resultado das eleições, precisávamos de um ambiente-padrão em que os discursos dos dois candidatos fossem comparáveis entre si e com os discursos de seus predecessores. Existe um cenário perfeito — o discurso de aceitação da indicação, em que o candidato esquematiza suas ideias para o futuro da nação. Até quarenta anos atrás, o discurso era proferido ao partido fielmente reunido no salão, e não ia parar na maioria dos lares norte-americanos. Mas desde 1948, o discurso alcança uma plateia enorme pela televisão. Portanto, começando por 1948, extraímos todas as declarações causais de todos os discursos de aceitação de indicação das últimas dez eleições, misturamos todas aleatória e anonimamente e pedimos a avaliadores que as classificasse em termos de otimismo de acordo com a técnica Cave. Além disso, classificamos a ruminação pegando a porcentagem de frases que avaliavam ou analisavam eventos negativos sem propor uma linha de ação. Também avaliamos a "orientação para ação", a porcentagem de frases que falam sobre o que o candidato já fez ou vai fazer. Acrescentamos uma nota de estilo explicativo à nota de ruminação para produzir uma pontuação total, que chamamos de *pessrum*. Quanto maior o *pessrum*, pior o estilo do candidato.

A primeira coisa que descobrimos ao comparar as notas de *pessrum* dos dois candidatos em cada eleição de 1948 a 1984 foi que o candidato com a pontuação mais baixa — o candidato mais otimista — venceu nove das dez eleições. Nos saímos melhor do que as pesquisas simplesmente olhando o conteúdo dos discursos.

Erramos uma: a eleição de Nixon e Humphrey em 1968. Hubert Humphrey era um pouco mais otimista do que Richard Nixon em seu discurso de aceitação, portanto escolhemos Humphrey. Mas algo aconteceu na marcha feliz rumo ao que seria uma vitória nas pesquisas. O discurso de Humphrey na convenção de Chicago foi acompanhado de motins por toda a cidade, com a polícia batendo em hippies. A popularidade de Humphrey caiu imediatamente, e ele começou a campanha — a mais curta da história moderna — com quinze pontos a menos que o adversário nas pesquisas. Mas a história não terminou aí. Aos poucos, Humphrey ganhou terreno, e no dia das eleições, perdeu no voto popular por menos de 1%. Se a campanha tivesse durado mais três dias, segundo os pesquisadores, o otimista Humphrey teria vencido.

Como o tamanho da vitória remete à diferença de *pessrum* dos candidatos? Fortemente. Os candidatos muito mais otimistas que os oponentes ganharam por maioria esmagadora: Eisenhower (duas vezes) contra Stevenson, Lyndon B. Johnson contra Goldwater, Nixon contra McGovern, Reagan contra Carter. Os candidatos só um pouco mais otimistas que os oponentes acabaram vencendo por um triz no voto popular: por exemplo, Carter venceu Ford.

Espere aí. O que vem primeiro: otimismo ou estar na frente das pesquisas? Será que o otimismo mais amplo, de futuro vencedor, faz com que eleitores votem nele ou será que apenas reflete o fato de estar otimista por já estar à frente? O otimismo é causal ou é mero epifenômeno de ser o favorito?

Uma boa maneira de examinar essas possibilidades é acompanhar os azarões que começaram atrás e venceram. Por natureza, todos começam atrás nas pesquisas, em alguns casos *bem* atrás. A liderança não os torna mais otimistas pois não estão na liderança. Em 1948, Truman começou treze pontos percentuais atrás de Thomas E. Dewey, mas seu *pessrum* era bem mais otimista do que o de Dewey. Truman ganhou por apenas 4,6%, desconcertando todos os pesquisadores. Em 1960, John Kennedy começou 6,4 pontos atrás de Richard Nixon. O *pessrum* de Kennedy era bem mais otimista do que o de Nixon, e ele ganhou raspando por 0,2%, a menor diferença nas eleições modernas. Em 1980, Ronald Reagan começou 1,2 ponto atrás do candidato à reeleição Jimmy Carter. O *pessrum* de Reagan era mais otimista, e ele acabou vencendo por uma margem de 10%.

É possível fazer o controle estatístico de se estar à frente nas primeiras pesquisas e também buscar a reeleição, dois fatores que inflariam o otimismo. Quando tais fatores são controlados, o otimismo ainda exerce influência — na verdade, é uma grande influência — na dimensão da vitória, com as diferenças em *pessrum* servindo para prever a diferença em voto popular com muito mais exatidão do que qualquer outro fator conhecido.

Existem três razões possíveis para o otimismo funcionar com os eleitores: campanha mais ativa por parte do otimista; mais antipatia do eleitor pelo pessimista; e mais esperança engendrada pelo otimista. Não temos a medida direta do segundo ou do terceiro fatores, mas em sete das dez eleições poderíamos contar o número de visitas que cada candidato fez todo dia — uma medida do vigor da campanha. Conforme previsto, o candidato mais otimista fez mais paradas: era o candidato com a campanha mais vigorosa.

O discurso de aceitação da indicação geralmente é feito por um profissional e reescrito inúmeras vezes. Reflete o verdadeiro otimismo do candidato, reflete o otimismo do autor do discurso ou o que o candidato imagina que o público quer escutar? De certo ponto de vista, não importa. Essa análise do otimismo prevê o que os eleitores farão com base na *impressão* que têm do candidato, seja ela válida ou manipulada. Mas de outro ponto de vista, é importante saber como o candidato *realmente* é. Uma forma de descobrir é comparar entrevistas coletivas e debates, que são mais improvisados, com discursos preparados. Fizemos isso em quatro eleições que tiveram debates. Em todas elas, o candidato cujo *pessrum* foi melhor na indicação também foi melhor nos debates.

Em seguida, avaliei os discursos preparados e as coletivas de meia dúzia de líderes mundiais (cujas identidades me eram desconhecidas) em busca do estilo explicativo. O interessante é que descobri uma "digital", que se mantém constante dos discursos cuidadosos a comentários improvisados em coletivas de imprensa. As pontuações de permanência e abrangência são idênticas em falas preparadas e improvisadas, e cada líder que examinei tinha um perfil distinto. (Desconfio de que essa técnica possa ser usada para determinar se uma mensagem escrita realmente veio da pessoa em questão — digamos, de um refém ou do grupo que o sequestrou.) A nota de personalização mudou numa constante de discursos para coletivas de imprensa: em outras palavras, explicações pessoais, tais como assumir uma culpa, são extirpadas de discursos formais, mas são mais frequentes em comentários improvisados.

Minha conclusão é de que, escrito por profissionais ou não, o discurso preparado geralmente reflete a personalidade latente do orador. Ou ele reescreve o discurso com seu nível de otimismo ou escolhe ghost-writers que lhe façam jus nessa importante característica. Mas houve ao menos uma exceção: Michael Dukakis.

1900-44

Decidimos investigar se nossa previsão em nove das dez eleições pós--guerra seria um golpe de sorte ou se, talvez, votar em otimistas seria apenas um fenômeno da era televisiva. Lemos todos os discursos de aceitação de indicação até a campanha McKinley-Bryan em 1900. Analisamos todos às cegas em busca do estilo explicativo e da ruminação. Assim, acrescentamos mais doze eleições ao nosso portfólio.

Aconteceu a mesma coisa. Em nove das doze eleições, o candidato com maior *pessrum* venceu. A margem de vitória, de novo, tinha um forte vínculo com *em que medida* a nota de *pessrum* do vencedor era melhor. As três exceções — assim como a "exceção" Nixon-Humphrey — foram curiosas. Nos enganamos em todas as três reeleições de Franklin D. Roosevelt. Em todas, FDR ganhou com uma margem saudável, apesar do *pessrum* mais melancólico que o de Alfred M. Landon, Wendell L. Willkie e Thomas E. Dewey. Mas desconfiamos de que nessas eleições os votos foram influenciados mais pelo desempenho comprovado durante a crise do que pela esperança nos discursos do oponente.

Nas 22 eleições presidenciais de 1900 a 1984, os norte-americanos escolheram o candidato que parecia mais otimista dezoito vezes. Em todas as eleições em que um azarão conseguiu vencer, ele era o candidato mais otimista. A margem de vitória tinha forte relação com a margem de *pessrum*, com vitórias esmagadoras de candidatos muito mais otimistas que os adversários.

Depois de obter sucesso prevendo o passado, Harold Zullow e eu resolvemos que estava na hora de prevermos o futuro.

A ELEIÇÃO DE 1988

A psico-história como praticada no ambiente acadêmico para "pós-ver" acontecimentos — prever o passado estudando o passado ainda mais remoto. Assim, no notório *Young Man Luther* [Jovem Luther], Erik Erikson pega o que consegue vislumbrar do treinamento de Luther para usar o vaso sanitário e "prevê" que Luther se tornará um revolucionário religioso, empenhado na destruição de autoridades. Não é nenhum espanto que Luther se torne exatamente assim. Parece haver bastante espaço para espiadas quando o resultado já é conhecido.

É o que também acontece com a nossa "pós-visão" das últimas 22 eleições presidenciais. Sabíamos quem havia ganhado, e, apesar de tentarmos manter a pureza da análise e os avaliadores às cegas — eles não sabiam quem tinha dito o quê —, um leitor cético ficaria dentro dos limites ao dizer "preveja alguma coisa!". A psico-história se torna interessante na prática, e acima de qualquer suspeita em termos metodológicos, se realmente prevê o futuro, como preconizou Hari Seldon.

No final de 1987, após dois anos de trabalho, Harold Zullow havia terminado a análise das eleições de 1900 a 1984.

Enfim, estávamos prontos para prever o que aconteceria em 1988. Nunca um cientista social havia previsto grandes acontecimentos históricos antes dos fatos. Economistas viviam prevendo explosões e quedas, mas, quando acontecia o oposto do que haviam previsto, nunca apareciam para assumir o erro. Nossas descobertas do passado pareciam tão fortes que minha sensação era de que poderíamos botar a cara ao sol.

Resolvemos prever em três áreas. Primeiro, as primárias presidenciais: quem seria o indicado de cada partido? Segundo, quem venceria a eleição presidencial. E terceiro, haveria 33 eleições para o Senado para prevermos. Poderíamos começar logo e reunir os discursos do maior número de candidatos possível.

AS PRIMÁRIAS PRESIDENCIAIS DE 1988

Em janeiro de 1988, treze candidatos subiam nos palanques, falando dia após dia em New Hampshire, Iowa, e em outros lugares. Seis republicanos se arrastavam e Robert Dole e George Bush estavam lado a lado nas pesquisas. A previsão era de que Bush perderia: Dole era durão e Bush era um frouxo. Mas o evangelista Pat Robertson, o conservador Jack Kemp e o general Alexander Haig não podiam ser considerados cartas fora do baralho.

A competição democrata estava totalmente aberta. Gary Hart parecia estar de volta após escândalos sexuais e de novo liderava as pesquisas. Considerava-se que o senador Paul Simon, o governador Michael Dukakis, o senador Albert Gore e o deputado Richard Gephardt tinham chances. O reverendo Jesse Jackson, supunha-se, obteria apenas o voto dos negros.

O *New York Times* publicou os discursos — os discursos básicos que os candidatos proferiam algumas vezes por dia com poucas variações. Aplicamos o Cave a todos os treze e os analisamos para descobrir o *pessrum*. Fizemos nossas previsões. No fim de semana anterior à convenção de Iowa, em fevereiro, Harold — preocupado com a possibilidade de que ninguém fosse acreditar que havíamos previsto o futuro se acertássemos — insistiu que puséssemos nossas previsões em envelopes lacrados e os enviássemos ao *New York Times* e ao diretor do departamento de psicologia da Universidade da Pensilvânia. "Se acertarmos", Harold afirmou em tom melancólico, "quero ter certeza de que ninguém diga que demos uma espiada."

As previsões foram inequívocas. Entre os democratas, havia um claro vencedor: o ainda obscuro governador de Massachusetts, Michael Dukakis. Em *pessrum*, ele se destacava do bando. Havia um claro perdedor: Gary Hart, o senador maculado do Colorado, estava no fundo do poço em termos de *pessrum*, soando na verdade como um paciente com depressão. Jesse Jackson estava muito bem de *pessrum*, com um nível alto o bastante para indicar força oculta e surpreender os entendidos. Dukakis, é claro, venceu, e Hart ficou em último lugar, abandonando a competição sem nenhum delegado. Jackson surpreendeu o mundo e fez da tentativa uma luta.

Entre os republicanos, também havia um claro vencedor: George Bush, de longe o mais otimista, com uma nota de *pessrum* melhor até do que Dukakis. Robert Dole estava bem abaixo na lista, com uma diferença ainda maior de *pessrum* do que a existente entre Dukakis e Hart. Dole desapareceria logo segundo nossas previsões. Ainda mais abaixo na lista estava Robertson e em último lugar, Haig, com o *pessrum* mais sombrio. Robertson não chegaria a lugar nenhum, prevíamos, e Haig seria um fiasco.

Bush, no final das contas, levou a melhor sobre Dole com mais facilidade do que imaginávamos. A candidatura de Robertson nunca alçou voo, para o grande sofrimento dos moralistas de direita. Haig foi o grande perdedor, largando a tentativa sem conquistar nenhum delegado.

Nem acreditei quando Harold e eu nos sentamos no começo de maio para examinar as previsões que havíamos lacrado no envelope no início de fevereiro. Tinham sido perfeitas.

A CAMPANHA PRESIDENCIAL DE 1988

Somente metade das primárias haviam terminado quando recebemos um telefonema do *New York Times*. O repórter ao qual mandáramos as previsões (foi ele o primeiro a sugerir que usássemos a técnica Cave nos discursos de palanque), ao ver nosso sucesso, resolvera escrever uma matéria sobre elas. "Vamos publicar na primeira página", ele anunciou, e perguntou quem venceria a eleição. Tentamos ser evasivos. Nos discursos de palanque, concluímos que Bush era visivelmente mais otimista do que Dukakis. Bush ganharia a eleição por 6%. Mas não estávamos dispostos a fazer uma previsão com base apenas em discursos de comícios. Não que houvesse poucas citações com explicações de acontecimentos no discurso de Bush, mas todos os dados anteriores de eleições presidenciais eram baseados no discurso de aceitação de indicação, não nos discursos das primárias.

Harold estava preocupado, mas por outra razão. As duas campanhas, republicana e democrata, tinham nos contatado de imediato, nos pedindo que divulgássemos nosso método de pontuação. Harold declarou que não se importava com todas as questões dos repórteres — e percebi que ele gostava delas —, mas estava preocupado com os próprios candidatos. E se usassem nossos princípios para reescrever os discursos e dar aos eleitores o que eles queriam ouvir? Isso invalidaria nossas previsões para as futuras eleições.

Eu lhe disse, meio incomodado, para não esquentar a cabeça. Políticos norte-americanos eram teimosos demais para levar nossa pesquisa a sério, declarei. Eu mesmo mal acreditava nas descobertas, portanto achava improvável que a equipe de campanha se fiasse nelas para reescrever os discursos. Sugeri que mandássemos o material aos republicanos e aos democratas: nossa pesquisa pertencia ao público. Os coordenadores de campanha tinham tanto direito a ela quanto todo mundo.

Numa madrugada mormacenta de julho, Harold e eu nos acomodamos na minha sala e assistimos ao vivo ao discurso de aceitação da indicação do governador Michael Dukakis. O boato era de que Dukakis daria um peso enorme ao seu discurso e de que Theodore Sorenson — o incrível produtor de discursos de John F. Kennedy — teria sido exumado para redigi-lo. Ficamos sentados com o lápis em punho, contando as ruminações e explanações à medida que Dukakis as proferia. Eu contava as explanações e Harold tomava conta das ruminações.

No meio da fala, sussurrei para Harold: "Está uma maravilha! Se ele continuar assim, não tem para ninguém".

> É hora de reavivar o espírito norte-americano da inventividade e da audácia; para trocar a economia do vodu pela economia positiva; construir o melhor país extraindo o que há de melhor em cada um dos norte-americanos.

Era *mesmo* uma maravilha. O *pessrum* era extremamente otimista. Era um dos discursos de aceitação de indicação mais otimistas da era moderna — ultrapassado apenas pelo de Eisenhower em 1952 e de Humphrey em 1968. Era muito melhor em *pessrum* do que o discurso de palanque de Dukakis. Seu otimismo parecia ter subido muito desde as primárias.

O público também tinha gostado. Dukakis emergiu da convenção com uma liderança bem saudável nas pesquisas.

Será que George Bush era capaz de superar esse desempenho?

Mal podíamos esperar até o final de agosto para ouvir o discurso de Bush na convenção republicana em New Orleans. Também causou um verdadeiro auê. As explicações de Bush para os nossos problemas foram atenuadas com termos altamente específicos e altamente temporários:

> Há o suborno na prefeitura; a ganância em Wall Street; há o tráfico de influência em Washington e as pequenas corrupções da ambição cotidiana.

A partir de seus números de *pessrum*, o discurso de Bush teria, na maioria das eleições da era moderna, superado o dos outros candidatos. Mas não contra o discurso de Dukakis. A fala de Bush era um pouco mais ruminante e um pouco menos otimista do que a de Dukakis. Botamos o *pessrum* dos discursos nas nossas equações (que leva em conta o efeito da reeleição e a influência das pesquisas). Pelos discursos de aceitação de indicação, prevíamos uma vitória apertada de Dukakis — 3%.

Nunca havia apostado em um acontecimento — nem esportivo nem de outro teor. Mas me parecia quase certeza. Liguei para os salões de apostas de Las Vegas. Eles se recusaram a dizer quais eram as probabilidades. É ilegal, me disseram, apostar na eleição presidencial norte-americana nos Estados Unidos. Era para não incentivar ninguém a tentar manipular a eleição. "Tente na Inglaterra", me recomendaram.

Por acaso, dei uma palestra na Escócia no começo de setembro. Tinha economizado algumas libras britânicas e estava pronto para gastar todas em Dukakis. Um amigo me levou em um salão de apostas atrás do outro. Como Bush havia ultrapassado Dukakis nas pesquisas após o discurso da convenção, consegui negociar uma probabilidade de 6 para 5. A aposta estava feita.

Quando voltei a Filadélfia, contei a Harold sobre a minha aposta e lhe ofereci uma parte do lucro. Harold disse que não tinha certeza se aceitaria; sua voz ficou um pouco mais aguda, o que me causou arrepios. Ele não tinha tanta convicção, declarou, de que o discurso que ouvíramos em julho era do verdadeiro Dukakis. Harold vinha lendo os discursos de Dukakis desde o início de setembro, e não eram parecidos com o que ele havia feito na convenção. Tampouco com o discurso de palanque das primárias. Harold passou a se perguntar se o discurso da indicação era mais Sorenson do que Dukakis ou, pior ainda, se tinha sido adulterado para apresentar um baixíssimo *pessrum*. Ele disse que gostaria de esperar o primeiro debate antes de apostar sua bolsa de pós-graduação.

Nas outras quatro eleições em que os candidatos tinham feito debates televisivos, a pessoa com o melhor *pessrum* nos discursos de indicação também tinha tido um *pessrum* melhor em todos os debates. Mas dessa vez era diferente. A cautela de Harold parecia ser bem fundamentada. Dukakis tivera uma queda brusca depois do *pessrum* da convenção, voltando ao nível do discurso de palanque. Bush manteve a estabilidade e de novo exibia um estilo mais otimista do que Dukakis.

Na manhã seguinte ao primeiro debate televisivo entre Bush e Dukakis, Harold disse que ainda não estava pronto para fazer parte da minha aposta. Sua intuição ficava cada vez mais forte: o desempenho de Bush na campanha e seu discurso de aceitação eram o Bush de verdade — muito otimista. Porém, Dukakis já não parecia otimista, e Harold achava inevitável pensar que o discurso de julho não era de Dukakis. As pesquisas pareciam refletir essa ideia. Bush tinha disparado na frente e a diferença só aumentava.

O segundo debate foi um desastre de *pessrum* para Dukakis. Quando perguntaram por que ele não poderia prometer um orçamento equilibrado, Dukakis disse: "Acho que nenhum de nós dois pode; sério, não temos como prever o que vai acontecer". Essa implicação de que o problema era permanente e incontrolável tinha um tom muito mais pessimista do que as afirmações em julho ou até em setembro. O tom se tornava mais típico dele. Enquanto isso, Bush era regularmente otimista.

O resto da campanha evidenciou a mesma discrepância de *pessrum*: o discurso de Bush em comícios era sempre mais otimista do que o de Dukakis. Harold e eu, acompanhando a campanha, tivemos a impressão de que, em algum momento do começo de outubro, no fundo, Dukakis havia desistido. No final de outubro, pusemos os valores dos debates e o discurso do outono na nossa equação e produzimos nossa última previsão: uma vitória de Bush por 9,2%.

Em novembro, George Bush venceu Michael Dukakis por 8,2%.

AS ELEIÇÕES PARA O SENADO DE 1988

Trinta e três cadeiras no Senado também estavam em disputa e para 29 delas conseguimos obter os discursos que ambos os candidatos haviam proferido no começo do ano, geralmente no verão e na primavera. Eram em sua maioria os discursos que os aspirantes a senadores faziam ao anunciar a candidatura — isto é, bem antes do encerramento da campanha. Portanto, as diferenças de *pessrum* — ao contrário do último debate entre Bush e Dukakis — dificilmente brotariam de estarem à frente ou atrás nas pesquisas. Na véspera da eleição, Harold fez sua última análise de *pessrum* dos 29 e se comprometeu, com envelopes lacrados enviados a diversas testemunhas incontestáveis.

Os resultados presidenciais saíram logo, mas para nós o suspense continuou a noite inteira. Não apenas previmos 25 das 29 corridas ao Senado da forma certa; quando todos os votos foram computados, revelou-se que previmos todas as zebras e todas as competições apertadas corretamente, a não ser por uma delas.

Previmos que, em Connecticut, Joe Lieberman venceria o favorito, o candidato à reeleição Lowell Weicker, por um triz. Lieberman venceu por 0,5%.

Previmos que Connie Mack venceria Buddy MacKay na Flórida. Um otimista Connie Mack havia explicado em seu estilo exteriorizado, temporário e específico por que os impostos tinham sido aumentados: "Lawton Chiles [o ex-senador] foi na onda dos gastadores e votou a favor de um aumento para si mesmo". (Harold classificou a explicação com um quatro.) O oponente de Mack, Buddy MacKay, tivera o pessimismo de atribuir os problemas de desenvolvimento da Flórida à "autopercepção da Flórida". (Harold deu a essa explicação permanente, abrangente e personalizada um catorze.) Apesar de ter começado bem atrás, Connie Mack ganhou por menos de 1%.

No entanto, deixamos passar a vitória surpreendente de Conrad Burns sobre o candidato à reeleição John Melcher.

Então era isso. Usando apenas o estilo explicativo dos discursos e o grau de ruminação que revelavam, havíamos tentado prever os resultados das primárias presidenciais, da eleição presidencial e das 29 eleições ao Senado. Tivemos êxito total nas primárias, prevendo os vencedores e os derrotados de cada partido bem antes de as pesquisas nomearem os vencedores. A previsão da eleição presidencial foi misturada. Eu havia perdido a aposta, mas Harold acreditava que o discurso de aceitação da nomeação de Dukakis não era o Dukakis autêntico. Os discursos de outono indicavam a vitória de Bush. Mas era a previsão de todo mundo. Acertamos 86% das concorrências ao Senado, inclusive todas as zebras e as vitórias apertadas, salvo por uma. Ninguém mais se saiu tão bem.

Portanto, essa foi a primeira vez, pelo que sei, que cientistas sociais previram grandes acontecimentos históricos — antes de ocorrerem.

ESTILO EXPLICATIVO ATRAVESSA FRONTEIRAS

Em 1983, fui a Munique a fim de participar do Congresso da International Society for the Study of Behavioral Development (Sociedade Internacional para o Estudo do Desenvolvimento Comportamental), e no segundo dia acabei entabulando uma conversa com uma enérgica jovem pós-graduanda alemã que se apresentou simplesmente como Ele. "Preciso contar a ideia que tive quando você falou da técnica Cave hoje de manhã", ela anunciou. "Mas primeiro devo fazer uma pergunta. Você acha que os benefícios do otimismo e os riscos do pessimismo, do desamparo e da passividade refletem leis universais da natureza humana, ou são verdadeiras apenas nas sociedades ocidentalizadas, como os Estados Unidos e a Alemanha Ocidental?"[3]

Era uma boa pergunta. Eu lhe disse que às vezes também me perguntava se a nossa preocupação com o controle e o otimismo era condicionada pela propaganda, por um lado, e a ética puritana, pelo outro. A depressão, declarei, não parecia ocorrer em culturas não ocidentais em nível tão epidêmico quanto nos países ocidentais. Talvez culturas que não tivessem obsessão com o sucesso não sofressem os efeitos do desamparo e do pessimismo como nós.

Quem sabe, sugeri, as lições do reino animal fossem relevantes. Não são apenas os homens e as mulheres ocidentais que dão sinais de depressão quando vivem perdas e desamparo. Tanto na natureza quanto no laboratório, animais reagem ao desamparo com sintomas incrivelmente paralelos aos daqueles dos seres humanos ocidentais. Chimpanzés reagindo à morte de outros chimpanzés; ratos reagindo ao choque inescapável; peixinhos dourados, cachorros e até baratas agem basicamente como nós quando fracassamos. Desconfio, eu disse, que, quando culturas humanas não reagem a perdas e ao desamparo com depressão, é porque o castigo da pobreza infinita, de milhares de anos em que dois dos três filhos morriam cedo, extirpou a reação natural depressiva da cultura.

"Não acredito que seres humanos ocidentais tenham sido levados à depressão pela propaganda, eles adotaram a ética do controle por lavagem cerebral", eu disse. "Mas dizer que o desejo de controle e a reação desoladora ao desamparo são naturais não quer dizer que o otimismo funcione universalmente." Pense no sucesso no trabalho e na política, por exemplo, sugeri. O otimismo funciona bem para os corretores de seguros de vida norte-americanos e para candidatos que almejam ser presidente dos Estados Unidos. Mas é difícil imaginar os contidos ingleses reagindo bem a vendedores de seguros que jamais desistem. Ou o sorumbático eleitor sueco elegendo um Eisenhower. Ou os japoneses sendo delicados com alguém que sempre culpa os outros por seus fracassos.

Falei que achava que a abordagem do otimismo adquirido provavelmente, na verdade, serviria de alívio para o tormento da depressão nessas culturas, mas o otimismo deveria ser adaptado a outros estilos no ambiente de trabalho ou na política. Porém o problema era que ainda não havia muita pesquisa examinando como o otimismo se transferia de uma cultura para outra.

"Mas me diga", perguntei, "qual foi a ideia que você teve durante a minha palestra sobre a técnica Cave?"

"Acho que encontrei um jeito de descobrir quanto de esperança e desespero existe em diferentes culturas e momentos da história. Por exemplo, existe algo parecido com um estilo explicativo *nacional*, um estilo que preveja como uma nação ou como um povo se comportará numa crise? Será que uma forma específica de governo engendra mais esperança do que outro?", disse Ele.

As questões de Ele eram formidáveis, mas quase irrespondíveis. Digamos que nós descobríssemos, aplicando o Cave ao que escreveram ou disseram ou cantaram, que os búlgaros têm um estilo explicativo melhor do que os navajos. A interpretação desse resultado seria impossível. Talvez seja mais viril dizer coisas otimistas numa cultura do que em outra. Os povos vivenciam climas diferentes, têm histórias e genéticas diferentes, vivem em continentes diferentes. Qualquer diferença de estilo explicativo entre búlgaros e navajos poderia ser explicada de milhares de outras formas além da diferença no grau latente de esperança e desespero.

"Se você fizer o tipo errado de comparação, sim", Ele disse. "Mas eu não estava pensando em navajos e búlgaros. Estava pensando em um par de culturas bem similares: Berlim Oriental e Ocidental. Estão no mesmo lugar, têm o mesmo clima, falam o mesmo dialeto, palavras emotivas e gestos têm os mesmos sentidos, tiveram a mesma história até 1945. Desde então, só divergem em sistema político. São como gêmeos univitelinos criados separados um do outro por quarenta anos. Parece ser o jeito perfeito de questionar se o desespero é diferente em sistemas políticos diversos quando tudo o mais é constante."

No dia seguinte, no congresso, falei a um professor de Zurique sobre essa criativa aluna de pós-graduação que conheci na véspera. Depois de descrevê-la e mencionar que ela se apresentara como Ele, ele me contou que ela era a princesa Gabriele zu Oettingen-Oettingen und Oettingen-Spielberg, uma das jovens cientistas mais promissoras da Bavá40ria.

Continuei minha conversa com Gabriele no dia seguinte, enquanto tomávamos chá. Declarei que concordava que as diferenças de Berlim Oriental e Ocidental em termos de estilo explicativo — se encontradas — poderiam ser interpretadas de maneira significativa como consequências apenas do comunismo versus capitalismo. Mas como, indaguei, ela obteria o material para comparar? Ela não poderia simplesmente atravessar o Muro e distribuir questionários sobre otimismo a uma amostra aleatória de berlinenses orientais.

"Não no clima político atual", ela concordou. (Na época, Andropov era o primeiro-ministro da União Soviética.) "Mas só preciso de escritos das duas cidades, escritos que sejam comparáveis. Têm de ser sobre os mesmos fatos, ocorridos ao mesmo tempo. E têm de ser fatos neutros — nada de política ou de economia ou de saúde mental. E pensei em qual seria o melhor assunto", ela disse. "Daqui a quatro meses, as Olimpíadas de Inverno serão na Iugoslávia. Elas serão relatadas em detalhes nos jornais da Berlim Oriental e Ocidental. Assim como a maioria dos relatos sobre esportes, estarão cheios de declarações causais de atletas e repórteres, sobre vitórias e derrotas. Quero aplicar o Cave na íntegra e ver qual cultura é mais pessimista. Será uma demonstração de que o grau de esperança de diferentes culturas pode ser comparado."

Perguntei o que ela previa. Ela imaginava que o estilo explicativo da Alemanha Oriental, pelo menos no caderno esportivo, seria mais otimista. Os alemães orientais, afinal, formavam uma nação olímpica extraordinária, e os jornais eram enfaticamente órgãos do Estado. Parte de sua função era manter os ânimos em alta.

Não era o que eu previa, mas fiquei calado.

Ao longo dos três meses seguintes, tive várias conversas transatlânticas com Gabriele e recebi uma série de cartas dela. Estava preocupada com o mecanismo de obtenção dos jornais da Berlim Oriental, pois às vezes era difícil levar material escrito de um lado para o outro do Muro. Ela havia providenciado que um amigo mecânico da Berlim Oriental lhe enviasse objetos de cozinha sem nenhum valor, xícaras quebradas e garfos tortos, pelo correio — embrulhados em jornal, os cadernos de esportes, é claro. Mas era desnecessário. Durante as Olimpíadas, conseguiu atravessar os postos de controle de Berlim sem enfrentar resistência, carregando todos os jornais de Berlim Oriental que quisesse.

Em seguida, veio o trabalho: examinar três jornais da Berlim Ocidental e três jornais da Berlim Oriental no decorrer das Olimpíadas, extraindo e classificando as citações com explicações causais. Gabriele encontrou 381 citações. Aqui temos algumas das explicações otimistas dos atletas e dos repórteres.

Um patinador no gelo não manteve o ritmo porque "nesse dia não havia sol de manhã para cobrir o gelo com uma película que parece um espelho", evento negativo (4); uma esquiadora caiu porque "uma avalanche de neve das árvores próximas cobriu o visor de seu capacete", evento negativo (4); os atletas não tinham medo porque "a gente sabe que vai ser mais forte do que os rivais", evento positivo (16).

As seguintes explicações estavam entre as pessimistas: um desastre aconteceu porque "ela está em péssima forma", evento negativo (17); "Ele teve de conter as lágrimas. Sua esperança de ganhar a medalha acabou", evento negativo (17); um atleta havia se saído bem porque "nossos adversários passaram a noite inteira bebendo", evento positivo (3).

Mas quem deu as declarações otimistas e quem deu as pessimistas? As respostas foram uma enorme surpresa para Gabriele. As declarações dos alemães orientais eram bem mais pessimistas do que as dos alemães ocidentais. O que tornava essa revelação ainda mais incrível era o êxito obtido pelos alemães orientais nos jogos. A Alemanha Oriental conquistara 24 medalhas, e a Alemanha Ocidental, apenas quatro. Portanto, os jornais da Berlim Oriental tinham bem mais eventos positivos para anunciar: de fato, 61% das explicações da Oriental falavam de acontecimentos bons para a Alemanha Oriental, e apenas 47% das explicações dos jornais da Alemanha Ocidental falavam de acontecimentos bons para a Ocidental. Ainda assim, o tom das reportagens da Berlim Oriental era muito mais lúgubre do que o daquelas publicadas na Berlim Ocidental.

"Estou espantada com os meus resultados", Gabriele me contou. "Por mais fortes que sejam, só vou acreditar quando encontrar outro jeito de ver se os berlinenses orientais são mais pessimistas e depressivos do que os berlinenses ocidentais. Tentei obter estatísticas precisas de suicídios e hospitalares da Berlim Oriental para compará-las com as da Berlim Ocidental, mas é claro que não consegui."

O doutorado de Gabriele não era em psicologia, mas em etologia humana, um ramo da biologia que lida com a observação de pessoas no habitat natural e o registro minucioso do que fazem. Começou com as observações de Konrad Lorenz sobre os filhotes de pato que tinham "gravado" nele e passaram a segui-lo por todos os cantos — haviam formado a convicção de que era a mãe deles. Suas observações cuidadosas sobre a natureza logo se estenderam para a observação sistemática de pessoas. Gabriele fora orientada pelos dois principais sucessores de Lorenz. Eu sabia que Gabriele tinha feito diversas observações precisas em salas de aula cheias de crianças, mas eu estava apreensivo quando ela me disse o que faria nos bares da Berlim Oriental e Ocidental.

"A única forma que eu consigo imaginar de ter um apoio convergente às minhas descobertas com Cave", ela escreveu, "é ir para Berlim Oriental e contar rigorosamente os sinais de desespero e então compará-los aos mesmos ambientes na Berlim Ocidental. Não quero despertar a desconfiança da polícia, então vou fazer isso nos bares."

Foi exatamente o que ela fez. No inverno de 1985, ela foi a 31 bares em áreas industriais. Escolheu catorze na Berlim Ocidental e dezessete na Berlim Oriental. Esses bares, chamados de *Kneipen*, eram onde trabalhadores iam beber depois do trabalho. Ficam perto uns dos outros, separados apenas pelo Muro. Ela fez todas as observações nos cinco dias úteis de uma mesma semana.

Ela entrava no bar e se sentava no canto, tentando passar despercebida. Depois se concentrava em grupos de clientes e contava o que faziam durante blocos de cinco minutos. Contava todos os aspectos observáveis que a literatura considerava relacionados à depressão: sorrisos, risadas, posturas, gestos vigorosos, gestos pequenos como roer as unhas.

Sob essa medida, os berlinenses orientais de novo se mostraram bem mais depressivos do que os ocidentais: 79% dos berlinenses ocidentais sorriram, contra apenas 23% dos berlinenses orientais; 50% dos berlinenses ocidentais se sentaram ou ficaram em pé, mas apenas 4% (!) dos berlinenses orientais; 80% dos trabalhadores da Berlim Ocidental mantiveram uma postura corporal aberta — voltada para os outros — mas somente 7% (!) dos berlinenses orientais agiram assim. Os berlinenses ocidentais riam duas vezes e meia a mais do que os berlinenses orientais.

Esses grandes resultados mostram que os berlinenses orientais exibem bem mais desespero — medido tanto em palavras como em linguagem corporal — do que os berlinenses ocidentais. As descobertas não mostravam, no entanto, o que exatamente causava a diferença. Estava claro, já que as duas culturas eram uma só até 1945, que os dados davam conta do grau de esperança engendrado por dois sistemas políticos diferentes. Mas não isolavam quais aspectos dos dois sistemas eram responsáveis pela esperança alta ou baixa. Poderia ser a diferença no padrão de vida ou a diferença de liberdade de expressão ou de viajar. Poderia até ser a diferença de livros, música ou comida.

Essas revelações também não nos dizem se os berlinenses orientais se tornaram menos esperançosos com o advento do regime comunista e a construção do Muro, ou se os berlinenses ocidentais se tornaram mais esperançosos desde 1945. Só sabemos que agora existe diferença, com a Alemanha Oriental demonstrando mais desespero do que a Ocidental. Mas estamos aplicando o Cave à reportagem de jornais sobre todas as Olimpíadas de Inverno desde a Segunda Guerra Mundial. Isso nos dirá como a esperança na Berlim Oriental e na Ocidental mudaram ao longo do tempo.*

Essas descobertas também nos apresentam outra questão: que existe um novo método de mensuração da quantidade de esperança e desespero em di-

---

* Ao editar este manuscrito (em abril de 1990), me pego questionando até que ponto o estilo explicativo dos alemães orientais mudou no decorrer dos últimos meses, que foram significativos. A teoria assegura que a reconstrução e a prosperidade dependerão parcialmente do estilo explicativo. Se agora estiver otimista, o futuro da Alemanha Oriental será radiante. Se permanecer tão sombrio quanto em 1984, a recuperação econômica e espiritual será muito mais lenta do que geralmente se espera. Uma previsão: as mudanças em termos de estilo explicativo da Alemanha Oriental, Tchecoslováquia, Romênia, Polônia, Hungria e Bulgária devem servir de prognóstico do sucesso que terão essas nações ao explorar a liberdade recém-conquistada.

versas culturas. Esse método possibilitou que Gabriele Oettingen comparasse o que outros cientistas consideravam incomparável.

RELIGIÃO E OTIMISMO

É comum que se imagine que a religião produz esperança e possibilita que pessoas perturbadas lidem melhor com as vicissitudes deste mundo. A religião organizada propicia a crença de que há mais coisas boas na vida do que percebemos. Os fracassos individuais são amortecidos pela crença de que se é parte de um todo muito maior: o amortecimento acontece seja a esperança tão concreta quanto numa vida após a morte feliz ou tão abstrata quanto ser parte dos planos divinos ou apenas parte da continuidade da evolução. Descobertas sobre a depressão confirmam isso. Conduzindo estudos nas ilhas Hébridas Exteriores, George Brown, o sociólogo de Londres que passou a vida inteira entrevistando donas de casa deprimidas, demonstrou que religiosos praticantes convictos têm menos depressão do que não praticantes.

Mas será que certas religiões dão mais esperança do que outras? Essa questão surgiu em 1986, quando Gabriele foi à Universidade da Pensilvânia como pesquisadora de pós-doutorado da MacArthur Foundation e da Fundação Nacional de Ciências da Alemanha. Comparar duas religiões deveria ser, a princípio, igual a comparar esperança e desespero de duas culturas, Gabriele argumentava. O segredo era descobrir duas religiões tão próximas no tempo e no espaço quanto as da Berlim Oriental e da Ocidental.

Era nesse ponto que a questão estava até encontrarmos a impetuosa Eva Morawska, uma jovem historiadora-socióloga. Eu a convidei para palestrar na minha disciplina de pós-graduação sobre o desamparo em judeus russos e eslavos russos no século XIX. Eva apresentou provas de que os judeus eram muito menos desamparados perante a opressão do que os eslavos. Queria entender por que, quando a situação se tornou intolerável, os judeus se levantaram e foram embora e os eslavos não. "Os dois grupos", Eva sustentava, foram terrivelmente oprimidos. "Os eslavos camponeses viviam uma miséria absoluta, esmagadora, uma pobreza em um grau desconhecido no país. Os judeus viviam na pobreza e sob perseguição religiosa e a ameaça dos pogroms. Porém os judeus emigraram e os eslavos permaneceram.

"Talvez os eslavos da Igreja Ortodoxa Russa se sentissem mais desamparados e desesperançados do que os judeus. Talvez as duas religiões incutissem graus diferentes de otimismo. Será que a Ortodoxia Russa é uma religião mais pessimista do que o judaísmo?", disse Eva.

As duas culturas viviam lado a lado em inúmeros vilarejos da Rússia, portanto é diretamente possível comparar o estilo explicativo de suas preces, seus contos de fadas e as histórias que contavam. Será que os materiais que os eslavos e os judeus ouviam todos os dias diferiam em tom?

Gabriele e Eva logo passaram a colaborar. Com a ajuda de padres da Igreja Ortodoxa Russa, Eva recolheu grandes amostras de materiais religiosos e seculares de ambas as culturas: a liturgia diária, a liturgia das datas festivas, anedotas religiosas, histórias e canções folclóricas, além de provérbios. Eram narrados, cantados e proferidos espontaneamente no cotidiano de cada cultura. Talvez foram moldadores vigorosos dos estilos explicativos. Em seguida, Gabriele aplicou o Cave a todo esse material. O material secular não distinguia as duas culturas, mas o material religioso sim. O material religioso dos judeus russos era visivelmente mais otimista do que o material dos ortodoxos russos, sobretudo na dimensão da permanência. No material judaico, acontecimentos positivos se projetavam mais adiante no tempo — coisas boas durariam mais — e acontecimentos ruins eram mais restritos.

Eva e Gabriele demonstraram que o judaísmo russo era mais otimista do que a ortodoxia russa nas histórias e preces. Ainda é uma especulação alegar que a causa da emigração dos judeus e da permanência dos camponeses eslavos veio da grande esperança absorvida gota a gota das mensagens religiosas que escutavam todo dia. As causas da emigração das pessoas são de alta complexidade. Mas o relativo otimismo do judaísmo era uma causa plausível, e nunca havia sido proposta. Testar a teoria exigiria uma pesquisa histórica e psicológica engenhosa. Mas, por fim, no processo de pesquisa, Gabriele e Eva criaram um novo método para comparar o grau de esperança engendrado pelas duas religiões.

PSICO-HISTÓRIA REVISITADA

O que se considerava psico-história era algo bem distante de tudo o que Hari Seldon teria conceituado. Não previa, "pós-via", e ao fazê-lo espiava.

Reconstruía vidas singulares, não os atos de grupos de humanos. Usava princípios psicológicos questionáveis e não ferramentas estatísticas.

Nas nossas mãos, isso mudou. Tentamos prever acontecimentos — dos grandes — antes de ocorrerem. Ao pós-ver, não espiamos. Agimos às cegas. Tentamos prever os atos de grupos numerosos — os votos do eleitorado, a emigração de um povo. Nos baseamos em bons princípios psicológicos e usamos ferramentas estatísticas consagradas.

Porém esse é apenas o começo. A sugestão é de que os psicólogos do futuro não precisarão se limitar a estudos laboratoriais questionáveis ou estudos caros sobre grupos ao longo do tempo para testar suas teorias. Documentos históricos podem fornecer uma rica base para testes, e a previsão do futuro pode oferecer uma testagem das teorias ainda mais convincente.

Gostamos de imaginar que Hari Seldon ficaria orgulhoso.

Parte III

Mudanças: do pessimismo ao otimismo

*Um homem velho é apenas uma ninharia,
trapos numa bengala à espera do final,
a menos que a alma aplauda, cante e ainda ria
sobre os farrapos do seu hábito mortal...*
W. B. Yeats, "Viajando para Bizâncio",
A torre (1928), trad. de Augusto de Campos

12. A vida otimista

A vida inflige os mesmos contratempos e tragédias ao otimista e ao pessimista, mas o otimista suporta-os melhor. Conforme já abordamos, o otimista se recupera da derrota mais rápido e, com sua vida um pouco mais pobre, se levanta e recomeça. O pessimista desiste e cai em depressão. Por causa de sua resiliência, o otimista conquista mais no trabalho, nos estudos e nos esportes. O otimista tem uma saúde física melhor e talvez até viva mais tempo. Os norte-americanos querem que otimistas os liderem. Até quando as coisas vão bem para o pessimista, ele é assombrado pelas premonições da catástrofe.

Para pessimistas, essas são as notícias ruins. As boas são que os pessimistas podem aprender técnicas de otimismo e aprimorar permanentemente a qualidade de vida. Até os otimistas podem se beneficiar aprendendo a mudar. Quase todos os otimistas têm períodos de pessimismo brando, e as técnicas que beneficiam os pessimistas podem ser utilizadas pelos otimistas quando estão se sentindo para baixo.

Desistir do pessimismo e se tornar mais otimista pode parecer indesejável para alguns. Sua imagem do otimista talvez seja a daquele chato insuportável, o fanfarrão que fica se enaltecendo, a pessoa que sempre joga a culpa nos outros, que nunca assume a responsabilidade pelos próprios erros. Mas nem o otimismo nem o pessimismo têm o monopólio da falta de etiqueta. Conforme você verá neste capítulo, tornar-se um otimista consiste não em aprender a ser mais egoísta e autoconfiante, e se apresentar aos outros de forma arrogante, mas simplesmente aprender uma série de técnicas para falar *consigo mesmo* quando sofrer um baque. Você aprenderá a falar consigo mesmo a respeito das tragédias de um ponto de vista mais animador.

Há mais um motivo para que talvez o aprendizado das técnicas do otimismo lhe pareça indesejável. No capítulo 6, examinamos um balancete que pesava o otimismo contra o pessimismo. Enquanto o otimista tem as virtudes recapituladas na abertura deste capítulo, o pessimismo tinha uma virtude: propiciar um senso de realidade mais apurado. Será que aprender as técnicas do otimismo é o mesmo que sacrificar o realismo?

Essa é uma questão profunda, que põe a meta desses capítulos sobre "mudança" sob uma lente mais nítida. As técnicas descritas aqui não criam um otimismo absoluto, incondicional, que possa ser aplicado cegamente a todas as situações: propiciam um *otimismo flexível*. Têm como objetivo aumentar seu domínio sobre a forma de pensar a adversidade. Caso tenha um estilo explicativo pessimista, não precisa mais viver sob a tirania do pessimismo. Quando eventos negativos ocorrem, você não precisa olhá-los sob a luz mais permanente, abrangente e pessoal, com os resultados paralisantes que o estilo explicativo pessimista acarretam. Esses capítulos lhe darão alternativas para olhar suas desventuras — e uma alternativa que não requer que você se torne escravo do otimismo cego.

GUIA PARA A UTILIZAÇÃO DO OTIMISMO

Sua pontuação no teste do capítulo 3 é o principal jeito de saber se será ou não necessário adquirir essas técnicas. Se sua nota S - I (a pontuação total) foi menor que 8, estes capítulos lhe trarão benefícios. Quanto mais baixa a nota, mais vantajosos serão. Mesmo que tenha marcado 8 pontos ou mais, faça a você mesmo as seguintes perguntas; se a resposta de qualquer uma delas for "sim", estes capítulos também podem lhe fazer bem.

- "Fico desanimado facilmente?"
- "Fico deprimido mais do que gostaria?"
- "Eu fracasso mais do que acho que deveria?"

Em quais situações você deve empregar as técnicas de mudança do estilo explicativo que estes capítulos oferecem? Primeiro, pergunte-se o que você deseja alcançar.

- Se estiver numa situação de conquista (obter uma promoção, vender um produto, redigir um relatório complicado, vencer um jogo), use o otimismo.
- Se estiver preocupado com seus sentimentos (está lutando contra a depressão, precisa manter o ânimo), use o otimismo.
- Se a situação tende a se prolongar e sua saúde física é uma preocupação, use o otimismo.
- Se quer ser um líder, se quer inspirar os outros, se quer que os outros votem em você, use o otimismo.

Por outro lado, há momentos em que as técnicas não devem ser empregadas.

- Se a sua meta é planejar um futuro arriscado e incerto, não use o otimismo.
- Se a sua meta é aconselhar outras pessoas de futuro não tão promissor, de início não use o otimismo.
- Se quer parecer solidário aos problemas alheios, não comece com otimismo, embora usá-lo mais tarde, depois de estabelecidas as relações de confiança e empatia, possa ser útil.

A diretriz fundamental para *não* empregar o otimismo é se perguntar o preço do fracasso especificamente naquela situação. Caso o preço do fracasso seja alto, o otimismo é uma estratégia errada. O piloto na cabine decidindo degelar o avião mais uma vez ou não, o festeiro decidindo voltar para casa dirigindo depois de beber, o casado frustrado decidindo se deve começar um caso que, se vier à tona, destruirá seu casamento: esses não devem usar o otimismo. Aqui, o preço do fracasso é, respectivamente, a morte, um acidente de carro e o divórcio. Empregar técnicas que minimizam os custos é inadequado. Por outro lado, se o preço do fracasso é baixo, use o otimismo. O agente de vendas que está decidindo se dar mais um telefonema o fará perder tempo. O tímido que está decidindo se tentar iniciar uma conversa o fará ser rejeitado. O adolescente que quer aprender um novo esporte mas tem medo de se frustrar. O executivo insatisfeito, deixado de lado na hora de receber uma promoção, que pensa em arriscar receber algumas recusas ao procurar outro emprego. Todos eles devem usar o otimismo.

Este capítulo ensina os princípios básicos da transformação do pessimismo em otimismo no dia a dia. Ao contrário das técnicas de quase todas as outras fórmulas da seção de autoajuda da livraria — que consiste em um monte de curiosidades clínicas, mas apenas uma pitada de pesquisa científica —, estas foram pesquisadas a fundo, e milhares de adultos já as usaram para mudar permanentemente seus estilos explicativos.

Organizei os três capítulos de "mudança" para que cada um deles seja independente. Este aqui pode ser empregado em todos os âmbitos da vida adulta, exceto no trabalho. O segundo é para os seus filhos. O terceiro é para o seu trabalho. Todos usam praticamente as mesmas técnicas do otimismo adquirido em ambientes diferentes, então talvez os capítulos pareçam se repetir de algum modo. Caso esteja interessado em só um desses tópicos, a leitura dos outros dois capítulos não será absolutamente necessária.

O CCC

Katie estava numa dieta rigorosa fazia duas semanas. Naquela noite, depois do trabalho, ela saiu para beber com os amigos e beliscou um pouco dos nachos e das asinhas de frango pedidos pelos outros. Logo depois, teve a sensação de ter "arruinado" a dieta.

Pensa para si mesma, "É isso, Katie. Você quebrou a dieta. Sou de fato fraca. Não posso nem ir a um bar com os amigos sem agir como uma glutona. Eles devem me achar uma idiota. Bom, a dieta toda que fiz nas últimas duas semanas foi à toa, então tanto faz eu enfiar *bem* o pé na jaca comendo o doce que está no congelador."

Katie come todo o brownie com calda de chocolate. A dieta, seguida minuciosamente até aquela noite, começou a descarrilhar.

A conexão entre o ato de beliscar nachos e asinhas de frangos e se esbaldar de fato *não* é necessária. O que relaciona os dois é a explicação que Katie dá a si mesma para ter comido os nachos. Sua explicação é bastante pessimista:

"Sou de fato fraca". Assim como a conclusão a que chegou: "a dieta toda foi à toa". Na verdade, a dieta ainda estava em pé até ela dar uma explanação permanente, abrangente e personalizada. Então ela desistiu.

As consequências do episódio dos nachos teriam sido bem diferentes se Katie tivesse apenas contestado a própria explicação inicial.

"Calma, Katie", ela poderia ter dito a si mesma. "Em primeiro lugar, eu *não* agi como uma *glutona*. Tomei duas cervejas light e comi umas asinhas de frango e uns nachos. Não jantei, então acho que no cômputo geral devo ter consumido poucas calorias além das que a dieta permite. E fugir um pouco da dieta uma noite não significa que sou fraca. Olha como fui forte seguindo a dieta à risca durante duas semanas. Além disso, ninguém me acha idiota. Duvido que alguém estivesse vigiando o que eu comia. Aliás, algumas pessoas até mencionaram que estou mais magra. O mais importante é que, mesmo tendo comido o que não devia, isso não quer dizer que eu deva continuar quebrando a dieta. Não faz sentido. A melhor atitude é parar por aqui, me dar um tempo por ter cometido um errinho e continuar a dieta tão estrita como tem sido nas duas últimas semanas."

É uma questão de três Cs:* quando nos deparamos com *contrariedades*, reagimos pensando nelas. Nossas reflexões logo se solidificam em *crenças*. Essas crenças podem se tornar tão habituais que nem sequer reparamos que as temos até parar e focarmos nelas. E elas não ficam inertes: têm *consequências*. As crenças são as causas diretas do que sentimos e do que fazemos a seguir. Resultam na diferença entre abatimento e desistência, por um lado, e bem--estar e atos construtivos, por outro.

Vimos ao longo deste livro que certos tipos de crenças desencadeiam a reação de desistência. Agora vou lhe ensinar como interromper esse círculo vicioso. O primeiro passo é perceber a ligação entre contrariedade, crença e consequência. O segundo passo é perceber como os CCCs funcionam no seu cotidiano. Essas técnicas são parte de um curso desenvolvido por dois dos

---

* Nos capítulos de "mudança", uso o esquema do modelo ABC (*adversity, beliefs* e *consequences*, em inglês) — CCC (contrariedades, crença e consequências) elaborado pelo psicólogo pioneiro Albert Ellis.

terapeutas cognitivos mais importantes do mundo — o dr. Steven Hollon, professor de psicologia da Universidade Vanderbilt e editor do principal periódico da área; e o dr. Arthur Freeman, professor de psiquiatria da Universidade de Medicina e Odontologia de Nova Jersey — e eu, para mudar o estilo explicativo de pessoas normais.

Quero que você identifique alguns CCCs para ver como funcionam. Vou fornecer a contrariedade, além da crença ou da consequência. Você deve inserir o elemento faltante.

Identificando CCCs

1. A. Alguém entra na vaga de estacionamento na qual você estava de olho.
   B. Você pensa _____.
   C. Você se zanga, baixa a janela e berra com o outro motorista.

2. A. Você grita com seus filhos por não terem feito o dever de casa.
   B. Você pensa "Sou uma péssima mãe/um péssimo pai".
   C. Você pensa (ou faz) _____.

3. A. Seu melhor amigo não retorna suas ligações.
   B. Você pensa _____.
   C. Você passa o dia deprimido.

4. A. Seu melhor amigo não retorna suas ligações.
   B. Você pensa _____.
   C. Você não se sente mal e seu dia transcorre normalmente.

5. A. Você e seu companheiro brigam.
   B. Você pensa "Eu sempre faço tudo errado".
   C. Você pensa (ou faz) _____.

6. A. Você e seu companheiro brigam.
   B. Você pensa "Ele/ela estava de mau humor".
   C. Você pensa (ou faz) _____.

7. A. Você e seu companheiro brigam.
   B. Você pensa "Sempre dá para desfazer os mal-entendidos".
   C. Você pensa (ou faz) _____.

Agora, vamos dar uma olhada nessas sete situações e ver como os elementos interagem.

1. No primeiro exemplo, ideias de intrusão desencadeiam sua raiva. "Esse motorista roubou minha vaga." "Que atitude mais rude e egoísta!"

2. Ao explicar a forma como tratou seus filhos com "Sou uma péssima mãe", veio a tristeza e a relutância em tentar forçá-los a fazer o dever de casa. Quando explicamos eventos negativos como resultado de características permanentes, abrangentes e pessoais como ser uma péssima mãe, fomentamos o abatimento e a desistência. Quanto mais permanente a característica, por mais tempo o abatimento se estende.

3 e 4. Você vê isso quando seu melhor amigo não retorna suas ligações. Se, como no terceiro exemplo, você pensou em algo permanente e abrangente — por exemplo, "Sou sempre egoísta e desatencioso, já era de esperar" —, a depressão virá em seguida. Mas se, como no quarto exemplo, sua explicação é temporária, específica e exterior, você não se perturbaria. "Ele está fazendo hora extra esta semana", talvez você se diga, ou "Ele está de mau humor".

5, 6 e 7. E quando você e seu companheiro brigam? Se, como no exemplo 5, você pensa "Eu sempre faço tudo errado" (permanente, abrangente, personalização), ficará deprimido e não tentará fazer nada para superar a discussão. Se, como no exemplo 6, você pensa "Ele estava de mau humor" (temporário e externo), vai sentir um pouco de raiva, um pouco de desânimo, e imobilidade apenas temporária. Quando o clima desanuviar, é provável que você tome uma atitude para fazer as pazes. Se, como no exemplo 7, você pensa "Sempre dá para desfazer os mal-entendidos", vai agir para fazer as pazes e logo vai se sentir bem e revigorado.

Sua pontuação de CCCs

Para descobrir como esses CCCs funcionam no dia a dia, faça um diário de seus CCCs nos próximos dias, tempo suficiente para que você documente cinco CCCs da sua vida.

Para fazer isso, sintonize o diálogo eterno que se desenrola em sua mente e que geralmente passa despercebido a você. É uma questão de entender a conexão entre certa contrariedade — mesmo que mínima — e o sentimento que suscita. Então, por exemplo, você está conversando com um amigo ao telefone. Ele parece ansiosíssimo para desligar (uma pequena contrariedade aflitiva para você), portanto você fica triste (o sentimento resultante). Esse pequeno episódio se tornará uma entrada no CCC.

Há três partes no seu registro.

A primeira seção, "Contrariedade", pode ser praticamente qualquer coisa — uma pia vazando, uma cara feia de um amigo, um bebê que não para de chorar, uma conta muito alta, a falta de atenção do cônjuge. Seja objetivo acerca da situação. Registre sua descrição do que aconteceu, não sua avaliação sobre o que houve. Assim, se você brigou com o cônjuge, escreva que ele ficou chateado com algo que você disse ou fez. Anote isso. Mas não anote "Ele foi injusto" sob "Contrariedade". É uma inferência, e seria melhor você colocá-la na segunda seção: "Crença".

Suas crenças são como você interpreta a adversidade. Não deixe de separar pensamentos de sentimentos (esses devem entrar em "Consequências"). "Descumpri a dieta" e "Eu me acho incompetente" são crenças. Sua precisão pode ser avaliada. "Estou triste", no entanto, exprime um sentimento. Não faz sentido averiguar a precisão de "Estou triste": se você está triste, está triste.

"Consequências." Nessa seção, registre seus sentimentos e o que você fez. Ficou triste, ansioso, alegre, culpado ou o que seja? Tem vezes que você vai se sentir mais de uma coisa. Anote todos os sentimentos e atos que você perceber. O que você fez em seguida? "Me faltou energia", "Tracei um plano para levá-la a me pedir desculpas", "Voltei para a cama" são exemplos de consequências.

Antes de começar, aqui vão alguns exemplos úteis do tipo de situação que você talvez vivencie.

Contrariedade: Meu marido ia dar banho nas crianças e colocá-las para dormir, mas, quando cheguei em casa depois da reunião, estava todo mundo vendo TV.

Crença: Por que ele não fez nada do que eu pedi? É tão difícil assim dar banho e botar as crianças para dormir? Agora eu que vou ser a chata por acabar com a festinha deles.

Consequências: Estava muito brava com Jack e comecei a gritar antes de lhe dar a chance de se explicar. Entrei na sala e parti para o ataque sem nem dar "oi" antes. Pareci mesmo uma chata.

Contrariedade: Cheguei do trabalho cedo e peguei meu filho com os amigos fumando um baseado na garagem.
Crença: O que ele pensa que está fazendo? Vou matar esse garoto! Isso só mostra o quanto ele é irresponsável. Não dá para confiar nele. Tudo que sai da boca dele é mentira. Bom, não quero nem ouvir o que ele tem a dizer.
Consequências: Fiquei louca de raiva. Eu me recuso a sequer discutir a situação. Falei que ele era "um verdadeiro delinquente" e passei o resto da noite furiosa.

Contrariedade: Liguei para um homem em que estava interessada e o convidei para um show. Ele disse que teria que deixar para outra hora porque tinha que se preparar para uma reunião.
Crença: Ora, que desculpa esfarrapada. Ele estava tentando poupar meus sentimentos. A verdade é que ele não quer nada comigo. O que eu esperava? Sou segura demais para ele. Essa é a última vez que chamo alguém para sair.
Consequências: Me senti idiota, constrangida e feia. Em vez de chamar outra pessoa para ir ao show comigo, resolvi dar os ingressos para um amigo.

Contrariedade: Resolvi me matricular numa academia, mas ao entrar lá só vi gente sarada para todo lado.
Crença: O que estou fazendo aqui? Pareço uma baleia encalhada perto dessa gente! Eu devia sair daqui enquanto ainda tenho um pouco de dignidade.
Consequências: Senti uma vergonha enorme e acabei indo embora quinze minutos depois.

Agora é sua vez. Durante os próximos dias, documente cinco sequências de CCCs na sua vida.

Contrariedade:

Crença:

Consequências:

Contrariedade:

Crença:

Consequências:

Contrariedade:

Crença:

Consequências:

Contrariedade:

Crença:

Consequências:

Contrariedade:

Crença:

Consequências:

Depois de registrar seus cinco episódios de CCC, leia-os com atenção. Procure a ligação entre suas crenças e as consequências. Você notará que explicações pessimistas desencadeiam passividade e desânimo, enquanto explicações otimistas são revigorantes.

O próximo passo vem logo depois: mudando as crenças habituais que se seguem à adversidade, sua reação à contrariedade também mudará. Existem maneiras extremamente confiáveis de fazer essa transformação.

CONTESTAÇÃO E DISTRAÇÃO

Há duas formas gerais de se lidar com as crenças pessimistas depois de nos darmos conta delas. A primeira é simplesmente se distrair quando ocorrem — tentar pensar em outra coisa. A segunda é contestá-las. Contestar é mais eficaz a longo prazo, porque crenças contestadas com sucesso são menos propensas a se repetir quando a mesma situação tornar a ocorrer.

Os seres humanos são feitos para pensar sobre as coisas, boas e ruins, que chamam a atenção e exigem atitudes. Isso faz muito sentido em termos evolutivos. Nós não viveríamos muito tempo se não reconhecêssemos imediatamente perigos e necessidades e se não estivéssemos prontos para nos preocuparmos em lidar com eles. Pensamentos pessimistas habituais apenas levam esse processo proveitoso um passo além, tornando-o prejudicial. Não apenas chamam nossa atenção: eles circulam incessantemente pela nossa mente. Pela sua própria natureza, não se permitem ser esquecidos. São lembretes biológicos primitivos das necessidades e dos perigos. Embora a evolução pareça ter feito de crianças pré-púberes otimistas irreprimíveis, ela também assegurou que os adultos que se preocuparam e planejaram tinham mais chance de sobreviver e de ter filhos e que tais filhos sobrevivessem. Mas na vida moderna, esses lembretes primitivos podem nos atrapalhar, subvertendo nosso desempenho e acabando com a qualidade de nossa vida emocional.

Vamos examinar a diferença entre distração e contestação.

Distração

Agora quero que você *não* pense em uma fatia de torta de maçã com sorvete de baunilha. A torta está quente e com ela o sorvete forma um contraste saboroso em termos de gosto e temperatura.

É provável que você acredite não ser capaz de deixar de pensar na torta. Mas você tem a capacidade de realocar sua atenção.

Pense na torta outra vez. Pronto. Está com água na boca? Agora dê um tapa na parede e grite "PARE!".

A imagem da torta sumiu, não foi?

Essa é uma das várias técnicas simples, mas altamente eficazes, para tentar interromper padrões de pensamento habituais. Algumas pessoas precisam de um sino alto, outras levam um cartãozinho com a palavra PARE em letras garrafais vermelhas. Muitos descobrem que funciona bem usar um elástico no pulso e estalá-lo com força para reprimir o hábito da ruminação.

Se combinar uma dessas técnicas físicas com uma técnica chamada de "desvio de atenção", obterá resultados duradouros. Para impedir que seus pensamentos retomem a crença negativa após a interrupção (ao puxar e soltar um elástico ou o que for), volte sua atenção para outra coisa. Atores fazem isso quando têm que passar rapidamente de uma emoção para outra. Tente o seguinte: pegue um objeto pequeno e o examine com atenção por uns segundos. Segure, ponha na boca e sinta o sabor, cheire, batuque para ver que som faz. Você perceberá que o ato de se concentrar no objeto desse jeito reforça seu desvio de atenção.

Por fim, você pode minar as ruminações tirando vantagem da essência delas, que é circular pela sua cabeça, para que você não as esqueça, para que as leve a cabo. Quando a contrariedade chega, *agende um tempo para refletir...* digamos, na mesma noite, às seis da tarde. Agora, quando algo perturbador acontecer e você achar difícil parar seus pensamentos, diga a si mesmo: "Pare. Vou pensar nisso mais tarde... às (tal e tal horas)".

Além disso, *anote os pensamentos incômodos no momento em que lhe ocorrem.* A combinação de passá-los para o papel — o que serve para desabafá-los e descartá-los — e marcar um horário para refletir sobre eles funciona bem: tira proveito da razão para as ruminações existirem (para lembrá-lo delas) e as enfraquece. Se anotá-las e marcar uma hora para refletir, deixarão de ter propósito e a falta de propósito diminuirá sua força.

Contestação

Desviar de nossas crenças perturbadoras pode ser um bom tratamento, mas um remédio mais profundo, mais duradouro, é contestá-las: dê-lhes um argumento. Parta para o ataque. Ao contestar efetivamente as crenças que seguem a adversidade, você muda sua reação costumeira do desânimo e da desistência para a atividade e o bom humor.

Contrariedade: Comecei a estudar à noite há pouco tempo, depois do trabalho, para tirar o diploma de mestrado. A primeira série de provas foram devolvidas e nem de longe me saí como eu gostaria.
Crença: Que notas horríveis, Judy. Não tenho dúvidas de que foram as piores da classe. Sou muito burra. Só isso. É mais fácil encarar os fatos. Também estou velha demais para competir com aquela garotada. Mesmo se eu continuar, quem vai contratar uma mulher de quarenta anos se puder contratar alguém de 23? O que é que eu estava pensando quando me matriculei? Está tarde demais para mim.
Consequências: Me senti totalmente desanimada e inútil. Fiquei constrangida de ter sequer tentado, e resolvi que deveria sair do curso e ficar satisfeita com o emprego que tenho.
Contestação: Estou exagerando. Esperava tirar só notas A, mas tirei um B, um B+ e um B-. Não são notas horríveis. Posso não ser a melhor da turma, mas também não fui a pior. Eu olhei. O cara ao meu lado tirou dois C e um D+. A razão para eu não ter me saído tão bem assim é que tem muitas outras coisas acontecendo na minha vida que tiram tempo dos estudos. Tenho um emprego em período integral. Tenho família. Acho que, dada a minha situação, até que me saí bem. Agora que fiz essas provas todas sei quanto esforço tenho que aplicar aos estudos no futuro a fim de me sair ainda melhor. Agora não é hora de eu me preocupar com quem vai me contratar. Quase todo mundo que faz essa pós-graduação consegue um bom emprego. Por enquanto, minha preocupação deve ser em aprender o conteúdo e obter meu diploma. Depois, quando me formar, me concentro em encontrar um trabalho melhor.
Resultado: Eu me senti muito melhor a respeito de mim mesma e das minhas notas. Não vou desistir do curso, e não vou deixar que minha idade me impeça de conseguir o que eu quero. Ainda me preocupa que minha idade seja uma desvantagem, mas vou lidar com isso quando e se chegar a hora.

Judy contestou com eficácia suas crenças acerca das notas. Ao fazê-lo, mudou seus sentimentos do desespero à esperança, e sua linha de ação, da desistência a um mergulho de cabeça. Judy conhece algumas técnicas que você vai aprender já, já.

Distanciamento

É essencial perceber que suas crenças são só isso — crenças. Podem, ou não, ser fatos. Se uma mulher ouvisse uma rival invejosa gritar: "Você é uma mãe horrível, egoísta, desatenta e burra", como reagiria? Provavelmente não levaria as acusações muito a sério, e caso se aborrecesse, as contestaria (frente a frente ou para si mesma). "Meus filhos me amam", talvez dissesse a si mesma. "Passo uma quantidade inacreditável de tempo com eles. Ensino álgebra, futebol e a viver neste mundo complicado. De qualquer modo, ela está com inveja porque os filhos dela não se saíram muito bem."

Podemos nos distanciar das acusações infundadas dos outros, com menor ou maior facilidade, mas somos muito piores em nos distanciar das acusações que lançamos — diariamente — contra nós mesmos. Afinal de contas, se *nós* pensamos isso sobre nós mesmos, deve ser verdade, certo?

Errado!

O que dizemos a nós mesmos quando enfrentamos um revés pode ser tão infundado quanto os desvarios de um inimigo invejoso. Nossas explicações reflexivas geralmente são distorções. Não passam de maus hábitos de pensamento, provocados por experiências desagradáveis do passado — conflitos da infância, pais rigorosos, um treinador crítico demais, uma irmã mais velha ciumenta. Mas como parecem surgir de nós mesmos, passam a soar como verdadeiras.

Entretanto, são apenas crenças. E crer em algo não o torna realidade. Só porque alguém teme não ser capaz de arranjar um emprego ou de ser amado ou acredita ser um incompetente, não quer dizer que seja verdade. É essencial dar um passo para trás e suspender a crença por um instante e se distanciar de explicações pessimistas, pelo menos o suficiente para verificar se são verdadeiras. Verificar a exatidão de nossas crenças reflexivas é o cerne da contestação.

O primeiro passo é saber se suas crenças são passíveis de contestação. O segundo passo é pôr a contestação em prática.

APRENDENDO A ARGUMENTAR COM VOCÊ MESMO

Felizmente, você já acumulou uma vida inteira de experiência com a contestação. Você usa essa técnica sempre que discute com os outros. Depois que começar a contestar suas acusações infundadas contra si mesmo, suas velhas técnicas virão à tona para que as use nesse novo projeto.

Existem quatro maneiras de tornar a sua argumentação convincente.

- Evidências?
- Alternativas?
- Implicações?
- Utilidade?

Evidências

A maneira mais convincente de contestar uma crença negativa é checar os fatos. Boa parte do tempo, você terá os fatos do seu lado, já que reações pessimistas à adversidade muitas vezes são reações exageradas. Você assume o papel de detetive e pergunta: "Quais são as evidências dessa crença?".

Judy fez isso. Acreditou que suas notas "horríveis" eram as "piores da turma". Averiguou as evidências. O aluno sentado ao seu lado tinha notas bem mais baixas.

Katie, que supostamente "descumpriu" a dieta, calculou as calorias dos nachos, das asinhas de frango e das cervejas light e concluiu que ultrapassava um pouco as do jantar que não fizera para sair com os amigos.

É importante perceber a diferença entre essa abordagem e o suposto "poder do pensamento positivo". O pensamento positivo envolve tentar acreditar em afirmativas otimistas tais como "Todos os dias, em todos os aspectos, estou me tornando cada vez melhor", apesar da ausência de evidências ou mesmo existindo evidências do contrário. Se você, de fato, consegue acreditar nessas afirmativas, sorte a sua. Muitas pessoas instruídas, diplomadas em ceticismo, não conseguem lidar com esse tipo de ufanismo. O otimismo adquirido, por sua vez, tem a ver com exatidão.

Descobrimos que a mera repetição de afirmações positivas não estimula muito, ou ao menos um pouco, o ânimo ou as conquistas. É nossa forma de lidar com afirmativas negativas que causa impacto. Em geral, as crenças negativas que se seguem à adversidade são imprecisas. A maioria das pessoas é catastrofista: de todas as possíveis causas, escolhem aquela com as implicações mais diretas. Uma das técnicas mais eficazes da contestação será a busca de evidências que indiquem as distorções de suas explicações catastróficas. Na maior parte do tempo, você terá a realidade do seu lado.

O otimismo adquirido funciona não por meio da positividade injustificável acerca do mundo, mas por meio do poder do pensamento "não negativo".[1]

Alternativas

Quase nada que acontece com você tem uma única causa, a maioria dos acontecimentos tem inúmeras causas. Se você se saiu mal num teste pode ter sido por muitas razões: o grau de dificuldade do teste, o quanto estudou, sua inteligência, a correção do professor, o sucesso dos outros alunos, seu cansaço. Pessimistas têm a tendência de se agarrar à pior dessas causas — a mais permanente, abrangente e pessoal. Judy escolheu "estou velha demais para competir com aquela garotada".

Mais uma vez a contestação está do lado da realidade. Se há inúmeras causas, por que se ater à mais traiçoeira? Pergunte a si mesmo, "Existe uma forma menos destrutiva de enxergar a situação?" Judy, uma experiente contestadora, descobriu logo que existia: "Tenho um emprego em período integral e uma família". Katie, que também se tornou uma habilidosa contestadora, poderia transformar "fraqueza" em "Olha como fui forte seguindo a dieta à risca durante duas semanas".

Para contestar as próprias crenças, examine todas as causas que podem ter contribuído para a situação. *Foque nas causas que são mutáveis* (não estudar o suficiente), *específicas* (essa prova foi atípica de tão difícil) *e impessoais* (o professor foi injusto na correção). Talvez você precise se empenhar para gerar crenças alternativas, se agarrando a possibilidades que ainda não tenha convicção de serem verdadeiras. Lembre-se de que geralmente o pensamento pessimista consiste no exato oposto, ou seja, apegando-se à pior crença possível — não por haver evidências que a amparem, mas exatamente por ser terrível. Sua função é interromper esse hábito destrutivo tornando-se habilidoso em gerar alternativas.

Implicações

Pelo jeito que as coisas são neste mundo, porém, os fatos nem sempre estarão do seu lado. A crença negativa que tem a seu próprio respeito talvez esteja correta. Nesse caso, a técnica a usar é a de *descatastrofização*.

Ainda que a minha crença *seja* verdadeira, diga a si mesmo: "Quais são as implicações?". Judy era mais velha que os outros alunos. Mas o que isso insinua? Esse fator não indica que Judy seja menos inteligente do que eles, e não indica que ninguém a contrataria. O furo na dieta de Katie não indica que ela seja uma glutona, que ela é uma idiota, e de jeito nenhum insinua que ela deveria enfiar logo o pé na jaca.

Qual é a probabilidade, você deveria se perguntar, de que essas implicações horríveis se concretizem? Qual é a probabilidade de que as três notas mais baixas indiquem que ninguém jamais contratará Judy? Será que algumas asinhas de frango e alguns nachos querem dizer que Katie é uma glutona? Após questionar se as implicações são realmente tão terríveis assim, repita a busca de evidências. Katie se lembrou da evidência: seguira uma dieta rigorosa durante duas semanas inteiras — portanto, não era nem de longe uma glutona. Judy lembrou que quase todo mundo que obtinha o título de mestre naquele programa conseguia um bom emprego.

Utilidade

Às vezes, as consequências de se apegar a uma crença interessam mais do que a verdade. A crença é destrutiva? A crença de Katie em sua gula, mesmo se verdadeira, é destrutiva. É a receita para que ela desista totalmente da dieta.

Certas pessoas ficam muito chateadas quando o mundo se mostra injusto. Podemos nos solidarizar com essa sensação, mas a crença de que o mundo deveria ser justo talvez cause mais tristeza do que deveria. Que bem me faria insistir nisso? Às vezes, é mais válido seguir em frente sem gastar tempo analisando a correção de suas crenças e contestando-as. Por exemplo, um técnico fazendo uma demolição pode se ver pensando: "A bomba pode disparar sozinha e eu vou morrer", o que faria suas mãos tremerem. Nesse caso, recomendo mais a distração do que a contestação. Sempre que tiver que executar algo *agora*, a distração será a melhor ferramenta. Nesse momento, a pergunta que você deve se fazer não é "Essa crença é verdadeira?", mas sim "É funcional para mim pensar nisso agora?". Se a resposta for não, use as técnicas de distração. (Pare! Marcar um horário mais tarde. Botar o pensamento no papel.)

Outra tática é detalhar todas as maneiras que tem de mudar uma situação no futuro. Mesmo se a crença for verdadeira agora, a situação é mutável? Como começar a mudar?

Registrando as contestações

Agora, peço que você pratique o modelo cinco Cs. Você já sabe o que os três primeiros significam. Os outros dois são *contestação* e *capacitação*.

Nos próximos cinco eventos negativos que você enfrentar, preste atenção às suas crenças, observe as consequências e conteste tais crenças veementemente. Em seguida, repare na capacitação que ocorre quando você se sai bem ao lidar com crenças negativas. Registre tudo. Esses cinco eventos negativos podem ser bobos: a correspondência atrasada; o telefonema que não foi retornado; o frentista que põe gasolina e não limpa o para-brisa. Em cada um desses, use as quatro técnicas de autocontestação.

Antes de começar, analise os exemplos abaixo.

Contrariedade: Peguei emprestado de uma amiga um par de brincos caríssimo e perdi um deles quando estava dançando.

Crença: Sou muito irresponsável. Era o brinco predileto da Kay, e é claro que eu ia perder um deles. Ela vai ficar possessa. Não que não tenha razão. Se eu fosse ela, também ficaria com raiva. É inacreditável o quanto eu sou desastrada. Não ficaria surpresa se ela me dissesse que não quer mais saber de mim.

Consequências: Estou me sentindo péssima. Fiquei com vergonha e constrangida, não queria ligar para ela e contar o que aconteceu. Basicamente, fiquei parada me sentindo uma idiota, tentando reunir forças para ligar.

Contestação: Bom, é muito triste mesmo eu ter perdido o brinco. Eram os prediletos da Kay (evidência) e ela provavelmente vai ficar chateada (implicação), mas vai entender que foi um acidente (alternativa) e duvido muito que ela me odeie por causa disso (implicação). Não acho certo me rotular como uma completa irresponsável só porque perdi um brinco (implicação).

Capacitação: Continuo me sentindo péssima por ter perdido o brinco, mas estou menos envergonhada, e não fiquei preocupada com a possibilidade de ela acabar com nossa amizade por causa disso. Consegui relaxar e ligar para me explicar.

Aqui está um exemplo cuja primeira metade já vimos antes:

Contrariedade: Cheguei do trabalho cedo e peguei meu filho com os amigos fumando um baseado na garagem.
Crença: O que ele pensa que está fazendo? Vou matar esse garoto! Isso só mostra o quanto ele é irresponsável. Não dá para confiar. Tudo que sai da boca dele é mentira. Bom, não quero nem ouvir o que ele tem a dizer.
Consequências: Fiquei louca de raiva. Eu me recuso a sequer discutir a situação. Falei que ele era "um verdadeiro delinquente" e passei o resto da noite furiosa.

Mas aqui está a forma como um craque da contestação concluiria esse diálogo interno:

Contestação: Tá bom, sem sombra de dúvidas Joshua é um irresponsável por fumar maconha, mas isso não quer dizer que ele seja totalmente irresponsável e indigno de confiança (implicações). Ele nunca faltou à aula ou ficou na rua até tarde sem avisar, e ele sempre fez a parte dele nas tarefas domésticas (evidência). Essa situação é seriíssima, mas não tem serventia nenhuma supor que tudo o que ele diz seja mentira (utilidade). No passado, nossa comunicação funcionava bem, e acho que, se eu continuar tranquila agora, a situação vai melhorar (utilidade). Se não estiver disposta a debater a situação com o Joshua, as coisas não vão se resolver (utilidade).
Capacitação: Consegui me acalmar para lidar com a situação. Comecei me desculpando por tê-lo chamado de "um verdadeiro delinquente" e disse que precisávamos conversar sobre o que aconteceu. A conversa ficou meio acalorada em certos momentos, mas pelo menos nós conversamos.

Contrariedade: Fiz um jantar para um grupo de amigos e a pessoa que eu queria impressionar mal tocou na comida.

Crença: A comida está horrível. Sou um péssimo cozinheiro. É bom eu esquecer a ideia de conhecê-la melhor. Tive sorte de ela não se levantar e ir embora no meio do jantar.

Consequências: Fiquei muito chateado e com raiva de mim mesmo. Fiquei tão constrangido com a minha comida que passei o resto da noite tentando evitá-la. É óbvio que as coisas não estavam indo do jeito como queria.

Contestação: Que ridículo. Sei que a comida não estava ruim (evidência). Ela pode até não ter comido muito, mas todo mundo comeu (evidência). Pode haver centenas de razões para ela não ter comido muito (alternativas). Vai ver estava de dieta ou estava se sentindo mal ou estava sem fome (alternativas). Apesar de não ter comido muito, tive a impressão de que ela curtiu o jantar (evidência). Ela contou umas histórias engraçadas e pareceu à vontade (evidência). Ela até se ofereceu para me ajudar com a louça (evidência). Ela não faria isso se sentisse asco de mim (alternativa).

Capacitação: Não me senti nem de longe tão constrangido ou zangado, e percebi que, se evitá-la, vou mesmo acabar com as minhas chances de conhecê-la melhor. No fim, consegui relaxar e não deixar minha imaginação arruinar a noite.

Durante a próxima semana, faça a mesma coisa sobre as contrariedades do seu dia a dia. Não procure a contrariedade, mas quando ela surgir, fique atento ao seu diálogo interno. Quando perceber as crenças negativas, conteste-as. Derrube-as no chão. Em seguida, anote seu processo de pensamento.

Contrariedade:

Crença:

Consequências:

Contestação:

Capacitação:

Contrariedade:

Crença:

Consequências:

Contestação:

Capacitação:

Contrariedade:

Crença:

Consequências:

Contestação:

Capacitação:

Contrariedade:

Crença:

Consequências:

Contestação:

Capacitação:

Contrariedade:

Crença:

Consequências:

Contestação:

Capacitação:

A EXTERIORIZAÇÃO DAS VOZES

Para exercitar a contestação, não é preciso esperar que a contrariedade bata à porta. Você pode pedir a um amigo que lhe ofereça crenças negativas em voz alta, agora basta contestá-las. Esse exercício é chamado de "exteriorização das vozes". Para isso, escolha um amigo (ou seu cônjuge) e separe vinte minutos. O papel do seu amigo é criticá-lo. Por esse motivo, o amigo tem que ser escolhido a dedo. Escolha alguém a quem você confia seus sentimentos e com quem você não fique na defensiva.

Explique a seu amigo que, nessa situação, está tudo bem em criticá-lo: você não vai levar aquilo para o lado pessoal porque se trata de um exercício para fortalecer seu modo de contestar as mesmas críticas mais tarde. Ajude seu amigo a escolher os tipos certos de críticas examinando seus registros de CCC junto com ele, destacando as crenças negativas que o acometem frequentemente. Depois de entendê-las, você vai perceber que, na verdade, não leva as críticas para o lado pessoal quando seu amigo as faz, e que o exercício pode até fortalecer o laço de empatia entre vocês.

Sua função é contestar as críticas em voz alta, com todas as armas que tiver. Junte todas as evidências contrárias que conseguir, especifique todas as explicações alternativas, promova uma descatastrofização argumentando que as implicações não são nem de longe tão terríveis quanto seu amigo denuncia. No entanto, se você acredita que a acusação é verdadeira, detalhe tudo o que pode fazer para mudar a situação. Seu amigo pode interromper para debater sua contestação. Depois você deve replicar.

Antes de começar, você e seu amigo devem ler os exemplos abaixo. Todos contêm uma situação que o amigo explora para fazer acusações horríveis. (Seu amigo deve ser duro contigo, pois com seu próprio estilo explicativo você tem sido duro consigo mesmo.)

Situação: Ao guardar algumas roupas no quarto de sua filha de quinze anos, Carol encontra uma cartela de pílula anticoncepcional escondida debaixo de algumas roupas.

Acusação (feita pelo amigo): Como é que isso está acontecendo bem debaixo do seu nariz? Ela tem só quinze anos. Você nem namorava quando tinha essa idade. Como é possível que você não tenha percebido o que a sua filha anda fazendo? Sua relação com ela deve ser um horror para você nem ficar sabendo que a Susan tem vida sexual ativa. Que tipo de mãe você é?

Contestação: Bem, não ajuda em nada comparar a minha adolescência com a experiência da Susan (utilidade). Os tempos mudaram. O mundo é diferente hoje em dia (alternativa). É verdade que eu não fazia ideia de que Susan já estava com uma vida sexualmente ativa (evidência), mas isso não quer dizer que a nossa relação seja horrível (implicação). As conversas que tive com ela sobre controle de natalidade devem ter surtido efeito, porque ela está tomando pílula (evidência). É um bom sinal, pelo menos.

Amigo interrompe: Você está tão concentrada na própria vida e tão ocupada com o trabalho que não tem ideia do que está acontecendo com a sua filha. Você é uma péssima mãe.

Contestação continua: Ultimamente ando tão preocupada com o trabalho e talvez eu não esteja tão afinada com ela quanto gostaria (alternativa), mas tenho como mudar isso (utilidade). Em vez de perder as estribeiras ou ficar me odiando, posso usar essa situação para restabelecer a comunicação entre nós e discutir sexo e quaisquer preocupações que ela possa ter (utilidade). No começo não vai ser fácil. Acho que ela vai ficar meio na defensiva, mas podemos acertar os ponteiros.

Situação: O pessimista, nesse caso, é um homem chamado Doug. Ele e a namorada, Barbara, vão a um jantar na casa de um amigo. Barbara passa parte da noite conversando com Nick, um homem que Doug não conhece. No carro, a caminho de casa, Doug não consegue evitar o comentário mordaz: "Você e aquele cara pareciam estar se dando bem. Fazia tempo que eu não te via tão animada. Espero que você tenha pegado o telefone dele — seria uma pena deixar essa amizade morrer". Barbara se surpreende com a reação de Doug e, aos risos, lhe diz que ele não precisa ficar tão inseguro: Nick é só um amigo do trabalho.

Acusação (feita pelo amigo): Foi uma grosseria de Barbara passar a noite inteira conversando e rindo com outra pessoa. O grupo era de amigos dela, e ela sabia que você seria o estranho no ninho.

Contestação: Acho que estou exagerando um pouquinho. Ela não passou a noite inteira conversando com Nick (evidência). Ficamos quatro horas na festa, e ela deve ter conversado com ele por uns quarenta minutos (evidência). Não é porque eu não conhecia muita gente que ela tinha de ficar como minha babá (alternativa). Ela passou a primeira hora me apresentando aos amigos, e só depois do jantar passou um tempo sozinha com Nick (evidência). Acho que ela se sente segura o suficiente na nossa relação para saber que não precisa ficar grudada comigo o tempo todo (alternativa). Ela sabe que consigo me enturmar e conhecer as pessoas sozinho (evidência).

Amigo interrompe: Se ela realmente se importasse com você, não passaria a noite dando em cima do cara. Você obviamente gosta mais dela do que ela gosta de você. Se é assim que ela se sente, seria melhor terminar tudo.

Contestação continua: Eu sei que a Barbara me ama (evidência). Estamos juntos há muito tempo, e ela nunca falou em separação ou sobre sair com outras pessoas (evidência). Ela tem razão, eu devia estar me sentindo meio nervoso por conhecer tantas pessoas novas ao mesmo tempo (alternativa). Preciso me desculpar por ter sido tão sarcástico com ela e explicar o porquê de eu ter reagido daquela forma (utilidade).

Situação: A esposa de Andrew, Lori, é alcoólatra. Fazia três anos que ela não ingeria uma gota de álcool, mas recentemente voltou a beber. Andrew está tentando de tudo para que ela pare: tentou argumentar, a ameaçou, implorou. Mas toda noite, quando ele chega do trabalho, Lori está bêbada.

Acusação (feita pelo amigo): Que horror. Você deveria conseguir fazê-la parar de beber. Devia ter percebido que algo a estava incomodando antes que a situação chegasse nesse ponto. Como você pôde ser tão cego? Por que não consegue fazer com que ela veja o está fazendo consigo mesma?

Contestação: Seria ótimo se eu conseguisse fazer Lori parar de beber, mas essa possibilidade não existe (evidência). A última vez que passei por isso, descobri que não há absolutamente nada que eu possa fazer para que ela pare (evidência). Até que ela decida parar sozinha, não há nada que eu possa fazer para que ela veja o que não quer ver (alternativa). Isso não significa que não tenho como lidar com os meus sentimentos a respeito dessa questão (implicação). Posso começar a frequentar um grupo de apoio para não cair na armadilha de me culpar novamente (utilidade).

Amigo interrompe: Você achou que as coisas estavam bem entre vocês. Acho que você andou se iludindo nos últimos três anos. Seu casamento não deve significar nada para ela.

Contestação continua: Não vou desconsiderar os últimos três anos do nosso casamento só porque a Lori voltou a beber (alternativa). As coisas estavam bem entre nós (evidência), e vão melhorar de novo. Esse problema é *dela* (alternativa), e eu só tenho que ficar repetindo isso pra mim mesmo (utilidade). Ela não está bebendo por causa de alguma coisa que eu tenha feito ou que deixei de fazer (alternativa). O máximo que posso fazer agora, por nós dois, é conversar com alguém sobre o impacto que isso está tendo sobre mim e quais são minhas preocupações e questões (utilidade). Vai ser um saco passar por isso, mas estou disposto a tentar.

Situação: Brenda e a irmã, Andrea, sempre foram muito próximas. Frequentaram as mesmas escolas, circulavam nas mesmas turmas, foram morar no mesmo bairro. O filho de Andrea é calouro em Dartmouth, e tanto Andrea quanto Brenda estão animadas para ajudar Joey, filho de Brenda, a começar a pesquisar as faculdades que gostaria de cursar. No início do seu último ano no Ensino Médio, Joey diz a seus pais que não quer fazer faculdade: prefere reformar casas e trabalhar com construção. Quando Andrea pergunta a Brenda por que Joey não quer fazer faculdade, Brenda perde a cabeça e diz: "Não que seja da sua conta, mas nem todo mundo tem que seguir os passos do seu filho".

Acusação (feita pelo amigo): Você deve estar de saco cheio de sua vida ser um livro aberto para Andrea. Ela tem a família dela. Não existe razão pra ela viver se metendo na sua vida.

Contestação: Acho que você está exagerando um tiquinho. A Andrea só perguntou por que Joey decidiu não fazer faculdade (evidência). Foi uma pergunta justa (alternativa). Tenho a impressão de que faria essa mesma pergunta a ela se a situação fosse inversa, se fosse o filho dela, não o meu, que tivesse resolvido não fazer faculdade (evidência).

Amigo interrompe: Ela se acha superior porque o filho dela estuda em Dartmouth, e o Joey, não. Bem, você não precisa desse tipo de atitude, então ela que se dane.

Contestação continua: Ela não agiu como se fosse superior ou ficou esfregando o filho dela na minha cara; só está preocupada porque gosta muito do Joey (alternativa). Acho que estou na defensiva quanto à decisão do Joey e com inveja de onde o filho da Brenda está (alternativa). Na verdade, tenho orgulho da minha relação com a Brenda. Claro, de vez em quando podemos ficar competitivas, mas eu não trocaria nossa proximidade por nada neste mundo (utilidade).

Situação: Donald é veterano na faculdade. Seu pai morreu há quatro anos, depois de ficar doente por muito tempo. Quando Donald vai passar o Natal em casa, a mãe lhe conta que vai se casar com Geoff, com quem vem saindo há alguns meses. Donald sabia que ela estava namorando Geoff, mas fica muito surpreso com seus planos de casamento. Já que Donald não reage ao seu anúncio, a mãe pergunta o que ele acha. Donald explode e diz: "Não acredito que você quer se casar com aquele cara asqueroso", e sai da casa batendo a porta.

Acusação (feita pelo amigo): Não dá para acreditar que a sua mãe vai se casar com aquele cara. Ela mal o conhece, ele é muito velho e não tem nada a ver com ela. Como ela foi capaz de fazer isso com você?

Contestação: Espere aí. A situação é tão ruim assim? Em primeiro lugar, não sei quão bem ela conhece Geoff (evidência). Passei o ano inteiro longe, na faculdade (evidência). Eles só se conhecem há alguns meses, mas vai ver que eles passam o dia inteiro juntos (alternativa). E sobre ele ser muito velho, isso é uma bobagem (evidência). Ele é só dez anos mais velho que ela; meu pai era treze anos mais velho do que a minha mãe (evidência).

Amigo interrompe: Como ela foi capaz de fazer isso com o seu pai? Seu pai acabou de morrer e ela já está botando outro no lugar dele. Que nojo. Que tipo de mulher é essa, capaz de fazer uma coisa tão vil?

Contestação continua: Fazia bastante tempo que eu não via minha mãe tão feliz (evidência). Acho que o que realmente me incomoda é que ainda sinto muita falta do meu pai e não consigo entender como ela superou a ponto de se apaixonar novamente (alternativa). Talvez seja bom nós dois conversarmos sobre isso. O fato é que meu pai já morreu faz quatro anos (evidência), e, quer eu goste ou não, minha mãe tem que seguir em frente (alternativa). Não quero vê-la sozinha. De certa forma, é um alívio (implicação). Agora não preciso me preocupar tanto. Quer dizer, ela não está substituindo meu pai, ela só encontrou outra pessoa que a faz feliz (alternativa). Aposto que meu pai ficaria feliz (evidência). Ele não iria querer que ela nunca mais se apaixonasse (evidência). Foi uma surpresa para mim (alternativa). Acho que vou me sentir melhor a respeito disso tudo quando eu conhecer o Geoff (utilidade). Espero que ele seja um cara legal.

Pronto. Agora é a sua vez.

RESUMO

A esta altura, você já está bem versado para usar a contestação, a principal técnica do otimismo adquirido, no seu dia a dia. Primeiro você viu o CCC — aquelas crenças específicas que levam ao desânimo e à passividade. Emoções e atos em geral não são decorrentes diretamente da contrariedade. Na verdade, eles surgem a partir de suas crenças sobre a contrariedade. Isso significa que, caso mude a sua reação mental à contrariedade, talvez você possa lidar muito melhor com os contratempos.

A principal ferramenta para mudar sua interpretação da contrariedade é a contestação. De agora em diante, exercite a contestação de suas interpretações automáticas o tempo todo. Sempre que estiver triste ou ansioso, pergunte o que você está dizendo a si mesmo. Às vezes, as crenças não são precisas; quando for esse o caso, concentre-se nas maneiras através das quais você pode mudar a situação e evitar que as contrariedades se transformem em desastres. Geralmente nossas crenças negativas são meras distorções. Trate sempre de questioná-las. Não deixe que manipulem sua vida emocional. Ao contrário de fazer dieta, é fácil manter o otimismo adquirido depois que você começa a exercitá-lo. Quando se adquire o hábito de contestar as crenças negativas, sua vida diária transcorre bem melhor, e você fica muito mais feliz.

13. Como ajudar seu filho a escapar do pessimismo

Gostamos de imaginar a infância como uma época idílica, livre do fardo das responsabilidades que se abatem sobre nós com a idade, um período protegido antes de a vida começar a ficar séria. Mas, conforme abordamos nos capítulos anteriores, não há refúgio contra o pessimismo e seu descendente sombrio, a depressão. Muitas crianças sofrem muito com o pessimismo, condição que as atormenta por anos a fio, arruinando sua educação e seu estilo de vida, minando sua felicidade. Crianças em idade escolar têm a mesma taxa de depressão, e com a mesma intensidade, que os adultos. Pior: o pessimismo se incute como uma forma de enxergar o mundo, e o pessimismo infantil é a origem do pessimismo quando adulto.

Como já observamos, alguns estudos indicam que as crianças aprendem muito de seu pessimismo com as mães. Também aprendem o pessimismo com as críticas que os adultos lhes fazem. Mas se as crianças podem aprender, podem desaprender, e fazem isso exatamente como os adultos: desenvolvendo mais maneiras otimistas de explicar os retrocessos da vida para si mesmos. Apesar de as técnicas do CCC terem sido muito bem pesquisadas e aprendidas por milhares de adultos, ainda não foram feitas tantas pesquisas com crianças, mas já sabemos o suficiente para recomendá-las aos seus filhos. Pode-se dizer que ensinar o otimismo aos filhos é tão importante quanto ensiná-los a trabalhar com afinco ou a serem honestos, pois isso pode gerar um impacto igualmente profundo na vida deles mais tarde. Seu filho precisa aprender as técnicas do otimismo?

Alguns pais relutam um pouco em interferir no curso natural do crescimento emocional das crianças. Seu filho só tem a ganhar ao adquirir essas técnicas, mas há três diretrizes para determinar se elas são necessárias para o seu filho.

Primeiro, qual foi a pontuação dele no CASQ, do capítulo 7? Se a sua filha marcou menos de 7,0, ou se seu filho marcou menos de 5,0, é duas vezes mais provável que sofra de depressão do que as crianças mais otimistas, e é provável que se beneficie muito deste capítulo. Quanto menor a pontuação da criança, mais ela se beneficiará.

Segundo, quanto seu filho tirou no teste de depressão do capítulo 8? Se marcou 10 pontos ou mais, ele vai fazer bom proveito destas técnicas. Se marcou 16 ou mais, acredito que seu aprendizado seja essencial.

Por fim, você e seu cônjuge têm brigado ou, pior ainda, a separação ou o divórcio são uma possibilidade? Se for esse o caso, seu filho precisa dessas técnicas urgentemente. Descobrimos que crianças muitas vezes entram em depressão profunda nesses momentos, e ficam deprimidas por anos a fio, com baixo desempenho escolar e uma adoção permanente do estilo explicativo pessimista. A intervenção certeira pode ser crucial.

Com este capítulo, você pode guiar seu filho pelo sistema CCC aprendido no capítulo anterior. Caso você ainda não tenha lido esse capítulo, ou faz tempo que o leu, a familiaridade com esse material fará de você um instrutor melhor.

O CCC PARA SEU FILHO

Perceber a conexão entre contrariedades, crenças e consequências é o primeiro passo para o seu filho absorver o aprendizado do otimismo. Os exercícios abaixo são uma tentativa de ensinar essa conexão. São feitos para crianças com idades entre oito e catorze anos. As crianças mais jovens podem achá-los difíceis, mas, se você for paciente e seu filho for bastante cerebral, é possível usá-los com uma criança de sete anos. Crianças mais velhas, adolescentes maduros, devem fazer os exercícios para adultos: eles se sentirão menosprezados pelos exemplos infantis.

Ensinar otimismo ao seu filho beneficia tanto ele quanto você. O benefício para seu filho é óbvio. Mas ensinar também é a melhor maneira de se aprender bem alguma coisa. Por meio do ensino dessas técnicas ao seu filho, sua compreensão delas vai se aprimorar imensamente.

Então vamos começar. Depois de ler o capítulo anterior e terminar os exercícios para adultos, reserve meia hora com o seu filho. Primeiro, explique o modelo CCC para ele. A ideia que você quer passar é que o modo como ele se sente não surge do nada. Deixe claro que o que ele *pensa* quando as coisas vão mal altera a forma como ele se sente. Quando ele de repente se sente triste ou zangado, temeroso ou constrangido, uma ideia está sempre por trás do sentimento. Se ele conseguir descobrir qual é essa ideia, será capaz de mudá-la.

Depois que a criança captar o sentido geral, examine com ela os três exemplos a seguir. Após cada exemplo, peça que ela os explique com as próprias palavras, concentrando-se no vínculo entre as crenças e as consequências. Depois desse exercício, repasse as perguntas no final de cada exemplo.

> *Contrariedade*: Meu professor, o sr. Minner, gritou comigo na frente da sala inteira e todo mundo riu.
> *Crença*: Ele me odeia e agora a turma toda me acha um idiota.
> *Consequências*: Fiquei muito triste e queria poder me esconder debaixo da mesa.

Pergunte ao seu filho por que o menino ficou triste. Por que queria sumir? E se ele tivesse uma crença diferente a respeito do sr. Minner — por exemplo, se pensasse: "A turma inteira sabe que o sr. Minner é injusto" —, as consequências seriam muito diferentes? A turma acharia o menino idiota?

As crenças são o passo crucial para as consequências; quando mudam, as consequências também mudam.

> *Contrariedade*: Minha melhor amiga, Susan, me contou que a Joannie é sua nova melhor amiga e que a partir de agora ela ia ficar no recreio com a Joannie e não comigo.
> *Crença*: A Susan não gosta mais de mim porque eu não sou descolada o bastante. A Joannie conta piadas engraçadas, e quando eu conto piada *ninguém* ri. E a Joannie tem roupas muito legais, enquanto eu me visto como uma criancinha. Aposto que, se eu fosse mais popular, a Susan ainda iria querer ser minha melhor amiga. Agora eu vou ficar sozinha no

recreio, e todo mundo vai ficar sabendo que a Joannie é a nova melhor amiga da Susan.

Consequências: Fiquei com muito medo de ir para o recreio porque não queria ser ridicularizada e ter que comer sozinha, então fingi uma dor de barriga e pedi à srta. Frankel que me mandasse para a enfermeira. Também me senti feia e tive vontade de mudar de escola.

Por que a menina queria mudar de escola? Foi pelo fato de Susan ter ficado amiga de Joannie? Ou foi a crença de que não teria mais amigos? Por que ela se sentiu feia? Qual papel exerce sua crença de que se veste como uma boba? Que mudança causaria nas consequências se a menina acreditasse que Susan era uma palerma volúvel?

Contrariedade: Enquanto eu esperava no ponto de ônibus com meus amigos, um grupo de alunos do nono ano chegou e ficou me chamando de "Baleia" e "Bola" na frente de todo mundo.

Crença: Não tenho como retrucar porque eles têm razão, *estou* uma baleia. Agora todos os meus amigos vão rir de mim e ninguém vai querer ficar perto de mim no ônibus. Todo mundo vai começar a me zoar e a me dar apelidos e vou ter que aceitar.

Consequências: Tive vontade de morrer, fiquei morrendo de vergonha. Queria fugir dos meus amigos, mas não fiz isso porque era o último ônibus. Então só abaixei a cabeça e decidi sentar sozinho no primeiro banco, perto do motorista.

Por que o menino queria fugir dos amigos? Foi porque ele foi chamado de "Baleia" ou pela crença de que todos os amigos agora iriam rejeitá-lo? Havia outras crenças, mais construtivas, que ele poderia acalentar — "Meus amigos são leais", por exemplo, ou "Meus amigos acham esses caras do nono ano uns idiotas"? O que teria acontecido?

Quando você perceber que seu filho entendeu o conceito CCC, encerre a sessão. Reserve meia hora para o dia seguinte, em que seu filho aprenderá a colocar o CCC em prática na própria vida.

Na sessão seguinte, comece recapitulando o vínculo contrariedade-crença-
-consequências e reveja um dos exemplos, se necessário. Em seguida, peça que
ele lhe dê um exemplo da sua própria vida e escreva no papel. Se ele precisar
de sugestões, use um ou dois CCCs de seu próprio registro.

Agora diga que é a vez de ele encontrar os próprios CCCs. Sua missão nos
próximos dias é levar para casa um exemplo e discuti-lo com você. Todo dia,
depois da escola, registre e discuta o exemplo. Ressalte que tristeza, raiva,
medo e desistência são todos gerados por crenças e insinue, em termos gerais, que essas crenças não são inevitáveis ou imutáveis. É bem possível que
ele volte para casa com todos os cinco exemplos no primeiro ou no segundo
dia. Quando seu filho encontrar os cinco exemplos, você estará pronto para
começar a fase da contestação.

O registro de CCCs do seu filho

Contrariedade:

Crença:

Consequências:

Contrariedade:

Crença:

Consequências:

Contrariedade:

Crença:

Consequências:

Contrariedade:

Crença:

Consequências:

Contrariedade:

Crença:

Consequências:

CCCCC PARA SEU FILHO

A contestação para crianças é o mesmo processo da contestação para adultos. Depois que seu filho captar o vínculo do CCC, você pode explicar o elo entre contestação e capacitação. Separe quarenta minutos: comece revendo o elo do CCC. Use dois dos exemplos do registro de CCC da própria criança para reexaminar. Explique ao seu filho que não é porque ele tem esses pensamentos que eles são verdadeiros. Eles podem ser contestados, exatamente como se fossem as palavras de outra criança que o detestasse.

Usando um dos exemplos dele, peça ao seu filho que imagine que seu pior inimigo tivesse dito isso sobre ele. Como ele responderia? Quando seu filho der uma boa resposta, peça-lhe que dê outras, até que não consiga mais pensar em nada. Agora explique que ele pode contestar os próprios pensamentos negativos da mesma forma que pode contestar as acusações dos outros — mas com um efeito melhor: quando as coisas negativas que diz a si mesmo forem contestadas, seu filho vai parar de acreditar nelas e se tornar mais alegre e capaz de fazer mais.

Agora você vai precisar usar alguns exemplos e analisar cada um deles com seu filho. Aqui vão quatro exemplos para usar; dois antigos e dois novos:

Contrariedade: Meu professor, o sr. Minner, gritou comigo na frente da sala inteira e todo mundo riu.

Crença: Ele me odeia e agora a turma toda me acha um idiota.

Consequências: Fiquei muito triste e queria poder me esconder debaixo da mesa.

Contestação: Não é porque o sr. Minner gritou comigo que ele me odeia. O sr. Minner grita com quase todo mundo, e ele já disse que a nossa turma é a sua preferida. Acho que eu estava mesmo fazendo um pouco de bagunça, então não o culpo por ficar bravo. A turma inteira, bom, a turma toda menos a Linda, porque ela é muito boazinha, mas todo mundo já foi alvo dos gritos do sr. Minner *pelo menos* uma vez, então duvido que eles pensem que sou um idiota.

Capacitação: Ainda estou meio triste por causa dos gritos, mas um pouco menos, e já não sinto mais vontade de me esconder debaixo da mesa.

Releia a crença em voz alta. Peça ao seu filho que a conteste com suas próprias palavras. Peça a ele para explicar como funciona cada ponto de sua contestação: como é que a percepção de que o sr. Minner grita com todo mundo contraria "o sr. Minner me odeia"?

Contrariedade: Minha melhor amiga, Susan, me contou que a Joannie é sua nova melhor amiga e que a partir de agora ela ia ficar no recreio com a Joannie e não comigo.

Crença: A Susan não gosta mais de mim porque eu não sou descolada o bastante. A Joannie conta piadas engraçadas, e quando eu conto piada *ninguém* ri. E a Joannie tem roupas muito legais, enquanto eu me visto como uma criancinha. Aposto que, se eu fosse mais popular, a Susan ainda iria querer ser minha melhor amiga. Agora eu vou ficar sozinha no recreio, e todo mundo vai ficar sabendo que a Joannie é a nova melhor amiga da Susan.

Consequências: Fiquei com muito medo de ir para o recreio porque não queria ser ridicularizada e ter que comer sozinha, então fingi uma dor de barriga e pedi à srta. Frankel que me mandasse para a enfermeira. Também me senti feia e tive vontade de mudar de escola.

Contestação: A Susan é muito legal e tal, mas não foi a primeira vez que ela me disse que tinha uma nova melhor amiga. Lembro que um tempo atrás ela disse que a Connie seria sua melhor amiga e antes ela disse que Jacklyn era sua nova melhor amiga. Não acho que tenha relevância se minhas piadas são ou não engraçadas, e o problema não pode ser minha roupa porque a Susan e eu compramos exatamente as mesmas roupas na última vez em que fomos ao shopping. Acho que ela só gosta de trocar de melhor amiga. Bom, ela não é minha única amiga: posso ficar com a Jessica e a Latanya durante o recreio.

Capacitação: Não estava mais preocupada com minha companhia na hora do recreio, e já não me sinto mais feia.

Releia a crença e as consequências em voz alta. Peça ao seu filho que conteste a crença com suas próprias palavras. Dê sugestões se necessário. Peça a ele para explicar como cada um de seus argumentos contraria a crença: como é que perceber que de poucas em poucas semanas Susan escolhe uma nova melhor amiga propicia evidências contra "Susan não gosta mais de mim"? Qual é a evidência contra "eu me visto como uma criancinha"?

Contrariedade: Hoje, na aula de educação física, o sr. Riley escolheu duas crianças para serem os capitães de beisebol, e o restante teve que formar fila para ser escolhido por um dos meninos para participar do time. Fui o antepenúltimo escolhido.

Crença: A Chrissy e o Seth me odeiam. Não me querem no time deles. Agora a turma inteira me acha um mané e ninguém nunca mais vai me chamar pra fazer parte do time. Sou um mané mesmo; não é de admirar que ninguém queira brincar comigo.

Consequências: Me senti tão idiota e quase caí no choro, mas eu sabia que se chorasse todo mundo riria ainda mais de mim. Então fiquei meio que sozinho, rezando pra bola não vir para mim.

Contestação: A verdade é que eu não sou muito bom em esportes. Mas me chamar de mané só faz com que eu me sinta ainda pior. Então não sou grande coisa na educação física, mas tem outras coisas em que eu sou ótimo. Por exemplo, sempre que o professor pede para nos dividirmos em grupos de estudo, todas as crianças querem ficar no meu grupo. E a redação que escrevi sobre a Revolução Americana ganhou um prêmio. Não acho que a Chrissy e o Seth me odeiam. Só queriam os melhores jogadores de beisebol no time deles. Não foram ruins comigo nem nada disso. Bom, alguns são bons em educação física e alguns são bons em outras coisas. Só acontece que sou bom em outras coisas, como matemática, leitura e estudos sociais.

Capacitação: Depois que eu disse essas coisas para mim mesmo, me senti bem melhor. Gostaria de ser bom em *tudo*, e continuo odiando ser o último a ser escolhido para os times, mas pelo menos sei que em algumas coisas sou o primeiro a ser escolhido e que a Chrissy e o Seth não me odeiam.

Peça ao seu filho para fazer a contestação e explicar nas próprias palavras todas as evidências contra "a Chrissy e o Seth me odeiam". Quais outras evidências ele poderia ter procurado para contrariar essa crença?

Contrariedade: Ontem foi o aniversário do meu irmão e minha mãe e meu padrasto deram tudo quanto é tipo de brinquedo para ele e fizeram um bolo enorme e nem olharam pra mim.

Crença: O Temple sempre foi o predileto. O Temple sempre consegue o que quer. Eles nem notam que eu existo. Eu sei por que eles gostam mais dele do que de mim: porque ele tira notas melhores do que eu, e no boletim o professor disse que ele era "incrível" e no meu boletim a sra. Crisanti disse que minha caligrafia "precisa melhorar".

Consequências: Fiquei me sentindo muito triste e solitário, e fiquei com medo de a minha mãe me dizer que não me queria mais por perto.

Contestação: Claro que ela e Troy estão dando a Temple vários brinquedos e tal — é o aniversário dele. No meu aniversário, eles também me deram muitos presentes. Talvez estejam prestando mais atenção nele hoje, mas isso não quer dizer que gostem mais dele. Eles só estão tentando fazê-lo se sentir especial porque é o aniversário dele. Queria, sim, que meu professor me chamasse de "incrível" como o professor do Temple, mas minha professora disse coisas boas sobre mim quanto à participação em classe e também na aula de ciências. De qualquer forma, minha mãe e o Troy sempre dizem que não comparam minhas notas com as do Temple, que eles só nos comparam com nós mesmos, individualmente, e contanto que nos esforcemos ao máximo, eles vão ficar felizes.

Capacitação: Perdi o medo de que minha mãe me dissesse para ir embora, e não me senti tão mal pela atenção que Temple estava recebendo, porque sei que, quando for o *meu* aniversário, ele vai se sentir do mesmo jeito.

Quando seu filho pegar o jeito dos exemplos, encerre a sessão. Na noite seguinte, faça outra sessão de quarenta minutos. Comece recapitulando a ligação entre contestação e energização, usando o exemplo em que ele se saiu melhor na sessão anterior.

Agora é a sua vez. Volte ao registro de CCC que ele mesmo fez. Pegue cada um dos cinco exemplos e peça que ele conteste as crenças. Ajude-o usando as técnicas de evidências, alternativas, implicações e utilidade. Porém não é necessário ensinar essas quatro categorias. Apenas use-as para ensinar.

Depois lhe dê a tarefa: uma vez por dia, nos próximos cinco dias, ele deve contestar uma crença negativa que ocorra na sua vida. Todas as noites você e ele devem anotá-la e revisá-la. No final de cada sessão, ajude-o lembrando das várias adversidades que ele provavelmente enfrentará no dia seguinte e de como usar a contestação com elas.

O registro de CCCCC do seu filho

Contrariedade:

Crença:

Consequências:

Contestação:

Capacitação:

Contrariedade:

Crença:

Consequências:

Contestação:

Capacitação:

Contrariedade:

Crença:

Consequências:

Contestação:

Capacitação:

Contrariedade:

Crença:

Consequências:

Contestação:

Capacitação:

Contrariedade:

Crença:

Consequências:

Contestação:

Capacitação:

EXTERIORIZAÇÃO DAS VOZES PARA SEU FILHO

O último exercício para fazer com o seu filho é de exteriorização das vozes. Essa técnica psicológica tira proveito do fato de que podemos examinar e contestar críticas a nós mesmos com mais facilidade quando são feitas por uma terceira parte neutra do que quando elas vêm de uma parte tendenciosa. Nessa utilização, vamos pegar as palavras ríspidas e ameaçadoras que passam pela cabeça do seu filho e colocá-las na boca de um terceiro: o pai que o ajuda a praticar ou um fantoche.

Contando com a ajuda do seu filho, você fará as críticas e ele as contestará. Peça que ele ajude dizendo que tipo de críticas você deve lhe fazer. Ajude-o a fazer isso revisando o registro CCC com ele para extrair críticas que ele vive fazendo a si mesmo.

Explique que esse exercício fará com que ele adquira prática para se tornar um craque da contestação. Você o ajudará servindo de fonte das crenças negativas.

Reforce sempre que você não acredita que as críticas sejam verdadeiras, e que ele as usa apenas porque esses são os pensamentos que ele mesmo volta e meia tem. Seja muito cuidadoso: você é o pai dele, afinal, e está dizendo coisas que, como são baseadas na intimidade que vocês dois têm, elas provavelmente vão chegar muito perto da realidade, talvez perto demais. A última coisa que você quer é exprimir críticas sérias que seu filho possa levar a sério.

Se seu filho ainda é novo o bastante para gostar de marionetes, um bom jeito de criar certa distância entre vocês, como pai ou mãe amorosos, e as críticas mais difíceis é fazer uma brincadeira. Use fantoches para falar. Veja como apresentar a brincadeira:

> Todo mundo sabe que às vezes as crianças dizem coisas feias sobre as outras. Quando elas dizem coisas cruéis e injustas sobre *você*, o mais comum é você rebater e corrigi-las. Essa é a atitude correta. Mas nós dois sabemos, por causa do trabalho que temos feito juntos, que às vezes as pessoas dizem coisas cruéis e injustas sobre elas mesmas. Na verdade, sabemos até que você às vezes diz coisas muito erradas a seu próprio respeito. Você tem que aprender a revidar essas coisas injustas que diz a si mesmo, certo? O.k. Agora vamos usar o sr. Marionete para ensinar como você deve contestá-las. O sr. Marionete leu seu registro de CCC. Ele sabe o que

você costuma dizer a si mesmo. Mas ele também é um valentão, e sua função é retrucar o que ele diz para mostrar a ele como suas críticas são erradas e injustas.

Antes de começar, examine os exemplos abaixo em voz alta para que seu filho veja os tipos de crenças a serem contestadas e observe alguns craques em ação. Use o sr. Marionete para fazer algumas das críticas.

Situação: Ken está no sétimo ano. Ele vai de ônibus para a escola que fica num bairro de classe média. Ken é um bom aluno, gosta da escola e tem um monte de amigos. Todos os dias depois das aulas, ele e os amigos resolvem em que casa vão passar a tarde. Ken gostaria de convidá-los para ir à sua casa, mas ele morre de vergonha dos pais e de onde mora. Um dia alguém sugere de irem para sua casa, e Ken fica muito envergonhado e diz que eles não podem ir à sua casa porque "Meu pai é médico e seu consultório fica em casa". Ken, triste e envergonhado por ter mentido, diz aos amigos que não está se sentindo bem e vai para casa sozinho.

Acusação (pela mãe, mas usando o sr. Marionete, sobretudo para as críticas mais duras): Você mente muito [sr. Fantoche]. Seu pai, médico? Que piada. Você nunca vai conseguir trazer seus amigos aqui. É só uma questão de tempo até que um deles se dê conta que ninguém nunca veio à sua casa ou conheceu seus pais.

Contestação: Eu gostaria muito que meus pais e minha casa fossem como os do Ricky. Detesto sentir vergonha dos meus pais e de onde moro. Mas acho que não tenho muito o que fazer quanto a isso. De qualquer forma, não sou o único que nunca trouxe os amigos para casa. Na verdade, em geral nós vamos para a casa do Henry porque é a mais perto.

Mãe (às vezes falando como o sr. Marionete) interrompe: Eles vão descobrir que você mora numa espelunca, que seu pai vive bêbado e que sua mãe é empregada doméstica. E quando descobrirem, não vão mais querer falar com você. Você vai virar piada na escola inteira [sr. Marionete].

A contestação continua: Eu me sentiria um grande idiota se os caras descobrissem que meu pai é um bêbado, mas não acho que eles deixariam de ser meus amigos por causa disso. Eles não andam comigo porque acham que eu sou rico. Quer dizer, se eu descobrisse que o pai de Stewie está desempregado, provavelmente me sentiria mal por ele, mas não o abandonaria. Poxa, não sei como os pais de todo mundo se sustentam ou onde todos moram. Até onde sei, pode ser que alguns dos pais deles sejam tão ferrados quanto os meus. Bom, não vou convidar a turma para vir aqui em casa tão cedo, mas vou tentar parar de mentir.

Releia as acusações em voz alta. Peça a seu filho que as conteste com suas próprias palavras. Interrompa com mais acusações e peça que ele as conteste também.

Situação: Lynn é convidada para uma festa do pijama por uma garota que ela acha muito legal. Quando sua mãe a leva, Lynn percebe que os pais de Betsy não estão em casa e que o plano das meninas é beber um pouco da bebida alcoólica dos pais da menina. Lynn se sente muito desconfortável, finge estar se sentindo mal e liga para a mãe pedindo que vá buscá-la.

Acusação (por pai ou mãe): Se você não quer beber, podia pelo menos dizer a verdade em vez de fingir passar mal. Mas você preferiu o caminho mais fácil. Você devia ser mais corajosa [sr. Marionete].

Contestação: Sou corajosa, sim. A maneira mais fácil seria beber só porque elas estavam bebendo. Fingir que estava passando mal foi uma atitude inteligente, porque me tirou da situação sem que me xingassem ou me pressionassem.

Pai (como o sr. Marionete) interrompe: Você é uma bela de uma chorona. A primeira vez que você é convidada para o grupinho da Betsy, e o que você faz? Estraga sua chance sendo uma santinha.

A contestação continua: Não estraguei a festa do pijama. Eu não me divertiria se ficasse lá porque eu teria muito medo de que os pais da Betsy chegassem em casa. Bom, talvez a Betsy não virasse uma boa amiga.

Agora releia a acusação em voz alta e peça a seu filho que a conteste com suas próprias palavras. Interrompa se necessário. Seu filho pode acrescentar alguma coisa a essa contestação para torná-la mais convincente?

Situação: Depois de implorar muito, os pais de Anita compraram o cachorrinho que ela tanto queria. Mas, depois de apenas algumas semanas, Anita perdeu o interesse em Hogan e tem se esquecido de alimentá-lo e de passear com ele. Por fim, os pais de Anita disseram que vão doar Hogan a menos que Anita seja mais responsável. Anita grita: "Vocês são muuuito horríveis. Vocês nunca quiseram me dar um cachorrinho. Estão só querendo uma desculpa para tirá-lo de mim!".

Acusação (por pai ou mãe): Você tem os pais mais horríveis da face da Terra!

Contestação: Está bem, acho que meus pais não são os piores *do mundo*. Eles até que são legais. Eles me deram o Hogan, e no meu aniversário meu pai me levou junto com a Deb pra passar o dia em Nova York. Foi ótimo.

Pai (como o sr. Marionete) interrompe: O cachorro é seu. Compraram pra você e agora eles estão tentando se livrar dele. Eles não querem que você se divirta.

A contestação continua: Talvez a razão para eles estarem com tanta raiva seja porque não tenho passeado e alimentado Hogan como eu disse que faria. Eu disse que se eles me deixassem pegar um filhote eu me responsabilizaria por ele. Mas não achava que daria tanto trabalho. Talvez se me esforçasse mais para passear com ele e botar comida para ele todos os dias, eles tivessem disposição para me ajudar um pouco. Acho que tenho que falar com minha mãe e meu pai sobre isso.

Releia a acusação em voz alta e peça ao seu filho para contestá-la com suas próprias palavras.

Agora faça algumas das críticas que seu filho faz a ele mesmo no registro de CCC usando o sr. Marionete. Depois o elogie e, se ele ainda estiver bem atento, vá para esse último exemplo. Nesse exemplo, três pessoas trocam acusações e todos contestam as próprias acusações. É, portanto, um exemplo um tanto complexo e mais adequado a crianças a partir dos dez anos. Se você acha que seu filho é novo demais, ignore e vá para a seção seguinte.

Situação: Hope tem catorze anos e sua irmã Meagan tem quinze. Há alguns meses, os pais delas se separaram. Hope e Meagan moram com a mãe, mas veem o pai aos domingos e nas noites de quinta-feira para o jantar. Todos os domingos, o mesmo padrão é seguido. O pai as pega em casa. Hope ocupa o banco da frente do carro, Meagan se senta atrás. Hope liga o rádio, o pai dela abaixa o volume. O pai pergunta: "Como vão as coisas?". Hope murmura "Tudo bem" e aumenta o rádio. Meagan, odiando a atitude de Hope, assume a responsabilidade de manter a conversa. Por fim, irritado e frustrado, o pai desliga o rádio, Hope murmura um comentário sarcástico e Meagan se cala.

Acusação de Hope: O.k., lá vamos nós de novo. Outro domingo divertido, cheio de ação. Nosso pai acha que pode entrar na nossa vida por um dia e um jantar por semana e tudo vai ser ótimo. Como ele é capaz de perguntar "Como vão as coisas?" e esperar que eu consiga responder? Claro que as coisas vão mal. Meus pais estão separados e eu tenho que abrir mão dos meus domingos para passar tempo com alguém que eu deveria ver todos os dias. Se ele realmente se importasse com a minha vida, ligaria mais e não passaria tempo comigo só porque é um dia específico da semana.

Contestação de Hope: Os domingos são um saco. Talvez em certa medida sejam tão horríveis por estarmos todos tensos. Quer dizer, não devia ser assim. Acho que eu poderia tentar relaxar um pouco e parar de incomodar meu pai botando o rádio bem alto e dando respostas atravessadas. Talvez ele não perceba como é difícil responder a uma pergunta assim. Vai ver que ele diz "Como vão as coisas?" que nem meus amigos e eu dizemos "Beleza?". Quer dizer, a situação não é a ideal, mas é uma sorte ele morar perto e podermos nos ver. Alguns dos meus amigos cujos pais se divorciaram mal veem os pais. Não gosto de passar todos os domingos com ele. Às vezes eu preferiria sair com os meus amigos. Gostaria mais se semana a semana decidíssemos qual dia seria melhor. Assim eu não sentiria que é uma *obrigação*. Preciso dizer isso a ele. Realmente não entendo por que ele não telefona mais, mas eu não devia supor logo que é por falta de interesse. Eu podia telefonar, afinal, sempre que tivesse vontade de conversar, em vez de ficar esperando a ligação dele. Fico incomodada que ele não ligue mais, mas acho que faz mais sentido perguntar por que ele não liga em vez de tirar conclusões precipitadas. Talvez eu traga esse assunto à tona hoje.

Acusação de Meagan: Que saco. Faz cinco minutos que estamos no carro e meu pai e a Hope já estão brigando. Eu devia ter a capacidade de fazer com que a conversa fluísse naturalmente. O que há comigo? Eu só precisava manter a conversa e as coisas correriam bem. Se eu não sou capaz de fazer uma coisa simples como essa, como é que as coisas vão voltar a ficar como eram antes? Eu realmente estraguei tudo.

Contestação de Meagan: Talvez eu esteja sendo dura comigo mesma. Quer dizer, sem duas pessoas dispostas, é impossível conversar. Posso falar sem parar até me faltar saliva, mas, se nenhum deles responder, não vai servir para nada. É que eu estou tão desesperada para que as coisas voltem a ficar tranquilas e fáceis que acho que estou tentando controlar o que é incontrolável. Posso estar à vontade, ser simpática e tagarela, mas não obrigar as coisas a serem como eram. Que droga. Bem, pelo menos sei que não é minha culpa que os dois estejam brigando.

Acusação do pai: O que raios está acontecendo? Todo domingo é a mesma coisa. No instante em que entramos no carro, Hope liga o rádio e para de me ouvir. Não consigo entendê-la de jeito nenhum. Será que ela não quer me ver? Quer dizer, sei que as meninas prefeririam que a mãe delas e eu ainda estivéssemos juntos, mas as duas precisam aceitar as coisas e aceitar a situação da melhor forma possível. Meagan está lidando bem com tudo. Por que a Hope tem que estragar tudo? As duas provavelmente pensam que a culpa pela separação é toda minha. Elas veem a mãe o dia inteiro, todos os dias, e em vez de curtir quando estamos juntos, eu sou tratado como um estranho. Mereço que elas me tratem melhor.

Contestação do pai: As coisas estão complicadíssimas agora. Tenho que tentar desacelerar e pensar bem. Em primeiro lugar, a Hope nunca disse que não queria me ver. Talvez esteja tão hostil por ainda estar confusa com a separação. Acho que estou esquecendo que as duas são novinhas e que a separação abalou muito o mundo delas. Provavelmente não ajuda fazer comparação entre a maneira como as duas estão lidando com as coisas. A Meagan é mais velha e sempre foi a mais quieta. Na verdade, eu não deveria achar que ela está aceitando tudo isso bem só porque não é hostil. A Hope eu pelo menos sei que está chateada. Não tenho a menor ideia do que se passa na cabeça da Meagan. Talvez parte do motivo para eu me irritar tão depressa seja a minha própria frustração com a situação. Quero que as coisas melhorem, mas é difícil para mim falar sobre a separação com elas. Bom, acho melhor eu me empenhar para isso, porque elas são crianças e a minha responsabilidade como pai é trazer o assunto à tona, ainda que seja doloroso falar disso.

Agora continue com mais alguns CCCs do seu filho. Caso esteja usando o sr. Marionete, use-o para ler as acusações em voz alta. Peça a seu filho que assuma o papel de acusado e conteste as próprias palavras.

Contestar os próprios pensamentos negativos é uma habilidade vital que qualquer criança é capaz de aprender. Assim como qualquer habilidade adquirida, ela parecerá meio estranha quando começar a ser empregada. Não tenha pressa: lembre-se de que é preciso andar antes de começar a correr. Com a prática, contestar os próprios pensamentos se tornará natural. Quanto mais cedo essa habilidade for aprendida, mais sofrimento será evitado.

Quando as técnicas do otimismo são aprendidas cedo, elas se tornam fundamentais. Como hábitos de higiene e bondade, são tão gratificantes por si mesmas que seu exercício se torna automático, e não um fardo. Mas o otimismo é um hábito muito mais importante do que os de higiene, especialmente se o seu filho se saiu mal no teste de depressão ou no CASQ, ou se você e seu cônjuge não estiverem se dando bem. Nesses casos, a criança corre alto risco de depressão e de baixo desempenho na escola se não adquirir essas técnicas. Caso a criança adquira essas técnicas, ficará praticamente imune ao sentimento prolongado de desesperança e desamparo que poderia afligi-la.

14. A organização otimista

Pense na coisa mais difícil com que você precisa lidar no trabalho, naqueles momentos em que o seu trabalho se torna desanimador e você sente que está dando murro em ponta de faca. O que você faz quando dá de cara com um obstáculo?

Steve Prosper é um vendedor de seguros de vida, e na maioria das noites, entre cinco e meia e nove e meia, ele deve fazer ligações frias — telefonemas para pessoas que desconhece. Ele detesta essa parte do trabalho. Steve pega os nomes das pessoas de uma lista de todos os casais de Chicago que tiveram filhos recentemente. Eis uma de suas noites típicas:

O primeiro possível comprador desliga na cara dele depois de quinze segundos. O segundo diz a ele que já tem o seguro de que precisa. O terceiro está solitário: deixa Steve falar e o faz escutar sua versão detalhada do jogo do Cubs na noite da véspera. Após trinta minutos, Steve descobre que o cara depende de seguro-desemprego e não tem nenhum interesse em comprar um seguro. O quarto desliga com "Pare de me incomodar". A essa altura, Steve dá de cara com a porta. Observa o telefone com tristeza, contempla a lista, volta a observar o telefone. Folheia o jornal. Olha o telefone por mais um tempo. Pega uma cerveja e liga a TV.

Para seu azar, Steve vinha competindo diretamente com Naomi Sargent. Ela tem a mesma lista de telefones e cumpre a mesma função complicada, mas para outra empresa. Mas quando se depara com a porta, ela não se abate.

Naomi é capaz de fazer o quinto e o sexto e o décimo telefonema vivamente. No décimo segundo, ela consegue marcar uma reunião. Quando Steve enfim chega a esse cliente três noites depois, o homem educadamente diz que já tomou providências em relação ao seguro de vida.

Naomi é um sucesso, e Steve, um fracasso retumbante, portanto não seria nenhuma surpresa se Naomi estivesse otimista e empolgada, e Steve, pessimista e deprimido. O senso comum nos diz que o sucesso torna as pessoas otimistas. Mas nós já vimos diversas vezes que a seta também vai na direção contrária. Pessoas otimistas se tornam bem-sucedidas. Na escola, nos esportes e no trabalho, o otimista aproveita melhor o talento que tem.

E agora sabemos o porquê. O indivíduo otimista persevera. Perante contratempos rotineiros, e até de grandes fracassos, ele persiste. Quando dá de cara com a porta no trabalho, ele continua, em especial no momento crucial em que seus competidores também batem de cara com a porta e começam a definhar.

Naomi opera segundo esse princípio. Ela sabe que na sua área apenas um telefonema em dez — em média — resulta em uma reunião cara a cara, e que por sua vez só uma em cada três dessas reuniões gera uma venda. Sua psicologia inteira está voltada para superar o muro da ligação fria, e ela tem algumas técnicas de manutenção do otimismo que usa consigo mesma a fim de sustentar esse estado mental. Técnicas que Steve não tem.

O otimismo ajuda no trabalho, e não apenas em trabalhos competitivos. Ele pode ajudar sempre que o trabalho ficar muito difícil. Pode ser a diferença entre o trabalho feito com esmero ou sem esmero ou não feito. Pense num trabalho que não é nada competitivo — escrever. Escrever este capítulo, por exemplo.

Ao contrário de Naomi Sargent, não nasci otimista. Tive que aprender (e às vezes inventar) técnicas para superar dar de cara com a porta. A parte mais difícil da escrita, para mim, é dar exemplos, exemplos interessantes que põem em carne e osso os princípios abstratos sobre os quais escrevo. Escrever sobre os princípios sempre foi fácil para mim, visto que passei 25 anos pesquisando sobre eles. Porém, durante muito tempo, ao chegar a partes que pediam exemplos, eu tinha uma dor de cabeça, o que indicava que estava de cara para a porta. Ficava inquieto. Fazia qualquer coisa que não escrever: dava telefonemas, analisava dados. Se a dificuldade fosse muito alta, eu saía para jogar bridge. Esse padrão se repetia por horas, até mesmo dias a fio. Não só eu não fazia meu trabalho, mas à medida que as horas viravam dias eu era acometido pela culpa e pela depressão.

Tudo isso mudou. Ainda bato com a cara na porta mais do que eu gostaria, mas descobri algumas técnicas que sempre me ajudam. Neste capítulo, você aprenderá duas técnicas que poderá usar no trabalho: escutar seu diálogo interno e contestar seu diálogo negativo.

Todo mundo tem o próprio ponto de desânimo, a própria porta. O que você faz ao se deparar com essa porta pode ser a diferença entre o desamparo e a maestria, entre o fracasso e o sucesso. O fracasso, depois que a porta se avizinha, não vem da preguiça, embora a não superação da porta seja confundida com a preguiça. Tampouco é falta de talento ou falta de imaginação. É simples ignorância de algumas técnicas importantíssimas que não são ensinadas nas escolas.

No seu trabalho, quando você dá de cara com a porta? Relembre a situação recorrente no seu trabalho que mais lhe traz bloqueios e desânimo. Pode ser telefonar para os clientes. Pode ser escrever diálogos. Pode ser discutir com um cliente sobre uma conta. Pode ser fechar um acordo. Pode ser fazer cálculos cuidadosos de lucros e perdas antes de uma compra. Pode ser ver aquele olhar vidrado de apatia nos olhares dos alunos. Pode ser exercer a paciência quando um colega lento demora mais tempo do que você acha que deveria demorar. Pode ser a tentativa de motivar um funcionário desmotivado sob sua supervisão. Agarre-se ao seu exemplo, já que grande parte deste capítulo será dedicado à superação do seu muro no trabalho.

AS TRÊS VANTAGENS DO OTIMISMO

O otimismo adquirido leva as pessoas a transporem a porta — e não só como indivíduos. O estilo explicativo de uma equipe inteira, conforme vimos no capítulo 9, pode garantir a vitória ou a derrota. E organizações, pequenas e grandes, necessitam de otimismo; precisam de pessoas com talento e garra que também sejam otimistas. Uma organização cheia de indivíduos otimistas — ou salpicada de indivíduos otimistas em postos cruciais — leva vantagem. Uma organização tem três formas de usar a vantagem otimista.

A primeira, a seleção, foi tema do capítulo 6, "Sucesso no trabalho". Sua empresa pode escolher indivíduos otimistas para ocupar os cargos, assim como a MetLife fez. Indivíduos otimistas produzem mais, principalmente sob pressão, do que os pessimistas. Só talento e garra não bastam. Como já vimos, sem uma crença inabalável de que você pode ser bem-sucedido, um enorme talento e uma garra implacável podem não dar em nada. Hoje, mais de cinquenta empresas usam os questionários do otimismo nos processos seletivos para identificar quem tem não somente talento e garra, mas também o otimismo necessário para o sucesso. Essa capacidade de selecionar em termos de otimismo se mostrou especialmente importante em trabalhos que têm altos gastos com seleção e treinamento e uma alta taxa de rotatividade. Selecionar procurando o otimismo reduz o custoso desperdício de mão de obra e melhora a produtividade e a satisfação no ambiente de trabalho. Mas o uso do otimismo não termina por aqui.

A segunda forma pela qual a empresa pode usar o otimismo é a colocação. O forte otimismo é uma virtude óbvia para cargos de "alto nível de estresse", que pedem iniciativa, persistência e imaginação audaciosos. É igualmente óbvio que o pessimismo severo não é um trunfo para ninguém. Mas certas funções requerem um grande bocado de pessimismo. Conforme vimos no capítulo 6, existem evidências razoáveis de que pessimistas enxergam a realidade de modo mais preciso que os otimistas. Toda empresa bem-sucedida, aliás, toda vida bem-sucedida, exige tanto o apreço rigoroso da realidade quanto a capacidade de sonhar além da realidade presente. Essas duas qualidades da mente, ao que consta, nem sempre ocorrem no mesmo corpo, e poucas pessoas têm as técnicas que você aprenderá neste capítulo, que lhe permitirão usar o otimismo ou o pessimismo quando precisar. Em uma empresa grande, indivíduos diferentes executam tarefas diferentes. Como colocar as pessoas certas nos cargos certos?

A fim de decidir qual perfil psicológico se adéqua melhor a um cargo específico, é preciso fazer duas perguntas a respeito do cargo. Primeiro, até que ponto o cargo exige persistência e iniciativa e gera frustrações, rejeições e até derrotas frequentes? Essas são as áreas em que o estilo explicativo otimista é um pré-requisito:

- Vendas
- Corretor de seguros
- Relações públicas
- Apresentação e atuação

- Arrecadação de fundos
- Funções criativas
- Funções muitíssimo competitivas
- Funções com altos índices de esgotamento

Na outra extremidade, há os cargos que exigem um senso de realidade aguçado. Geralmente, são funções de "baixo nível de estresse", funções de baixa rotatividade, funções que exigem habilidades técnicas específicas em ambientes com pouca pressão. Esses cargos pedem realistas reflexivos em vez de indivíduos ambiciosos que povoam categorias do clube dos "vendedores de milhões de dólares". Também há mais cargos gerenciais e profissionais de alto escalão que requerem um senso de realidade fortíssimo, cargos em que o otimismo deve ser restrito e em que um pessimismo suave pode ser uma virtude. Essas funções pedem gente que saiba quando *não* seguir em frente e quando pecar pelo excesso de cautela. Pessimistas brandos se saem bem nos seguintes campos:

- Engenharia de design e segurança
- Estimativas técnicas e de custos
- Negociação de contratos
- Controle e contabilidade financeira
- Direito (mas não litígio)
- Gestão empresarial
- Estatística
- Redação técnica
- Controle de qualidade
- Gestão de recursos humanos e de relações industriais

Portanto, à exceção do pessimismo extremo, o leque inteiro de otimismo encontra espaço numa organização otimista. É crucial descobrir o nível de otimismo de um candidato e encaixá-lo no nicho em que pode ser mais competente.

Porém cada organização tem em seu quadro de funcionários pessimistas demais para os cargos que ocupam. Essas pessoas muitas vezes têm o talento e a garra certos para suas funções, e seria caro e até desumano substituí-las. Por sorte, essas pessoas podem aprender a serem mais otimistas.

APRENDENDO O OTIMISMO

A terceira vantagem que o otimismo dá a uma organização é o tema principal deste capítulo: aprender o otimismo no trabalho.

Somente dois grupos de pessoas não precisam aprender o otimismo no ambiente de trabalho: os que tiveram a sorte de nascer otimistas e os que ocupam cargos de baixa derrota que acabei de listar. O restante pode se beneficiar, alguns até bastante, do aprendizado do otimismo.

Veja só Steve Prosper. Ele gostava de ser corretor de seguros. Adorava a independência: ninguém olhava por cima do seu ombro, ele fazia os próprios horários, tirava folga sempre que queria. Tinha uma aptidão excelente para a venda de seguros e não lhe faltava motivação. Só uma coisa o separava do sucesso extraordinário: ultrapassar o muro.

Steve frequentou um curso de quatro dias sobre otimismo. Junto comigo, os dois principais terapeutas cognitivos que mencionei no capítulo 12, o dr. Steven Hollon da Universidade Vanderbilt e o dr. Arthur Freeman da Universidade de Medicina e Odontologia de Nova Jersey, elaboraram um curso para a Foresight Inc. A Foresight é uma empresa em Falls Church, Virginia, chefiada pelo dr. Dan Oran; ela aplica nossos questionários de otimismo à indústria e organiza oficinas de treinamento em otimismo nos ambientes de trabalho. Ao contrário da maioria dos cursos para agentes de vendas, que ensinam o que se deve dizer aos clientes, esse curso e os exercícios que se seguem focam no que você diz a si mesmo quando o cliente diz "não". É uma diferença radical. Steve Prosper, por exemplo, aprendeu uma série de técnicas que fizeram muita diferença a ele. Este capítulo foi elaborado para ensinar as técnicas mais básicas aplicáveis à sua linha de trabalho.

MUDANDO SEU DIÁLOGO INTERNO NO TRABALHO:
O MODELO CCCCC

O que você pensa quando as coisas dão errado, o que diz a si mesmo quando dá de cara com a porta, determinam o que acontece depois: se você desiste ou começa a fazer com que as coisas deem certo. Nosso esquema para pensar nisso é o modelo CCCCC de Albert Ellis, que você já conhece do capítulo 12.

CCC

C é de contrariedade. Para alguns, a contrariedade é o ponto-final. Dizem a si mesmos: "Que serventia tem? Para que continuar fazendo isso? Só estou fazendo besteira". E desistem. Para outros, a adversidade é apenas o começo de uma sequência desafiadora que muitas vezes leva ao sucesso. A contrariedade pode ser quase qualquer coisa: pressão para ganhar mais dinheiro, sensação de rejeição, críticas da parte do chefe, o bocejo entediado de um aluno, o cônjuge que se recusa a tirar os olhos de você.

Enfrentar a adversidade sempre deflagra suas crenças, explicação e interpretação dos motivos para as coisas terem dado errado. Nosso primeiro ato ao encarar uma adversidade é tentar justificá-la. Como vimos ao longo deste livro, as explicações com que interpretamos a adversidade para nós mesmos afetam decisivamente o que faremos a seguir.

Quais são as consequências das diferentes crenças que entram em jogo? Quando nossas crenças explanatórias assumem a forma de fatores personalizados, permanentes e abrangentes ("A culpa é minha... vai ser sempre assim... vai afetar tudo o que eu faço"), desistimos e ficamos paralisados. Quando nossas explicações assumem a forma oposta, ficamos energizados. As consequências de nossas crenças não são apenas ações, mas também sentimentos.

Agora, eu gostaria que você identificasse alguns CCCs. Alguns desses exemplos se aplicarão à sua vida, outros não. Em cada um desses exemplos, vou suprir a contrariedade, além da crença ou a consequência. Você deve suprir o elemento ausente de um modo adequado ao modelo CCC.

Identificando CCCs

1. A. Alguém dá uma fechada no seu carro.
   B. Você pensa _____.
   C. Você fica bravo e buzina muito.

2. A. Você perde uma venda fácil.
   B. Você pensa, "Sou um péssimo vendedor".
   C. Você sente (ou faz) _____.

3. A. O seu chefe te critica.
   B. Você pensa _____.
   C. Você passa o dia deprimido.

4. A. O seu chefe te critica.
   B. Você pensa _____.
   C. Você se sente ótimo pelo que aconteceu.

5. A. Seu cônjuge pede que você esteja sempre em casa à noite.
   B. Você pensa _____.
   C. Você sente raiva e frustração.

6. A. Seu cônjuge pede que você esteja sempre em casa à noite.
   B. Você pensa _____.
   C. Você fica triste.

Nas próximas três, imagine que você é um agente de vendas:

7. A. Faz uma semana que você não consegue agendar uma reunião.
   B. Você pensa: "Nunca faço nada direito".
   C. Você sente (ou faz) _____.

8. A. Faz uma semana que você não consegue agendar uma reunião.
   B. Você pensa: "Em compensação, a semana passada foi boa".
   C. Você sente (ou faz) _____.

9. A. Faz uma semana que você não consegue agendar uma reunião.
   B. Você pensa: "Meu chefe me deu diretrizes péssimas esta semana".
   C. Você sente (ou faz) _____.

A ideia desse exercício é esclarecer como a maneira de pensar as contrariedades muda o que você vai sentir e o que você vai fazer.

No primeiro exemplo, você provavelmente escreveu algo no estilo "Que babaca", "Pra que tanta pressa?" ou "Que idiota sem consideração". No quinto exemplo, você pode ter dito "Ela nunca pensa nas minhas necessidades".

Quando nossa explicação da adversidade é externa, e quando acreditamos que a adversidade é uma invasão do nosso domínio, sentimos raiva.

No segundo exemplo, você deve sentir tristeza, abatimento, apatia. A justificativa "Sou um péssimo agente de vendas" é personalizada, permanente e abrangente — a receita perfeita para a depressão. Ao mesmo tempo, no sexto exemplo, quando o pedido do cônjuge de que você passe as noites em casa lhe causou tristeza, é provável que você tenha dito algo ao estilo "Não tenho consideração" ou "Sou um péssimo marido".

Qual explicação interveniente faria com que você ficasse o dia inteiro deprimido quando recebe uma crítica do seu chefe, no número 3? Algo permanente, abrangente e personalizado: "Não sei escrever direito" ou "Vivo fazendo besteira". Mas como você mudou a explicação para se sentir ótimo depois de uma crítica do chefe? O que precisou fazer, primeiro, para transformar a razão da crítica em algo que se possa mudar, algo instável: "Sei onde conseguir ajuda para escrever com mais competência" ou "Devia ter revisado". Segundo, você precisou tornar seu pensamento menos abrangente: "Foi só esse relatório que ficou ruim". Terceiro, precisou tirar a culpa de si: "Meu chefe estava de péssimo humor". "Foi muita pressão em termos de prazo." Se você conseguir criar o hábito de dar esses três passos à beira da crença, a contrariedade pode se tornar um trampolim para o sucesso.

Nos últimos três exemplos, dá para perceber que se você pensou, assim como no número 7, "Nunca faço nada direito" — permanente, abrangente, personalizado —, então sentiu tristeza e não fez nada. Se pensou "A semana passada foi boa", como no número 8, você conteve a tristeza e manteve o cargo. Se pensou, como no número 9, "Meu chefe me deu diretrizes péssimas esta semana" — temporário, localizado e externo —, é provável que você tenha ficado irritado com o chefe, mas também criado a expectativa de que a semana seguinte seria melhor.

CCCCC

O elo CCC, entre o que você pensa sobre a adversidade e o que sente depois, deve ficar claro. Se ainda precisa de convencimento, faça os exercícios de registro de CCC do capítulo 12 usando os CCCs do seu dia a dia no trabalho.

Sempre que de repente se sentir abatido, triste, bravo, ansioso ou frustrado no trabalho, anote o pensamento que lhe ocorreu pouco antes. Você vai perceber que esses pensamentos são muito parecidos com as respostas que você dá nos exercícios de CCC.

Isso quer dizer que, se mudar suas crenças e explicações sobre a contrariedade, as consequências também mudarão. Você pode mudar de uma reação passiva, triste ou raivosa à adversidade a uma reação vigorosa, alegre. Ela tem uma dependência crucial do C de contestação de suas crenças.

CONTESTANDO SUAS CRENÇAS

Permita-me reaproveitar um exemplo anterior. Se um bêbado cambaleando na rua gritasse para você: "Você sempre faz besteira! Não tem talento! Largue seu emprego!", como reagiria? Você não levaria as acusações muito a sério. Ou as descartaria logo e seguiria em frente ou, se por acaso tocassem numa ferida, você as contestaria para si mesmo: "Acabei de fazer um relatório que reverteu um prejuízo financeiro"; "Acabei de ser promovido a vice-presidente"; "De qualquer forma, ele não sabe nada de mim. Não passa de um bêbado".

Mas o que acontece quando você berra críticas igualmente danosas contra si mesmo? Você acredita nelas. Não as contesta. Afinal, se é *você* quem as diz sobre si mesmo, você argumenta, então essas críticas devem ser de uma verdade incontestável.

Trata-se de um grande engano.

Como vimos nos capítulos anteriores, o que dizemos a nós mesmos quando o problema acontece pode ser tão infundado quanto os desvarios de um bêbado na rua. Nossas explicações reflexivas geralmente não são baseadas na realidade. São hábitos ruins que emergem das brumas do passado, de conflitos antigos, de restrições paternais, da crítica inquestionada de um professor influente, dos ciúmes de um amante. Mas como parecem surgir de nós mesmos — haveria alguma fonte com mais credibilidade? —, nós as tratamos como realeza. Deixamos que governem nossa vida sem sequer rebatê-las.

Muito da técnica para lidar com os contratempos, para superar a cara na porta, consiste em aprender como contestar seus primeiríssimos pensamentos ao reagir a um revés. Esses hábitos de explicação são de tal modo arraigados que aprender a contestá-los com eficácia exige certa prática. Para aprender a contestar seus pensamentos automáticos, você primeiro tem que aprender a escutar seu diálogo interior no trabalho. Vejamos aqui um jogo que ensinará você a fazê-lo.

O jogo de pular o muro

O foco deste jogo é o seu muro pessoal, a parte do seu trabalho que mais lhe causa a vontade de desistir de tudo. Nas nossas oficinas com corretores de seguros, é fácil isolar essa parte. É a ligação a frio, dar telefonemas a desconhecidos para conseguir reuniões pessoalmente. Você precisa continuar com as ligações a frio. Agentes que se abatem facilmente, que não se levantam revigorados após uma rejeição, ficam pelo meio do caminho. Aqueles que dão vinte telefonemas por noite têm sucesso.

Usamos as ligações a frio para fazer com que os vendedores identifiquem os CCCs no trabalho. Eles levam a lista de números para ligação a frio à oficina. Como dever de casa, na primeira noite fazem dez ligações a frio. Depois de cada uma delas, anotam a contrariedade, a crença e as consequências. Veja o que eles ouvem de si mesmos:

Contrariedade: Vou começar a fazer as ligações a frio.
Crença: Detesto isso. Eu não devia ser obrigado a dar esses telefonemas.
Consequências: Estou irritado e tenso e foi difícil pegar no telefone.

Contrariedade: Na minha primeira ligação da noite, a pessoa desligou na minha cara.
Crença: Que grosseria. Ele nem me deu chance de falar. Não devia me tratar desse jeito.
Consequências: Fiquei chateado e precisei dar uma parada antes de fazer a segunda ligação.

Contrariedade: Na minha primeira ligação da noite, a pessoa desligou na minha cara.
Crença: Bom, menos um. Agora estou mais perto de um "sim".
Consequências: Estou relaxado e cheio de energia.

Contrariedade: Fiquei quase dez minutos com a mulher no telefone e ela me falou que não queria marcar um horário.
Crença: Estraguei tudo nessa. O que acontece comigo? Se eu não consigo marcar um horário depois de uma ligação dessa, sou péssimo de verdade.
Consequências: Fiquei abatido e frustrado e apreensivo em relação à próxima ligação.

Dá para notar que, quando a adversidade é seguida de explicações permanentes, abrangentes e personalizadas ("sou péssimo de verdade"), o abatimento e a desistência ocorrem logo depois. Quando a contrariedade é seguida pelo tipo oposto de explicação ("É um 'não' a menos"), as consequências são energia e bom humor.

Agora é a sua vez de jogar o jogo de pular o muro. Sintonize seu diálogo interno quando se deparar com o seu muro no trabalho, e veja como essas crenças podem determinar o que você sente e o que fará em seguida. O jogo tem três variantes. Escolha a mais adequada ao seu trabalho.

1. Se seu trabalho envolve fazer telefonemas para estranhos, pegue sua lista. Dê cinco telefonemas. Depois de cada um deles, anote a contrariedade, os pensamentos que passaram pela sua cabeça e como você se sentiu e o que fez depois. Faça registros nos espaços a seguir.

2. Se não envolve ligações a frio, quero que você identifique um muro com o qual se depara no trabalho todos os dias, para poder levar a cabo seus CCCs pessoais enquanto estiver no trabalho. Se estiver empacado, aqui vão alguns exemplos para ajudá-lo.

Um dos muros no ensino é lidar com a apatia dos alunos; parece que, independentemente do que se faça, independentemente da criatividade que tento ter, existe um grupo de meninos que não quer aprender. Detesto a sensação de que estou enfiando neles conhecimento goela abaixo. Saber que não vou atingir esses meninos faz com que fique cada vez mais difícil eu me tornar criativo porque no fundo penso: "Qual é a serventia?".

Na enfermagem, um dos principais fatores que levam ao esgotamento é o tratamento que muitos enfermeiros recebem dos de cima e dos de baixo. Os pacientes são muito exigentes, hostis e rabugentos, e os médicos são muito exigentes, hostis e rabugentos. Isso pode gerar no enfermeiro a sensação de que está sobrecarregado e subestimado. Uma reclamação típica é: "Digo a mim mesmo no começo de todo expediente que não vou deixar que a pressão me atinja. É claro que os pacientes são exigentes e rabugentos — estão doentes, no hospital. Quem não ficaria assim? Mas não é tão fácil assim explicar o tratamento que recebo dos médicos. Em vez de me tratar como um parceiro, eles agem como se a função que eu cumpro não fosse muito importante e eu não fosse muito inteligente. Passado um tempo, não importa quantas vezes eu me anime de manhã, me deixo levar e começo a ter pavor do próximo expediente. Começo a me sentir letárgico e volúvel, e vivo contando as horas para ir embora".

Agora identifique seu muro diário no trabalho. Na próxima semana, vá até o muro todos os dias. Porém dessa vez escute o que você está dizendo para si mesmo. Assim que tiver uns minutos livres, escreva uma contrariedade, suas crenças e as consequências. Faça anotações nos espaços a seguir.

3. A terceira variante é para aqueles que encaram o muro menos de uma vez por dia. Ser incapaz de começar relatórios ou projetos importantes é um muro que geralmente só aparece algumas vezes por ano. Outra função em que o muro se avizinha menos de uma vez por dia é a supervisão dos outros.

Um dos muros que gestores enfrentam é manter o nível de incentivo alto entre as pessoas que gerenciam. Como disse um gestor: "Gerenciar pessoas às vezes é frustrante... pelo menos periodicamente. A parte mais difícil, a parte que eu odeio de verdade, é manter as pessoas motivadas e produtivas. Tento ser positivo, tento liderar pelo exemplo, mas às vezes não entendo o que se passa pela cabeça delas. E, então, é claro, depois de criticar alguém, acabo me sentindo um chato. Não quero pegar leve demais com eles, não quero pegar pesado demais com eles, então no final das contas tenho a sensação de que sou totalmente imprestável. Como eu disse, fica muito frustrante".

Caso esteja nessa terceira categoria, esta noite tire vinte minutos quando estiver em casa e vá para um lugar sossegado. Imagine com a maior vivacidade possível a situação que constitui seu muro. Use acessórios caso os tenha. Se o seu muro é escrever relatórios, sente-se diante de uma folha de papel em branco e embarque na fantasia de que o relatório é para amanhã. Permita-se sentir desespero; dê o seu suor. Caso seja gestor, evoque o rosto do seu funcionário mais carrancudo. Interprete o diálogo para si mesmo. Anote a contrariedade, suas crenças e as consequências. Faça isso cinco vezes, tentando sempre uma reviravolta diferente na adversidade. Faça apontamentos nos espaços a seguir.

Contrariedade:

Crença:

Consequências:

Contrariedade:

Crença:

Consequências:

Contrariedade:

Crença:

Consequências:

Contrariedade:

Crença:

Consequências:

Contrariedade:

Crença:

Consequências:

Depois de registrar seus cinco episódios de CCC, examine com cuidado as suas crenças. Verá que, no seu diálogo interno, explicações pessimistas desencadeiam passividade e abatimento, enquanto as otimistas desencadeiam a atividade. Assim, o passo seguinte é transformar essas explicações pessimistas habituais que a contrariedade deflagra. Para isso, você precisa agora partir para a segunda rodada do jogo: a contestação.

Contestação

A segunda rodada do jogo de pular o muro consiste em repetir o que você acabou de fazer, mas contestando suas explicações pessimistas sempre que as tiver. Felizmente, dominar a técnica da contestação não exige muito treino. Você faz isso diariamente, seja na realidade ou mentalmente, ao discordar do que os outros dizem ou fazem. Você tem uma vida inteira de prática contestando as crenças negativas dos outros. Mas o que você deixou passar foi o tratamento de suas crenças negativas como se emanassem não de você mesmo, mas de um colega de trabalho invejoso ou de um aluno equivocado ou do seu pior inimigo.

Em casa, à noite, escolha a mesma situação que usou na primeira fase — pegue sua lista de ligações a frio ou, num ambiente sossegado, se imagine contra o muro no seu trabalho. Agora, para cada um dos cinco encontros com a contrariedade, se concentre em seus próprios pensamentos negativos e então os conteste. Depois que cada encontro acabar, anote o CCC junto com sua contestação e a capacitação e os sentimentos decorrentes. Antes de começar, leia esses três exemplos que vão ajudar você na contestação:

Ligação a frio:

> *Contrariedade*: A pessoa desligou na minha cara depois de me ouvir por muito tempo.
> *Crença*: Já que me deixou chegar tão longe, ela devia ter permitido que eu terminasse. Devo ter feito alguma coisa de errado para estragar tudo depois de tanto tempo.
> *Consequências*: Fiquei bravo diante dessa perspectiva e muito decepcionado comigo mesmo. Quis jogar a toalha essa noite.

Contestação: Talvez ela estivesse no meio de alguma coisa e estivesse nervosa para retomá-la. Se segurei uma pessoa ocupada no telefone durante tanto tempo, eu devia estar me saindo muito bem. Não tenho como controlar o que ela faz. Só posso apresentar meu material da melhor forma possível e torcer para que a pessoa do outro lado da linha tenha a mente aberta e tempo para me escutar. Óbvio que ela não tinha. Pior para ela.

Capacitação: Eu estava pronto para ir para a próxima ligação. Estava satisfeito com a minha apresentação e confiante de que meu trabalho vai surtir efeito a longo prazo.

Contrariedade: O cara estava interessado mas não queria marcar um encontro antes de falar com a esposa.

Crença: Que perda de tempo. Agora vou ter que tirar um tempo das outras possibilidades para revender para esse casal. Por que ele não toma uma decisão sozinho?

Consequências: Fiquei muito impaciente e também meio irritado.

Contestação: Ei, pelo menos não foi uma negativa. Não foi uma perda de tempo porque pode virar uma reunião. Se eu vendi para ele, posso vender para a esposa. Então já estou no meio do caminho.

Capacitação: Me senti confiante e otimista de que, com um pouco mais de esforço, posso fazer a venda.

Contrariedade: Fiz minha vigésima ligação e só consegui seis contatos.

Crença: Foi uma perda de tempo. Não tenho energia para ser bem-sucedido. Sou muito desorganizado.

Consequências: Estou frustrado, cansado, deprimido e sobrecarregado.

Contestação: Seis contatos em uma hora não é ruim. São só sete e meia e ainda posso ficar mais uma hora e meia dando telefonemas. Posso tirar dez minutos agora para me organizar melhor e dar mais telefonemas nessa hora do que na última hora.

Capacitação: Fiquei menos sobrecarregado e deprimido e tive mais energia depois de traçar um plano de ação.

Contrariedade: Meu marido me ligou quando eu estava bem no meio da ligação.

Crença: Por que ele está me ligando agora? Ele está me tirando o ritmo e desperdiçando meu tempo.
Consequências: Me irritei e fui grossa com ele ao telefone.
Contestação: Não seja tão dura com ele. Ele não se deu conta de que a ligação me distrairia. Deve ter pensado que seria uma pausa agradável. É um amor que ele pense em mim quando estamos longe. Fico contente de ter um marido tão gentil e solidário.
Capacitação: Relaxei e me senti bem a respeito do meu marido e do nosso casamento. Liguei para ele e expliquei por que fui grossa.

Contrariedade: Dei quarenta telefonemas e não consegui agendar nenhuma reunião.
Crença: Não estou saindo do lugar. Que idiotice. Não estou produzindo resultado nenhum. É um total desperdício de esforço e de tempo.
Consequências: Fiquei frustrado e irritado por perder tempo fazendo isso.
Contestação: Foi apenas uma noite e apenas quarenta ligações. Todo mundo tem dificuldades com ligações a frio, e noites assim vão ocorrer de tempos em tempos. De qualquer forma, foi um aprendizado: tenho que praticar minha apresentação. Então amanhã à noite já vou estar melhor.
Capacitação: Ainda me sinto meio frustrado mas não tanto, e a raiva passou. Amanhã à noite vou conseguir resultados.

Ensino:

Contrariedade: Não consegui romper a apatia que alguns dos meus alunos sentem em relação ao aprendizado.
Crença: Por que não consigo me comunicar com essa garotada? Se eu fosse mais dinâmico ou mais criativo ou mais inteligente, conseguiria animá-los a aprender. Se não consigo me comunicar com esses alunos que mais precisam de ajuda, não estou fazendo o meu papel. Vai ver não tenho talento para ensinar mesmo.
Consequências: Não tenho vontade de ser criativo. Tenho pouca energia e me sinto deprimido e abatido.
Contestação: Não faz sentido eu basear meu valor como professor em uma pequena porcentagem de alunos. A verdade é que empolgo a maioria

dos meus alunos, e passo muito do meu tempo planejando aulas que são criativas e concedo aos alunos o máximo de individualização possível. No final do semestre, quando tiver mais tempo, posso organizar uma reunião com os outros professores da escola que enfrentam o mesmo problema. Talvez em grupo a gente consiga bolar umas ideias que nos ajude a mobilizar os alunos apáticos.

Capacitação: Me sinto melhor sobre o meu trabalho como professor e esperançoso de que novas ideias possam ser geradas por meio de uma discussão com outros professores.

Enfermagem:

Contrariedade: Ainda faltam seis horas para o expediente acabar, estamos com falta de mão de obra e uma médica acabou de me dizer que sou muito devagar.

Crença: Ela tem razão. *Sou* muito devagar. Eu devia conseguir fazer com que tudo corresse sempre com tranquilidade, mas não consigo. As outras enfermeiras conseguem manter o ritmo. Acho que esse trabalho não é pra mim.

Consequências: Me senti muito pra baixo e culpada por não estar me saindo tão bem quanto eu deveria no meu trabalho. Tive vontade de sair correndo do hospital no meio do expediente.

Contestação: O ideal seria que as coisas corressem tranquilamente sempre, mas isso não é realista, principalmente num hospital. De qualquer forma, não é só de minha responsabilidade garantir que tudo corra bem. Estou me saindo tão bem quanto as outras enfermeiras do meu turno. Talvez eu estivesse mais devagar do que de costume, mas como hoje estamos com pouco pessoal, estou assumindo uma responsabilidade extra, o que significa que as coisas demoram mais. Posso me sentir bem por ter assumido trabalho extra em vez de me sentir mal pela ligeira inconveniência que causa à médica.

Capacitação: Me senti bem melhor a meu respeito e muito, muito menos culpada por qualquer inconveniência causada à médica. A perspectiva de mais seis horas de expediente já não é mais tão esmagadora.

Gestão:

Contrariedade: Meu departamento está atrasado no cronograma de produção e meu chefe está começando a reclamar.

Crença: Por que a equipe que eu tenho não consegue fazer o que deveria? Já mostrei a eles tudo o que precisam saber, mas eles vivem estragando as coisas. Por que não consigo fazer com que trabalhem melhor? Foi para isso que me contrataram. Agora meu chefe está reclamando. Ele acha que é tudo culpa minha e que sou um péssimo gestor.

Consequências: Estou muito bravo e irritado com o meu departamento inteiro, e minha vontade é de chamar todo mundo à minha sala e esbravejar com eles. Também estou me sentindo mal comigo mesmo e nervoso em relação ao meu emprego. Quero evitar o meu chefe até conseguirmos retomar o cronograma.

Contestação: Em primeiro lugar, é verdade que o meu departamento está atrasado. Mas estou cheio de funcionários novos, e eles vão levar um tempo para aprender a fazer tudo certo e a trabalhar rápido. Isso já me aconteceu antes, mas nunca com tanta gente nova. Dei as instruções corretas para todos eles, mas mesmo assim leva tempo. Alguns são mais ágeis que outros, e tem um que está pegando bem rápido. Os funcionários mais antigos estão com um bom desempenho, então é só uma questão de paciência e principalmente de dar atenção aos novatos. Expliquei tudo isso ao meu chefe, e ele sabe que é verdade — ele não me disse para tentar nada de diferente. Aposto que ele está sofrendo pressão dos gerentes de produção. Como eles não vão dar trégua, ele também não vai. Vou conversar com ele de novo e perguntar objetivamente se eu deixei passar alguma coisa. Ao mesmo tempo, vou continuar trabalhando com a equipe, motivando, incentivando e pressionando, e vou ver se existe um jeito de os veteranos darem uma mão.

Capacitação: Já não estou com vontade de esbravejar com eles. Na verdade, agora posso discutir a situação com tranquilidade e de mente aberta. Sinto bem menos nervosismo em relação ao meu trabalho porque sei que tenho um bom histórico na empresa. Também, em vez de evitar meu chefe, vou me reunir com ele para entregar um relatório de andamento e responder às questões que ele possa ter.

Agora é sua vez de anotar suas contestações. Faça isso cinco vezes.

Contrariedade:

Crença:

Consequências:

Contestação:

Capacitação:

Contrariedade:

Crença:

Consequências:

Contestação:

Capacitação:

Contrariedade:

Crença:

Consequências:

Contestação:

Capacitação:

Contrariedade:

Crença:

Consequências:

Contestação:

Capacitação:

Contrariedade:

Crença:

Consequências:

Contestação:

Capacitação:

Você deve ter percebido que, depois de passar a contestar suas crenças negativas, as consequências mudaram do abatimento e da letargia ao revigoramento e ao bem-estar.

A essa altura, você provavelmente precisa de um pouco de prática na contestação de seus pensamentos pessimistas automáticos. Agora vamos passar a um exercício que aprimorará sua capacidade de suprimi-los.

EXTERIORIZAÇÃO DAS VOZES

Seu chefe faz uma cara feia quando você entra no escritório. Você pensa: "Devo ter feito um relatório péssimo. Talvez ele me demita". Desanimado, você vai para a sua mesa e observa o relatório com ares melancólicos.

Não consegue nem relê-lo. Você passa os minutos seguintes taciturno e entristece.

Quando algo assim lhe acontece, você tem que romper o desânimo contestando suas explicações pessimistas em relação à cara feia do chefe ou do que lhe causou abatimento. Conforme vimos nos dois últimos capítulos, geralmente há quatro táticas para se fazer uma contestação eficaz consigo mesmo.

- Evidências?
- Alternativas?
- Implicações?
- Utilidade?

Evidências:

Assuma o papel de detetive e se pergunte: "Qual é a evidência a favor e contra a crença?".

Por exemplo: Com base em que você acha que foi o relatório que fez o seu chefe fechar a cara? Você sabe de algum erro no seu relatório que possa tê-lo desagradado? Você levou todos os fatos básicos em consideração? A conclusão segue as premissas? O seu chefe de fato leu o relatório ou o trabalho ainda está em cima da mesa dele?

Em geral, você verá que transformou a situação numa catástrofe, tirou conclusões precipitadas apesar da ausência de evidências concretas — às vezes com base apenas em palpites furados.

Alternativas:

Existe outra forma de enxergar as contrariedades?

Por exemplo: quais são algumas das explicações alternativas para a cara feia do seu chefe? É provável que não lhe ocorram logo, pois talvez suas explicações pessimistas automáticas, incontestadas há anos, já estejam muito arraigadas. Você tem que procurar conscientemente quaisquer explicações alternativas plausíveis. "Será que ele não está só de mau humor?" "Será que ele passou a noite em claro se preparando para a auditoria da Receita Federal?" "Se *fui* eu, será que foi meu relatório ou minha audácia de usar uma gravata-borboleta berrante?"

Depois de gerar várias alternativas, você pode voltar ao primeiro passo e examinar as evidências de cada uma delas.

Implicações:

E se sua explicação sombria estiver correta? Será o fim do mundo?

Imagine que *foi* o relatório que causou a raiva do seu chefe. Isso quer dizer que ele vai demiti-lo? É sua primeira derrapada, afinal. Se ele está começando a formar uma impressão negativa sobre a sua competência, o que você pode fazer para reverter essa opinião? De novo, volte ao primeiro passo: qual é a evidência de que você seria demitido mesmo se ele não gostasse do relatório?

O fato de uma situação ser desfavorável não significa necessariamente uma catástrofe. Domine a importante técnica da descatastrofização examinando as implicações mais realistas da situação.

Utilidade:

Às vezes a precisão de sua explicação não é o que importa. O que importa é se pensar no problema *agora* terá alguma serventia.

Se você gosta de andar na corda bamba, seria uma má ideia, enquanto está no alto da corda, se concentrar no que aconteceria caso você caísse. Talvez fosse melhor pensar nisso em outro momento, mas não quando você precisa de toda sua destreza para evitar a queda.

Será que refletir sobre as piores implicações da cara feia do seu chefe não vai lhe causar um problema ainda maior no momento? Ou a reflexão irá desconcentrá-lo da apresentação importante que você vai fazer esta tarde? Se for o caso, se distraia de suas crenças negativas.

Há três formas confiáveis de se fazer isso. Todas são simplistas, porém confiáveis:

- Faça algo físico para se distrair, como estalar um elástico no punho ou jogar água fria no rosto dizendo "Pare!" a si mesmo.
- Marque um horário específico para repensar as coisas. Pode ser meia hora esta noite ou qualquer outra hora conveniente na sua agenda. Quando se pegar ruminando, você pode dizer a si mesmo: "Pare! Vou

lidar com isso às sete e meia da noite". A angústia dos pensamentos inquietantes que ficam dando voltas, retornando, tem um propósito: garantir que não esqueçamos ou deixemos para lá uma questão com a qual precisamos lidar. Mas ao separar um tempo para ponderar sobre a questão, minamos a exata razão para a elucubração de agora, então a elucubração não será mais necessária psicologicamente.

- Anote os pensamentos perturbadores no momento em que ocorrem. Agora você pode voltar a eles não descontroladamente, mas de forma deliberada, quando chegar a hora certa. Assim como a segunda técnica de distração, essa também rouba da elucubração sua própria razão de existir.

Munido dessas quatro maneiras de contestar suas explicações pessimistas — evidências? alternativas? implicações? utilidade? —, você agora pode praticar a *exteriorização* das suas contestações: soltar seus pensamentos para que possam ser enfrentados. Aqui vai uma técnica que funciona bem em seminários de otimismo: escolha um colega de trabalho em quem confia para praticar. Se não houver ninguém que lhe convenha no trabalho, seu cônjuge ou um amigo paciente podem ajudá-lo. A função deles é lhe atirar o tipo de crítica pessimista que você amontoa sobre si mesmo. Examine seu registro de ccccc com eles para que vejam os tipos de críticas com que você se ataca. Seu papel é ficar na berlinda e contestar as críticas em voz alta, derrubá-las. Use qualquer argumento que lhe venha à cabeça. Vejamos alguns exemplos para você estudar antes de começar.

Colega de trabalho (atacando-o como você se ataca): A gerente não travou contato visual com você quando você falou. Ela deve achar que aquilo que você tem a dizer não é importante.

Você (na berlinda): É verdade que na maior parte do tempo que eu estava falando minha gerente não ficou olhando pra mim. Parecia que ela não estava prestando muita atenção nas minhas ideias (evidências).

Isso não quer dizer, no entanto, que minhas ideias não sejam importantes ou que ela acha que elas não são importantes (implicações). Vai ver que ela está de cabeça cheia (alternativas). Sei que no passado ela ouvia minhas ideias e até quis saber minha opinião em algumas ocasiões (evidências).

Colega de trabalho (interrompendo): Você é um idiota.

Você (continuando a contestação): Ainda que ela não goste das minhas ideias, isso não quer dizer que eu seja um idiota (implicações). Tenho uma cabeça boa e geralmente dou contribuições inteligentes à maioria das conversas (evidências). No futuro, vou fazer questão de me perguntar se é uma boa hora para eu compartilhar algumas ideias antes de começar a falar (implicações). Assim não vou cometer o erro de confundir a distração dela com falta de interesse pelas minhas ideias (alternativas).

Colega professor (tecendo críticas como as que você costuma fazer a si mesmo): Você não está conseguindo a atenção dos seus alunos. Eles preferem atirar bolinhas de papel a ouvir você.

Você (na berlinda): A verdade é que eu não estou conseguindo a atenção de um grupo de alunos (evidências). Mas isso não significa que eu não seja um bom professor (implicações). Consigo despertar o interesse da maioria dos meus alunos, e me orgulho dos planos de aula criativos que elaborei (evidências). Seria legal se todos os alunos estivessem interessados no assunto, mas não é realista esperar isso (alternativas). Estou sempre tentando atrair os alunos para a aula e incentivá-los a se envolver em alguma atividade acadêmica (evidências).

Colega professor (interrompendo): Você não deve ser muito bom como professor se não consegue nem que prestem atenção por cinquenta minutos.

Você (continuando a contestação): Só porque não fui feliz com essa pequena porcentagem dos meus alunos isso não apaga o fato de que me saio muito bem com a maioria das crianças que ensino (implicações).

Colega de trabalho: Você deixa que ela te faça de gato e sapato. Não tem coragem. É um covarde.

Você (na berlinda): Discutir problemas com os superiores é difícil para muita gente (alternativas). Não acho que fui assertivo com ela como costumo ser com os meus colegas, mas exprimi minhas preocupações de maneira clara e não emotiva (evidências). Ser cauteloso não faz de mim um covarde. Ela é minha gerente e tem poder sobre mim (alternativas). Foi uma situação delicada, e talvez pecando pelo excesso de cautela não a ameacei nem a ofendi — o que teria fechado as portas da comunicação (implicações). Assim, antes de continuar a discussão com ela, posso dar um tempo e ensaiar um jeito de falar o que eu quero de forma assertiva mas não agressiva (utilidade).

Colega de trabalho: A pessoa para a qual você telefonou desligou na sua cara porque sua apresentação está toda errada.

Você (na berlinda): Posso não ter feito uma apresentação estelar, mas foi boa e falei com clareza e firmeza (evidências). A apresentação que fiz foi bastante parecida com as outras que fiz hoje, e essa foi a primeira vez que desligaram na minha cara em mais de vinte ligações a frio (evidências).

Não acho que minha apresentação tenha algo a ver com o fato de que ele desligou na minha cara. Vai ver que ele estava no meio de algo importante ou vai ver que tem como regra não escutar ofertas pelo telefone (alternativas). De qualquer maneira, foi uma pena ele ter desligado na minha cara, mas isso não é um reflexo da minha capacidade (implicações).

Se você tiver ideias sobre apresentações por telefone que queira compartilhar, eu gostaria de ouvi-las mais tarde, durante o meu intervalo (utilidade).

Colega enfermeira: Nada do que você faz basta. Os pacientes sempre querem sua atenção, e os médicos vivem te criticando. Se você fosse uma boa enfermeira, conseguiria deixar os pacientes *e* os médicos mais felizes.

Você (na berlinda): É verdade — independentemente do quanto eu trabalhe, ainda haverá coisas que precisam de atenção (evidências). Faz parte do trabalho. Isso não significa que não seja uma boa enfermeira (implicações).

Colega enfermeira (interrompendo): É um trabalho de muita pressão, e você não tem garra para ele.

Você (respondendo): Não é realista pensar que tenho o dever ou o poder de deixar os pacientes ou os médicos felizes. Posso garantir ao máximo o conforto dos pacientes e posso ajudar os médicos a gerenciar a carga de trabalho, mas não sou a responsável pela felicidade deles (alternativas).

É um trabalho muito tenso, e eu queria aprender algumas maneiras de lidar com a pressão. Vou reservar um tempo para conversar com os enfermeiros mais experientes para saber como eles lidam com a pressão (utilidade).

Agora é sua vez. Pegue vinte minutos e fique na berlinda enquanto seu amigo lança críticas do tipo que você lança contra si mesmo. Conteste-as dando o máximo de si. Depois de ter se convencido e a seu amigo de que tem uma saída plausível, vá para a crítica seguinte. Após vinte minutos, mude de função.

RESUMO

O objetivo deste capítulo foi lhe dar duas técnicas básicas para usar no trabalho.

Primeiro, você aprendeu a sintonizar seu diálogo interno anotando as crenças que tem quando contrariedades ocorrem. Você viu que, quando essas crenças são pessimistas, geralmente elas ensejam abatimento e passividade. Se pudesse mudar essas explicações automáticas nas contrariedades, poderia mudar as consequentes sensações de revigoramento e bom humor.

Para fazer isso, você praticou a contestação de suas crenças pessimistas. Fez isso escrevendo suas contestações quando surgiram no trabalho e na sua imaginação. Em seguida, usou a exteriorização das vozes para lhe dar mais prática.

Esse é o começo. A próxima parte cabe a você. Agora, cada vez que enfrentar a adversidade, ouça com atenção suas explicações sobre isso. Quando são pessimistas, conteste ativamente. Use evidências, alternativas, implicações e utilidades como marcos quando for contestá-las sozinho. Use distrações se necessário. Que isso se torne um novo hábito para suplantar as explicações pessimistas automáticas que você fazia o tempo inteiro.

15. Otimismo flexível

"Esperança" é o que tem plumas —
E na alma vem pousar —
E canta a canção sem palavras —
E nunca para — e canta sem cessar
Emily Dickinson, n. 254, c. 1861, trad. de Isa Mara Lando

Os medos que me assombram às quatro da manhã mudaram nos últimos dois meses. Assim como, na verdade, toda a minha vida. Tive mais uma filha, Lara Catrina Seligman. Ela é linda. Agora, enquanto digito estas palavras, ela está mamando no seio da mãe. Volta e meia ela para e me lança um olhar penetrante (com seus olhos azuis intensos) antes de abrir um sorriso. Sorrir foi seu último feito. O sorriso toma o rosto inteiro. Penso na baleia jubarte que vi no inverno passado no Havaí, bem distante da costa da ilha de Kona, em Big Island, tão feliz por estar viva, ressurgindo alegremente do mar, com seus pais mais tranquilos logo atrás. O sorriso de Lara é esmagador e volta à minha mente às quatro da manhã.

O que o futuro lhe reserva? O que será de toda essa afirmação? Uma geração inteira está nascendo. O *New York Times* relata que as norte-americanas casadas de agora, de repente, têm quase o dobro de probabilidade de planejar ter filhos do que há dez anos. Esta nova geração é a nossa afirmação do futuro. Mas será uma geração em perigo — o perigo habitual, atômico, político e ambiental, é claro, mas também o perigo espiritual e psicológico.

O perigo, no entanto, talvez tenha uma cura, e o otimismo adquirido pode ter um papel importante nela.

DEPRESSÃO REVISITADA

Conforme vimos no capítulo 4, a depressão está em ascensão desde a Segunda Guerra Mundial. Os jovens de hoje são dez vezes mais propensos a sofrer de depressão profunda do que seus avós, e a depressão cobra um preço especialmente alto entre as mulheres e os jovens. Não há evidências de que essa epidemia de depressão esteja diminuindo, e os medos que surgem às quatro da manhã me dizem que esse é o verdadeiro perigo para Lara e toda sua geração.

Para explicar por que a depressão é muito mais comum agora e por que a vida moderna nos países desenvolvidos torna as crianças tão vulneráveis à depressão incapacitante, quero examinar primeiro duas outras tendências alarmantes, o desenvolvimento do "eu" e o declínio do bem comum.

O desenvolvimento do "eu"

A sociedade em que vivemos exalta o ego. Toma os prazeres e as dores, os sucessos e os fracassos do indivíduo com uma seriedade inédita. Nossa economia prospera cada vez mais devido a caprichos individuais. Nossa sociedade confere um poder ao indivíduo que ele nunca teve antes: o de mudar nosso "eu" e até mesmo mudar a maneira como o "eu" pensa. Pois esta é a era do controle pessoal. O "eu" se expandiu a tal ponto que o desamparo individual é considerado algo a ser extirpado, em vez de algo esperado e aceito.

Quando a linha de montagem foi criada, na virada do século, a princípio ela apresentou um indivíduo sem problemas de controle pessoal. Podíamos comprar apenas geladeiras brancas porque a linha de montagem tornava mais lucrativo pintar todas as geladeiras da mesma cor. Na década de 1950, no entanto, com o advento do transistor e da inteligência artificial rudimentar, a escolha começou a nos ser imposta, pois ficou lucrativo revestir cada centímetro de geladeira com pedrarias se houvesse mercado para isso. A inteligência artificial abriu um enorme mercado para a customização, um mercado que prosperou na escolha individual. Agora calças jeans não são mais todas azuis: vêm em dezenas de cores e centenas de variedades. Com tantas opções disponíveis, têm-se dezenas de milhões de modelos de carros novos. Existem centenas de tipos de aspirina e milhares de tipos de cerveja.

Para criar mercado para tudo isso, a publicidade estimulou um grande entusiasmo pelo controle pessoal. O indivíduo decidido, que escolhe, que tem em mente o hedonismo, tornou-se um grande negócio. Quando o indivíduo tem muito dinheiro para gastar, o individualismo se torna uma visão de mundo poderosa e lucrativa.

Nesse mesmo período, os Estados Unidos se tornavam um país podre de rico. Embora milhões de pessoas fiquem de fora da prosperidade, a média dos norte-americanos tem mais poder de compra atualmente do que qualquer outro povo na história. A riqueza hoje tem um significado diferente da dos séculos passados. Pense no príncipe medieval: era rico, mas grande parte do que possuía era inalienável. Não podia vender suas terras e sair para comprar cavalos, assim como não podia vender seu título. A riqueza dele, ao contrário da nossa, não se traduzia diretamente em poder de compra. Nossa riqueza, por sua vez, está vinculada à desconcertante série de escolhas que estão à nossa disposição através do processo que produziu a geladeira revestida com pedrarias. Temos mais comida, mais roupas, mais educação, mais entretenimento, mais conhecimento — alguns até dizem que temos mais amor — do que jamais tivemos.

Além da escalada das expectativas materiais, veio a escalada do que se considera aceitável no trabalho e no amor. Nosso trabalho era visto como satisfatório se pusesse o pão na mesa. Hoje em dia, isso não basta. Ele também deve ter sentido. Deve oferecer espaço para crescer. Deve proporcionar uma aposentadoria confortável. Os colegas de trabalho devem ser agradáveis, e o empreendimento, ecologicamente correto.

O casamento também exige mais do que antigamente. Não é mais apenas uma questão de criar filhos. Nosso companheiro deve ser sempre sexy, magro, ter um papo bom e ser um craque no tênis. Essas expectativas infladas são arraigadas na expansão das escolhas.

Quem escolhe? O indivíduo. O indivíduo moderno não é o camponês de outrora, com um futuro fixo que se arrastava à sua frente. Ele (e agora ela, o que dobra o mercado) é um pregão frenético de opções, decisões e preferências. E o resultado é um novo tipo de "eu", o eu "máximo".[1]

O "eu" tem história. De uma forma ou de outra, está presente faz muito tempo, sempre variando de acordo com a época e com a cultura. Da Idade Média até o final do Renascimento, o "eu" era mínimo; em uma pintura de Giotto, todos são parecidos, menos Jesus. Já no fim do Renascimento o conceito se expandiu, e nas pinturas de Rembrandt e El Greco os espectadores já não parecem todos ser membros de um coral.[2]

A expansão do "eu" continuou na nossa época.[3] Nossa riqueza e tecnologia culminaram em um indivíduo que escolhe, que sente prazer e dor, que dita a ação, que otimiza ou satisfaz, e que tem até atributos rarefeitos — como estima, eficácia, confiança e controle. Dou a isso o nome de "novo eu", com sua preocupação absoluta por gratificações e perdas, o "eu máximo" para distingui-lo do que substituiu, o "eu mínimo", ou ianque, o "eu" que nossos avós tinham. O "eu ianque", assim como o "eu medieval", era muito focado em seguir as regras; certamente se preocupava menos com o que sentia. Era menos preocupado com sentimentos e mais preocupado com deveres.

Para o bem ou para o mal, agora somos uma cultura de "eus máximos". Escolhemos livremente de uma abundância de bens e serviços personalizados e tentamos ir além para captar liberdades mais requintadas. Junto com as liberdades, o "eu" expandido traz alguns perigos. O principal deles é a depressão maciça. Creio que nossa epidemia de depressão é originária do "eu máximo".

Se tivesse acontecido isoladamente, a exaltação do indivíduo poderia ter tido um impacto positivo, e as pessoas teriam vida mais plena. Mas não aconteceu dessa forma. O desenvolvimento do "eu" na nossa época coincidiu com um sentido minguado de comunidade e a perda de um propósito maior. Juntos, viraram solo fértil para o crescimento da depressão.

O declínio do bem comum

A vida que não está comprometida com nada maior do que si mesma é uma vida sem sentido. Os seres humanos requerem um contexto de sentido e esperança. Tínhamos um contexto amplo e, quando nos deparávamos com um fracasso, podíamos dar um tempo e descansar nesse cenário — fazer uma pausa — e relembrar quem éramos. Chamo esse cenário mais amplo de bem comum. Consiste em uma crença na nação, em Deus, na própria família ou até num propósito que transcende nossa vida.

Nos últimos 25 anos, aconteceram várias coisas que enfraqueceram nosso compromisso com entidades maiores a tal ponto que ficamos desprotegidos perante os ataques comuns da vida. Como se observa frequentemente, os assassinatos, a Guerra do Vietnã e Watergate se juntaram para destruir para muitos a ideia de que a nação norte-americana era um meio pelo qual poderíamos cumprir metas grandiosas. Quem cresceu no início dos anos 1960 provavelmente percebeu isso, assim como eu senti em 22 de novembro de 1963, ao observar nossa visão do futuro ser destruída. Perdemos a esperança de que nossa sociedade pudesse curar os males humanos. Talvez seja um chavão, mas uma observação aguçada, que muitos da minha geração tenham mudado seu compromisso, por medo e por desespero, de carreiras no serviço público para carreiras em que poderíamos pelo menos nos fazer felizes.

Essa mudança do bem público para bens privados foi reforçada pelos assassinatos de Martin Luther King Jr., Malcolm X e Robert Kennedy. A Guerra do Vietnã ensinou aos mais jovens essa mesma lição. A futilidade e a crueldade de uma década de guerra erodiram o compromisso da juventude com o patriotismo e os Estados Unidos. E para aqueles que perderam a lição do Vietnã, foi difícil ignorar Watergate.

Portanto, o compromisso para com a nação já não nos dá esperança. Essa erosão de comprometimento, por sua vez, fez as pessoas buscarem a satisfação dentro de si, se concentrarem na própria vida. Enquanto acontecimentos políticos iam anulando o velho conceito de nação, as tendências sociais anulavam Deus e a família, conforme declaram os estudiosos. A religião ou a família podem ter substituído a nação como fonte de esperança e sentido, impedindo que nos voltássemos para dentro. Mas, por infeliz coincidência, a erosão da crença na nação coincidiu com o colapso da família e com o declínio da crença em Deus.

Um índice alto de divórcios, a maior mobilidade e os vinte anos de baixa taxa de natalidade são os culpados pela erosão da família. Devido ao divórcio frequente, a família não é mais a instituição permanente que já foi, um santuário que sempre existiria, inalterado, quando precisássemos de um bálsamo para as nossas feridas. A fácil mobilidade — a capacidade de se levantar e galgar longas distâncias — tende a quebrar a coesão familiar. Por fim, não ter irmãos ou ter apenas um — como é o caso de tantas famílias norte-americanas — isola as pessoas. O excesso de atenção ofertado pelos pais com poucos filhos, embora gratificante para as crianças a curto prazo (na verdade, aumenta a sua média de QI em cerca de meio ponto), a longo prazo lhes dá a ilusão de que seus prazeres e dores são mais importantes do que são.

Junte isso à falta de crença de que o seu relacionamento com Deus é importante, ao colapso da sua crença no poder benevolente da nação e da família. Onde uma pessoa pode buscar identidade, sentido e esperança? Quando precisamos de tranquilidade espiritual, olhamos ao redor e notamos que todos os nossos alicerces não existem mais, restando apenas um frágil pilar: o eu. E o "eu máximo", despojado do anteparo de qualquer compromisso com o que é importante na vida, é um esquema pronto para a depressão.

Apenas o individualismo crescente ou apenas o declínio do bem comum aumentaria a vulnerabilidade à depressão. O fato de que ambos coincidiram na história recente dos Estados Unidos é, sob o meu ponto de vista, o motivo pelo qual temos atualmente uma epidemia de depressão. E seu mecanismo é o desamparo aprendido.

Nos capítulos 4 e 5, vimos que, quando os indivíduos enfrentam fracassos que não conseguem controlar, tornam-se desamparados. E como este livro mostrou, o desamparo vira desesperança e se intensifica, tornando-se uma depressão profunda quando uma pessoa passa a explicar suas derrotas com causas permanentes, abrangentes e pessoais.

É inevitável que a vida seja cheia de fracassos pessoais. Raramente conseguimos tudo o que almejamos. Frustração, derrota e rejeição são experiências cotidianas. Numa cultura individualista como a nossa, que dá pouca importância a qualquer coisa além do próprio eu, a pessoa é parcamente reconfortada pela sociedade quando sofre uma perda pessoal. As sociedades "primitivas" se empenham mais em cuidar do indivíduo quando ocorre a perda e, assim, evitam que o desamparo se torne desespero. Um antropólogo e psicólogo, Buck Schieffelin, tentou, sem sucesso, encontrar um equivalente da depressão entre os membros da tribo Kaluli, da Idade da Pedra, da Nova Guiné. Schieffelin sugere que a reciprocidade entre o indivíduo e a tribo Kaluli evita a depressão.[4] Quando o porco de um Kaluli foge e ele demonstra tristeza pela perda, a tribo lhe dá outro porco. A perda é recompensada pelo grupo, e o desamparo não se transforma em desesperança, a perda não se transforma em desespero.

Mas nossa epidemia de depressão não é mera questão do consolo que recebemos da sociedade. Sob muitos aspectos, o individualismo extremo tende a maximizar o estilo explicativo pessimista, levando as pessoas a explicarem fracassos comuns por meio de causas permanentes, abrangentes e pessoais. O crescimento do individualismo, por exemplo, significa que a derrota provavelmente é culpa minha — pois quem mais existe além de mim? O declínio do bem comum significa que o fracasso é permanente e abrangente. Na medida em que instituições maiores e benevolentes (Deus, nação, família) já não interessam mais, derrotas pessoais parecem catastróficas. Como nosso tempo em uma sociedade individualista parece terminar com a nossa própria morte, o fracasso individual parece permanente. Não há consolo para o fracasso pessoal. Ele contamina a vida em todos os aspectos. Já que instituições maiores exigem crença, qualquer derrota pessoal parece menos eterna e menos devastadora.

ALTERANDO O EQUILÍBRIO

Esse é, portanto, meu diagnóstico: a epidemia de depressão surge da notável ascensão do individualismo e do declínio do compromisso com o bem comum. Isso significa que há duas saídas: primeiro, alterar o equilíbrio de individualismo e de bem comum; segundo, explorar os pontos fortes do "eu máximo".

Os limites do individualismo

Será que o "eu máximo" e suas armadilhas nos dizem algo sobre o futuro a longo prazo do individualismo? Creio que o individualismo desenfreado tem consequências tão negativas que, ao nos destruir, pode acabar se destruindo também.

Antes de mais nada, uma sociedade que exalta o indivíduo como a nossa será repleta de depressão. E à medida que fica claro que o individualismo gera um aumento de dez vezes na depressão, o individualismo vai se tornando cada vez menos atraente.

O segundo fator, talvez o mais importante, é a falta de sentido. Não sou tolo o suficiente para tentar definir *sentido*, mas uma condição necessária para ele é o apego a algo maior que você. Quanto maior a entidade à qual você pode se apegar, mais sentido você pode extrair dela. Como agora é difícil para os jovens levar a sério a relação com Deus, se preocupar com seus deveres para com o país ou fazer parte de uma família grande e permanente, será muito difícil encontrar sentido na vida.

O "eu", em outras palavras, é um péssimo lugar onde encontrar sentido para a vida.

Se o individualismo sem comprometimento com o bem comum gera depressão e falta de sentido em grande escala, então algo deve mudar. O quê? Uma possibilidade é que o individualismo exacerbado se dissipe, que o "eu máximo" volte ao "eu ianque". Outra possibilidade, essa mais assustadora, é de que para eliminar a depressão e extrair sentido nós tenhamos que renunciar bruscamente às liberdades recém-conquistadas que o individualismo produz, desistindo do controle pessoal e da preocupação com o indivíduo. O século XX é cheio de exemplos desastrosos de sociedades que fizeram exatamente isso para curar seus males. O atual anseio pelo fundamentalismo religioso mundo afora parece ser uma dessas reações.

AS FORÇAS DO "EU MÁXIMO"

Há duas outras possibilidades mais esperançadas. Ambas exploram as forças do "eu máximo". A primeira muda o equilíbrio entre o eu e o bem comum ao optar pela expansão de seu compromisso com o bem comum. A segunda utiliza o otimismo adquirido.

Maratona moral

Embora suas defesas fossem desconhecidas e inexploradas até recentemente, o "eu máximo" não é indefeso: ele está sempre tentando se aprimorar. Talvez, através do próprio processo de aprimoramento, ele passe a entender que a preocupação desmedida consigo mesmo, apesar de agradável a curto prazo, é ruim para o seu bem-estar a longo prazo.

Entre as escolhas que o "eu máximo" pode fazer existe uma que é paradoxal. Sendo egoísta, como uma tática para se aprimorar, talvez opte por diminuir sua importância, ciente de que a depressão e a falta de sentido são decorrentes da preocupação consigo mesmo. Talvez pudéssemos manter nossa crença na importância do indivíduo, mas diminuir nossa preocupação com nosso próprio conforto e desconforto. Isso daria espaço para questões maiores.

Mesmo se quisermos, o compromisso com o bem comum não vai aumentar de um dia para o outro em uma cultura tão individualista quanto a nossa. Ainda há "eu" em excesso. Uma nova tática é necessária.

É como se fosse uma maratona. Muitos agora optam por correr. Nós nos arrastamos juntos em qualquer clima, acordando em horários atrozes para isso. A atividade em si dá à maioria de nós pouco ou nenhum prazer. Às vezes é irritante, e não raro, dolorosa. Fazemos isso em nome do nosso interesse pessoal a longo prazo. Acreditamos que, com o tempo, ficaremos melhor, que viveremos mais e com mais saúde e que ficaremos mais atraentes se passarmos por esse autoflagelo diário. Uma pequena abnegação diária é trocada pelo aprimoramento a longo prazo. Assim que nos convencemos de que a falta de exercício provavelmente sairá cara para a nossa saúde e para o nosso bem-estar, a alternativa de correr torna-se atraente.

O individualismo e o egoísmo formam uma situação totalmente paralela. Já argumentei que, em certa medida, a depressão resulta do excesso de compromisso com o "eu" e da falta de compromisso com o bem comum. Essa situação é perigosa para a nossa saúde e para o nosso bem-estar, assim como a falta de exercício e o excesso de certos colesteróis. A consequência da preocupação com nosso próprio sucesso e fracasso e da falta de compromisso sério com o bem comum é o aumento da depressão, a falta de saúde e uma vida sem sentido.

Como nós, visando ao próprio interesse, diminuímos o investimento em nós mesmos e aumentamos o investimento no bem comum? A resposta pode ser a "maratona moral".

O sacrifício envolvido em dar aos outros e gastar bastante tempo, dinheiro e esforço para melhorar o bem comum não vem naturalmente para a geração atual. Vencer na vida é o que parece natural hoje em dia. Há uma geração, era o descanso e as festas que vinham naturalmente — o domingo ideal; porém, nos convencemos de que é melhor renunciarmos a esses prazeres, e agora passamos os domingos fazendo o oposto: exercícios e dieta. Assim, pelo menos, grandes mudanças são uma possibilidade.

Como podemos romper o forte hábito do egoísmo em nós mesmos e nos nossos filhos? O exercício — não físico, mas moral — talvez seja a tática antidepressiva de que precisamos. Pense em adotar uma das seguintes práticas:

- Separe 5% do lucro tributável do ano passado para doar, não para instituições de caridade, que fazem o trabalho em seu nome; você tem que doar o dinheiro pessoalmente. Entre os possíveis destinatários na área de caridade em que você está interessado, você deve anunciar que está dando 3 mil (ou a quantia que for) e a quais finalidades devem atender. Você deve entrevistar possíveis beneficiados. Você doa o dinheiro e acompanha sua utilização até um fim satisfatório.
- Abra mão de alguma atividade que você faça sempre visando a seu prazer pessoal — comer fora uma vez por semana, assistir a um filme na terça-feira à noite, caçar nos fins de semana de outono, jogar videogame quando chega em casa depois do trabalho, comprar sapatos novos. Gaste esse tempo (o equivalente a uma noite por semana) numa atividade dedicada ao bem-estar alheio ou da comunidade: ajude em um sopão ou em uma campanha do conselho escolar, visite pacientes de aids, limpe a praça pública, arrecade fundos para a universidade onde estudou. Use o dinheiro que economizou cancelando a atividade prazerosa para fomentar uma causa.
- Quando um sem-teto lhe pedir dinheiro, converse com ele. Julgue como melhor puder se ele vai usar o dinheiro para fins não destrutivos. Se você acha que vai, dê a ele. Frequente áreas onde você encontra mendigos, converse com os sem-teto e dê dinheiro aos que realmente precisam. Gaste três horas por semana fazendo isso.
- Quando ler sobre atos especialmente heroicos ou desprezíveis, escreva cartas: cartas de fã para pessoas às quais seus elogios fariam bem e cartas de aconselhamento a pessoas e organizações que detesta. Mande também cartas a políticos e outros que possam atuar diretamente. Gaste três horas por semana nisso. Faça aos poucos. Redija as cartas com o mesmo cuidado que teria ao fazer um relatório crucial para a sua empresa.
- Ensine seus filhos a doar coisas. Peça que guardem um quarto da mesada para doar. Eles devem encontrar uma pessoa carente ou um projeto e doar o dinheiro pessoalmente.

Não é preciso levar tudo isso a cabo com uma intenção altruísta. Tudo bem se você fizer isso por se sentir bem, independentemente do impacto sobre o bem comum.

Pode-se argumentar que o aumento do contato com o bem comum pode ser deprimente, e que se é da depressão que você quer escapar, é melhor se enturmar com os ricos e belos de Acapulco em vez de passar a noite se voluntariando num abrigo para os sem-teto. Pode-se supor que visitar pacientes com aids à beira da morte uma vez por semana seria uma receita infalível para a depressão. E não há como negar que, para alguns, talvez esse seja mesmo o caso. Mas eu sugiro que a exposição ao sofrimento humano, apesar de entristecedor, não é "deprimente" segundo o uso que fazemos do termo neste livro. O que é verdadeiramente deprimente é *imaginar-se* preso num mundo cheio de monstros — o pobre rude, desleixado, os emaciados que sofrem de aids terminal e assim por diante. Voluntários experientes, no entanto, relatam que uma grande surpresa para eles é o entusiasmo que obtêm de seu trabalho. Eles descobrem, através do contato, que os pobres e os doentes não são monstros, mas sim seres humanos; que o modesto heroísmo dos sofredores é a regra e não a exceção; que embora o que vejam como voluntários possa entristecê-los, não os deprime; e que muitas vezes ficam profundamente comovidos. É libertador ver em primeira mão que entre os que, em tese, são desamparados há um incrível grau de maestria espiritual e psicológica.

Se você se dedicar a atividades em prol do bem comum por bastante tempo, elas ganharão sentido para você. Talvez você perceba que tem menos propensão a ficar deprimido, que adoece com menos frequência e que se sente melhor agindo pelo bem comum do que se entregando a prazeres solitários. O mais importante é que o vazio dentro de você, a falta de sentido que o individualismo desenfreado alimenta, começará a ser preenchido.[5]

Sem sombra de dúvida, nesta época de escolhas, essa escolha é sua.

Otimismo adquirido

A segunda forma de explorar as forças do "eu máximo" é o tema deste livro. Vimos até agora como a depressão pode suceder a um modo pessimista de pensar sobre fracassos e perdas. Aprender a pensar com mais otimismo quando fracassamos nos dá uma técnica permanente para afastar a depressão. Também pode nos ajudar a conquistar mais coisas e ter mais saúde.

No entanto, defender que podemos aprender a ser otimistas faria pouco sentido antes da ascensão do "eu máximo". Uma sociedade que considerava a depressão um resultado de genes ruins ou de desequilíbrio químico veria pouco sentido em tentar mudar o que pensamos quando fracassamos. Uma sociedade que visse o "eu" como mínimo não teria tanto interesse em psicologia. Mas quando uma sociedade exalta o indivíduo, assim como a nossa, seus pensamentos e suas consequências se tornam sujeitos de cuidadosa ciência, de terapia e autoaprimoramento. Esse "eu" aprimorado não é uma quimera. Conforme já discutimos, seu próprio nível de otimismo pode mudar de maneira drástica, e o seu grau de otimismo pode ser transformado.

A geração da minha filha mais nova, se o destino quiser, talvez veja a depressão como algo decorrente de como pensamos e, o mais importante, talvez considere nossa forma de pensar um tanto mutável. Um dos grandes baluartes do "eu máximo" é acreditar que o "eu" pode mudar sua forma de pensar. E essa crença permite que a mudança ocorra.

Não acredito que por si só o otimismo adquirido detenha a maré de depressão na sociedade como um todo. O otimismo é apenas um complemento útil à sabedoria. Por si só, não oferece sentido. O otimismo é uma ferramenta que ajuda o indivíduo a atingir os objetivos que estabeleceu para si mesmo. É na escolha dos objetivos que o sentido — ou o vazio — mora. Quando o otimismo adquirido for aliado a um compromisso renovado com o bem comum, nossa epidemia de depressão e a falta de sentido talvez cheguem ao fim.

OTIMISMO FLEXÍVEL

Resta pouca dúvida: o otimismo faz bem. Também é mais divertido: o que se passa na nossa cabeça de minuto em minuto é mais agradável. Mas o otimismo, e somente o otimismo, não é capaz de remediar a depressão, o fracasso e a falta de saúde que foram os temas deste livro. O otimismo não é uma panaceia. Conforme vimos há pouco e ao longo dos capítulos anteriores, ele tem seus limites. Para começo de conversa, o otimismo funciona melhor em certas culturas. Além disso, às vezes nos impede de perceber a realidade com a clareza necessária. Por fim, talvez ajude algumas pessoas a se esquivarem da responsabilidade pelos próprios fracassos. Mas esses limites são só isso: limites. Não anulam os benefícios do otimismo; na verdade, o põem em perspectiva.

No primeiro capítulo, falamos das duas formas de se olhar o mundo, a otimista e a pessimista. Até agora, se você fosse pessimista, não tinha escolha além de viver no pessimismo. Sofria depressões frequentes. Seu trabalho e sua saúde padeciam. Na sua alma, o dia era sempre chuvoso. Em troca, você ganhava um senso de realidade mais aguçado e um senso de responsabilidade mais forte.

Agora você tem opção. Se aprender o otimismo, tem a opção de empregar suas técnicas sempre que precisar, mas sem se tornar escravo delas.

Por exemplo, digamos que você aprendeu bem as técnicas. Quando enfrentar derrotas e contratempos, conseguirá tolher a depressão contestando os pensamentos catastróficos que antes o assolavam. Acontece um novo contratempo. Sua filha, vamos chamá-la de May, está no jardim de infância. May é a aluna mais nova. Ela precisa encarar a perspectiva de ser menos madura que os colegas de classe ano após ano. A professora quer fazê-la repetir de ano. E agora você está preocupado. Segurá-la um ano... que perspectiva deprimente.

Você pode, se assim escolher, se lançar em todas as contestações que o levam a pensar que ela tem que passar para o primeiro ano: ela tem o QI alto, seu talento musical está bem acima da média do jardim de infância, ela é linda. Mas também pode escolher não contestar. Pode dizer a si mesmo que esse é um daqueles momentos que exigem que se olhe a realidade com uma clareza impiedosa, não os que clamam pela prevenção de sua própria depressão. É o futuro da sua filha que está em jogo. O preço de cometer um erro ultrapassa a relevância de evitar seu próprio abatimento. Portanto, essa é a hora de avaliar. Você pode optar por *não* contestar os pensamentos pessimistas.

O que você tem agora é mais liberdade — uma alternativa extra. Você pode escolher usar o otimismo quando julgar que menos depressão, ou mais conquista, ou uma saúde melhor é a questão. Mas também pode optar por não usá-lo quando achar que a visão clara ou a admissão é o mais indicado. Aprender o otimismo não corrói seus valores ou o seu juízo. Na verdade, o libera para usar a ferramenta para atingir melhor os objetivos que estabelecer. Possibilita que você use da melhor forma a sabedoria que acumulou após uma vida inteira de provações.

E o que dizer do otimista nato? Até agora, ele era tão escravo das tiranias do otimismo quanto o pessimista era das tiranias do pessimismo. Tem enormes benefícios: menos depressão, saúde melhor, mais conquistas. Era até mais propenso a ser eleito a um cargo público. Mas pagou um preço: ilusões benignas, um senso de responsabilidade enfraquecido. Até agora.

O otimismo também é libertado pelo conhecimento do que o otimismo faz e como funciona. Ele também pode invocar seus valores e juízos e dizer a si mesmo que o momento presente não requer esses seus hábitos muito eficazes de contestar pensamentos desesperadores. Esse momento é a hora de ouvir seus chamados. Agora ele pode escolher se vai usar suas táticas de contestação, já que sabe de seus benefícios e seu preço.

Portanto, os benefícios do otimismo não são ilimitados. O pessimismo tem uma função a exercer tanto na sociedade como um todo quanto na nossa vida; precisamos ter coragem para suportar o pessimismo quando sua perspectiva for valiosa. O que queremos não é o otimismo cego, mas o otimismo flexível — o otimismo de olhos abertos. Temos que ser capazes de usar o senso aguçado de realidade do pessimismo quando for necessário, mas sem ter que mergulhar em suas águas escuras.

Para mim, os benefícios desse tipo de otimismo são ilimitados.

Agradecimentos

Sem a ajuda de quatro pessoas, este livro não teria sido possível.

Em primeiro lugar, Tom Congdon. Quando, enfim, decidi escrever um livro para tentar explicar o campo do controle pessoal a leigos, me dei conta de que precisava de ajuda. Sou vaidoso o bastante para pensar que a minha escrita técnica é ótima, mas escrever diálogos, manter o suspense, caracterizar os cientistas que conheci eram tarefas que iam além de qualquer coisa que eu tenha feito antes. Conheci Tom e consegui convencê-lo a trabalhar comigo. Tom não só reescreveu a maioria das frases do livro, mas ajudou a reorganizá-lo. Desafiou conceitos que iludiram os profissionais da área e me fez repensá-los. Mas, o melhor de tudo, quando os ânimos se abateram, quando os editores criticaram, quando os discos rígidos quebraram, quando as ideias secaram, Tom sempre esteve presente para me incentivar, apoiar e estimular. E ele se tornou meu amigo.

Dan Oran, presidente da Foresight Inc., pediu que eu escrevesse este livro. Hesitei. Tinha muito o que fazer: vários experimentos sobre controle pessoal ainda não tinham sido feitos, muitos manuais sobre prevenção da depressão, baixa incidência de doenças infecciosas para analisar, muitas outras esferas da vida em que testar o otimismo. Ele tornou a ideia mais palatável oferecendo-se para escrevê-lo comigo. Mas à medida que me fazia levar o projeto cada vez mais a sério, eu percebia que essa era a história do trabalho ao qual dediquei minha vida e, já que era o responsável pelo trabalho, quis ser o único autor.

Dan também me apresentou a Richard Pine, que se tornou meu agente. Li recentemente no *New York Times* que agentes devem ser as pessoas "que nunca retornam suas ligações". Não é o caso de Richard. Ele é o sonho de qualquer autor. Ele leu cada palavrinha deste livro pelo menos quatro vezes. Não foram poucas as palavras que ele insistiu que eu mudasse. No final da nossa primeira reunião, percebendo minha hesitação, Richard disse: "Rezo por este livro. As pessoas criam religiões para essas coisas".

Fiquei surpreso e repeti essa declaração extraordinária para meu novo sogro, um reservado industrial britânico, Dennis McCarthy, na semana seguinte. "Não sei, não", disse ele, "mas pense em grandes empresas. Uma empresa de sucesso tem um departamento de pesquisa e outro de desenvolvimento. Você passou os últimos 25 anos fazendo pesquisas básicas sobre controle pessoal e nos últimos tempos deu início à etapa de desenvolvimento. Este livro, que dá ideias básicas para o leigo que queira saber como levar uma vida mais racional, é desenvolvimento em alto nível." Naquele momento, decidi fazer o livro. Nos dezoito meses seguintes, foi praticamente o que fiz. Dennis também me deu sugestões inestimáveis sobre o capítulo de negócios.

Várias outras pessoas me deram conselhos muito úteis sobre o manuscrito como um todo ou grandes trechos dele.

Primeiro, meu editor, Jonathan Segal. As leituras intransigentes que Jonathan fez do manuscrito não foram apenas focadas no estilo ("Sempre descreva"), mas também nas principais questões de conteúdo ("Enfatize o otimismo flexível. Você não quer que as pessoas sejam prisioneiras do otimismo, assim como não quer que sejam prisioneiras do pessimismo. Que serventia tem o pessimismo? Em que situações as pessoas deveriam empregar o pessimismo em vez do otimismo?" E assim por diante). O livro tem mais substância devido à ajuda de Jonathan.

Em seguida, Karen Reivich. Karen escreve diálogos lindamente, e pedi que ela os produzisse em massa usando sua experiência no gerenciamento e planejamento de seminários para a Foresight Inc., na mudança de estilos explicativos. Muitos dos diálogos entre terapeuta e paciente, mãe e filho, originam-se da experiência de Karen ou de sua imaginação fértil. Ela também discutiu demoradamente comigo a respeito do título (e subtítulo) e me ajudou a escolher os poemas. Espero que Karen se torne psicóloga. Tom Congdon quer que ela vire escritora. Ambos temos grande consideração por Karen e por seus talentos.

Peter Schulman vem trabalhando comigo nos últimos oito anos, gerenciando minha pesquisa científica e servindo como o vice-presidente de operações da Foresight Inc. Em muitos momentos de redação deste livro, pedi a Peter que analisasse ainda mais dados. "Por quantos pontos, em média, os otimistas de West Point vencem os pessimistas de West Point?" "A tropa especial da Prudential se sai tão bem quanto a tropa especial da MetLife?" E muito mais. As respostas de Peter eram sempre rápidas, cuidadosas e não raro brilhantes.

Minha filha, Amanda Seligman, atualmente aluna de línguas clássicas em Princeton, leu o primeiro terço do manuscrito inicial e me ajudou a colocar meus pés no chão.

Terry Silver, minha secretária, ajudou em muitas maneiras de listar.

Por fim, os vinte alunos de graduação e os oito alunos de pós-graduação que fizeram meu seminário em 1989-90 na Universidade da Pensilvânia que leram todo o primeiro rascunho. Muitos teceram comentários úteis.

Inúmeras pessoas ajudaram com um ou outro capítulo. Sou grato a todas as pessoas a seguir, que em sua maioria me permitiram colaborar com elas ou cujo trabalho me inspirou diretamente:

No capítulo 1, para começar, pedi ajuda a vários escritores qualificados. Ralph Keyes, Carol Stillman e Bob Trotter leram o primeiríssimo rascunho e tentaram para me conduzir na direção certa.

O capítulo 2 narra a história do desamparo aprendido. Embora as contribuições recebidas estejam narradas lá, Steve Maier, Bruce Overmier, Dick Solomon e Don Hiroto devem ser ressaltados como as principais forças que me ajudaram a criar e orientar esse campo. O Instituto Nacional de Saúde Mental, a Fundação Nacional pela Ciência, a Fundação Guggenheim e a Fundação Woodrow Wilson apoiaram o meu trabalho ao longo desse período.

O capítulo 3 discute o estilo explicativo. Esse conceito foi elaborado por Lyn Abramson, Chris Peterson, John Teasdale e Judy Garber. Sua história é contada neste capítulo. Karen Reivich ajudou a criar e a convalidar o questionário neste capítulo. O Instituto Nacional de Saúde Mental (sobretudo Jack Maser e Bob Hirschfeld), que vem apoiando meu trabalho há mais de vinte anos, e a Fundação Nacional pela Ciência merecem agradecimentos especiais.

O Centro Avançado de Estudo das Ciências do Comportamento também me apoiou durante esse período.

Os capítulos 4 e 5 abordam a depressão. Aaron Beck e Albert Ellis merecem destaque por desmistificar a depressão e trazê-la das trevas à penumbra. Junto com Dean Schuyler e Mickey Stunkard, Beck foi o mentor que me mostrou como a depressão poderia ser curada. Gerry Klerman, Myrna Weissman, Janice Egeland e Buck Schieffelin deram contribuições fundamentais para se compreender a depressão conforme acontece em todo o mundo. Lenore Radloff desenvolveu o CES-D. Steve Hollon, Rob DeRubeis e Mark Evans realizaram o estudo definitivo acerca do uso da terapia cognitiva contra a depressão e agradeço a eles pela colaboração. Susan Nolen-Hoeksema concebeu e testou a teoria da ruminação e das diferenças de gênero na depressão. O Instituto Nacional de Saúde Mental apoia meu trabalho na área e, preciso dizer, sem o apoio dessa instituição a centenas de cientistas no campo dos transtornos afetivos, a depressão ainda seria um mistério sem cura. A humanidade tem uma dívida de gratidão para com essa grande instituição norte-americana.

O capítulo 6 é relativo ao sucesso no trabalho, e a MetLife tem sido minha inspiração. A MetLife também é a organização em que muitas das ideias foram testadas e validadas. Sou particularmente grato a Dick Calogero, meu paciente colaborador durante sete anos, a John Creedon, que foi quem começou tudo, a Howard Mase e Bob Crimmins, que lideraram a investida, a Al Oberlander, Joyce Jiggetts, Yvonne Miesse e aos quase 200 mil candidatos e vendedores que responderam ao Questionário sobre Estilo de Atribuição. Eu gostaria de agradecer a contribuição significativa da dra. Mary Anne Layden pela autoria desse questionário. Ele foi aprimorado ao longo de numerosas reuniões com Amy Semmel, Lyn Abramson, Lauren Alloy e Nadine Kaslow.

John Riley me apresentou aos líderes do setor de seguros e Dan Oran e Peter Schulman, da Foresight Inc., conduziram os estudos e analisaram os dados. Robert Dell exemplifica o que é ser um bom "agente especial" e lhe sou grato por ter me deixado contar sua história íntima. Também agradeço aos muitos candidatos e agentes da Mutual of Omaha, Prudential e Reliance que responderam ao ASQ.

Dennis McCarthy me deu insights sobre otimismo e indústria. Lauren Alloy e Lyn Abramson são as psicólogas que mais ajudaram a moldar o campo do realismo depressivo.

Os capítulos 7 e 8 dizem respeito a pais e filhos. Nadine Kaslow e Richard Tanenbaum encabeçaram o processo de criação do CASQ. A pesquisa de Carol Dweck sobre crianças em idade escolar e desamparo abriu o campo da realização e do estilo explicativo. Chris Peterson inventou a técnica Cave e Glen Elder inspirou seu primeiro uso de dados históricos. O Social Science Research Council Committee on Life Span Development, chefiado por Matilda Riley, Bert Brim, Paul Baltes, Dave Featherman e Judy Dunn, alimentou e inspirou nossos estudos longitudinais sobre crianças. O Instituto Nacional de Saúde Mental o patrocinou.

Joan Girgus e Susan Nolen-Hoeksema deram grande contribuição ao campo do estilo explicativo e depressão em crianças. As duas leram e fizeram grandes mudanças no capítulo 8. Os sistemas educacionais de Princeton, Trenton e do distrito de East Windsor, em Nova Jersey, tiveram a paciência de nos permitir fazer testes em seus pátios nos últimos cinco anos. Somos muito gratos aos professores, pais e diretores, e principalmente às crianças dessas escolas. Cindy Fruchtman e Gilda Paul levaram esses estudos a cabo. Willis Stetson e os funcionários de admissão na Universidade da Pensilvânia e Dick Butler, Bob Priest e William Burke em West Point foram colaboradores generosos. Meu filho, David Seligman, me ajudou a fazer o teste em West Point.

Vários dos meus alunos de pós-graduação me deram bons conselhos sobre a ingenuidade de aconselhar casais beligerantes a não brigar. Lisa Jaycox, Deborah Steams, Jane Eisner, Greg Buchanan, Nicholas Maxwell, Karen Reivich e Jane Gillham leram esse capítulo com muito cuidado e mudaram minha ideia sobre como apresentar a questão.

O capítulo 9 diz a respeito dos esportes. Chris Peterson fez a primeira pesquisa relacionando estilo explicativo e esportes. David Rettew, Karen Reivich e David Seligman se dedicaram por muito tempo e com muito empenho a esses estudos. David Rettew foi quem deu origem ao estudo da Liga Nacional. As compilações do Elias Sports Bureau, com as estatísticas do beisebol, são formidáveis. Susan Nolen-Hoeksema realizou os estudos sobre a equipe de natação de Berkeley; agradeço muito a Nort e Karen Moe Thornton, treinadores dos nadadores de Berkeley, e acima de tudo aos homens e mulheres das equipes de natação do time de Berkeley.

O capítulo 10 é sobre saúde. Madelon Visintainer, Joe Volpicelli, Steve Maier, Leslie Kamen e Judy Rodin fizeram um trabalho seminal sobre o desamparo aprendido, o estilo explicativo e a saúde. Chris Peterson e George Vaillant encabeçaram o estudo de estilo explicativo e saúde ao longo da vida. Judy Rodin e Sandy Levy são os líderes e a inspiração dos estudos MacArthur sobre saúde, sistema imunológico e personalidade. T. George Harris ficou me lembrando como esse trabalho era importante e pedindo que eu anunciasse isso ao mundo. A Fundação MacArthur, alma generosa e aventureira, e o Instituto Nacional do Envelhecimento financiaram este trabalho.

O capítulo 11 é sobre política, cultura e religião. Harold Zullow encabeçou o trabalho sobre política norte-americana. Eu o incentivei. Já Gabriele Oettingen liderou o trabalho sobre estilo explicativo entre culturas. Eu a incentivei. Eva Morawska e Gabriele realizaram os estudos sobre judaísmo e ortodoxia russa. Dan Goleman sugeriu que prevíssemos as primárias de 1988 e Alan Kors, quase vinte anos atrás, insistiu que uma psico-história rigorosa e preditiva era possível. (Foi também Alan quem, quando o meu livro *Helplessness* foi lançado, quinze anos atrás, comentou que esperava que o livro seguinte fosse o contrário. Ele é.) Jack Rachman levou-me às bancas de apostas de Edimburgo. Pobre coitado: ele também apostou em Dukakis.

Os capítulos 12, 13 e 14 são sobre como mudar o estilo explicativo. Art Freeman e Steve Hollon chefiaram o trabalho que transformou os princípios da terapia cognitiva de Beck com pessoas deprimidas em oficinas e exercícios que os não deprimidos pudessem achar proveitoso pôr em prática — e pôr em prática preventivamente. Dan Oran e Karen Reivich geriram esses projetos e também deram grandes contribuições intelectuais ao conteúdo. Tim Beck e Albert Ellis fundaram todo esse campo e muitas das ideias e esquemas que elaboraram foram incorporados.

Ed Craighead e Robert DeMonbreun escreveram o primeiro programa de prevenção para crianças quase quinze anos atrás, quando ainda não era a hora certa. Susan Nolen-Hoeksema e Judy Garber também tiveram um papel importante para entendermos como prevenir a depressão em crianças, e fizeram sugestões úteis para o capítulo 13.

A MetLife em geral, e principalmente Dick Calogero, Howard Mase, Bob Crimmins, Yvonne Miesse, Joyce Jiggetts e John Creedon, desempenharam papéis relevantes em nossos estudos sobre como mudar o estilo explicativo na indústria. Sou especialmente grato aos agentes da MetLife que fizeram os seminários da Foresight Inc.

O capítulo 15 é sobre o futuro, e sou grato a Lara Catrina Seligman pelo mero fato de que fará parte dele. T. George Harris me cutucou para escrever sobre depressão e individualismo, e o convite da Associação Americana de Psicologia para que eu proferisse a palestra do G. Stanley Hall de 1988 me propiciou uma primeira oportunidade de ter essas ideias. A revisora anônima da Knopf merece muitos elogios. Ela fez uma visitinha especial à coleção do Cloister's para verificar a precisão do comentário sobre pintura renascentista. Revisão no seu auge. Barry Schwartz, meu parceiro de bridge e fonte de estímulo intelectual há mais de vinte anos, tem sido um dos maiores responsáveis por me levar a repensar as questões de egoísmo e individualismo e das regras do jogo.

Por fim, houve duas influências globais na minha vida e neste livro. O departamento de psicologia da Universidade da Pensilvânia tem sido o lar e a sustentação de todo este trabalho há 25 anos. Tenho uma dívida de gratidão que jamais conseguirei pagar aos meus professores, meus alunos e meus colegas.

Acima de tudo, quero agradecer a Mandy McCarthy, mãe de Lara, minha esposa. Seu amor, sua visão intelectual e seu apoio inabalável permitiram que este livro se concretizasse.

24 de janeiro de 1990

Notas

1. DUAS FORMAS DE ENCARAR A VIDA [pp. 23-38]

1. Noam Chomsky. Review of *Verbal Behavior* de B. F. Skinner. *Language*, v. 35, pp. 26-58, 1959.

2. Gerald Klerman, durante seu mandato como administrador do órgão federal Alcohol, Drug Abuse, and Mental Health Administration (ADAMHA), financiou diversos estudos em larga escala para descobrir quantas pessoas com doenças mentais viviam nos Estados Unidos. Em "The Age of Melancholy?" (*Psychology Today*, pp. 37-42, abr. 1979), Klerman apresenta algumas estatísticas alarmantes acerca da predominância da depressão nos dias de hoje.

3. Sigmund Freud apresenta a teoria psicanalítica no artigo especulativo, mas fascinante, "Luto e melancolia" (*Edição standard brasileira das obras psicológicas completas de Sigmund Freud*, org. James Strachey, v. 14. Rio de Janeiro: Imago). Freud distingue o luto, uma condição normal, da melancolia, um transtorno mental. Pesquisas modernas, por sua vez, ressaltam a relação entre as duas condições.

4. Duas obras úteis de partidários da postura biomédica são Ronald R. Fieve, *Moodswing* (Nova York: William Morrow, 1975) e, do ponto de vista mais técnico, Donald F. Klein; John M. Davis, *Diagnosis and Drug Treatment of Psychiatric Disorders* (Baltimore: Williams and Wilkins, 1969).

5. Devo a Robertson Davies por seu maravilhoso ensaio "What Every Girl Should Know", em *One Half of Robertson Davies* (Nova York: Viking, 1977), pela expressão "a palavra em seu âmago". Também devo a ele por muitas outras coisas.

2. O DESAMPARO APRENDIDO [pp. 39-54]

1. Os experimentos sobre transferência acabaram demonstrando que o condicionamento pavloviano pode energizar ou inibir o aprendizado (ver Robert A. Rescorla e Richard L. Solomon, "Two-Process Learning Theory: Relationship Between Pavlovian Conditioning and Instrumental Learning", *Psychological Review*, v. 74, n. 3, pp. 151-82, 1967).

2. Um relato mais detalhado, além da bibliografia completa, dos experimentos a respeito do desamparo em animais pode ser encontrado em Martin Seligman, *Helplessness: On Depression, Development, and Death* (San Francisco: Freeman, 1975). Ver também Steven F. Maier e Martin Seligman, "Learned Helplessness: Theory and Evidence", *Journal of Experimental Psychology: General*, v. 105, n. 1, pp. 3-46, 1976.

3. Um relato do longo debate entre as visões behaviorista e cognitiva sobre o desamparo aprendido foi publicado em *Behavior Research and Therapy*, v. 18, pp. 459-512, 1980. Você mesmo pode decidir quem ganhou.

4. Um relato do papel dos epiciclos é encontrado em Thomas Kuhn, *The Copernican Revolution: Planetary Astronomy in the Development of Western Thought* (Cambridge: Harvard University Press), pp. 59-64, 1957. [Ed. bras.: *A revolução copernicana: a astronomia planetária no desenvolvimento do pensamento ocidental*. São Paulo: Edições 70, 2017.]

5. Donald S. Hiroto, "Locus of Control and Learned Helplessness", *Journal of Experimental Psychology*, v. 102, n. 2, pp. 187-93, 1974.

3. EXPLICANDO A FALTA DE SORTE [pp. 55-81]

1. Para um relato do papel que a teoria da atribuição exerce em situações de realização, ver Bernard Weiner, Irene Frieze, Andy Kukla, Linda Reed, Stanley Rest e Robert M. Rosenbaum, *Perceiving the Causes of Success and Failure* (Morristown: General Learning Press, 1971) e a clássica monografia de Julian Rotter, "Generalized Expectancies for Internal Versus External Control of Reinforcement", *Psychological Monographs: General and Applied*, v. 80, n. 1, 1966 (1, Whole, n. 609).

2. A edição especial de *Journal of Abnormal Psychology*, v. 87, 1978, contém a reformulação de Abramson, Seligman e Teasdale, mais outra dezena de artigos, em geral críticos à teoria original do desamparo e algumas réplicas e tréplicas acaloradas.

Desde então foram centenas de artigos em periódicos e inúmeras teses de doutorado sobre o estilo explicativo, o desamparo aprendido e a depressão. Essa literatura maciça causou polêmica, mas emergiu o consenso de que o estilo explicativo pessimista e a depressão possuem forte vínculo, conforme prevê a teoria. Paul Sweeney, Karen Anderson e Scott Bailey, "Attributional Style in Depression: A Meta-analytic Review", *Journal of Personality and Social Psychology*, v. 50, n. 5, pp. 974-91, 1986, revisam 104 estudos exceto os feitos no meu laboratório. C. Robins, em "Attributions and Depression: Why Is the Literature So Inconsistent?", *Journal of Personality and Social Psychology*, v. 54, n. 5, pp. 880-9, 1988, conclui que estudos que não encontraram a correlação prevista pessimismo-depressão sempre usam amostras inadequadamente pequenas.

H. Tenen e S. Herzberger, "Attributional Style Questionnaires", em Daniel J. Keyser e Richard C. Sweetland (Orgs.), *Test Critiques*, v. 4, pp. 20-30, 1986, revisam a história e a utilização do questionário.

3. A versão mais atual da teoria da esperança é Lyn Y. Abramson, Gerald Metalsky e Lauren B. Alloy, "Hopelessness Depression: A Theory-Based Process-Oriented Sub-type of Depression", *Psychological Review*, v. 96, n. 2, pp. 358-72, 1989.

4. O conflito entre autorrecriminação e responsabilidade, por um lado, e o desamparo, por outro, foi discutido pela primeira vez em um lúcido artigo sobre depressão escrito por Lyn Y. Abramson e

Harold Sackeim, "A Paradox in Depression: Uncontrollability and Self-Blame", *Psychological Bulletin*, v. 84, n. 5, pp. 838-51, 1977. Eles questionam como é possível que uma pessoa deprimida acredite ao mesmo tempo ser a responsável pelas tragédias da própria vida e se acredite desamparada?

4. O SUPRASSUMO DO PESSIMISMO [pp. 82-100]

A referência geral mais esclarecedora que conheço acerca da psicologia da depressão continua a ser o clássico de 1967 escrito por Aaron T. Beck, *Depressão: Causas e tratamento* (Porto Alegre: Artmed). Dois excelentes guias de tratamento são: Albert Ellis, *Reason and Emotion in Psychotherapy* (Nova York: Stuart, 1962), e Aaron T. Beck, A. John Rush, Brian F. Shaw e Gary Emery, *Cognitive Therapy of Depression: A Treatment Manual* (Nova York: Guilford, 1979).

1. Para esclarecer as funções de objetos complexos do cotidiano, ver David Macaulay, *The Way Things Work* (Boston: Houghton Mifflin, 1988).
2. M. G. Allen, "Twin Studies of Affective Illness", *Archives of General Psychiatry*, v. 33, n. 12, pp. 1476-8, 1976.
3. O diálogo sobre o papel de parede foi tirado de Aaron Beck et al., op. cit., pp. 130-1.
4. O teste CES-D (Centro de Estudos Epidemiológicos — Depressão) é um catálogo amplamente utilizado dos sintomas de depressão. A escala CES-D: uma escala de autorrelato de depressão para pesquisas na população em geral. Lenore Radloff, *Applied Psychological Measurement*, v. 1, n. 3, pp. 385-401, 1977.
5. Em "The Age of Melancholy?" (*Psychology Today*, pp. 37-42, abr. 1979), Gerald Klerman apresentou algumas das estatísticas alarmantes sobre a prevalência da depressão e cunhou o termo "A era da melancolia". Os dois principais estudos que falam da epidemia de depressão são Lee Robins, John Helzer, Myrna Weissman, Helen Orvaschel, Ernest Gruenberg, Jack Burke e Darrel Regier, "Lifetime Prevalence of Specific Psychiatric Disorders in Three Sites", *Archives of General Psychiatry*, v. 41, n. 10, pp. 949-58, 1984; e Gerald Klerman, Philip Lavori, John Rice, Theodore Reich, Jean Endicott, Nancy Andreasen, Martin Keller e Robert Hirschfeld, "Birth Cohort Trends in Rates of Major Depressive Disorder Among Relatives of Patients with Affective Disorder", *Archives of General Psychiatry*, v. 42, n. 7, pp. 689-93, 1985. Esses dois estudos são minas de ouro para estudantes sérios da anormalidade.

Minha única divergência em relação a esses importantes estudos é que os autores com tendência à biomedicina falam deles como indicadores de uma "interação gene-ambiente ao longo do tempo" na produção da maciça depressão de hoje. Não vejo evidência nenhuma nos dados deles de tal interação; na verdade, o efeito parece ser puramente ambiental. Tanto aqueles que são geneticamente vulneráveis (os parentes) e a população em geral (a população dos países membros da Comissão Econômica das Nações Unidas para a África) parecem sofrer de depressão em índices bem mais altos ultimamente.

6. A descoberta de que a depressão agora começa mais cedo vem da elegante matematização dos dados de Theodore Reich, Paul van Eerdewegh, John Rice, Joe Mullaney, Gerald Klerman e Jean Endicott, "The Family Transmission of Primary Depressive Disorder", *Journal of Psychiatric Research*, v. 21, n. 4, pp. 613-24, 1987.

7. Sou grato a Seymour Papert, que por volta de 1970 fez essa sagaz observação sobre a inteligência computacional para os membros de um grupo que não deveria existir (Psychological Round Table).

8. Os critérios de adequação em um modelo de psicopatologia foram enumerados por Lyn Y. Abramson e Martin Seligman, "Modeling Psychopathology in the Laboratory: History and Rationale", em J. Maser e Martin Seligman (Orgs.), *Psychopathology: Experimental Models* (San Francisco: Freeman, 1977, pp. 1-27). O principal critério é o mapeamento de sintomas, desde o modelo a patologia. Conforme o leitor pode perceber, esse critério foi cumprido com um êxito extraordinário nesse caso.

A defesa mais detalhista da proximidade da correspondência entre sintomas do desamparo aprendido e a depressão diagnosticada de acordo com *DSM-III-R* foi feita por Jay M. Weiss, Peter Ernst Simson, Monica J. Ambrose, A. Webster e Laura J. Hoffman, "Neurochemical Basis of Behavioral Depression", *Advances in Behavioral Medicine*, v. I, pp. 253-75, 1985. Esse artigo e a importante obra de Sherman e Petty também demonstram as fortes similaridades de química cerebral e farmacologia existentes entre o desamparo aprendido e a depressão (ver, por exemplo, A. D. Sherman e F. Petty, "Neurochemical Basis of Antidepressants on Learned Helplessness", *Behavioral and Neurological Biology*, v. 30, n. 2, pp. 119-34, 1982).

5. COMO VOCÊ PENSA, COMO VOCÊ SENTE [pp. 101-25]

1. A citação de Beck foi extraída de Aaron T. Beck, *Cognitive Therapy and the Emotional Disorders*. Nova York: New American Library, 1976.

2. As descobertas revolucionárias de Wolpe foram publicadas em Joseph Wolpe, *Psychotherapy by Reciprocal Inhibition*. Stanford: Stanford University Press, 1958. A teoria da fobia de Freud é formulada no famoso caso do Pequeno Hans, de 1909 (Sigmund Freud, "Análise da fobia de um garoto de cinco anos" em *Obras completas*, v. 8 (São Paulo: Companhia das Letras, 2015).

A terapia de Wolpe gerou muitas pesquisas, a maioria demonstrando que ela funciona muito bem em fobias, sem a substituição sintomática que a teoria freudiana prevê. Ainda há contestações, no entanto, sobre quais são seus ingredientes ativos. Para uma revisão, ver Alan E. Kazdin e Linda A. Wilcoxon, "Systematic Desensitization and Nonspecific Treatment Effects: A Methodological Evaluation", *Psychological Bulletin*, v. 83, n. 5, pp. 729-58, 1976.

3. O estudo colaborativo do Instituto Nacional de Saúde Mental foi publicado recentemente. Irene Elkin, Paul Pilkonis, John P. Docherty e Stuart Sotsky, "Conceptual and Methodological Issues in Comparative Studies of Psychotherapy and Pharmacotherapy", *American Journal of Psychiatry*, v. 145, n. 8, pp. 909-17, 1988.

Talvez mais importante ainda, por também rastrear a eficácia da terapia bem como documentar que a terapia cognitiva funcione tão bem quanto drogas tricíclicas, é Steven Hollon, Rob DeRubeis e Mark Evans, "Combined Cognitive Therapy and Pharmacotherapy in the Treatment of Depression", em D. Manning e A. Frances (Orgs.), *Combination Drug and Psychotherapy In Depression* (Washington: American Psychiatric Press, 1990). Prevejo que esse estudo se tornará um clássico da área.

4. Avaliações detalhadas de estilo explicativo e depressão, além de extensas bibliografias, podem ser encontradas em Christopher Peterson e Martin Seligman, "Causal Explanations as a Risk Factor for Depression: Theory and Evidence", *Psychological Review*, v. 91, n. 3, pp. 347-74, 1984; em Paul

Sweeney, Karen Anderson e Scott Bailey, op. cit., pp. 974-91; e em Lyn Y. Abramson, Gerald I. Metalsky e Lauren B. Alloy, op. cit., pp. 358-72.

5. A descoberta básica de que a terapia cognitiva acaba com a depressão tão bem quanto os antidepressivos tricíclicos — de que a terapia cognitiva funciona transformando o estilo explicativo e de que o estilo explicativo ao final da terapia serve para prever recaídas — vem de uma série de três artigos vindouros cujos autores principais são Steve Hollon, Rob DeRubeis e Mark Evans. As citações de "Tanya" são de transcrições desse estudo. Assim como em outras citações de pacientes neste livro, os nomes e as características identificadoras foram alterados para manter o anonimato.

6. Três psicólogos foram responsáveis pelas maiores contribuições ao recente estudo da ruminação: Julius Kuhl, Susan Nolen-Hoeksema e Harold Zullow. Ver Julius Kuhl, "Motivational and Functional Helplessness: The Moderating Effect of State Versus Action-Orientation", *Journal of Personality and Social Psychology*, v. 40, n. 1, pp. 155-70, 1981; H. M. Zullow, "The Interaction of Rumination and Explanatory Style in Depression", dissertação de mestrado, Universidade da Pensilvânia, 1984; e Susan Nolen-Hoeksema, *Sex Differences in Depression*. Stanford: Stanford University Press, 1990.

7. Que as mulheres têm mais depressão do que homens é fato incontroverso. A grande questão é o porquê. Talvez as melhores análises recentes do tema estejam em Susan Nolen-Hoeksema, "Sex Differences in Unipolar Depression: Theory and Evidence", *Psychological Bulletin*, v. 101, n. 2, pp. 259-82, 1987, e em seu importante livro, *Sex Differences in Depression*.

8. Quatro das cinco iniciativas básicas da terapia cognitiva foram extraídas de Aaron T. Beck, A. John Rush, Brian F. Shaw e Gary Emery, op. cit. A quinta iniciativa, o desafio de suposições, é exclusiva de Ellis (Albert Ellis, *Reason and Emotion in Psychotherapy*.Nova York: Stuart, 1979). As terapias de Beck e Ellis atualmente são muito similares e uma das poucas distinções é quanto ao desafio de suposições. O desafio de suposições não é tipicamente empregado na terapia socrática de Beck, mas é parte muito importante da terapia mais contrapropagandista de Ellis.

PARTE II: AS ESFERAS DA VIDA

1. Há anos que coleciono poemas, piadas, ditados e anedotas sobre otimismo e pessimismo. O poema de Wagoner, "The Labors of Thor", em David Wagoner, *Collected Poems, 1956-76* (Bloomington: Indiana University Press, 1976), está no topo da minha lista. As duas estrofes citadas são as que fecham o que considero uma das grandes obras de arte do verso norte-americano moderno. Agradeço a Bert Brim por ter me mostrado o poema.

6. SUCESSO NO TRABALHO [pp. 129-52]

1. A maioria dos dados sobre vendas e sobre estilo explicativo está nos relatórios internos da Foresight Inc., de Falls Church, e de seus clientes. Dois artigos estão disponíveis, no entanto: Martin Seligman e Peter Schulman, "Explanatory Style as a Predictor of Performance as a Life Insurance Agent", *Journal of Personality and Social Psychology*, v. 50, n. 4, pp. 832-8, 1986; e P. Schulman, M. Seligman e D. Oran, "Explanatory Style Predicts Productivity Among Life Insurance Agents:

The Special Force Study" (manuscrito não publicado, disponível através da Foresight Inc., 3516 Duff Drive, Falls Church, Va. 22041 [703-820-8170]).

2. Jill Nelmark, "The Power of Positive Thinkers", *Success Magazine*, pp. 38-41, set. 1987.

3. Lionel Tiger, *Optimism: The Biology of Hope*. Nova York: Simon and Schuster, 1979.

4. Já clássico, Lauren B. Alloy e Lyn Y. Abramson, "Judgment of Contingency in Depressed and Nondepressed Students: Sadder but Wiser", *Journal of Experimental Psychology: General*, v. 108, n. 4, pp. 441-85, 1979, foi o primeiro estudo a demonstrar o realismo depressivo.

5. P. Lewinsohn, W. Mischel, W. Chaplin e R. Barton, "Social Competence and Depression: The Role of Illusory Self-Perceptions" (*Journal of Abnormal Psychology*, v. 89, n. 2, pp. 203-12, 1980), mostraram o realismo depressivo no discernimento da competência social.

6. O realismo depressivo parece se aplicar também à memória, mas as evidências são conflitantes. Ver, por exemplo, Bob G. DeMonbreun e Edward Craighead, "Distortion of Perception and Recall of Positive and Neutral Feedback in Depression", *Cognitive Therapy and Research*, v. 1, n. 4, pp. 311-29, 1977.

7. Ambrose Bierce, *The Devil's Dictionary*. Nova York: Dover, 1958 (edição original 1911). [Ed. bras.: *Dicionário do diabo*. São Paulo: Carambaia, 2018.]

7. PAIS E FILHOS: AS ORIGENS DO OTIMISMO [pp. 153-75]

1. O Questionário sobre Estilo de Atribuição Infantil (CASQ) é o teste mais utilizado de medida do estilo explicativo de crianças entre oito e doze anos. Ver Martin Seligman, Nadine J. Kaslow, Lauren B. Alloy, Christopher Peterson, Richard Tannenbaum e Lyn Y. Abramson, "Attributional Style and Depressive Symptoms Among Children", *Journal of Abnormal Psychology*, v. 93, n. 2, pp. 235-8, 1984.

2. Ver, por exemplo, Joaquim Puig-Antich, Ellen Lukens, M. Davies, Deborah Goetz, J. Brennan-Quattrock e G. Todak, "Psychosocial Functioning in Prepubertal Major Depressive Disorders: I. Interpersonal Relationships During the Depressive Episode", *Archives of General Psychiatry*, v. 42, n. 5, pp. 500-7, 1985. Enquanto este livro estava em produção, Kim Puig-Antich, o principal pesquisador da depressão profunda em crianças pequenas, faleceu subitamente aos 47 anos. A psiquiatria e a psicologia sofrem e ficam bem mais desfavorecidas com a perda de um pesquisador tão humano e sagaz.

3. A principal pesquisadora do desamparo em sala de aula é Carol Dweck, e, com seus colegas, ela levou a cabo o trabalho detalhado nesta parte. Para uma análise, ver Carol S. Dweck e B. Licht, "Learned Helplessness and Intellectual Achievement", em Judy Garber e Martin Seligman (Orgs.), *Human Helplessness: Theory and Applications*. Nova York: Academic Press, 1980, pp. 197-222.

4. Ver Martin Seligman e G. Elder, "Learned Helplessness and Life-Span Development", em Aage Sorenson, Franz Weinert e Lonnie Sherrod (Orgs.), *Human Development and the Life Course: Multidisciplinary Perspectives*. Hillsdale: Erlbaum, 1985, pp. 377-427.

5. Se quiser aprender como ser um habilidoso avaliador de explanações textuais, veja o manual que está no apêndice de Peter Schulman, Camilo Castellon e Martin Seligman, "Assessing Explanatory Style: The Content Analysis of Verbatim Explanations and the Attributional Style Questionnaire", *Behavior Research and Therapy*, v. 27, n. 5, 505-12, 1989. Leva-se meio dia para se tornar um avaliador confiável.

6. Esse trabalho relevante sobre fatores de vulnerabilidade está disponível em George W. Brown e Tirril Harris, *Social Origins of Depression* (Londres: Tavistock, 1978).

8. ESTUDOS [pp. 176-97]

1. A escala de classificação da depressão do seu filho é minha versão ligeiramente modificada do teste CES-DC. O teste foi elaborado por Myrna Weissman, Helen Orvaschel e Nancy Padian, "Children's Symptom and Social Functioning: Self-Report Scales", *Journal of Nervous and Mental Disease*, v. 168, n. 12, pp. 736-40, 1980.

2. Para saber mais sobre a obra de Carol Dweck, ver Carol S. Dweck e B. Licht, op. cit., pp. 197-222.

3. Para um artigo representativo sobre o Estudo Longitudinal Princeton-Pensilvânia, ver Susan Nolen-Hoeksema, Joan Girgus e Martin Seligman, "Learned Helplessness in Children: A Longitudinal Study of Depression, Achievement, and Explanatory Style", *Journal of Personality and Social Psychology*, v. 51, n. 2, pp. 435-42, 1986.

4. Houve certa convergência de pesquisas ultimamente sobre os surpreendentes efeitos deletérios do divórcio, da separação e, acima de tudo, das brigas entre os pais sobre as crianças. Três importantes referências: Judith Wallerstein e Sandra Blakeslee, *Second Chances: Men, Women, and Children a Decade After Divorce*. Nova York: Ticknor & Fields, 1989; E. Mavis Hetherington, Martha Cox e Roger Cox, "Effects of Divorce on Parents and Children", em Michael E. Lamb (Org.), *Non--traditional Families* (Hillsdale: Erlbaum, 1982, pp. 233-88); e E. Mark Cummings, Dena Vogel, Jennifer S. Cummings e Mona El-Sheikh, "Children's Responses to Different Forms of Expression of Anger Between Adults", *Child Development*, v. 60, n. 6, pp. 1392-404, 1989.

5. Para um experimento sobre a resolução de brigas, ver E. Mark Cummings et al., op. cit.

6. Os efeitos destrutivos da raiva, bem como seus aspectos construtivos (exagerados), são habilmente avaliados no audacioso livro de Carol Tavris, *Anger: The Misunderstood Emotion*. Nova York: Simon and Schuster, 1982.

7. Para uma excelente análise das diferenças de gênero na depressão, ver Susan Nolen-Hoeksema, "Sex Differences in Unipolar Depression: Theory and Evidence", *Psychological Bulletin*, v. 101, n. 2, pp. 259-82, 1987, bem como seu importante livro *Sex Differences in Depression*. Stanford: Stanford University Press, 1990.

8. Esse trabalho foi feito em colaboração com Leslie Kamen, mas fomos vencidos na rapidez da publicação por Peterson e Barrett, que faziam basicamente o mesmo estudo ao mesmo tempo que nós, mas em outra universidade. Christopher Peterson e Lisa Barrett, "Explanatory Style and Academic Performance Among University Freshmen", *Journal of Personality and Social Psychology*, v. 53, n. 3, pp. 603-7, 1987.

9. O trabalho em West Point foi levado a cabo em colaboração com Dick Butler, Bob Priest e William Burke de West Point, além de Peter Schulman. Os colaboradores mais importantes, no entanto, são os 1200 cadetes da turma de 1991 que há três anos vêm cooperando com a pesquisa.

9. ESPORTES [pp. 198-211]

1. O compêndio anual "Elias" de estatísticas fascinantes do beisebol é a nossa base para rebatimentos e lançamentos sob pressão. Ver Seymour Siwoff, Steve Hirdt e Peter Hirdt, *The 1988 Elias Baseball Analyst*. Nova York: Collier, Macmillan Publishing Company, 1988. Também usamos os volumes de 1985, 1986 e 1987.

2. Ver Martin Seligman, Susan Nolen-Hoeksema, Nort Thornton e Karen Moe Thornton, "Explanatory Style as a Mechanism of Disappointing Athletic Performance", *Psychological Science*, v. 1, n. 2, pp. 143-6, 1990.

10. SAÚDE [pp. 212-32]

1. A história de Daniel é contada em Madelon Visintainer e Martin Seligman, "The Hope Factor", *American Health*, v. 2, pp. 58-61, 1983.

2. Ver Ellen J. Langer e Judith Rodin, "Effects of Choice and Enhanced Personal Responsibility for the Aged: A Field Experiment in an Institutional Setting", *Journal of Personality and Social Psychology*, v. 34, n. 2, pp. 191-9, 1976.

3. Ver Madelon Visintainer, Joseph Volpicelli e Martin Seligman, "Tumor Rejection in Rats After Inescapable or Escapable Shock", *Science*, v. 216, n. 4544, pp. 437-9, 1982.

4. Ver L. S. Sklar e Hymie Anisman, "Stress and Coping Factors Influence Tumor Growth", *Science*, v. 205, n. 4405, pp. 513-5, 1979.

5. Martin Seligman e Madelon Visintainer, "Tumor Rejection and Early Experience of Uncontrollable Shock in the Rat", em F. Robert Brush e J. Bruce Overmier (Orgs.), *Affect, Conditioning, and Cognition: Essays on the Determinants of Behavior*. Hillsdale: Erlbaum, 1985, pp. 203-10.

6. Para dar um mergulho valioso nessa área extremamente técnica, ver Steven F. Maier, M. Laudenslager e Susan M. Ryan, "Stressor Controllability, Immune Function, and Endogenous Opiates", em *Affect, Conditioning, and Cognition*, pp. 203-10.

7. Ver Christopher Peterson, "Explanatory Style as a Risk Factor for Illness", *Cognitive Therapy and Research*, v. 12, pp. 117-30, 1988.

8. Ver S. Greer, T. Morris e K. W. Pettingale, "Psychological Response to Breast Cancer: Effect on Outcome", *The Lancet*, v. 2, n. 8146, pp. 785-7, 1979.

9. Ver Sandra Levy, Martin Seligman, Caroline Bagley e Marc Lippman, "Survival Hazards Analysis in First Recurrent Breast Cancer Patients: Seven Year Follow-up", *Psychosomatic Medicine*, v. 50, n. 5, pp. 520-8, 1988.

10. Barrie R. Cassileth, Edward G. Lusk, David S. Miller, Lorraine L. Brown e Clifford Miller, "Psychosocial Correlates of Survival in Malignant Disease", *New England Journal of Medicine*, v. 312, n. 24, pp. 1551-5, 1985; e Marcia Angell, "Disease as a Reflection of the Psyche", *New England Journal of Medicine*, v. 312, pp. 1570-2, 1985.

11. Ver R. Bartrop, L. Lockhurst, L. Lazarus, L. Kiloh e R. Penney, "Decreased Lymphocyte Function After Bereavement", *The Lancet*, v. 1, n. 8016, pp. 834-6, 1979.

12. Ver Michael Irwin, M. Daniels, E. T. Bloom, T. L. Smith e H. Weiner, "Life Events, Depressive Symptoms, and Immune Function", *American Journal of Psychiatry*, v. 144, n. 4, pp. 437-41, 1987.

13. Ver o manuscrito não publicado de L. Kamen, J. Rodin, C. Dwyer e M. Seligman, "Pessimism and Cell-mediated Immunity".

14. Ver Melanie Bums e Martin Seligman, "Explanatory Style Across the Lifespan: Evidence for Stability over 52 years", *Journal of Personality and Social Psychology*, v. 56, n. 3, pp. 471-7, 1989.

15. Ver Christopher Peterson, Martin Seligman e George Vaillant, "Pessimistic Explanatory Style as a Risk Factor for Physical Illness: A Thirty-five-year Longitudinal Study", *Journal of Personality and Social Psychology*, v. 55, n. 1, pp. 23-7, 1988.

11. POLÍTICA, RELIGIÃO E CULTURA: UMA NOVA PSICO-HISTÓRIA [pp. 233-56]

1. E. Erikson, *Young Man Luther: A Study in Psychoanalysis and History*. Nova York: Norton, 1957.

2. Ver Harold M. Zullow, Gabriele Oettingen, Christopher Peterson e Martin Seligman, "Pessimistic Explanatory Style in the Historical Record: Caveing LBJ, Presidential Candidates and East versus West Berlin", *American Psychologist*, v. 43, n. 9, pp. 673-82, 1988; e Harold M. Zullow e Martin Seligman, "Pessimistic Rumination Predicts Defeat of Presidential Candidates: 1900-1984", *Psychological Inquiry*, v. 1, n. 1, pp. 52-61, 1990.

3. Ver Harold M. Zullow et al., op. cit., e Gabriele Oettingen e Martin Seligman, "Pessimism and Behavioural Signs of Depression in East versus West Berlin", *European Journal of Social Psychology*, v. 20, n. 3, pp. 207-20, 1990.

12. A VIDA OTIMISTA [pp. 259-86]

Os exercícios dos capítulos 12 a 14 se originam da obra seminal de Aaron Beck e Albert Ellis referenciadas nos capítulos 4 e 5. Eles formularam as primeiras versões das nossas técnicas a fim de aliviar a depressão entre aqueles que já sofriam dela. Em 1987, a MetLife pediu à Foresight Inc. que adaptasse essas técnicas para a população comum e de forma preventiva, assim poderia usá--las com seus vendedores — um grupo não deprimido. Recrutei os talentos consideráveis de Steve Hollon, professor da Universidade Vanderbilt e editor da *Cognitive Research and Therapy*, e Art Freeman, professor da Universidade de Medicina e Odontologia de Nova Jersey e um dos professores mais renomados de terapia cognitiva, para que me ajudassem a mudar as técnicas básicas da terapia cognitiva das duas formas que observei. Dan Oran, da Foresight Inc., e Dick Calogero, da MetLife, ministraram a oficina do projeto; Karen Reivich foi a principal editora dos manuais criados.

Nos próximos três capítulos me baseio muito no que fizemos e descobrimos.

1. Creio que Phillip Kendall, professor de psicologia da Universidade Temple, foi o primeiro a usar a expressão "o poder do pensamento não negativo" para descrever o mecanismo pelo qual a terapia cognitiva funciona.

14. A ORGANIZAÇÃO OTIMISTA [pp. 305-31]

As técnicas descritas neste capítulo foram elaboradas sob os auspícios da Foresight Inc. Steve Hollon, Art Freeman, Dan Oran, Karen Reivich e eu sistematizamos as técnicas da terapia cognitiva para uso preventivo em vendedores não deprimidos. A Foresight desenvolveu oficinas para negócios de um, dois e quatro dias, baseadas nesse material.

15. OTIMISMO FLEXÍVEL [pp. 332-45]

Há uma exposição mais detalhada do papel do individualismo na epidemia moderna de depressão em Martin Seligman, "Why Is There So Much Depression Today? The Waxing of the Individual and the Waning of the Commons", *The G. Stanley Hall Lecture Series*, v. 9 (Washington, DC: American Psychological Association, 1989). Ver também Martin Seligman, "Boomer Blues", *Psychology Today*, pp. 50-5, out. 1988.

1. O perspicaz livro de Christopher Lasch, *The Culture of Narcissism* (Nova York: Norton, 1979), defende um argumento parecido num contexto bem diferente.

2. Numa noite, jogando pôquer, Henry Gleitman teceu esse comentário sobre as figuras de fundo nas pinturas medievais e renascentistas. Espero não ter invalidado o uso que Gleitman faz desse fato em seu texto de psicologia introdutório, um campeão de vendas.

3. Harold Zullow usou o termo "eu ianque" pela primeira vez em uma das minhas disciplinas de pós-graduação sobre individualismo.

4. A pesquisa sobre os Kaluli está em Edward Schieffelin, "The Cultural Analysis of Depressive Affect: An Example from New Guinea", em Arthur Kleinman e Byron Good (Orgs.), *Culture and Depression*. Berkeley: University of California Press, 1985.

5. Talvez o egoísmo não esteja tão arraigado como hábito quanto imaginamos. Portanto, talvez seja mais cambiável do que se acredita. Ver Barry Schwartz, *The Battle for Human Nature: Science, Morality and Modern Life*. Nova York: Norton, 1988.

Índice remissivo

Abramson, Lyn, 65-9, 145
adolescência e depressão, 118, 192
Alan (aluno do Ensino Fundamental), 178
álcool, consumo de, 118
Alloy, Lauren, 145
alternativas para contestar crenças, 273-4
Angell, Marcia, 222
Anisman, Hymie, 216
antidepressivos, 33, 84, 100, 112
apoio social e saúde, 220
Asimov, Isaac, 233
aspectos controláveis da vida, *ver* controle pessoal
ASQ (Questionário sobre Estilo de Atribuição), 134-8, 142, 194, 209
autoestima, 76

basquete e otimismo, 205-7
Beck, Aaron T., 85, 101, 103, 105, 122
behaviorismo, 30, 120; desamparo aprendido e, 47, 49-51; dogmas do, 47; fundamentos ideológicos, 47-8; princípio EERP, 65-6
beisebol e otimismo, 201-4
bem comum: necessidade de comprometimento com o, 339-42; queda no compromisso com o, 335-7

Bierce, Ambrose, 148
Biondi, Matt, 208-10
bipolar, depressão, 83, 95
Boston Celtics, time de basquete, 205-6
Brahe, Tycho, 51
brigas familiares e depressão infantil, 188-91
Broadbent, Donald, 55
Brown, George, 173, 254
Bruner, Jerome, 55
Burns, Conrad, 247
Burns, Melanie, 225
Bush, George, 242-8
Butler, Richard, 195

campanha presidencial de 1988, 243-6
câncer: desamparo e, 215; estado psicológico e, 221-2; terapia cognitiva para, 230-1
carbonato de lítio, 84
Carter, Jimmy, 238
CASQ (Questionário sobre Estilo de Atribuição Infantil), 153-63
Cassileth, Barrie, 222
catastrofistas, 72-4
catecolaminas, 223, 229
células NK, 218, 222, 224, 231
células T, 218, 223

Chiles, Lawton, 247
Chomsky, Noam, 30, 51
ciclo básico de repouso-atividade, 87, 151
Cindy (aluna do Ensino Fundamental), 185
Clark, Jack, 204
competições de natação, 208-11
comportamento: autodirecionamento e, 31; depressão e, 87-8; expectativas e, 48; influências do meio, 29-30
comportamento verbal, O (Skinner), 30
conquistas, *ver* sucesso
contestar crenças negativas, 271; em situações de trabalho, 314-5, 319-25; exercícios de "exteriorização das vozes", 280-5, 298-304, 325-31; o uso de contestação por crianças, 292-97; registro de contestação pessoal (modelo CCCC), 276-80; técnicas para, 273-6
controle pessoal, 27, 37; de estilos explicativos, 29-31; "eu máximo" e, 333, 335; imunização através de, 216
Creedon, John, 130-3, 142-3
criança alfa, 178
criança ômega, 178
crianças, uso de técnicas de otimismo por, 287; diretrizes para, 288; identificando CCCs, 288-90; registro de CCC pessoal, 290-2; registro de contestações pessoais (modelo CCCCC), 292-7; técnicas de contestação, 292-6
crianças: desempenho escolar e estilos explicativos, 177-8, 182-4, 194-7; esperança em, 164; estilos explicativos, origem de, 165-75; otimismo, teste para determinar, 153-63
Crimmins, Bob, 142
críticas na ciência, 67
cultura e estilos explicativos, 248-52

Daniel (paciente com câncer), 212-3
declínio do bem comum, *ver* bem comum
defesa, conceito de, 226-7
Dell, Robert, 140
depressão, 24-5, 33-4, 79, 82; alteração negativa de ânimo, 87; alteração negativa do pensamento, 85; bipolar, 83, 95; ciclo de, 87, 151; contribuição da genética para, 116; culturas primitivas e, 337; cura para, *ver* terapia cognitiva; declínio do bem comum e, 335-7; desamparo aprendido e, 96-100, 107-8; diagnóstico de, 92, 98, 181; epidemia de, 31, 93-4, 100, 333, 337-8; epidemia de: remédios para, 338-43; estilos explicativos e, 68, 75, 86, 106-7, 112, 147; estudo longitudinal sobre, 110; "eu máximo" e, 333, 335, 338; habilidades sociais e, 146; homens e, 94, 117-9; memória e, 146; modelo de, 96-100; mudanças hormonais devido à, 223; mulheres e, 94, 106, 115-9; na adolescência, 118, 192; natureza episódica, 32; normal, 83-4; pensamentos negativos como causa de, 102-5; percepção da realidade e, 145-7; pessimismo como causa de depressão profunda, 107-10, 113; prevalência vitalícia de, 93; ruminação e, 106, 113-9; sintomas, 85-8; sintomas comportamentais, 87-8; sintomas físicos, 88; sistema imunológico e, 223; teste para determinar, 88-92; trabalho de Ellis e Beck sobre, 101-5; unipolar, 83-4, 95, 98; visão biomédica da, 33, 84, 95-6, 100; visão freudiana de, 31-2; *ver também* depressão infantil
depressão infantil, 164-5; acontecimentos ruins e, 185-91; brigas de família e, 188-91; círculo vicioso de, 190; diferenças de gênero, 191-2; divórcios dos pais e, 186-8; estilos explicativos e, 184-5; estudo longitudinal sobre, 184-7, 192; fatores de risco de, 184; teste para determinar, 179-82
derrota, 106; desamparo aprendido e, 97; perspectivas de otimistas sobre, 25
desamparo, 53-4; características definidoras, 26; morte causada por, 213-4; na infância e na velhice, 27; saúde e, 213-5
desamparo aprendido, 37; acontecimentos inescapáveis e, 46-9, 97; behaviorismo e, 47-51; curas para, 52, 97, 100; depressão e, 96-100, 107-8; em animais, 41-52; estilo explicativo e, 65, 68, 71, 73, 75; mulheres e, 117; pesquisa

sobre, 41-54; prevenção de, 52; reformulação da teoria acerca de, 56, 65-8; relação com derrota, 97; resiliência e, 54; resistência ao, 54, 56, 65; sofrimento causado por, 40
Descartes, René, 217
desejo, 35
desempenho escolar e estilos explicativos, 177-8, 182-4, 194-7
desespero, *ver* depressão
desvio de atenção, 270
Dewey, Thomas E., 239, 241
dieta, 262
discursos de aceitação de indicação, 237, 239, 244-5
distanciamento para lidar com crenças pessimistas, 272
distração para lidar com crenças pessimistas, 270, 275; em situações de trabalho, 327-8
divórcio: depressão em crianças devido a, 186-8; família na sociedade e, 336
Dole, Robert, 242-3
DSM-III-R (Manual de diagnóstico e estatística da Associação Americana de Psiquiatria, terceira edição, revisada), 98
dualismo, 217
Dukakis, Michael, 240-6
Dweck, Carol, 168-9, 182

EERP (efeito do reforço parcial na extinção), 65-6
Eisenhower, Dwight D., 236, 238
Elder, Glen, 170-2, 234
eleições para o Senado de 1988, 247-8
Elias Sports Bureau, 199
Ellis, Albert, 101-3, 122, 263n
encarceramento e depressão, 109
endorfina, 223-4, 229
enfermagem e contrariedade, 316, 322, 330
ensino e contrariedade, 316, 321, 329
"epiciclos" na teoria psicológica, 51
equações de regressão, 192
Erikson, Erik, 234, 241
escrita e contrariedade, 306

esperança: em crianças, 164; estilos explicativos e, 75-6; saúde e, 213
esportes e otimismo: competições de natação, 208-11; estilo explicativo de equipe (basquete), 205-7; estilo explicativo de equipe (beisebol), 200-4; estilo explicativo dos atletas, 208-11; estudo de margem de pontos, 206-7; implicações para treinos, 211; previsões a respeito de, 199, 207, 210; "recuperação após derrotas" e, 208, 210; relação otimismo-sucesso, 201, 204; situações de pressão e, 201, 204, 208-9
estatísticas, atitude de norte-americanos no tocante a, 199
estilo explicativo "abrangente", 72-4, 107
estilo explicativo "permanente", 70-5, 107
estilo explicativo "personalizado", 76-9, 107
estilo explicativo de atletas, 209-11
estilo explicativo de equipes: basquete, 205-7; beisebol, 200-4
estilo explicativo de políticos, 236-7; determinando estilos individuais, 237, 240, 245; estilo pessimista, consequências de, 237; previsões baseadas em, 241-8; resultado de eleições, relação com estilo, 237-41
estilo explicativo nacional, 249-53
estilo explicativo nacional alemão, 250-2
estilo explicativo, técnicas para mudar *ver* técnicas de otimismo
estilo explicativo, teste para adultos: perguntas, 57-64, 133-4; pontuação, 70-1, 74-7
estilo explicativo, teste para crianças, 153-63
estilos de pensar, controle de, 29-31
estilos explicativos, 37-8, 69; como hábito de pensamento, 69; controle pessoal de, 29-31; de atletas, 209-11; de equipes esportivas, 200-8; depressão e, 68, 75, 86, 106-7, 112, 147; depressão infantil e, 184-5; desamparo aprendido e, 65, 68, 71, 73, 75; desempenho escolar e, 178, 182-4, 194-7; desenvolvimento de (cristalização), 153, 165-75; determinação de estilo sem questionários, *ver* técnica Cave; diferenças culturais e, 248-52; diferenças

de gênero, 168-9; dimensão da abrangência, 72-4, 107; dimensão da permanência, 70-5, 107; dimensão da personalização, 76-9, 107; esperança e, 75; estilo nacional, 249-53; estilo negativo, *ver* pessimismo; estilo positivo *ver* otimismo; influência de crises na infância, 170-3; influência de críticas na infância, 168-9; influência do estilo da mãe, 165-7, 173; mudança e estabilidade ao longo do tempo, 225; questão da hereditariedade, 167; religião e, 255; responsabilidade e, 79; teoria da atribuição e, 66; terapia cognitiva usada para mudar, 110-2, 124; *ver também* estilo explicativo de políticos

Estudo Longitudinal Princeton-Pensilvânia, 184-6, 192

estudo sobre desamparo em casa de repouso, 214

estudos de caso, 43

etologia, 29, 252

"eu máximo": depressão e, 333, 335, 338; pontos fortes do, 339-43

"eu", foco da época moderna sobre *ver* "eu máximo"

evidências para contestação de crenças, 273

excesso de medicação na sociedade, 33

executivos de empresas, 143, 149

exercícios de "exteriorização das vozes": para adultos, 280-5; para crianças, 298-304; para situações de trabalho, 325-331

expectativas e comportamento, 48

experiência na infância, impacto sobre saúde na idade adulta, 216

experiências com animais para entender a doença mental, 41-5, 48-50, 52

experimento com "tropa especial", 139-41

falta de sentido, 338

família, erosão da, 336

fazer teste e depressão, 109

flexível, otimismo, 150, 260, 343, 345

fobias, cura para, 104

Ford, Gerald, 238

Foresight Inc., 310

Foster, George, 202

fracasso *ver* derrota

Freeman, Arthur, 264, 310

Freud, Sigmund: influência sobre Seligman, 40-1; sobre depressão, 31-2

fundamentalista, religião, 339

Garber, Judy, 65-7

Gelder, Michael, 55

genética: depressão e, 116; estilos explicativos e, 167

Gephardt, Richard, 242

gestão de pessoas, adversidade e, 317, 323

Girgus, Joan, 177, 182

Goldwater, Barry, 238

Gooden, Dwight, 203

Gore, Albert, 242

Grant, estudo sobre saúde ao longo da vida, 226-8

Gray, Jeffrey, 55

Guerra do Vietnã, 336

habilidades sociais e depressão, 146

Haig, Alexander, 242-3

Hart, Gary, 242-3

Hernandez, Keith, 202

Herr, Tom, 204

Herzog, Whitey, 203

Hiroto, Donald, 52-3

história da aluna de pós-graduação, 28

história da criança surda, 23-4

Hollon, Steven, 264, 310

homens: depressão e, 94, 117-9; depressão na infância, 191-2; estilos explicativos, desenvolvimento na infância, 167, 169

hormônios, 223-4, 229

Hull, Clark, 29

humor, mudança negativa de, 87

Humphrey, Hubert, 238

Igreja Ortodoxa Russa, 255

igualitarismo, 48

impacto do sistema político sobre o estado mental dos indivíduos, 253
imunização pelo controle pessoal, 216
"imunização" contra desamparo, 52
individualismo, 338, 340
influência da mãe sobre o estilo explicativo do filho, 165-7, 173
inocência convertida em culpa, 28-9

Jackson, Jesse, 242-3
James, Bill, 199
Johnson, Davey, 202
Johnson, Lyndon B., 238
Journal of Abnormal Psychology, 68
Journal of Experimental Psychology, 46
judaísmo, 254-5

Kamen, Leslie, 224
Kemp, Jack, 242
Kennedy, John, 239
Kennedy, Robert, 336
King, Martin Luther, Jr., 336
Klerman, Gerald, 92
Kors, Alan, 233

Landon, Alfred M., 241
Langer, Ellen, 214
largando um emprego, 131-2, 137
Leslie, John, 129-31
Levy, Sandra, 230-1
Lewinsohn, Peter, 146
Lieberman, Joe, 247
ligação cérebro-sistema imunológico, 223
ligação fria, 133, 305; técnicas de contestação para, 315-6, 319-20, 330
Lorenz, Konrad, 252
Luther, Martin, 234, 241
luto, 223

Macaulay, David, 82
Mack, Connie, 247
MacKay, Buddy, 247
Malcolm X, 336

Maler, Steven, 44-52
mania, 83
maratona moral, 340-2
Mase, Howard, 142
materialismo, 217, 222
McGee, Willie, 203
McGovern, George, 238
Melcher, John, 247
memória, 146
MetLife Insurance Company, 130-42
modelo CCC (contrariedade, crença, consequências): para adultos, 263-9; para crianças, 288-92; para situações de trabalho, 311-9
modelo CCCCC (contrariedade, crença, consequências, contestação, capacitação): para adultos, 276-80; para crianças, 292-7; para situações de trabalho, 319-25
Morawska, Eva, 254
morte e desamparo, 213-4
movimento pela autoestima, 121
mulheres: depressão e, 94, 106, 115-9; depressão na infância, 191; desamparo aprendido e, 117; estilos explicativos, desenvolvimento na infância, 167, 169; ruminação pelas, 118-9

Neisser, Ulric, 30
Nesty, Anthony, 208
New England Journal of Medicine, 222
New Jersey Nets, time de basquete, 205, 207
New York Mets, time de beisebol, 201-4
New York Times, 242-3, 332
Newsweek, 146
Nixon, Richard, 238
Nolen-Hoeksema, Susan, 118, 184

Oettingen, Gabriele, 248-55
oficinas de técnicas de otimismo, 310
Optimism: The Biology of Hope (Tiger), 144
Oran, Dan, 310
orgulho nacional, queda do, 336
otimismo: adquirido *ver* técnicas de otimismo; características definidoras, 25; como ferramenta para atingir objetivos, 343; desem-

penho escolar e, 177-8, 182-4, 194-7; em candidatos políticos, 236-9; flexível, 150, 260, 343, 345; funções profissionais para otimistas, 308; impacto sobre a saúde, 25, 218, 220; percepção da realidade e, 145-7, 151; religião e, 254-5; tensão dinâmica entre pessimismo e, 150-2; *ver também* técnicas de otimismo; esportes e otimismo; trabalho e otimismo
Overmier, Bruce, 41-2, 45

palavra em seu âmago, 37
papeis de gênero e depressão, 116-7
"pensamento não negativo", 37, 274
pensamento positivo, 273
pensamentos automáticos, 122, 124
Perfil de Carreira (teste do setor de seguros), 134-7
persistência e sucesso no trabalho, 136, 140, 306
pessimismo: análise de custo-benefício de, 150; benefícios do, 144-9, 151; características definidoras, 25; como fator de risco para a depressão, 107-10, 113; desempenho escolar e, 177-8, 182, 184, 194-7; em candidatos políticos, 236-7; escapar de *ver* técnicas de otimismo; estabilidade ao longo do tempo, 225; evolução dos humanos e, 152; funções profissionais para pessimistas, 149, 309; impacto sobre a saúde, 220-4; inocência convertida em culpa, 28-9; mudanças hormonais devido a, 223; natureza autorrealizável de, 27; tensão dinâmica entre otimismo e, 150-2
Peterson, Chris, 171, 221, 228
Piaget, Jean, 30, 51
políticas de admissão em faculdades, 192-197
políticas de contratação, 141-2, 307
potencial, 197
presidentes de empresas (CEOs), 149
primárias presidenciais de 1988, 242-3
professores: influência sobre o estilo explicativo das crianças, 168-9
Prosper, Steve, 305-6, 310

psicanálise, *ver* psicologia freudiana
psico-história, 233-4, 255; forma tradicional de, 234; técnica Cave usada para, 234-8, 242; *ver também* estilo explicativo de políticos
psicologia cognitiva, 30; perspectiva de aprimoramento de si mesmo, 120-1, 125
Psicologia cognitiva (Neisser), 30
psicologia freudiana: críticas sobre, 32, 103-4; sobre comportamento, 29; sobre depressão, 31-2
psicologia, ciência da, 29
psiconeuroimunologia, 230-1

Radloff, Lenore, 88
Reagan, Ronald, 238
reatribuições, 122
relação riqueza-saúde, 227
religião: fundamentalismo, 339; otimismo e, 254-5; queda da crença em, 336
resiliência, 54
responsabilidade, pessoal, 79
Robertson, Pat, 242-3
Rodin, Judy, 214, 224, 230-1
Roosevelt, Franklin D., 241
Rose, Pete, 203
ruminação, 122; características definidoras, 106; depressão e, 113-9; mulheres e, 118-9; técnicas para parar, 270, 272
Russell, Bertrand, 198

sapiência, 152
Sargent, Naomi, 305, 306
saúde: acontecimentos ruins e, 219-20, 229; apoio social e, 220; desamparo e, 213-5; esperança e, 213; imunização por meio do controle pessoal, 216; prevenção de doenças, 219; problema mente-corpo, 217-8, 229; relação otimismo-saúde boa, 25, 218, 220; relação pessimismo-saúde ruim, 221-4; saúde vitalícia e estados mentais, 225-8; sequência de acontecimentos que levam à falta de saúde, 229; sistema imunológico e estados mentais,

218-9, 222-4, 229-31; terapia psicológica para doença física, 230-1; visão física de, 35
Schieffelin, Buck, 337
Seligman, David, 163-4, 196, 201
Seligman, Lara Catrina, 332
Semmel, Amy, 109
Simon, Paul, 242
sistema imunológico e estados de espírito, 218-9, 222-4, 229, 231
Skinner, B. F., 29, 66
Sklar, Larry, 216
Solomon, Richard L., 41, 45
Sophie (estudante deprimida), 84-8, 98, 123-4
Sorenson, Theodore, 244
Sporting News, 200
St. Louis Cardinals, time de beisebol, 201-4
Stetson, Willis, 192-3
Stevenson, Adlai, 235-8
Strawberry, Darryl, 202
Success Magazine, 140
sucesso, 34-5; em esportes, 201, 204; no trabalho, 132-3, 136-8
suicídio, 31, 101, 148; desamparo e, 164; motivos para, 87

talento, 197
Tanya (paciente deprimida), 110-5
Teasdale, John, 55-6, 64, 67, 73
técnica Cave (análise de conteúdo de explanações textuais), 172; para declarações de idosos quando jovens, 172-3, 225, 228; para equipes esportivas, 200, 202; para estilo explicativo nacional, 250; para pacientes com câncer, 221; para psico-história, 234-8, 242
técnicas de descatastrofização, 275
técnicas de otimismo, 25, 36, 259, 260; CCCs, definição dos, 263; diretrizes para usar, 260-2; exercícios de "exteriorização das vozes", 280-5; identificando CCCs, 264-5; registro de CCC pessoal, 265-9; registro de contestação (modelo CCCCC), 276-80; técnicas de contestação, 271-6; técnicas de distanciamento, 272; técnicas de distração, 270, 275; *ver também* uso de técnicas de otimismo por crianças; técnicas do otimismo relacionadas ao trabalho

técnicas de otimismo relacionadas ao trabalho: exercícios de "exteriorização das vozes", 325-31; identificando CCCs, 311-9; jogo de saltar muro, 315-25; "muro de desânimo" e, 305-7; registro de contestação pessoal (modelo CCCCC), 319-25; resumo de, 331; técnicas de contestação, 314-5, 319-23; técnicas de distração, 327-8
teoria da aprendizagem, 45-6, 65-6
teoria da atribuição, 65-8
terapia cognitiva, 105; desenvolvimento de, 101-5; doenças físicas tratadas com, 231; eficácia de, 124; estilos explicativos transformados pela, 110-3, 124; ruminação e, 115; táticas de, 122-4
terapia comportamental, 104-5
terapia eletroconvulsiva, 33
teste CES-D (Centro de Estudos Epidemiológicos — Depressão), 88-92
teste CES-DC (Centro de Estudos Epidemiológicos — Depressão Criança), 179-82
testes: de depressão, 88-92; de depressão para crianças, 179-82; de estilo explicativo, 57-64, 134; de estilo explicativo em crianças, 153-63; relacionados ao trabalho, 134-8; trapacear em, 138
testes com base teórica, 135-6
testes empíricos, 135
Thornton, Karen Moe, 209-11
Thornton, Nort, 209-11
Tiger, Lionel, 144
Tinbergen, Niko, 55
trabalho e otimismo, 129-32; experimento com "tropa especial", 139-41; papel da persistência, 136, 140, 306; pessimismo transformado em otimismo, 143; políticas de alocação e, 308-9; políticas de contratação e, 141-2, 307; relação sucesso-otimismo, 132-3, 136-8; testando o otimismo, 134-8
transtorno maníaco-depressivo, 83, 95

treinamento e otimismo, 211
treino de relaxamento, 231
tribo Kaluli, 337
Trilogia da Fundação (Asimov), 233
Truman, Harry S., 239

unipolar, depressão, 83-4, 95

Vaillant, George, 226-8
vendas *ver* ligação a frio; trabalho e otimismo
visão biomédica da depressão, 33, 84, 95-6, 100
Visintainer, Madelon, 213-8

Watergate, escândalo, 336
Weicker, Lowell, 247
Weiner, Bernard, 65-8
West Point, treinamento básico de cadetes, 195-6
Whitehead, Alfred North, 104
Willkie, Wendell L., 241
Wolpe, Joseph, 104

Young Man Luther (Erikson), 241

Zullow, Harold, 235, 241-8

1ª EDIÇÃO [2019] 1 reimpressão

ESTA OBRA FOI COMPOSTA PELA ABREU'S SYSTEM EM INES LIGHT
E IMPRESSA EM OFSETE PELA LIS GRÁFICA SOBRE PAPEL PÓLEN SOFT DA
SUZANO S.A. PARA A EDITORA SCHWARCZ EM AGOSTO DE 2021

A marca FSC® é a garantia de que a madeira utilizada na fabricação do papel deste livro provém de florestas que foram gerenciadas de maneira ambientalmente correta, socialmente justa e economicamente viável, além de outras fontes de origem controlada.